ESPAÑA DIVERSA

ESCRIBEN

"ESPAÑA DIVERSA"
Luís Carandell

"ECONOMIA ESPAÑOLA PARA VIAJEROS"
José Luis Sampedro

FOTOGRAFIA Y GUION
Ramón Masats

Con la colaboración de
Oscar Masats

© Copyright by Luna Wennberg Editores
General Mitre, 191-193 BARCELONA 212 42 08
Nuñez de Balboa, 115 MADRID 262 80 46
ISBN 84-85983-04-1
Depósito legal: B-39.173-1982
Impreso en España
Printed in Spain
Imprime Luna Wennberg 1982-83
Es propiedad. Reservados todos los derechos
Prohibida la reproducción total o parcial sin la debida autorización

EDITORIAL

Ahora que ya sabemos que España no es diferente, podemos decir que es diversa, es decir que su personalidad y su carácter se basa precisamente en la hetereogenidad. Por eso hemos titulado este libro "España diversa" y en el uso de ese adjetivo va incluido el legítimo orgullo que los españoles sentimos, por la rica variedad del país en que vivimos.

Con razón se llamó a este país desde antiguo "las Españas", porque a la variedad geográfica de este continente corresponde una variedad cultural y de pueblos que, en vez de limitar, enriquecen la unidad de una patria común fundada en la pluralidad que la Naturaleza y la Historia le han impuesto.

El libro que el lector tiene en las manos está hecho por los que en él hemos trabajado, pensando precisamente en mostrar esa rica y fecunda multiplicidad. Éste habría sido el resultado, aun cuando no nos lo hubiéramos propuesto. Quien quiera que salga al campo, a los caminos, a la calle, deberá testificar la existencia de esta "España Diversa"; una España esperanzada en un futuro de progreso y regida por Juan Carlos I, un hombre decisivo para la consolidación de la Democracia.

Creemos que el esfuerzo realizado en la preparación de este libro habrá valido la pena, si su contemplación y su lectura sirve para profundizar en el conocimiento de nuestro país, en la comprensión de lo que acaso por ser más próximo, es más desconocido para nosotros.

La cámara de Ramón Masats ha sabido captar este claroscuro de la diversidad española. Junto con los textos de Luis Carandell y José Luis Sampedro, compone un retrato múltiple de España que no hay que tomar foto por foto, párrafo por párrafo, sino en su conjunto.

Nous savons maintenant que l'Espagne n'est pas diffèrente, et nous pouvons dire qu'elle est diverse, c'est-à-dire que sa personnalité et son son caractére se fondent précisément sur l'hétérogénéité. C'est pourquoi, nous avons intitulé ce livre "Espagne diverse", et dans cet adjectif nous incluons l'orgueil légitime que ressentent les espagnols pour la riche variété de leur pays.

Trés justement ce pays a reçu le nom, "les Espagnes" depuis les temps anciens, à cause de la variété géographique de ce continent qui correspond également à une variété de cultures et de peuples, enrichissant l'unité d'une patrie commune fondée sur la pluralité que la Nature et l'Histoire lui ont imposé.

Le livre que le lecteur a entre les mains a été conçu par ceux qui l'ont confectionné, pour montrer préccisément cette richesse et multiplicité féconde. Cet objectif aurait été atteint de toute façon, car toute personne se promenant sur les chemins, dans la campagne ou les rues, peut aisément observer l'existence de cette "Espagne Diverse; une Espagne, qui croit en un futur de progrès et dirigée par Juan Carlos I, homme d'une importance décisive pour la consolidation de la Démocratie.

Nous pensons que l'effort réalisé pour la préparation de ce livre vaudra la peine, si sa contemplation et sa lecture servent à approfondir la connaissance de nostre paysainsi que la compréhension de ce qui reste inconnu pour nous malgré la proximité qui nous en sépare.

L'appareil de photos de Ramón Masats a su capter ce clair obscur de la diversité espagnole. Les textes de Luis Carandell et de José Luís Sampedro, composent un portrait multiple de l'Espagne qu'il ne faut pas considérer photo par photo, ni paragraphe par paragraphe, mais dans son ensemble.

EQUIPO EDITORIAL

Cobre

Si hubiera que elegir un color que sintetizara la impresión que la Península Ibérica produce en su conjunto, ese sería quizá el color del cobre. Después de un largo viaje por España queda en los ojos una tonalidad cobriza dominante que se recuerda cuando se está lejos y que distingue, en la memoria, a la vieja piel de toro tanto de la Europa a la que pertenece como del Africa a la que sirve de puerta.

Simplificación, se dirá, y es cierto. Un color es siempre una síntesis de la variadísima gama de colores, una resultante de la diversidad cromática. Asi sucede con los paisajes. En ellos, todos los colores del arco iris en sus diversos tonos están presentes, pero hay uno que domina que señorea la retina del que los contempla y que acude a su mente cuando, ausente, los evoca. Asi sucede también con los paises los cuales, aun teniendo variedad de paisajes, tienen sin embargo un paisaje, un tipo de paisaje que, en su conjunto, los representa.

Sí. Decir que España es del color del cobre es simplificar. Pero quizá el lector entienda la necesidad que tengo de simplificar si le digo que lo que se me ha pedido es explicarle, en las pocas páginas que acompañan a las fotografías de Ramón Masats, lo que es España, cómo es España, la España de siempre y la de hoy, no solamente desde el punto de vista del paisaje sino desde todos los puntos de vista. Como decimos los españoles, ¡ahí es nada! Mi convencimiento de que, del mismo modo que Ramón Masats lo ha hecho con la imagen, no hay nada que no pueda explicarse con palabras, por difícil que la explicación sea, es lo que me ha animado a cumplir el peliagudo encargo. Y he de decir que, en gracia al lector, y también por inclinación y gusto mío, mi relato habrá de parecerse más a una charla de café que a una sesuda conferencia.

Y el hecho de haber simplificado el comienzo de mi descripción, reduciendo el color de España al color del cobre me exige ahora señalar un hecho clave para la comprensión y conocimiento de España y es que sus condiciones geográficas le han dado una enorme variedad de paisajes. Una península es como un continente en miniatura y la Península Ibérica reproduce en su territorio, de Norte a Sur, de Este a Oeste, la variedad continental. De los robledales del Pirineo al olivar de Jaen, de los bosques de hayas de Asturias al palmeral de Elche, de las praderas de Cantabria a los desiertos de Almería, de los acantilados de Galicia a las suaves playas mediterráneas pasando por las desnudas altiplanicies castellanas o los eriales aragoneses, sin mencionar ya los contrastes que ofrecen las islas, todo en España habla de diversidad, de realidad múltiple dentro de una unidad geográfica.

Entre Europa y Africa

Invito al viajero a que compruebe por sí mismo la realidad de la riqueza paisajística de este mundo de Iberia, situado a caballo entre Europa y Africa y que en su geología, en su clima, en su flora, en su fauna, participa de la riqueza de ambos continentes. Del mismo modo que, extendiéndose entre el Mediterráneo y el Atlántico, está bajo el influjo de los soles y las brumas de los mares que la circundan. De la experiencia de un amplio recorrido por la península sacará sin duda el viajero la convicción de que se halla, más que en un pais, en un pais de paises, en una nación de naciones que plantea tantos quebraderos de cabeza a los geógrafos y a los meteorólogos como problemas plantea a los políticos que quieran gobernarlo sin violentar las condiciones que la naturaleza le ha impuesto.

A lo largo de la historia, y hasta años bien recientes, ha habido sucesivos intentos de uniformizar políticamente este pais tan vario mediante sistemas centralizadores importados. No han tenido éxito en su empeño ni han sido capaces de borrar las diferencias que dan a cada una de las partes su personalidad propia. Hablar de España es hablar de los distintos pueblos, de las distintas culturas e idiomas que coexisten en España. Y el reconocimiento de que, precisamente en esa diversidad, radica la mayor riqueza, es condición indispensable para la convivencia española, para la vida democrática a que el pais aspira después de las amargas experiencias del pasado.

Pero ya es hora de que, superando el temor que a todo escritor le causa competir con la fotografía, bajo el al parecer inapelable fallo de que «una imagen vale por mil palabras», intentemos describir esa diversidad paisajísta de que tan orgullosa puede estar España. Se observará que, al hacerlo, hablaremos indistintamente de España y de Iberia, y no porque sean dos conceptos idénticos en la acepción actual sino porque la unidad geográfica peninsular pervive por encima de la existencia de los dos Estados, España y Portugal, que hoy comparten la península. Un viaje por ambos lados de lo que el pueblo llama con sabiduría «la raya de Portugal», linea trazada sobre el mapa más que frontera impuesta por la naturaleza, permite darse cuenta de la continuidad geográfica y paisajísta que hay entre los territorios de los dos Estados que ocupan el pais desde antiguo llamado Hispania. De ahi que, si bien España y Portugal son, políticamente hablando, dos paises extranjeros el uno con respecto al otro, sería difícil encontrar a un español o a un portugués que al emprender un viaje a Portugal o a España dijera que va al extranjero. Y de ahi que, al escribir sobre España o sobre Portugal, sea inevitable la referencia a Portugal o a España o al conjunto peninsular que llamamos Iberia.

Un libro que, como el que el lector tiene en las manos, pretenda dar una idea de un pais en sus diversas y múltiples facetas podría muy bien proponerse como guión una célebre frase que en cierta oportunidad pronunció don Miguel de Unamuno. Comentando los males que aquejan a España, exclamó don Miguel: «¡Qué pais, qué paisaje y que paisanaje!» Apenas se puede imaginar un «índice» más preciso y lapidario para escribir un libro sobre España.

Trataremos en las sucesivas páginas de los tres «capítulos» que nos propone el maestro de Salamanca. Y comenzaremos por el paisaje. Pero, al hablar del paisaje hay que decir que la cultura española, muy atenta siempre al hombre, nunca se ha caracterizado por su atención a la naturaleza. Ni en nuestra literatura ni en nuestra pintura encontramos los grandes paisajistas que hallamos en otros paises. El hombre español no suele ser «rousseauniano» en el sentido coloquial del término. Vive de espaldas al paisaje o bien podría decirse que su paisaje ideal termina en la esquina de la calle o el velador del café, en la fuente de la plaza o los geranios del balcón. El excursionismo, la ecología, las zonas verdes y los fines de semana en el campo son entre nosotros inventos recientes, aunque algunos de los pueblos que componen España puedan vanagloriarse de haber sido pioneros en estas materias.

Iberia seca, Iberia húmeda

Un periodista famoso, César González Ruano, interpretaba muy bien la escasa inclinación paisajísta de sus conciudadanos al decir con desdén no exento de ironía: «El campo es un sitio lleno de pollos crudos». Viajando yo en una ocasión por Castilla con un amigo a quien considero en muchos aspectos como prototipo del caracter español, comenzó a fallar el coche. Y exclamó mi amigo con espontaneidad: «Mira tú que si nos quedamos tirados en medio del cabrón del campo...» Y don Pio Baroja contaba que un día que estaba paseando con don Benito Pérez Galdós por las inmediaciones de la Ciudad Universitaria de Madrid, se metieron por un descampado y don Benito le dijo: «Cuidado, Baroja, que ésto es el campo».

Muchas veces he oido, en boca de la gente española, frases como «esto no es más que paisaje» para designar cosas accesorias que no afectan a la cuestión principal. El paisaje es un telón de fondo al que se mira con indiferencia, cuando no con hostilidad. Esta actitud no puede, naturalmente, generalizarse a todos los españoles y, también en este aspecto, existen grandes diferencias regionales. En Cataluña y en el Pais Vasco, por ejemplo, el sentimiento de la naturaleza está tradicionalmente más arraigado que, pongamos por caso, en Castilla. Pero en general se puede decir que la admiración por el paisaje no es lo que se llama el punto fuerte de los españoles. Literariamente hablando, el paisaje español es una aportación de la generación del 98 aunque a algunos de estos escritores se les puede reprochar haber dado del paisaje español una visión ideal y retórica que las generaciones posteriores han tenido que corregir.

Geográficamente, la Península Ibérica es un promontorio que asciende desde la franja costera hasta una altiplanicie de una media de 700 metros de altitud. Después de Suiza, España es el pais más montañoso de Europa. Desde los Pirineos y los Picos de Europa hasta Sierra Morena y Sierra Nevada, pasando por el Sistema Ibérico y el Sistema Central, grandes cadenas de montañas atraviesan la Península, dificultando históricamente la comunicación tanto con el continente europeo como entre las regiones peninsulares. Tierra de climas continentales extremados, pobre en agua y con rios de curso irregular, muchos de los cuales, como decía un escritor, son torrentes durante tres meses y caminos el resto del año, la España seca tiene un claro predominio sobre la España húmeda. Pero una y otra no se excluyen sino que conviven, de manera que tan exacto es identificar la imagen del pais con los dorados trigales que alternan con rojizos campos en barbecho, como con las feraces tierras donde florecen los limoneros; tan exacto es representar al pais por la verde postal de una ondulada pradera como por el lienzo de tonos pardos y ocres en que un pintor plasmó la desierta soledad del yermo; tan lícito tomar como ejemplo el temible acantilado o la suave playa, la agreste sierra o la sonriente llanura, los picos de nieves perpetuas o las tierras bajas de la marisma.

Las postales debieron inventarse en los paises verdes. El secano no suele dar postales. Y, sin embargo, las tierras secas, no sólo del centro de España, también de sus costas sobre las que cae a plomo el ciego sol en los dias del verano son de una belleza que poco tiene que envidiar a la de aquellas otras que, bajo nubosos cielos, se cubren de un perpetuo manto vegetal. Es, mejor dicho, otra belleza que, si fuese reconocida, quizá nos permitiría encontrar la mención turística de «paisaje pintoresco» en un calcinado desierto aragonés, en un roquedal soriano, en el alto páramo de León, en la costa no en vano llamada blanca de Alicante.

Lo notable de España no son en sí sus paisajes. Los hay igualmente bellos o más bellos todavía en el planeta. Lo notable de España es la coexistencia de esas dos bellezas aparentemente contrarias, enemigas que diría casi, en un mismo pais, en una misma región incluso. En el espacio de pocos kilómetros, el automovilista pasará, a través de angostos defiladeros, de empinados puertos de montaña, desde el borde del mar a cuyas orillas se asoman los pinos hasta las solemnes llanuras vacías, apenas orladas por soñolientas hileras de álamos; y de alli a inexpugnables sierras para bajar de nuevo a los campos donde crecen la vid o el olivar. Hay paisajes construidos por la naturaleza y paisajes construidos por el hombre. La naturaleza es más que humana, da más de lo que puede llegar a concebir el pensamiento. Las generaciones de los hombres son paisajistas sin saberlo.

El alto Tajo

De los paisajes naturales del interior de España, quizá el más extraordinario sea el del alto Tajo. Haciendo honor a su nombre, el río que acaba de nacer en los Montes Universales se abre camino como a machete en el granito de la serranía. Castilla la Nueva, Extremadura y Portugal ignoran cuánto le cuesta al rio, encañonado entre profundas simas orladas de pinos, llegar al hermoso estuario lisboeta. El del alto Tajo es uno de esos paisajes donde se siente la majestad de la Tierra. Lo mismo puede decirse de la profunda hendidura, una herida casi en el paisaje del alto páramo castellano, que forma el Ebro cuando atraviesa las tierras del norte de Burgos. El padre río de los iberos tiene una incierta cuna. Oficialmente, nace en Fontibre, en una fuente en cuya hornacina hay una estatua de la Virgen. Se verdadero origen hay que buscarlo en el Pico de Tres Mares, así llamado porque de él se dice que una gota de agua que caiga en su cumbre puede llegar a ser, según la dirección que tome, Atlántico, Cantábrico o Mediterráneo.

No es éste el lugar de hacer un inventario de los ríos españoles, seguir el curso del Ebro por el valle de Valdivielso y la hoz de Trespaderne, antes de entrar en la «roja y feliz Rioja», como la llamó el poeta Esteban Manuel de Villegas, o fecundar los eriales aragoneses, hasta llegar al prodigioso Delta. O el del majestuoso Duero, desde los Picos de Urbión hasta Oporto, pasando por las tierras «de pan llevar» de la alta meseta. O bien el del Guadalquivir que, nacido en los luminosos bosques de la Sierra de Cazorla, fecunda la campiña andaluza y se divide en brazos en la marisma para formar el Coto Doñana, una de las reservas ecológicas más importantes de Europa, donde anidan las aves migratorias. Quizá, de todos nuestros ríos, el más notable, lo que no quiere decir el más importante, sea el Guadiana. La palabra «guadiana» designa en España a cualquier persona, cosa o idea que, habiendo permanecido oculta durante un tiempo después de haber ganado notoriedad, reaparece con nueva fuerza. Eso es exactamente lo que hace este extraño rio ibérico, misterioso ya desde su nacimiento. Cervantes atribuyó a los encantamientos del sabio Merlín los extraños ruidos, «roydos» de las lagunas de Ruydera. En La Mancha, muy cerca del pueblo, también cervantino, de Argamasilla de Alba, el rio se sume en la tierra y cruza por debajo los fértiles campos de los que se dice que son lagar de vino y aljibe de agua. Inesperadamente, reaparece el río en Ojos de Guadiana para formar otra importante reserva de aves migratorias, las llamadas Tablas de Daimiel, precioso paraje poblado por plantas acuáticas.

Lo más característico del paisaje ibérico, en su accidentado relieve, es la alternancia de sierras y llanuras. La palabra sierra (serra en otros idiomas de la península), expresa muy gráficamente la configuración de los montes de dentada silueta que sirven de fondo al amplio paisaje y que hay que atravesar siempre por profundos desfiladeros o altos puertos en cualquier viaje que quiera hacerse por España. Las grandes cordilleras no reciben el nombre de sierras. Nadie llamaría sierra, por ejemplo, al conjunto del Pirineo, ni siquiera a los Picos de Europa, aunque puedèn denominarse asi a las cadenas de montañas que componen la cordillera. Pobladas de una vegetación de mata baja donde anida la perdiz roja ibérica o se refugia el jabalí, de robledales degenerados o de pinos de asalmonado tronco, las sierras españolas suelen tener un carácter áspero, agreste que en la cultura española se identifica con todo aquello que se situa fuera de la ley de los hombres. Fue en este país donde se inventó la guerra de guerrillas, una palabra española que ha pasado a todos los idiomas del mundo. Y las sierras ibéricas, en tiempos pasados, sirvieron de guarida a los bandidos y de refugio a aquellos de los que, en gráfica expresión, se decía que «se echaban al monte». Hay un romance que dice:

> En lo alto de la Sierra
> José María cantó,
> el Rey mandará en España,
> en la sierra, mando yo.

El nombre de Sierra Morena, quizá la más ibérica y áspera de todas las sierras, está íntimamente ligada a la historia del bandidaje. Aun hoy, cuando, en un restaurante por ejemplo, le cobran a uno más de la cuenta, es fácil oírle decir que «esto parece Sierra Morena». Un viajero francés del pasado siglo, Theophile Gautier, decía que ya en su tiempo, para desengaño de los turistas franceses deseosos de correr aventuras, los bandidos habían desaparecido de los riscos de Sierra Morena y se habían trasladado a mesones y posadas. El viajero de hoy aun paladeará el sabor de la antigua leyenda en esta bellísima serranía que, formando el labio inferior de la meseta, cruza España de parte a parte como frontera natural entre Castilla y Andalucía. Su nombre procede al parecer de la corrupción del apellido de un cónsul romano, Marianus, que la atravesó con sus legiones, y por eso se la conoce científicamente como Mariánica. Pero es una sierra oscura, morena, y así la copla popular puede decir aquello de

> ¡Qué bien los nombres ponía
> quien puso Sierra Morena
> a esta negra serranía!

La palabra serranía, por cierto, aun siendo idéntica a sierra, se reserva para algunas de las sierras ibéricas. Se habla por ejemplo de la Sierra del Guadarrama, de la Sierra de Gredos, de la Sierra de Aracena, de la Sierra de la Culebra, de la Sierra de Francia o de la *Serra* del Montsant. Pero se dice Serranía de Ronda o Serranía de Cuenca sin que se sepa exactamente la razón de esta discriminación nominal. Bien es verdad que estas dos sierras son de las más bellas de España. La de Ronda, que cae a pico sobre la estrecha franja de la costa, tiene profundos «tajos» que dan todo su carácter a la ciudad que le da nombre. En la serranía de Cuenca, la naturaleza ha actuado como escultora de las inmensas moles de piedra que se alzan entre los pinares y que tienen su estampa turística en la famosa Ciudad Encantada.

Pueblos moriscos

Pero quizá la más impresionante de todas las Sierras españolas sea Sierra Nevada cuya visión desde el Albaicín granadino, sirviendo de fondo a la Alhambra, ofrece uno de los más bellos paisajes del mundo. En el corazón de Sierra Nevada, entre la cordillera donde se alzan los picos del Mulhacen y el Veleta y la Sierra de la Contraviesa, se extienden los preciosos y meridionales valles de La Alpujarra donde, a vista de la nieve de las montañas, crecen el naranjo y el limonero. El paisaje austero, escasamente arbolado, de la Alta Alpujarra en torno a Trevélez, al pie del Mulhacén, el pueblo más alto de España situado a mil setecientos metros de altitud, contrasta con la visión casi paradisíaca de la Alpujarra Baja, cuya mejor representación está en el llamado Barranco de Poqueira. En la ladera de la montaña se escalonan, en la frondosa vegetación, los tres pueblos de Pampaneira, Budión y Capileira, de estrechas callejas y muros resplandecientes de cal. Siguiendo la carretera hacia la montaña en cuya cumbre se alza el pico Veleta –la carretera más alta de Europa– encontraremos una estación de esquí que ofrece una característica difícil de hallar en otras estaciones de España o de Europa. Estamos a cuarenta kilómetros del mar y el esquiador que ha estado practicando su deporte en las nevadas laderas podrá, si lo desea, bañarse en las templadas aguas de Salobreña o de Motril, en la Costa del Sol.

La Alpujarra fue el lugar donde se refugiaron los moriscos después del decreto de expulsión dictado contra ellos en el siglo XVII. Escenario de sangrientas guerras, sus pueblos conservan el carácter morisco que les dieron sus moradores. En el barrio alto de Trevélez, el mejor conservado de los tres de que se compone el pueblo, pueden verse las casas de forma cúbica, típicas de la arquitectura popular morisca, semejantes a las que encontramos en los pueblos del Atlas marroquí. Los tejados están cubiertos por la pizarrosa arena llamada launa, que tiene la virtud de expulsar el agua. Vistos desde arriba, los pueblos cobran el carácter de una sucesión de terrazas sobre las que se levantan las chimeneas de precioso diseño que parecen esculturas.

Por dondequiera que uno viaje en España, siempre se ofrece a su ánimo la convicción de la decisiva influencia que la configuración montañosa del país ha tenido sobre su historia y sobre la vida de sus habitantes. España es un país condicionado por sus montañas y, al decir esto, vienen de inmediato a la mente las dos cordilleras de las que surgieron en la Alta Edad Media los reinos que andando el tiempo habían de constituir España tal como la conocemos. Su origen oficial se quiere buscar, en una combinación de historia y leyenda, en el pequeño reducto visigótico en que el más o menos legendario Don Pelayo se hizo fuerte frente a los árabes invasores en los riscos de Covadonga, en los Picos de Europa. El santuario de la Virgen de Covadonga, a la que los asturianos prefieren llamar la Santina, continúa siendo hasta hoy lugar de peregrinaciones hispánicas. Asturias ha sido y continúa siendo para los españoles algo así como una pequeña patria. Así lo dice la canción «Asturias, patria querida, Asturias de mis amores», ese pequeño segundo himno que siempre terminan por cantar, en trenes y autobuses, los grupos de excursionistas o los escolares en gira campestre. La frase «Sólo Asturias es España, lo demás es tierra conquistada», quizá se dijera alguna vez en serio. Hoy es una broma, pero una broma que expresa la fuerza de la leyenda del origen de España.

La historia, claro, es bastante más complicada de lo que quiere hacer creer una mitología oficial que ha servido de justificación a un centralismo a menudo destructor de la diversidad cultural española que tan bien se corresponde con su diversidad geográfica en la unidad peninsular. Al mismo tiempo que en las montañas de la cordillera Cantábrica se creaba el reino astur, otros reinos surgían en los valles pirenaicos con sus culturas propias mientras que, en la España musulmana, árabes y judíos creaban una originalísima cultura que enriqueció a España y, a través de España, a toda Europa. Hoy admiramos todavía los signos de esa rica diversidad creadora de una civilización que más que de un solo país, parecía producto de todo un continente, al tiempo que lamentamos que el poder eligiera en siglos posteriores, y hasta bien entrado el siglo XX, el camino de la simplificación uniformizadora en vez de inclinarse, en lo religioso, en lo cultural, en lo político, por el cultivo de esa diversidad fecunda.

«Ya no hay Pirineos»

El símbolo del aislamiento de España, en un país tan conocido por su orografía, se llama el Pirineo o, más propiamente hablando, los Pirineos. En ese muro que cierra el istmo ha de encontrarse la principal razón de que haya podido considerarse que España, aun perteneciendo al continente europeo, se haya diferenciado claramente de Europa. «En los Pirineos comienza Africa», ha llegado a decirse, negando a los españoles la condición de europeos. La falsedad de la afirmación, hecha en tiempos en que ser europeo constituía en el mundo un privilegio, no puede sin embargo ocultar el hecho de que la Península Ibérica, cerrada al norte por la muralla pirenaica, ha permanecido en muchos aspectos al margen de la historia del continente. Y de tal manera los Pirineos han llegado a ser el símbolo del aislamiento español que cuando, en nuestros días, los modos de vida y las instituciones políticas de España se han equiparado en lo sustancial con las de Europa, este hecho se expresa diciendo que «ya no hay Pirineos».

El viajero que intente cruzarlos comprenderá por sí mismo la razon por la cual esta cordillera, atravesada por escasos pasos de montaña, ha sido una barrera histórica. Pero hablábamos del paisaje y, desde el punto de vista del paisaje, desde el Pirineo gerundense hasta los valles pirenaicos navarros pasando por el profundo valle de Arán o los valles aragoneses coronados por los nevados picos, los Pirineos ofrecen, podríamos decir, lo más europeo del paisaje montañoso español, una imagen continental muy distinta de la que hallamos en las sierras ibéricas. Sería dificil elegir en el conjunto del Pirineo el más bello de sus paisajes. Las provincias de Gerona, Lérida, Huesca y Navarra compiten entre sí por este título. Los montes de la Cerdaña en torno a Puigcerdá, el prodigioso valle de Bohí donde se alzan algunas de las más bellas iglesias románicas de Occidente, los picos del Aneto y la Maladeta, el valle de Ordesa o los tres grandes valles navarros, Roncal, Salazar y Baztán, con la impresionante selva de Irati, una de las mayores reservas forestales de Europa, esperan al viajero que desee comprobarlo. Quizá el lugar más recóndito del Pirineo, para quien viene de España, sea el Valle de Arán, hoy centro de un turismo invernal que acude a la estación de esquí de Baqueira-Beret. Situado al otro lado del Puerto de la Bonaigua, hoy puede llegarse al valle por el tunel de Viella, una de las más impresionantes obras de la ingeniería española. Tierra disputada históricamente entre España y Francia, el valle de Arán ha mantenido en su paisaje, en la arquitectura de sus pueblos, en las costumbres de sus habitantes e incluso en su lengua, el aranés, una variante del gascón (la palabra Arán significa valle en esta lengua) sus propias particularidades.

En España, solamente la cordillera Cantábrica puede aspirar a aproximarse en importancia orográfica a la cordillera pirenaica. Se la conoce comunmente por Los Picos de Europa, un nombre con que, segun se dice, la bautizaron los marinos que venían de América porque esos montes eran la primera visión que tenían del continente europeo. El viajero que, desde la costa de Santander o de Asturias, penetre en ellos experimentará esa misma sensación de descubrimiento. Uno de los viajes más apasionantes que puede hacerse en coche en la región cantábrica es el que, partiendo del pueblo santanderino de San Vicente de la Barquera, nos conducirá a Unquera para tomar alli el desfiladero de La Hermida, siguiendo el rio Deva. El desfiladero, a través del cual discurre la carretera a lo largo de casi veinticinco kilómetros entre las paredes de desnuda roca, es de una majestuosa belleza. En el camino, la ermita mozárabe de Santa María de Lebeña se alza en medio de los montes, en un microclima natural que permite que crezcan a su puerta el tejo y el olivo, el más meridional y el más septentrional de los arboles europeos. El pueblo de Potes, que conserva su antiguo barrio de construcciones serranas es, por el lado oriental, la puerta de los Picos de Europa que da paso al santuario de Santo Toribio de Liébana, de donde procede el famoso Códice miniado del Beato, y al pueblo de Espinama, que guarda recuerdos de los amores del marqués de Santillana:

> Mozuela de Bores
> allá so la lama
> púsome en amores.
> E fueron las flores
> de cabe Espinama
> los encubridores.

Para quien no prefiera subir a los Picos en el funicular de Fuente Dé, el camino que parte de Espinama conduce al circo de montañas donde se alza el más famoso de los montes de la cordillera, el Naranjo de Bulnes, un desafío para los alpinistas. Pero si hubiera que elegir un paisaje en los Picos de Europa, quizá me inclinaría yo por el camino que, partiendo de Arenas de Cabrales en dirección a Cain, pasa por el desfiladero del rio Cares. Su nombre lo dice todo: la Garganta Divina.

El gigante de un solo ojo

No se puede hablar, claro está, de montañas españolas sin mencionar la más alta de todas ellas, el pico del Teide, en la isla de Tenerife, que sobrepasa los tres mil setecientos metros de altitud. Subiendo desde el valle de La Orotava se contempla el volcán emergiendo en el centro del inmenso crater de Las Cañadas. El llamado Mirador de Humboldt está situado en el lugar donde el famoso científico alemán se puso de rodillas ante lo que el llamó «el paisaje más hermoso del mundo». Los marinos de la antigüedad dejaron constancia de la impresión que les causó ver desde el mar el perfecto cono del volcan. Y algunos intérpretes de La Odisea han asegurado que Tenerife es la isla en que Homero situó la morada de Polifemo, el gigante de un solo ojo, representación mítica del Teide.

La configuración orográfica de la Península ha dado especial significación geográfica e histórica a los desfiladeros y a los pasos o, como se dice en español, a los puertos de montaña. En los Pirineos, Roncesvalles fue el paso por donde entraba en España el Camino de Santiago, también llamado Camino Francés, otro de cuyos ramales tenía su entrada por Somport, en Huesca, el Summum Portus de los romanos. Roncesvalles era ya famoso desde mucho antes de que se iniciasen las peregrinaciones que tanta importancia religiosa y cultural revistieron para la historia de España y de Occidente, desde los tiempos en que allí fue derrotado y muerto el caballero Roldán junto con Oliveros y los demás Pares de Francia. El episodio quedó inmortalizado en la Chanson de Roland, en otros textos de la literatura francesa y española e incluso en coplas populares como la que comienza

> Mala la hubisteis, franceses
> en esa de Roncesvalles...

Segun la «Chanson», los enemigos de Roldán en esta batalla fueron los sarracenos del rey moro de Zaragoza. Es más probable sin embargo que fueran los vascos, expertos en la guerra de guerrillas tan peculiarmente ibérica, quienes infligieron la derrota a los franceses en venganza por la destrucción de las murallas de Pamplona poco tiempo antes. La gesta permanece viva en la memoria de las gentes. Todos los años se celebra en Roncesvalles un festival que la recuerda y en la comarca aun contarán al viajero una leyenda segun la cual, en las noches de luna llena, puede escucharse entre el ulular del viento, el cuerno de caza que Roldán hizo sonar llamando desesperadamente a las fuerzas del emperador Carlomagno.

Apenas existe en España ningún viaje en que el automovilista no se vea obligado a cruzar alguno de estos puertos de montaña, llámense el Escudo, Pozazal, Pajares, Manzanal, las Portillas del Padornelo y de la Canda, Somosierra, Miravete o Despeñaperros. Esta es una geografía cuyas lecciones son fáciles de recordar porque, durante el invierno, raro es el día en que algunos de estos puertos, y especialmente las de la mitad norte de la Península, no sean mencionados en los boletines de vialidad de las carreteras, anunciando que están «cerrados al tráfico» o que en ellos «es imprescindible el uso de cadenas». La vida cotidiana de los habitantes se ve por tanto afectada por las montañas, que no sólo separan al país del continente a que pertenecen sino, entre sí, a las regiones que lo forman. El tránsito entre Castilla y Cantabria, entre León y Asturias, entre las dos Castillas o entre Castilla y Andalucía ha de confiar en difíciles puertos de montaña la comunicación interregional.

Los nombres de estos puertos son a menudo símbolos de las diferencias geográficas y culturales de uno y otro lado de la montaña. Un caso muy expresivo en este aspecto es el de Despeñaperros, el estrecho desfiladero por el que antiguamente pasaba el camino real en torno al que se ha construido la carretera que constituye la única vía de comunicación entre Castilla y Andalucía. Los andaluces utilizan con frecuencia las expresiones «De Despeñaperros para arriba» y «De Despeñaperros para abajo» para dar cuenta de las diferencias que existen entre las tierras y también entre las costumbres sociales del norte y del sur de Sierra Morena. Por poner un ejemplo, los aficionados a los toros dicen que «de Despeñaperros pa abajo, se torea; de Despeñaperros pa arriba, se trabaja», para dar a entender que son los andaluces los únicos que tienen el dominio del verdadero arte del toreo.

El accidentado relieve del país ha de tener necesariamente su correspondencia en sus costas. Pocos países gozan de las largas y amplias playas de suave declive que se encuentran en la costa española, no sólo en la mediterránea sino también en la cantábrica y en la atlántica. Han sido su mayor atractivo no sólo para el tradicional veraneo de los españoles sino también para la promoción del turismo, convertido en la primera industria nacional. Pero, junto a esas suaves playas, hay abruptas zonas costeras para los amantes de bañarse entre rocas. Así, junto a las costas que hoy reciben los turísticos nombres de Costa Blanca, Costa del Sol, Costa de la Luz o Costa Verde, la Costa Brava catalana es el paradigma de cuanta belleza pueda alcanzar una costa accidentada en que los pinos que crecen entre las rocas se asoman al mar. En el Cabo de Creus, su extremo septentrional, esta costa cobra un aspecto casi lunar. Con este paisaje rivaliza el impresionante Cabo de Formentor, en Mallorca. Pero acaso no exista en España ninguna costa de piedra tan sobrecogedora como la que lleva desde antiguo el nombre de Costa de la Muerte, en Galicia. Cualquiera que se asome a sus imponentes acantilados comprenderá por qué los marinos la bautizaron así. Según se cuenta, en la vecina comarca de Bergantiños había antiguamente bandidos que hacían embarrancar los navíos que se acercaban a la costa por el procedimiento de desplazar luces durante la noche a fin de engañar a los navegantes. La Costa de la Muerte se extiende desde el pueblo de Malpica, en la provincia de La Coruña, hasta el cabo Finisterre, el fin de la tierra para los antiguos.

El olivar andaluz

Hoy es ya difícil encontrar paisajes naturales puros. La huella del hombre está presente por todas partes, incluso en los parajes más aislados. Pero el hombre no siempre ha distorsionado y contaminado los paisajes, como parece hacer en nuestra época. El hombre ha sido a menudo, sin saberlo, paisajista y algunos de los más bellos paisajes del mundo son precisamente paisajes creados por el hombre. En España hay no pocos ejemplos eminentes de la belleza que el hombre ha sabido añadir a la tierra a lo largo de las generaciones. Quien no lo crea, que emplee su tiempo en recorrer la huerta murciana, el naranjal de Valencia o los montes poblados de almendros de la sierra de Almería cuando, en febrero, están los árboles en flor. O bien que cruce la inmensa llanura de los Campos Góticos, la Tierra de Campos, para ver, poco antes de la siega, lo que con tanta razón se llama «el mar de trigo» que el viento mueve en suave oleaje. Paisajes humanos son el encinar de Extremadura, las plantaciones de viña en La Rioja, en La Mancha o en el campo o marco de Jerez. O aquellas otras plantaciones de vides que crecen en las terrazas que en un esfuerzo de generaciones construyeron los hombres en las secas y boscosas montañas del Priorato tarraconense. Para mí, hay en España un paisaje que supera a todos cuantos ha creado el campesino en su lucha por dominar la tierra. Me refiero al del olivar andaluz cantado por Antonio Machado. Apenas el viajero que viene de Castilla entra en Andalucía, los olivares surgen en las colinas en rectilíneas formaciones que parecen avanzar y cruzarse unas con otras a medida que pasamos en coche junto a ellos. Es un paisaje geométrico, un ajedrezado de luces y colores con el rojo cobrizo de la tierra, el gris plateado de los olivos y el intenso azul del cielo. Si tuviera que elegir un paisaje que representara a España en la diversidad de sus tierras y sus culturas, quizá me quedaría con la quintaesenciada armonía, griega, latina, árabe, española, del olivar de Jaén.

Elemento esencial del paisaje humano es también, claro está, la arquitectura y, especialmente, aquella arquitectura más peculiarmente fundida con la tierra. Hoy, cuando se hacen edificios de estilo escandinavo junto a las playas de doradas arenas refulgentes contra el azul del mar, cuando se construyen chalets suizos en los austeros montes castellanos, aún apreciamos más aquella arquitectura que parece naturalmente surgida del paisaje utilizando los materiales de la zona y con las formas tradicionales que deben su explicación a siglos de vida.

Una de las características, y quizá la más llamativa de España, es la gran diferencia, el abismo diríamos casi, que existe entre ciudad y campo, entre ciudad y pueblo. Son dos mundos aparte y pasar de uno a otro de esos mundos significa no sólo cambiar de lugar sino también, podríamos decir, cambiar de siglo. En este aspecto, como en tantos otros, el país no admite generalizaciones y, sin embargo, esa es la impresión dominante que queda en la retina del viajero. Hoy sería quizá un poco exagerada la afirmación, hace todavía muy pocos años perfectamente cierta, de que «sales de Madrid y te encuentras, en pocos kilómetros, en la Edad Media». Los pueblos en torno a la capital se han modernizado o han intentado modernizarse. Por sus calles, a menudo pedregosas, se ven hoy coches y máquinas agrícolas. Los hombres andan en mono y las mujeres con la bata guateada. Lo que no significa que no sigan llevando una vida de pueblo. Y, rebasado el límite de los cien kilómetros desde la Puerta del Sol, cuando uno se mete en la Sierra de Guadalajara o en los Montes de Toledo, volverá a encontrar pueblos casi abandonados en los que viven sólo algunos ancianos y acaso algunos niños la vida más primitiva que pueda concebirse en el continente europeo.

El éxodo del campo a la ciudad registrado en España durante los últimos veinte años ha dejado en todo el país, y especialmente en las zonas serranas, muchos pueblos abandonados. Viajando por carreteras secundarias es facil encontrarse con alguno de estos pueblos de los que se han marchado los vecinos. Las puertas de las casas aparecen abiertas. Dentro, hay aun viejas fotografías colgadas por las paredes, calendarios amarillentos con motivos florales, algunos muebles y enseres que sus habitantes no pudieron llevarse cuando se marcharon y que los chamarileros no tardarán en saquear para venderlos como antigüedades. Camionetas de pueblos vecinos han venido a buscar vigas y tejas de las casas, piedras de la iglesia labradas por antiguos canteros. Uno de los pueblos abandonados que más impresión me ha causado es el de Villacadima, al norte de Guadalajara. Tiene una preciosa iglesia románica con añadidos góticos. Cuando sus vecinos se marcharon, decidieron que estaría bien trasladar la iglesia al barrio de Madrid donde vivían casi todos ellos. No lo consiguieron y hoy la iglesia de Villacadima aparece destrozada, como un vestigio de una civilización desaparecida.

Esta no es, ni mucho menos, toda la imagen de los pueblos españoles. Hay muchos pueblos en los cuales, ahora que la vida de las ciudades se ha hecho cada vez más difícil, se vive mejor que en la ciudad misma. El lenguaje distingue muy bien entre lo que se llama en castellano «pueblos de mala muerte» o «pueblachos», donde no puede esperarse que la vida sea muy buena, y los llamados «pueblos buenos» que tienen huertas y campos de labor o alguna industria que da trabajo a la gente.

La noción de pueblo es en España muy amplia y a veces se llaman aqui pueblos a núcleos de población que, por el número de sus habitantes, recibirían en otros paises el nombre de ciudades. Oficialmente se les suele llamas «Villas», aunque la palabra, que puede aplicarse también a grandes ciudades como Madrid o Bilbao, no suele usarse en el lenguaje común. La gente habla de «mi pueblo» para referirse a pequeñas ciudades industriales vascas, mineras de Asturias o agrícolas de Andalucía. Los pueblos varían en España mucho de una regiones a otras. Desde las aldeas de Galicia y los dispersos caseríos del Pais Vasco hasta los grandes pueblos de la campiña andaluza o de la huerta de Valencia pasando por los burgos castellanos y los pueblos extremeños, el repertorio es inacabable. Suelen tener, como rasgo común, una plaza central donde están la iglesia y el Ayuntamiento, una plaza muy a menudo porticada que es el lugar de reunión de los habitantes y que tiene mucho de agora griega. Allí están los establecimientos públicos, alli se celebran los mercados en determinados días, se convocan las solemnidades religiosas o se inician las fiestas anuales con encierros de toros.

«Ser de pueblo»

El concepto de pueblo no es tradicionalmente entre nosotros un concepto prestigioso. «Ser de pueblo» no es ninguna gloria para nadie y no son pocos los que, habiéndose trasladado a vivir a la ciudad, procuran ocultar su origen. Si uno pregunta a una persona de donde es, no es raro que le responda diciendole el nombre de la capital de la provincia en que nació. La pregunta, por ejemplo, «Pero, ¿del mismo Cuenca o de un pueblo de la provincia?» suena ya algo impertinente. El preguntado responderá, un poco confuso: «De un pueblo de la provincia». «¿Cómo se llama el pueblo?», insistirá el interrogador. «No lo conocerá Vd, es muy pequeño», dirá el otro, avergonzado.

Sólo muy lentamente va desapareciendo el menosprecio urbano por la gente del campo, por el «paleto» de pueblo a quien los dibujantes de humor representan con rostro cerril y boina calada hasta las orejas. Una copla salmantina reprocha a la gente de la ciudad ese menosprecio

> Salamanca la Blanca, ¿quién te mantiene?
> Los pobres labradores que van y vienen.

La gente de los pueblos quiere parecerse a la de las ciudades, hacer de su pueblo algo parecido a una ciudad. Lo expresa humorísticamente un fandango andaluz:

> Valverde ya no es Valverde,
> es un segundo Madrid.
> Todos los dias, camionetas
> y también ferrocarril
> y el cartero, en bicicleta.

Desde hace unos años, después del multitudinario éxodo de los campesinos hacia la ciudad, se observa un ciérto movimiento de regreso a los pueblos, un nuevo aprecio por la vida rural, por la vida «tranquila» del campo, en contraposición a los agobios de la ciudad. Mucha gente que se había marchado a Madrid, a Barcelona o a Bilbao o incluso a alguna ciudad extranjera en busca de un trabajo que no tenían en el lugar donde nacieron, han descubierto de nuevo su pueblo, han arreglado la casa de sus mayores para pasar en ella sus vacaciones o han intentado incluso, en no pocos casos, buscar alli un trabajo que les permitiera volver a su lugar de origen.

Hasta hace pocos años, la gente del campo no comprendía que a nadie pudiera gustarle su pueblo. Se sorprendían mucho de ver a un viajero contemplando admirativamente la iglesia o la arquitectura de las casas. Yo recuerdo que, en una ocasión, me detuve en un pueblo y estuve hablando con unos ancianos que tomaban el sol en el banco de piedra a lo largo del muro de la iglesia. Era una construcción de la época románica, con un precioso friso con escenas evangélicas. «¡Qué bonita iglesia tienen ustedes!», dije yo. Y uno de los hombres repuso: «Gusta mucho, sí señor». Era seguro que a él no le gustaba y que le parecía sorprendente que los visitantes la elogiaran tanto. De esto que cuento hace ya algunos años y, posteriormente, he visto variar la actitud de la gente de los pueblos con respecto a su propio patrimonio artístico o cultural. Es notable ver, por ejemplo, cómo los vecinos, con pocos medios para mantener ese patrimonio, tratan de defenderlo de la destrucción o de los robos de objetos de arte que han proliferado en nuestra época.

La capa del cardenal

He visto, por ejemplo a la gente de un pueblo de Castilla cerrar el paso con camiones y tractores a un transportista que aseguraba venir de parte del obispo de la Diócesis para cargar un retablo barroco que había en una iglesia abandonada del pueblo. Hubo casi un motín y el retablo está en la iglesia, que posteriormente ha sido restaurada. Para los habitantes de los pueblos, los tesoros artísticos constituyen a menudo algo así como las «señas de identidad» colectivas, el símbolo de la comunidad a que pertenecen. El pueblo de Santorcaz, en la provincia de Madrid, se precia por ejemplo de tener entre sus tesoros la capa pluvial y la cruz del Cardenal Cisneros. El famoso estadista del siglo XVI estuvo preso en el castillo de Santorcaz y regaló al pueblo estos valiosos objetos. Hace algunos años la capa pluvial y la cruz fueron robadas de la iglesia. El pueblo se movilizó y los ladrones fueron detenidos con estos objetos cuando iban a cruzar la frontera francesa. Estuve pocos días después en el pueblo y pedí ver las reliquias de Cisneros. En medio de un gran secreto, un vecino me pidió que le acompañara a su casa. Había sido comisionado por los demás para guardar los objetos, a fin de que no volvieran a robarlos. Me mostró, en una vitrina que tenía en el comedor, la cruz del cardenal y luego, llevándome a su dormitorio, levantó el colchón de la cama y apareció, envuelta en blancas sábanas, la capa pluvial cardenalicia bordada en oro.

Episodios como éste se han repetido a lo largo de estos años y significan una revalorización, en la conciencia colectiva, de una de las mayores riquezas del patrimonio español, los pueblos, no sólo por los monumentos y obras de arte que a menudo contienen sino, especialmente, por la arquitectura popular que la vida ha acumulado en ellos durante siglos y que constituye la más acabada expresión de una arquitectura fundida con el paisaje, de la armonía entre la naturaleza y el hombre.

Uno de los rasgos del carácter del español es la necesidad que tiene de recurrir, en el lenguaje, al uso del superlativo para expresar sus emociones. Y, asi, es muy frecuente oir decir a un español que tal o cual pueblo es el más bonito de España. Personalmente, he oido a mis compatriotas dar este título a un par de buenas docenas de pueblos; quizá el más mencionado de todos ellos sea Santillana del Mar, en Cantabria, y uno de los que lo eligió no fue un español sino un francés, nada menos que Jean Paul Sartre, poniendo esta afirmación en boca de uno de los personajes de «La náusea». Sin duda, el visitante de Santillana, un pueblo de casonas hidalgas con escudos, creerá justificado el superlativo del autor francés. Porque Santillana es un pueblo vivo cuyos habitantes parecen seguir dando más importancia a la agricultura y a la ganadería que al turismo que en gran número lo visita, atraído por su belleza y por la proximidad de las Cuevas de Altamira, hoy cerradas por necesidades de protección de las pinturas rupestres.

Y no se sorprenda el lector si, después de haber dicho que Santillana del Mar es el pueblo más bonito de España, encuentra en su viaje otro que, a su juicio, le supera. Se suele recomendar La Alberca, en Salamanca, pueblo de bien conservadas tradiciones. Pero con la misma razón podría hablarse de Albarracín, en la provincia de Teruel, un pueblo árabe de estrechas callejas y preciosas fachadas, construido bajo la muralla de su castillo; o Trujillo, en Cáceres, una villa señorial más que un pueblo, con sus iglesias y palacios renacentistas, patria del conquistador del Perú, Francisco Pizarro; o bien Sos del Rey Católico, donde nació el rey Fernando de Aragón. Pueblos de gran belleza es también Besalú, una villa medieval situada en la provincia de Gerona, Covarrubias, en el corazón de Castilla no lejos del Monasterio de Silos, o bien Morella, capital del Maestrazgo, que muestra su encastillada silueta de cuando fue residencia del general carlista Cabrera. En el sur, hay para elegir entre los pueblos blancos de Arcos de la Frontera, en Cádiz, Casares de la Sierra, en Málaga, o para no hablar ya de Moguer, el pueblo de Juan Ramón Jimenez, en Huelva. En la Mancha está Almagro, con su preciosa plaza. En Extremadura, Guadalupe, y su famoso monasterio; Zafra, la villa de las dos plazas, la Grande y la Chica, o Jerez de los Caballeros, con sus torres de reesplandecientes azulejos. En Canarias, Garachico, a pesar de la severa destrucción que sufrió en la erupción volcánica del siglo XVIII, es aún un bellísimo pueblo.

Miguel de Unamuno, uno de nuestros grandes escritores viajeros, solía decir que entre los pueblos o pequeñas ciudades más bellos del país debían contarse aquellos que, sin ser capitales de provincia, eran o habían sido sedes episcopales. Resulta sorprendente encontrar pueblos que hoy no tienen más de dos o tres mil habitantes, en los que, sin embargo, se alzan impresionantes catedrales. Este es el caso de Sigüenza, en Guadalajara, cuya catedral contiene obras tan extraordinarias como la sacristía decorada en su abovedado techo con cabezas de personajes bíblicos debidos al escultor Covarrubias. En una de las capillas de la catedral se encuentra la que es quizá la mejor obra de la escultura funeraria española, la estatua de un guerrero adolescente que aparece sentado, revestido de sus armas y leyendo un libro. El nombre del personaje es Martín Vázquez de Arce, caballero seguntino del siglo XIV, aunque se le conoce como el Doncel de Sigüenza.

El gallinero de la catedral

Un caso parecido al de Sigüenza es el de El Burgo de Osma, en la provincia de Soria, cuya catedral tiene una bellísima torre barroca de piedra blanca cuya imagen quedará grabada en la memoria del viajero. Y, por citar una más entre las muchas que podrían citarse, la villa de Santo Domingo de la Calzada tiene también una catedral que parece propia de una gran ciudad. Su torre, exenta, separada del cuerpo de la iglesia, un poco a la manera italiana, es una construcción también barroca de una gran elegancia. Al entrar en el templo, el viajero verá, frente a la tumba del santo ingeniero al que está dedicado, un adorno que quizá la costumbre le induzca a considerar poco adecuado para el lugar donde se encuentra. Es un gallinero labrado en piedra que contiene gallos y gallinas vivos a los que se oye cantar durante los actos del culto. Están allí para perpetuar la memoria de un milagro obrado por intercesión del santo.

Según una crónica medieval, un joven francés que pasaba por aquí en su peregrinación a Compostela fue ajusticiado en el pueblo por haber sido acusado, al parecer falsamente, de haber robado una taza de plata. Los padres, que permanecieron llorando delante del patíbulo, escucharon de pronto la voz de su hijo que les decía que Santo Domingo le había librado de la muerte. Fueron corriendo a casa del Corregidor para advertirle del milagro y pedirle que bajara a su hijo de la horca. El Corregidor, que en aquel momento estaba sentado a la mesa para la comida, les respondió, incrédulo: «Tan vivo está vuestro hijo como estas aves que voy a comerme» y mostró la fuente con los pollos asados. Apenas hubo dicho esto, las aves se pusieron en pie y, recobrando su plumaje, comenzaron a cantar. El Corregidor, con los padres y todo el pueblo, fueron al patíbulo a buscar al joven milagrosamente salvado. Por eso dice el refrán «Santo Domingo de la Calzada, que cantó la gallina después de asada».

Si ser o haber sido sede de un obispo es para un pueblo garantía de tener una buena arquitectura, cuánto más no lo será haber sido residencia de un Papa, como era o pensaba ser don Pedro de Luna quien, bajo el nombre de Benedicto XIII, sostuvo frente al papa Martin V su derecho al gobierno de la Iglesia. En la ciudadela situada sobre la roca de la antigua Peñíscola se conserva el castillo donde vivió el Papa, o quizá estaría mejor decir, el antipapa que quiso hacer de Peñíscola su Vaticano en suelo español. La villa no necesitaba de este personaje para ser famosa. Lo era desde la antigüedad, cuando fue habitada por íberos, cartagineses y romanos. Y se dice que fue allí donde el joven Aníbal pronunció su célebre juramento de profesar odio eterno a Roma.

La costa mediterránea española es la parte del país cuyo primitivo carácter ha quedado más desfigurado, a causa de las construcciones, a menudo poco adaptadas al medio, que han surgido en pueblos y ciudades para atender a la demanda turística. Las urbanizaciones han caído sobre los pueblos dejando, de su estilo original, apenas el recuerdo. En otros casos, la construcción de ciudades de nueva planta, como Benidorm, ha dado lugar al surgimiento de conjuntos urbanos veraniegos no exentos de originalidad y que constituyen un caso único; con sus problemas, pero único, en la historia del urbanismo moderno. Por otra parte, la avalancha de cemento sobre la costa ha dejado libres muchos rincones que aun ofrecen la posibilidad de descubrir por ejemplo en Mallorca, superpoblada de turistas en verano, en Ibiza y ya no digamos en Menorca, la menos turística de las Baleares, apacibles calas y pueblos deliciosos que aun hacen buena la descripción que George Sand, que vivió en Mallorca con Federico Chopin, hacía de la isla en el siglo XIX: «Es la verde Helvecia bajo el cielo de Calabria, con la solemnidad y el silencio de Oriente».

En la costa peninsular no faltan pueblos bien conservados, como Cadaqués, donde las nuevas construcciones han sido hechas con criterios urbanísticos menos estrictamente mercantiles. En la costa alicantina, Altea o, en la almeriense, Mojácar o Carboneras, con sus construcciones cúbicas de estilo inconfundiblemente árabe, son otros ejemplos de la integración de la arquitectura en el paisaje. Y hay que decir también, por otra parte, que el hecho de que en la Costa Brava, en la Costa Blanca o en la Costa del Sol haya que lamentar frecuentes desmanes urbanísticos no debe impedir el reconocimiento de que se han logrado notables conjuntos a los que acude masivamente el turismo español e internacional.

El pueblo de Dulcinea

El color blanco de las edificaciones de la costa mediterránea se vuelve deslumbrante en la España del Sur. En los pueblos de La Alpujarra, de la Sierra de Cádiz, de La Mancha, no es raro ver a las mujeres encalando con ayuda de escobas las casas de los pueblos. El encalado parece ser una cuestión de competencia femenina. En el pueblo de El Toboso, famoso en la historia de la literatura por haber sido la supuesta patria de Aldonza Lorenzo, la Dulcinea del Quijote, los muros de las casas van cobrando, con las sucesivas aplicaciones de la cal desde tiempos antiguos, formas curvilíneas que dan al pueblo un inconfundible carácter. Algo parecido ocurre en los pueblos de La Alpujarra, del que ya hemos hablado, y también en los de la Sierra de Cádiz donde hay pueblos como Arcos de la Frontera, Grazalema y, más próximo a Málaga, Setenil de las Bodegas, algunas de cuyas calles están excavadas en la roca que sirve de cielo a las casas. Próximos a la costa gaditana, Vejer de la Frontera y Castellar de la Frontera, un pueblo blanco encerrado entre las murallas de un castillo, tienen el fuerte sabor morisco que anuncia ya la proximidad de Africa.

En la sierra de Aracena, que forma parte de Sierra Morena pero es mucho más luminosa y variada en vegetación que el resto de la cordillera, hay también preciosos pueblos blancos como el mismo Aracena o Alájar, situado bajo la llamada Peña de Arias Montano, donde se refugió el famoso humanista de la época de Felipe II. El rey le visitó en un refugio y, en una cueva de la montaña, hay una piedra en forma de silla que se conoce por «la sillita del Rey».

En Castilla la Vieja y León predominan la piedra en las construcciones señoriales y el muro hecho con el llamado «mortero», mezcla de piedra y barro. En algunas regiones, sobre todo en Tierra de Campos, hay edificaciones centenarias hechas de adobe, bloques de barro secado al sol y sin cocer, lo que se traduce en que, contemplados en la inmensa llanura, los pueblos se confunden literalmente con el color de la tierra. En Aragón hay también pueblos construidos en piedra, como Sos del Rey Católico o Uncastillo, pero lo específicamente aragonés es el ladrillo con el que los alarifes de tradición mudéjar han venido dibujando los preciosos arabescos que vemos en la torre de Ateca o en edificaciones de Paniza, Maluenda o Calatayud. En Soria se halla una de las más ancestrales construcciones de España, las chimeneas celtibéricas que se vienen haciendo desde épocas anteriores a la conquista de la Península por los romanos. Las chimeneas de Calatañazor, de Villadeciervos y de otros pueblos de la zona ocupan prácticamente toda la casa. Son de forma crónica, y el fuego se hace en el centro de la habitación redonda que sirve de cuarto de estar a la familia, mientras los domitorios están situados alrededor de la chimenea, para aprovechar su calor.

Lo más característico de Cataluña son las masías, diseminadas en el campo, a menudo con galería de arcos, que albergan un gran conjunto de edificaciones como exigían las costumbres patriarcales de la época en que fueron construidas. Euskadi, tierra también de caseríos esparcidos sobre las verdes colinas, tiene quizá sus más peculiares construcciones en los puertos pesqueros tales como Bermeo u Ondarroa en Vizcaya o Guetaria en Guipúzcoa. Cantabria se caracteriza por sus casas con «cortavientos», paredes laterales que protegen la galería de pintadas vigas. En Asturias y Galicia hay que buscar los hórreos, depósitos para guardar el grano, sostenidos sobre columnas, algunos de ellos en piedra labrada. En Galicia, los cruceiros, con algunos maravillosos ejemplos románicos y góticos, son el orgullo de los pueblos y aldeas y se les atribuye un papel protector contra la Santa Compaña de los difuntos y otros espíritus tan propensos a vagar por aquella misteriosa tierra.

En Extremadura y en Castilla es frecuente, en algunas regiones, encontrar fachadas de casas recubiertas de un primitivo hormigón hecho de barro y de paja para darle consistencia. Este es el caso, por ejemplo, de los pueblos de la comarca de La Vera, en la vertiente sur de la Sierra de Gredos, muy cerca de donde se encuentra el sombrío monasterio de Yuste, donde murió el emperador Carlos V. Las estrechas calles de Valverde o de Villanueva de la Vera, surcadas en el centro por los canales de desagüe y con los aleros de las casas juntándose casi, como si quisieran ocultar el cielo, son espacios umbríos con deliciosas placitas en las que se escucha el permanente murmullo de las fuentes.

El nombre de Castilla significa «tierra de castillos» pero, según los últimos estudios, el de Cataluña tiene también la misma etimología. Todo el país, de norte a sur y de este a oeste, está lleno de grandes fortalezas que hablan de la belicosa historia de España. Algunos de estos castillos han sido transformados en Paradores Nacionales que son hoy en número superior a cincuenta, la más notable peculiaridad de la hostelería española.

El viajero hallará en su camino estos castillos que dan a los abiertos paisajes españoles una especial grandiosidad. La misma impresión habrán de causarle los grandes monasterios que en la Edad Media y en siglos posteriores surgieron en toda la Península. La Orden del Cister dejó aquí grandes construcciones monacales como Poblet en Cataluña, Fitero en Navarra, Veruela o Piedra en Aragón, Las Huelgas o Aguilar de Campoo en Castilla. Uno de los más bellos monasterios españoles es el de Silos, en la provincia de Burgos. El ciprés de su claustro, cantado por los poetas, ha quedado como símbolo de la vida espiritual y de la paz monástica. El monasterio de La Rábida, en Huelva, tiene un valor representativo. Allí encontró Colón el apoyo necesario para emprender el viaje que daría como resultado el Descubrimiento de América. Pero hay muchos otros, como Sobrado de los Monjes o Samos en Galicia, Santa María de la Huerta en Soria, Guadalupe en Extremadura, el Puig en Valencia, El Paular en Madrid, Montserrat en Cataluña, por decir sólo unos ejemplos. Una información que puede interesar al viajero por España es la de que, en la mayoría de estos monasterios, las reglas monásticas imponen a los monjes o monjas la obligación de hospedar a los hombres o mujeres que tocan a su puerta, aunque la costumbre recomienda al hospedado corresponder a la hospitalidad con una limosna.

Como se descubrió Altamira

Una parte muy importante del patrimonio monumental de España se encuentra precisamente en los pueblos o en las zonas rurales proximas a ellos que fueron centros de actividad económica en épocas antiguas. La prehistoria española cuenta con yacimientos antiquísimos en el valle del Guadalquivir, donde pudo registrarse la presencia humana hace ya un millón de años. En el valle del Manzanares, muy cerca de Madrid, hombres del Paleolítico cazaron elefantes y ciervos en los períodos interglaciares. Un cementerio de elefantes fue hallado por el marqués de Cerralbo en las inmediaciones del pueblo de Medinaceli. Junto a los huesos del Elephas Antiquus pueden verse hasta hoy las hachas de silex de sus cazadores. Todas las grandes eras de la Prehistoria están documentadas en la Península Ibérica pero el momento de mayor esplendor corresponde a los periodos del Paleolítico que llevan los nombres de auriñacense y magdaleniense, la época de las pinturas rupestres.

Se puede decir que el arte rupestre es un descubrimiento español. En el año de 1829, un hidalgo de Puente San Miguel, pueblo santanderino situado cerca de Santillana, realizó un hallazgo que había de tener trascendentales consecuencias para la ciencia de la Prehistoria, apenas iniciada por entonces en Europa. Don Marcelino Sanz de Sautuola era aficionado desde hacía tiempo a buscar armas de piedra y otros objetos que testimoniaran la existencia de un hombre antiguo, anterior a la Historia. Un día, unos cazadores le dijeron que, a poca distancia de Santillana del Mar, había una cueva en la que había entrado su perro. Se dirigió a ella acompañado de su hija María, una niña de doce años. Mientras él se quedaba a la puerta de la cueva examinando unos restos, la pequeña entró con una luz en la gruta y al ver las pinturas del techo exclamó desde dentro: «¡Papá, toros!» Asi se descubrió la Cueva de Altamira.

La que más tarde había de ser llamada «Capilla Sixtina del Arte Cuaternario» fue pues la primera de las cuevas con pinturas rupestres descubierta en el mundo. Los prehistoriadores, que por entonces celebraban una conferencia internacional en Lisboa, no dieron al descubrimiento la importancia que merecía. Algunos de ellos llegaron a pensar incluso que podía tratarse de una falsificación. Solo cuando, años después, se descubrió en Francia la cueva de Lascaux, se reconoció plenamente la aportación que Sautuola había hecho a la ciencia. Pero, para entonces, don Marcelino había muerto. Cartailhac, uno de los grandes prehistoriadores franceses, reconoció su error de entonces en un folleto titulado «Mea culpa de un escéptico». Al descubrimiento de Altamira y de Lascaux, en Francia, siguió el hallazgo de muchas otras cuevas como las del cerro del Castillo en Puente Viesgo, Santander, la de Santimamiñe en el Pais Vasco y, más recientemente, la de Tito Bustillo en el pueblo asturiano de Ribadesella.

La cueva de Altamira está actualmente cerrada para evitar que la gran afluencia de visitantes dañe las pinturas. Se ha seguido en esto la misma política que en Lascaux aunque se ha anunciado que pueden volver a abrirse limitando el número de visitas. Actualmente se pueden ver las de Puente Viesgo y, en el Museo Arqueológico de Madrid hay una excelente reproducción de la cueva de Altamira que permite ver a la perfección el famoso techo de los bisontes, una de las más vívidas escenas de toda la historia de la pintura. El catálogo del arte rupestre no termina en España con la pintura magdaleniense. De épocas posteriores, posiblemente del Neolítico, son las pinturas esquemáticas del Levante español. Desde Alpera, en Albacete, hasta Cogul, en Lérida hay una riquísima serie de abrigos rocosos con pinturas. Merece la pena visitar los museos de Santander y de Albacete asi como el Museo Arqueológico Nacional, de Madrid para darse cuenta de todo lo que ofrece el arte prehistórico en España.

Desde Altamira hasta nuestros días, a lo largo de quince mil años, la acumulación de los testimonios del arte y la cultura del pasado hace imposible siquiera sea la enumeración de los principales monumentos y obras artísticas. Intentar hacerlo equivaldría a convertir este texto en un catálogo de nombres. Un catálogo que correría el peligro de aburrir a mis amables contertulios. Quizá unas ideas generales sobre las grandes líneas de la cultura española, de la mezcla de culturas que la componen, ayude al lector a comprender la gran diversidad que en la arquitectura y en el arte encontrará en un viaje por España. Un pueblo de oscuro origen, el de los íberos, puebla la península al fin de los tiempos prehistóricos. Sus vestigios pueden verse en muchas partes de España, desde Tarragona, cuyas cíclopeas murallas anteriores a la llegada de los romanos parece que son obra suya, hasta el yacimiento del Cerro de los Santos, en Albacete. Obras como la Dama de Elche o esa extraña divinidad a la que el pueblo llamó «La Bicha de Balazote» son ibéricas. Mezclados con pueblos celtas venidos del norte, constituyen el mosaico de tribus celtibéricas que los romanos encontraron a su llegada a España. Termancia, Clunia y Numancia, la última de las cuales es el símbolo de la resistencia de Hispania a Roma, fueron celtibéricas antes que hispanorromanas.

Otro pueblo, el de los Tartessos se estableció desde tiempos antiquísimos al sur de la península. El emplazamiento de su capital, que debió estar en algun lugar de la costa onubense o gaditana, no ha podido ser determinado, aunque conocemos el nombre de uno de sus reyes, Argantonio, cuyo reinado debió marcar el apogeo de su pueblo. Los griegos eligieron la privilegiada llanura del golfo de Rosas para levantar la ciudad de Ampurias, cuyo nombre en lengua catalana, Empùries, conserva mucho mejor que el que se le da en castellano su etimología de la palabra emporio, mercado, de la que procede. El emplazamiento de la ciudad griega, que luego fue romana, en la llanura del alto Ampurdán al borde del mar, ofrece un maravilloso paisaje.

Hispania romana

Hispania fue para Roma, que la disputó a Cartago, una de las más importantes provincias del Imperio. En Tarragona y en Mérida, que fueron sus capitales, en Itálica, en Clunia, en Julióbriga, cerca de Reinosa, y en otros lugares pueden visitarse aún imponentes vestigios de la civilización romana. Recorriendo España veremos, aquí y allá, siguiendo el curso de las actuales carreteras, las calzadas romanas sobre cuyos itinerarios se trazaron las modernas vías de comunicación; las cuencas mineras que ya los romanos explotaban, como la famosa de Las Médulas, en la provincia de Leon, no lejos de Ponferrada, donde la extracción del oro dejó un extrañísimo paisaje de puntiagudos montículos; los puentes romanos, algunos de los cuales se utilizan todavía hoy; los monumentos funerarios situados en medio del campo, como la Torre de los Escipiones, en Tarragona, o la tumba de los Atilios, cerca de Sádaba, a la que el pueblo, por cierto, siempre dispuesto a creer que todo lo antiguo viene de los árabes, llama comunmente «el altar de los Moros»; a los impresionantes acueductos entre los que el de Segovia, alzándose sobre las humildes construcciones de tradición celtibérica, muestra toda la gloria de Roma. Hispania, que dio a Roma emperadores como Trajano o Adriano, poetas como Marcial, filósofos como Séneca, conserva de aquel tiempo la imperecedera imagen que hallará el viajero en su camino.

Desde su capital, Toledo, los visigodos quisieron restaurar en España la grandeza de Roma y nos legaron algunos monumentos, como la iglesia de San Juan de Baños, así como las joyas y coronas que fueron halladas en el pueblo toledano de Guarrazar, en un antiguo escondrijo. Después que la decadencia visigoda y, según quiere la leyenda, la belleza de una mujer, La Cava, amante del último rey godo, Don Rodrigo, franquearan el paso a la península a los ejércitos de Tarik y Muza, se inicia en España la llamada Reconquista, a la que un historiador denominaba humorísticamente «la temporada de los moros». Aquel período que duró ocho siglos y que recibió el nombre de Reconquista en época tardía, cuando se quiso exaltar el espíritu de cruzada, se caracterizó por la alternancia de guerras, no solamente entre cristianos y musulmanes sino también entre los reinos cristianos, y de tiempos de paz en que brilló la tolerancia racial y religiosa. En aquella época se produjo en España una extraordinaria floración del arte y la cultura que permitió, por ejemplo, al Rey Sabio Alfonso X fundar la Escuela de Traductores de Toledo en la que intelectuales judíos, musulmanes y cristianos trabajaron juntos en la tarea de llevar a Europa la cultura del mundo clásico que los filósofos árabes habían traido a España.

El santo de los coscorrones

La Edad Media dejó en España una diversidad de estilos artísticos que no ha vuelto a darse en un solo país y que constituye una síntesis de todo el arte de la época. El prerrománico asturiano coexiste con el gran arte hispanomusulmán de la Mezquita de Córdoba, el arte judío de la Sinagoga toledana de Santa María la Blanca con el gran arte románico europeo que jalona de iglesias todo el camino de Santiago, decoradas a menudo con hermosísimas pinturas como las que hoy pueden admirarse en el Museo Románico de Cataluña, que construye catedrales, y tiene su apogeo en el Pórtico de la Gloria compostelano cuyo autor, el Maestro Mateo, puede ser considerado como uno de los mayores artistas de la historia de la escultura. Lo que no obsta para que los peregrinos tengan por costumbre hasta hoy dar coscorrones en la cabeza de la estatua que al parecer le representa y que por esta razón se llama en gallego «o santo dos croques». Para cuando, en la España cristiana, se construyen las grandes catedrales y monasterios góticos, los árabes refugiados en el reino de Granada crean la maravilla de la Alhambra, no sin motivo considerado por algunos como el más bello palacio del mundo.

La síntesis de esta diversidad de estilos se realiza a través de dos artes específicamente españoles, el de los mozárabes, que eran los cristianos que trabajaban en territorio musulmán y el de los mudéjares que aportaron a los reinos cristianos la sabiduría arquitectónica de los árabes. De los mozárabes nos quedan preciosas iglesias y ermitas primitivas como la de Santiago de Peñalba, situada en la comarca que se conoce con el nombre de la Tebaida Leonesa, lugar poblado desde antiguo por los ermitaños. Los mudéjares dejaron muestras de su arte en toda España, desde Toledo y Sevilla hasta las ciudades aragonesas de Zaragoza, Teruel o Tarazona. Quizá sean las torres de las iglesias de Teruel los más notables ejemplos del mudéjar. Su belleza, refulgente al sol de la tarde en los verdes azulejos que las adornan, ha dado lugar a leyendas como la que cuenta que las torres de San Martín y del Salvador fueron construidas por dos arquitectos mudéjares que competían por el amor de la hermosa Zoraida, cuyo padre había prometido que la daría en matrimonio a aquel que construyera la mejor torre. La historia tiene un final trágico. El arquitecto de la torre de San Martín se dio cuenta, antes de que se produjera el fallo de la amorosa contienda, de que la torre que él había construido estaba ligeramente inclinada, mientras la del Salvador era recta. Y dicen que se suicidó arrojándose de lo alto de la torre. Un final que no sorprende mucho en una ciudad donde morir por amor no ha sido infrecuente y donde otra leyenda, más conocida que la anterior, narra la triste historia de los Amantes, Diego e Isabel, que vienen a ser el Romeo y la Julieta españoles. En la iglesia de San Pedro, que también tiene una bella torre mudéjar, están sus sepulcros, adornados por las estatuas yacentes esculpidas por Juan de Avalos.

El arte mudéjar influyó decisivamente en el arte renacentista que llamamos isabelino, mezcla de gótico y musulmán que tiene en iglesias y palacios de Toledo, Valladolid, Salamanca y Granada sus más extraordinarias muestras. La influencia italiana, añadida a los elementos góticos y mudéjares, da lugar al arte plateresco, que se manifiesta en la orfebrería y en la arquitectura, uno de cuyos más notables ejemplos es la riquísima portada de la Universidad de Salamanca y que levantó iglesias y palacios en muchas ciudades de América. De influencia italiana, y sobre todo de Bramante y de Miguel Angel, es el estilo herreriano, que tiene en El Escorial de Juan Bautista de Toledo y de Juan de Herrera, autor también del monasterio de Uclés, en Cuenca, su máxima representación. Los Austrias fueron grandes constructores, con obras como la Plaza Mayor de Madrid, el convento de la Encarnación o la deliciosa Capilla del Obispo, obra de Francisco Giralte. Pero su época, los siglos XVI y XVII, se caracterizan sobre todo por el apogeo de las artes plásticas, la escultura, con sus originalísimas tallas policromadas que pueden verse en el Museo de Valladolid y en los «pasos» que salen aun en las procesiones de Semana Santa de tantas ciudades y pueblos españoles, y, sobre todo, la pintura.

Velazquez

Los nombres de Berruguete, el Divino Morales, Pantoja, Sanchez Coello o Navarrete el Mudo bastarían para dar a la pintura española de la época una decisiva importancia. Universal la hicieron los valencianos Ribalta y Ribera, el extremeño Francisco de Zurbarán, el pintor de los monjes de blancas vestiduras cuyos retratos pueden verse en la sacristía del Monasterio de Guadalupe. O el sevillano Murillo, que pintó, en glorificación de la mujer las Purísimas, por las que se le conoce en los museos españoles, pero que también pintó las deliciosas escenas populares sevillanas que se conservan en el Louvre o en la Vieja Pinacoteca de Munich. Sobre todos ellos reina Velázquez, pintor de la corte cuya obra puede verse casi completa en el Museo del Prado. A diferencia de muchos de sus contemporáneos, influenciados por la pintura italiana, por la pintura flamenca o por artistas como Rubens, que trabajó en Madrid durante una época en su vida, se puede decir que Diego Velázquez ha sido el menos influenciable de todos los grandes artistas de la historia de la pintura. Su arte es estrictamente personal cuando pinta la estática majestad de «Las Meninas», el aire de «Las Hilanderas», los espléndidos retratos de los Reyes y los personajes de la Corte o la prodigiosa serie de los bufones.

Un pintor cretense que había pasado por Italia, Domenico Teotocopuli, llamado El Greco, encuentra en el contacto con la mística española del siglo XVI la inspiración que necesitaba para pintar la explosión de color de las grandes obras que podemos admirar en Toledo en Madrid y en El Escorial. Puede decirse por ello que El Greco es un pintor español además de ser un genio de la pintura universal, precursor en muchos aspectos del arte de nuestro tiempo. La gran pintura española del XVI y el XVII constituye el fondo más importante del Museo del Prado, pero no es la única de las grandes riquezas de esta pinacoteca considerada como una de las mejores del mundo. Felipe II y sus sucesores fueron grandes coleccionistas de pintura que mandaron comprar importantísimas obras italianas, alemanas o flamencas de maestros como Fra Angelico, Rafael, Tintoretto o Mantegna —el gran crítico Eugenio d'Ors decía que si tuviera que salvar una sola tela en un hipótetico incendio del Prado elegiría «El Tránsito de la Virgen» del maestro italiano— o de Roger Van der Wegden, Durero, Cranach, Patinir o El Bosco que tiene en el Prado algunas de sus más importantes obras. Otros pintores como Tiziano o Rubens trabajaron para la Corte española y esta tradición protectora de las artes se perpetuó bajo los Borbones.

El siglo XVIII un rey ilustrado, Carlos III, que ganó con toda justicia el título de «el mejor alcalde de Madrid», mandó construir grandes palacios y paseos adornados con obras de los mejores artistas del momento. A la mitad del siglo nace uno de los mayores genios del arte mundial, Francisco de Goya, aragonés cuya casa natal puede visitarse aún en el humilde pueblo de Fuendetodos. Goya es, lo mismo que Velázquez, un pintor que no se deja influenciar por otros artistas. Pintor de Corte como el gran maestro sevillano, su obra ofrece además una enorme variedad temática que va desde los deliciosos Tapices hasta las misteriosas Pinturas Negras pasando por los retratos, las grandes telas inspiradas por la Guerra de la Independencia o los maravillosos grabados y aguafuertes de Los Caprichos, La Tauromaquia o los Desastres de la Guerra. Habiendo sido el mejor de los intérpretes de la vida española, Goya llevó su universalidad al extremo de ser el precursor del arte moderno, incluso, según algunos, del arte abstracto que aparece ya esbozado en algunos de sus cuadros.

Guernica

El siglo XIX es época de grandes reformadores en la arquitectura y el urbanismo tales como Ildefonso Cerdá en Barcelona y el Marqués de Salamanca en Madrid. La arquitectura tiene a fines de siglo y en el primer cuarto del siglo XX su mejor momento en el Modernismo catalán con la figura de Antonio Gaudí, otro de los grandes artistas que marcan época. El Modernismo da también, con Santiago Rusiñol, Ramon Casas y otros artistas, grandes obras a la pintura y a la escultura. En el siglo XX se produce una verdadera floración que tiene sus más importantes representantes en los cultivadores de las tendencias modernas, Joan Miró, Salvador Dalí, Juan Gris y Pablo Picasso, cuya obra Guernica, símbolo de la tragedia de la Guerra Civil, ha pasado a formar parte recientemente del tesoro artístico de España. Las penúltimas corrientes del arte moderno, en un proceso que sigue abierto, pueden admirarse en el Museo de Arte Abstracto instalado en el prodigioso edificio de las Casas Colgadas de la ciudad de Cuenca, con obras de pintores que han ganado en nuestra época universal renombre.

Si los pasados siglos dejaron a España un rico legado, no es menos cierto que el presente ofrece a la vida del país numerosos atractivos. La diversidad española hace que, mientras existen pueblos donde aún puede seguir respirandose la atmósfera de la vida antigua, numerosas ciudades garanticen la posibilidad de vivir las experiencias de la existencia contemporánea. La facilidad con que, en España, se puede pasar de uno a otro mundo, de uno a otro ambiente, es una de las características de la vida española. En la larga lista de las ciudades del país hay algunas en las que el pasado predomina sobre el presente, imponiéndose aún sus leyes, mientras que hay otras en que lo antiguo y lo moderno coexisten armónicamente, y otras en que lo actual es dominante y hasta exclusivo. A pesar de la importancia de Madrid y Barcelona, que hoy son cada una de ellas conurbaciones de cuatro millones de habitantes, en España no sucede como en Francia, donde toda la vida del país gira en torno a la capital. La vida local española fue tradicionalmente muy rica desde tiempos pasados y hay indicios de que, con el desarrollo económico, el país vuelve a recobrar esta tradición. Numerosas ciudades en España ofrecen a sus habitantes una existencia con todas las ventajas de la civilización moderna y, al mismo tiempo, los atractivos de una vida menos agobiada que la de las grandes capitales. La facilidad de las comunicaciones ha hecho igualmente posible que no sea necesario vivir en una gran ciudad para gozar de las ventajas que ésta ofrece. No pocos habitantes de pueblos y pequeñas ciudades están hoy en situación de vivir, cuando lo desean, una vida urbana y así se explica que sean pocos, por ejemplo, los segovianos, los toledanos, los conquenses o los habitantes de Gerona o Tarragona que deseen cambiar su ciudad por Madrid o por Barcelona.

La vida en estas y otras une a los alicientes que proporciona la belleza de sus monumentos, las ventajas de la familiaridad, las cortas distancias que hay que recorrer para ir de casa al trabajo y un mayor contacto con la naturaleza circundante. Hoy puede llevarse una vida agradable en ciudades como, pongamos por caso, Burgos que ha visto surgir en los últimos años industrias de alguna importancia pero que conserva aún mucho de los atractivos de una vida tradicional. O bien ciudades como Salamanca o Santiago de Compostela que tienen una intensa vida universitaria. En los últimos años se ha incrementado muy considerablemente la vida cultural de este tipo de ciudades, y así mientras en Granada o en Cuenca se celebran, entre otras muchas actividades, temporadas musicales de importancia internacional, en San Sebastián o Valladolid el cine da ocasión a muy importantes festivales.

Hoy existen en España ciudades, que, por ser centro de comarcas muy pobladas ya no ven reducidas sus posibilidades a sus antiguos límites. Oviedo, Gijón, Avilés y otros núcleos de población de Asturias constituyen hoy, prácticamente, una sola ciudad. Gracias al gran desarrollo del turismo, Málaga es centro de una amplia comarca urbana, y lo mismo puede decirse de Alicante, de Palma de Mallorca o de Gerona. Por otra parte, ciudades como Zaragoza, Sevilla, Bilbao o Valencia han cobrado el carácter de verdaderas capitales que permiten a sus habitantes en lo económico y en lo cultural llevar una vida que poco tiene que envidiar a la de Madrid. La importancia de Barcelona permite hablar de España como de un país que en todos los aspectos, si se exceptúa el campo de lo estrictamente político, tiene una doble capitalidad.

¡Viva Madrid que es mi pueblo!

Barcelona es una ciudad cosmopolita, europea, situada, como dijo de ella Cervantes, "en sitio y belleza únicos". Madrid, con ser la Corte, tiene un carácter popular que permite aun decir a sus habitantes aquello de "Viva Madrid que es mi pueblo", un pueblo manchego sobre el cual se construyó un palacio. Tiene en sus alrededores tres bellísimas ciudades: Toledo, cuya preciosa silueta pintó El Greco desde uno de los montes que la circundan. Una ciudad para callejear viendo, entre sus grandes monumentos y obras de arte, los barrios de sabor judío y morisco; Segovia, llena de iglesias románicas y góticas y de edificios públicos y privados cuyas fachadas se decoran con los deliciosos estucos segovianos; y Ávila, la ciudad de Santa Teresa, que es sin duda la mejor amurallada del mundo, –aunque no es la única en España pues Lugo está también circundada de murallas sobre las que se puede pasear para ver la ciudad–, con las defensas de dos mil quinientos metros de perímetro que mandó construir Raimundo de Borgoña.

El lector que desee conocer España deberá prestar mucha atención a las ciudades y no solamente a aquellas que son capitales de provincias. Ciudades como Vigo en Galicia, Gijón en Asturias, Ciudad Rodrigo en Salamanca, Jerez en Cádiz, Mérida en Badajoz, Elche y Alcoy en Alicante, Ronda y Antequera en Málaga, Estella en Navarra, Almazán en Soria, Elorrio en Vizcaya o Reinosa en Santander merecen una visita tanto como las capitales provinciales a las que, en algunos casos, superan en importancia y en número de habitantes. En un viaje por el país, habrá de encontrar preciosos paisajes urbanos y lugares de gran ambiente que le permitirán conocer la vida española. Deberá, naturalmente, visitar las grandes catedrales: León, Burgos, Toledo, Barcelona, Sevilla, Santiago, Cuenca, Palencia, Zamora, Palma o Granada, así como numerosos palacios, iglesias, monasterios castillos y conventos donde resplandecen los más variados estilos del arte, desde el románico al barroco. Pero no deberá en ningún caso orientar su viaje por el país con una dedicación exclusiva a los monumentos. Tan recomendable como visitar las catedrales de Salamanca, es por ejemplo, seguir la costumbre de dar vueltas a la preciosa plaza mayor como suelen hacer los salmantinos, tan ilustrativo como ver con detenimiento la catedral de Oviedo y los tesoros que encierra su Cámara Santa es recorrer la calle Uria que desemboca en la animada y castiza Plaza de la Escandalera. Tan interesante como ver, en el interior de la preciosa catedral de Sevilla a los llamados "Seises" que, contra lo que su número indica, son diez niños vestidos de paje, que danzan en ciertas fiestas en honor del Sacramento, es recorrer el barrio de Santa Cruz o el barrio de San Vicente o visitar, al otro lado del río el antiguo pueblo de Triana.

En Granada no hay que olvidar visitar la prodigiosa Alhambra, pero tampoco hay que dejar de callejear por el precioso barrio del Albaicín. Barcelona tiene un hermoso Barrio Gótico con muchos interesantes palacios e iglesias además de la esbelta catedral. Pero sería imperdonable que el viajero que, especialmente en los meses de verano, visitara la capital catalana no empleara algunas horas para gozar del fabuloso espectáculo de Las Ramblas. Y así hermosos rincones urbanos como las acristaladas galerías que miran a la dársena de La Marina en La Coruña, la Calle Corrida de Gijón, en la que una sucesión de cafés cubiertos por toldos ofrecen la posibilidad de agradables veladas, las playas del Sardinero en Santander, o el Arenal de Bilbao, con su delicioso quiosco de música, a orillas de la ría de color óxido de hierro que ha sido llamada "la calle mayor de Vizcaya", serán para el visitante tan reveladores de la personalidad del país como puedan serlo la contemplación de la catedral leonesa, el paseo por el barrio alto de Cáceres, uno de los más impresionantes conjuntos monumentales de Europa, o la visita al Palacio Real de Madrid.

La calle del Pañuelo

En Córdoba después de haberse saciado de contemplar el impresionante bosque de columnas de la gran Mezquita, el visitante deberá deambular por el laberinto de calles, la Calleja de las Flores, la del Pañuelo, cuyo nombre sugiere la estrechez de las calles de este barrio en cuyas casas los preciosos patios floridos celebran anualmente su festival. En Cuenca la originalidad de su catedral anglonormanda coexiste con el hermoso paisaje que se contempla desde La Hoz del Huécar, de las casas colgadas construidas sobre la roca de la ciudad alta. De Cuenca dijo Baroja que era el único sitio del mundo donde podía verse a un burro asomado a la ventana de un tercer piso. Y era porque lo que desde abajo parecía el tercer piso era arriba la planta baja. En las Palmas es obligado visitar la catedral de Santa Ana, edificada en piedra de lava, cuyas columnas, en las naves de estilo goticoplateresco, están construídas según el modelo de las palmeras que adornan las calles de la ciudad. El turista hallará el descanso de su paseo por los monumentos de las Palmas en el Parque de Santa Catalina lleno de cafés o en las calles adyacentes que rebosan de restaurantes, nightclubs así como de los famosos "bazares de los indios", donde pueden comprarse todo tipo de artículos libres de impuestos. En el norte de África, Ceuta y Melilla, la primera perteneciente a la provincia de Cádiz y la segunda la de Málaga, son dos ciudades de fuerte carácter andaluz a las que su puerto franco da un aire de zoco marroquí.

La visita a una ciudad queda incompleta si, además de recorrer la ciudad de los vivos y ver sus principales monumentos, el viajero no se acerca también a la ciudad de los muertos, a su cementerio, que es como el contrapunto o, por emplear un simil fotográfico, el negativo de la ciudad viva. Personalmente, he tenido siempre por costumbre darme una vuelta por los cementerios de pueblos y ciudades. En las pequeñas aldeas castellanas, el cementerio es apenas un reducido cercado con una tapia alrededor. Miguel de Unamuno, un escritor muy preocupado por la muerte, describe en algunos de sus poemas estos cementerios con lacónicos versos que explican muy bien la severa impresión que producen al verlos:

> "¡Pobre corral de muertos, entre tapias
> hechas del mismo barro,
> sólo una cruz distingue tu destino
> en la desierta soledad del campo!"

Desde estos pobres cementerios aldeanos hasta los grandes mausoleos románticos que podemos ver en los cementerios de Barcelona o de Bilbao, en los que las familias de la burguesía industrial quisieron perpetuar su poder y su riqueza después de la muerte, la variedad de los cementerios es infinita.

La muerte ha inspirado en todo el mundo y también en España muchas de las grandes obras de la arquitectura y del arte. Lo comprobará fácilmente el lector visitando, pongamos por caso, los sepulcros de los Reyes de Aragón en el Monasterio de Poblet, posiblemente el mejor ejemplo del gótico cisterciense español; la cripta del templo de Santa María en Nájera, donde están enterrados los Reyes de Navarra; el Panteón del Monasterio del Escorial, con los sepulcros de los Austrias; la Capilla Real de Granada con las tumbas de los Reyes Católicos; el mausoleo de Cristobal Colón en la Catedral de Sevilla o, en tiempos modernos, la obra casi faraónica de la Basílica del Valle de los Caídos donde se encuentra la tumba del General Franco.

En pintura, el realismo español ha dado en todas las épocas muestras de arte relacionado con la muerte. El más importante de los pintores "mortuorios" españoles es Juan de Valdés Leal, contemporáneo de Murillo y Velázquez, que pintó la pobredumbre del interior del sepulcro de un obispo.

El cuadro se encuentra en el Hospital de la Caridad de Sevilla fundado en el siglo XVI por un "Don Juan" arrepentido de sus pecados, el famoso Don Miguel de Mañara, que dedicó los últimos años de su vida a ocuparse de enterrar a los pobres, así como a los ajusticiados. En nuestra época, el pintor que con mayor frecuencia se ocupó del tema de la muerte es José Gutierrez Solana, que recogió en sus lienzos escenas fúnebres de pueblos de la meseta castellana así como algunas impresionantes alegorías sobre el "Triunfo de la muerte". La escultura funeraria ha dado, no solamente en la antiguedad sino también modernamente, algunas importantes obras. La muerte de los toreros parece haber inspirado especialmente a los escultores y así en el cementerio de Sevilla se encuentra el grupo escultórico debido a Mariano Benlliure que representa el entierro del torero Joselito, mientras que en Córdoba puede verse la estatua yacente del gran Manolete.

"Reinar después de morir"

En la literatura, la muerte ha sido tema frecuentísimo en obras de clásicos y modernos. Quizá el paradigma de la literatura mortuoria sea una obra del clásico español Luis Vélez de Guevara, autor de la famosa novela "El Diablo Cojuelo". El drama se titula "Reinar después de morir" y narra una trágica historia ibérica. El rey Don Pedro de Portugal mandó desenterrar el cadáver de su esposa, la castellana Inés de Castro, a quién habían dado muerte sus enemigos cuando él no era todavía rey. Con todo el ceremonial palaciego, ordenó a los dignatarios de la corte que rindieran pleitesía al cadáver de la reina, sentado en el trono, y le besaran la mano. En la iglesia del convento cisterciense de Alcobaça, en Portugal, puede admirarse, uno frente a otro, los sepulcros de Don Pedro y de Doña Inés, que constituyen dos soberbias muestras de la escultura funeraria.

Particular interés dentro de este capítulo del arte mortuorio son algunas iglesias y capillas que existen en la península, cuyos muros están tapizados de calaveras y otros huesos humanos. La más famosa es la llamada Capela dos Ossos, situada en el convento de San Francisco de la ciudad portuguesa de Evora. Aunque no se conoce la fecha de su construcción, parece que esta capilla fue un obsequio de Felipe II al convento franciscano cuando era rey de Portugal. Está hecha con los huesos de cinco mil esqueletos. En España hay una capilla parecida en una iglesia del pueblo de Wamba en Valladolid. Otro ejemplo de este tipo de decoración funeraria cuya intención era hacer recordar a los fieles que entraban en la capilla el inexorable destino humano, se encuentra en la villa de Pastrana, en Guadalajara, y es una pequeña construcción situada frente al jardín del convento de franciscanos, en la que, según parece, tanto Santa Teresa como San Juan de la Cruz pasaron días de meditación.

La cultura española tiene mucho de culto a la muerte. Uno de los más bellos poemas que se han escrito en lengua española es el de las famosas "Coplas a la Muerte de su Padre" de Jorge Manrique, que empiezan.

> Recuerde el alma dormida
> avive el seso y despierte
> contemplando
> cómo se pasa la vida,
> cómo se llega la muerte
> tan callando.

En las manifestaciones religiosas hay una constante presencia de la muerte. La más importante de las grandes fiestas del calendario español tradicional es la Semana Santa que gira en torno de la muerte de Cristo. Hay que haber visto la Procesión del Silencio de la madrugada del Viernes Santo, en Sevilla y en muchas otras ciudades del centro o del sur de España para darse cuenta de la grandiosidad con que se escenifica aquí el drama de la pasión y muerte de Jesús.

En muchos pueblos catalanes como Olesa o Esparraguera, valencianos como Benetússer, malagueños como Riogordo o vizcaínos como Valmaseda se representan, por Semana Santa dramas de pasión con textos a menudo muy antiguos en los cuales los papeles de los principales personajes pasan de padres a hijos en el curso del tiempo. En el pueblo gerundense de Vergés se mantiene la antiquísima tradición de la Danza de la Muerte, en catalán, Dansa de la Mort. Cinco adultos y un niño vestidos con mallas que representan esqueletos desfilan por las calles del pueblo al ritmo acompasado del tambor. En el pueblo de Bercianos de Aliste en Zamora, todo el vecindario sigue el camino del via Crucis hasta el Calvario situado en un alto. Los penitentes van envueltos en la blanca sábana que, a su mente, será su sudario. En Aragón, el drama de la muerte del Señor se interpreta con un estruendo de tambores en el que participan todos los hombres, y a veces las mujeres, del pueblo. En Hijar, Alcañiz, Calanda, —el pueblo donde nació el director cinematográfico Luis Buñuel—, Andorra, Alcorisa y otros pueblos en la provincia de Teruel puede asistirse en la noche del Jueves al Viernes Santo a un sobrecogedor espectáculo. A una señal del alcalde, los vecinos hacen sonar, todos a una, bombos y tambores para recordar el relato evangélico según el cual, cuando Jesús murió, "se rasgaron los cielos y los sepulcros se abrieron".

La santa compaña

De todas las regiones españolas quizás sea la céltica Galicia la que con mayor viveza conserva el culto a la muerte. Abundan en la región las leyendas de aparecidos y está muy vivo, sobre todo en las zonas rurales, el culto a las Animas. En algunos pueblos de Lugo, por ejemplo, existe la creencia de que es pecado mortal barrer la casa por la noche porque, si se hace, se expulsa a las ánimas que vienen a calentarse al fuego del hogar. Los más característico de Galicia es la Santa Compaña, también llamada la Hueste, que es una procesión de almas portadoras de antorchas. La procesión suele ser invisible aunque se vislumbra su resplandor y se percibe claramente el olor a cera de los velones. Deja a su paso un aire frío que estremece el corazón de los que la presencian. La procesión de la Santa Compaña suele terminar, según se cree, acercándose a casa de algún vecino, lo que significa el inevitable anuncio de su muerte. En Galicia existen algunas romerías específicamente mortuorias. Gentes de toda Galicia y de muchas regiones de Portugal acuden todos los años en la fiesta de Santa Marta, en julio, a su santuario. Algunos de los romeros, en cumplimiento de la promesa que han hecho durante el año para librarse de una enfermedad u obtener el favor de la santa, acuden a la fiesta tumbados en ataúdes destapados que portan sus familiares o vecinos. Muy a menudo van vestidos con mortajas o con hábitos. Otra famosa romería gallega en la que los devotos cumplen su promesa de ir en ataúdes es la de San Andrés de Teixido en la que se hace realidad el dicho "A San Andrés de Teixido, vai de morto quen non vai de vivo". Aparte de los ataúdes en que viajan los romeros, van en la procesión otros muchos féretros, pero estos, llenos de jamones, chorizos y botas de vino.

Muchas otras historias de difuntos podrían ilustrar esta idea del culto de la muerte en la tradición española. Hasta hace muy pocos años constituía una arraigada costumbre la de asistir a principios de noviembre, coincidiendo con la festividad de los difuntos, a la representación teatral del "Don Juan Tenorio", una obra del romántico José Zorrilla inspirada en la pieza clásica de Tirso de Molina, creador del mito literario de Don Juan. Hoy no se sigue ya esta tradición de presenciar anualmente el drama del amor y la muerte, que tantas leyendas ha dejado en el acervo literario español. Una de las más impresionantes es sin duda la que cuenta Gustavo Adolfo

Bécquer sobre el caballero enamorado de la estatua de una dama que había en una iglesia toledana. Este galán, una especie de Don Juan funerario, acudió una noche con dos amigos suyos a la cripta donde se encontraba la estatua de Doña Elvira junto a la del guerrero que en vida fue su esposo. A pesar de que sus amigos intentaron disuadirle de su pretensión, el caballero, sin duda embriagado, se acercó a la estatua de Doña Elvira e intentó besarla en los labios. En ese momento, se oyó un grito y el caballero cayó fulminado al suelo. Sus compañeros enmudecieron de horror. La estatua del guerrero, esposo de Doña Elvira había levantado el brazo y había golpeado en la cabeza, con su guantelete de piedra, al sacrílego amante.

España en fiestas

La Semana Santa es "la gran fiesta de España", como se ha dicho, una gran manifestación no sólo religiosa sino artística, casi diríamos teatral, un festival barroco que tiene su mejor representación en las ciudades andaluzas y castellanas pero que se celebra con solemnidad y enorme participación popular en todo el país. Pero el año festivo español es de una gran riqueza y no se limita a estas fiestas de la Pasión y Resurrección. Comienza en noviembre, con las fiestas de Todos los Santos y de los Difuntos, que corresponden a las fiestas de la siembra y a partir de entonces sigue el ciclo del año agrícola con tradiciones ancestrales que demuestran la antigüedad de las celebraciones. Después de las fiestas de Navidad, las de Carnaval y de Cuaresma vienen a reflejar la idea de la muerte de la Naturaleza mientras que las de primavera son las fiestas que conmemoran el momento en que la Naturaleza resucita y las de verano y principios del otoño celebran la llegada de las cosechas. En conjunto, puede decirse que en España se conserva muy viva esta tradición milenaria y de ahí que, a diferencia de lo que sucede en muchos países europeos, las fiestas tienen aquí un gran arraigo y espontaneidad popular. La fiesta del pueblo es lo más importante que allí sucede durante el año. La gente "no se lo pierde" e incluso los emigrantes que trabajan en lejanas ciudades de España o de Europa regresan al pueblo para tomar parte en las fiestas.

Hay un elemento, también ancestral, de gran importancia en innumerables fiestas españolas. El toro, animal totémico, está presente en las celebraciones del verano y del otoño, con las grandes fiestas patronales. En la mayor parte de las regiones de España, apenas se concibe una fiesta sin participación de los toros. Incluso, en Cataluña, donde la tradición taurina está mucho menos arraigada, encontramos importantes fiestas de toros tales como el llamado "Corre-bou" que se celebra en la paza de la villa condal de Cardona. La especialidad de esta fiesta es que uno de los ejecutantes se mete dentro de un gran cesto de mimbre sacando la cabeza y los pies por las aberturas en él practicadas y se encoge, agarrándose a las asas interiores, para resistir la embestida del toro, que lanza el cesto por los aires.

En el delta del Ebro tiene lugar la fiesta del "Bou capllaçat" que consiste en atar al toro con unas maromas y llevarlo de un lado a otro del pueblo. La fiesta se completa con lo que se llama "la batalla del agua" en que los participantes se arrojan unos a otros cubos de agua simbolizando la batalla que el rio Ebro libra contra el mar. El "toro enmaromado" más famoso de España se corre en la villa zamorana de Benavente en la víspera del día del Corpus. El toro va atado con una maroma de una longitud de doscientos cincuenta metros sujetada por unas dos mil personas. La comitiva va por las calles del pueblo y, en los descansos, los mozos torean al animal. Los "encierros" más antiguos se celebran en Cuellar, provincia de Segovia, en una fiesta que data del siglo XVI, pero en ninguna ciudad de España tiene los encierros la fama que tienen los "sanfermines" de Pamplona que comienzan el siete de julio de cada año con el disparo del "chupinazo" desde el Ayuntamiento y se prolongan durante ocho dias. Esta fiesta, una de las más conocidas de España, tiene resonancia internacional desde que Hemingway la describió en su novela "Fiesta".

El toro de la vega

En Soria, como en muchas otras ciudades, las fiestas giran también en torno a los toros. Se celebran en los dias de San Juan, en el solsticio de verano, con un complicado ceremonial y con encierros, corridas, procesiones y bailes populares. En Tordesillas, la ciudad donde se refugió Juana la Loca después de la muerte de su marido Felipe el Hermoso, se practica en la festividad de la Virgen de la Guía, a principios de septiembre, la lidia del llamado "toro de la Vega", que se corre a caballo en campo abierto. Una de las fiestas más ancestrales es la del llamado "Toro Jubilo" en el antiguo pueblo de Medinaceli, en Soria. Esta fiesta estuvo prohibida durante muchos años porque, antiguamente, se embolaban los cuernos del toro con materiales inflamables y se les prendía fuego. En la actualidad ha vuelto a autorizarse y las bolas de fuego están sostenidas sobre un armazón de hierro de manera que el fuego no dañe al animal. En Peñíscola y en algunos otros pueblos de la costa se sueltan toros en la playa, en un espectáculo mixto entre las corridas y los baños de mar.

Otro animal totémico en las fiestas españolas es el caballo, que compite con el toro en las celebraciones populares en numerosos pueblos. En las fiestas de la Vera Cruz del pueblo de Caravaca, en Murcia, salen los caballos riquísimamente enjaezados y realizan, sin jinete, acompañados de mozos que corren a su lado, una competición que se conoce por "carrera de los caballos del vino". En las ferias como la de Sevilla, Jerez o la Palma del Condado, en Andalucía, la presencia del caballo es imprescindible. La exhibición de caballos cartujanos en Jerez de la Frontera, en la llamada "Feria del caballo", constituye un gran espectáculo de doma española en concursos y carreras. En la plaza del pueblo santanderino de Laredo se celebra en verano una espectacular carrera de caballos. La fiesta llamada de "La Caballada", que se celebra el día de Pentecostés, en Atienza, provincia de Guadalajara, conmemora un episodio histórico del siglo XII. Estando el rey niño Alfonso VIII en el castillo de Atienza, fue cercado por las tropas de su tio Fernando de León, que quería apoderarse de la corona de Castilla. Los arrieros de Atienza engañaron a los soldados leoneses y, por la puerta que se llama de la Salida, sacaron a caballo al rey niño, llevándolo a Avila. Alfonso VIII dio a la cofradía de la Caballada un fuero y desde hace casi ochocientos años no se ha interrumpido prácticamente la celebración de esta fiesta en que los hermanos desfilan a caballo por las calles del pueblo y celebran espectaculares cabalgadas.

Otra fiesta estrictamente relacionada con el caballo es la que se celebra por San Juan en Ciudadela, en la isla de Menorca. Los "cavallers", vestidos de frac y sombrero de pico, hacen caracolear sus caballos por las calles del pueblo y participan en competiciones consistentes en ensartar aros colgados en la plaza con sus lanzas. Pero tal vez la fiesta de mayor belleza entre las relacionadas con el caballo sea la llamada "rapa de Bestas" que también recibe el nombre de "Curro" y que se celebra en Sabucedo, Oya y otros pueblos de Galicia. Los caballos salvajes del monte son capturados en ese día y se les lleva hasta el pueblo para cortarse las crines y marcarlos con el hierro.

Pocos países existen en Europa donde esté tan viva como en España la tradición de las fiestas populares. La gran emigración del campo a la ciudad que se registró hace algunos años hizo que muchas fiestas entraran en decadencia. Pero, en los últimos tiempos han cobrado nuevo auge. No son pocos los emigrantes que, residentes en las grandes ciudades del país o incluso en el extranjero, regresan a su pueblo para tomar parte en las celebraciones del santo patrón. Y asi, no sorprende hoy encontrar a obreros que trabajan en Bilbao o en Barcelona, empleados que tienen su trabajo en

Madrid o Valencia, Londres o Munich vestidos, pongamos por caso, de moros en las fiestas llamadas del Santo Niño en el pueblo conquense de Valverde del Júcar, saltando las hogueras en Simancas, provincia de Valladolid, o disfrazados de danzantes en la villa salmantina de Miranda del Castañar. Hoy, por ejemplo, los famosos "castellers" que forman las "colles" o cuadrillas de los "xiquets de Valls" que hacen en las fiestas de muchos pueblos de Cataluña las torres humanas son, en su mayoría, inmigrantes que trabajan en los pueblos catalanes.

Carnavales

Así, las fiestas españolas, que llenan todo el año, tienen un inusitado esplendor y durante ellas la gente hace lo que en español se conoce por "echar la casa por la ventana". El año festivo español comienza con el ciclo de Carnaval y de las celebraciones de invierno que incluyen las fiestas de San Sebastián, con las interesantísimas "carantoñas", hombres disfrazados con pieles de fieras en el pueblo de Acehuche, en Cáceres, que conmemora la tradición según la cual los leones se abstuvieron de hacer daño al santo martirizado por los hombres. En la ciudad de San Sebastián, llamada Donostia en euskera, se realizan grandes "tamborradas" en los preciosos paseos que circundan la bahía de La Concha. Al ciclo de invierno corresponden igualmente fiestas tan curiosas como la "Madre Cochina", un hombre vestido de mujer que, en San Pablo de los Montes, Toledo, goza en ese día de un especial permiso para levantar las faldas a las chicas del pueblo y a las visitantes, así como la llamada "endiablada" que se celebra por San Blas en el pueblo conquense de Almonacid del Marquesado, en la que los danzantes cambian su atuendo de diablos por la mitra del obispo.

El carnaval había estado prohibido en España durante los años del anterior régimen pero, aun así, no había dejado de celebrarse en ciudades como Santa Cruz de Tenerife, Ciudad Rodrigo —donde se da una curiosa mezcla de fiestas carnavalescas con encierros de toros— o Villanueva de la Vera, en Cáceres, donde se saca a la calle para ser juzgado por los mozos del pueblo el muñeco llamado Pero Palo. Los carnavales más importantes que se celebran en España son sin duda los de Cádiz, en que salen a la calle las "comparsas" y "chirigotas" que recitan versos a menudo con satírica intención política, y el de Santa Cruz de Tenerife, donde miles de personas disfrazadas salen a la calle en una celebración que, en algunos momentos, alcanza el esplendor de los carnavales de Río de Janeiro.

Hemos hablado ya de las fiestas dedicadas a los toros y a los caballos. Hay otro grupo de fiestas españolas relacionadas con el fuego, la más importante y conocida de las cuales es sin duda la de las Fallas de Valencia para la cual trabajan, durante todo el año, los talleres de los escultores falleros. Los actos de "La Plantá", "la Cremá" y "La Mascletá", estruendosa explosión de fuegos artificiales de la tradición mora valenciana, constituyen una de las ocasiones culminantes de la catarsis festiva ibérica. La "Nit del Foc", en Alicante, en la noche de San Juan, con el encendido de las hogueras en las calles, es otra fiesta memorable. En el país valenciano y también en la Andalucía oriental así como en algunas regiones de Cataluña se concentran las principales fiestas del fuego, con todo el aparato pirotécnico. Una de las más bellas celebraciones es la que, en numerosos pueblos de las regiones próximas a la costa mediterránea, tiene lugar bajo el nombre de "moros y cristianos". Son numerosísimas las localidades que celebran esta fiesta, pero la más famosa de todas ellas es la villa alicantina de Alcoy, en que ningún hombre del pueblo se queda prácticamente sin vestirse de cristiano o de moro y tomar parte en las comparsas y en las espectaculares batallas de la fiesta. Los "moros y cristianos" de Villajoyosa, también en Alicante, ofrecen la particularidad de que los moros realizan un desembarco en la playa. Es interesante anotar que, en un país como España donde todo el mundo es católico, mientras no se demuestre lo contrario, la gente de estos pueblos prefiere mil veces vestirse de moro que de cristiano.

Una de las más curiosas fiestas entre las que tienen relación con el fuego es la del pueblo soriano de San Pedro Manrique, donde se hace una gran hoguera de madera de roble que luego se extiende hasta hacer una "alfombra" de brasas de unos tres metros de longitud. Los hombres, pisando fuertemente las ascuas, y a veces llevando sobre sus hombros a una muchacha, pasan con los pies descalzos sobre las brasas sin quemarse. Esta fiesta llamada "el paso del Fuego" se celebra en la noche de San Juan. Al día siguiente salen a la calle las llamadas "Móndidas" que según algunos representan a las sacerdotisas celtibéricas y, según otros celebran la desaparición del tributo de las cien doncellas que, en tiempos de la Reconquista, los pueblos tenían que pagar a los reyes árabes. En Sorzano, en La Rioja, una procesión de cien doncellas ataviadas de blanco y con ramos de flores sube a la ermita en acción de gracias por la desaparición del terrible tributo.

Un huevo que baila

El Corpus cuenta con grandiosas celebraciones, especialmente en la ciudad de Toledo, en que sale a las engalanadas calles la que sin duda es la obra cumbre de la orfebrería española, la custodia de Enrique Arfe. En Barcelona, el claustro de la catedral y también el de la llamada Casa del Arcediano, recibe en Corpus mucho más visitantes que de costumbre. En ese día, y solo en ese día, se puede presenciar la curiosísima tradición llamada de "L'ou com balla", que es un huevo vaciado de su contenido que baila sobre el surtidor de la fuente central del claustro. En muchas ciudades españolas se alfombran de flores las calles en el día del Corpus. Así sucede, pongamos por caso, en Arucas, en Gran Canaria y también en la villa barcelonesa de Sitges. En Orense, las fiestas terminan con una espectacular batalla de flores. Entre las muchas tradiciones del Corpus debe citarse la de la danza de la Cruz, con la salida de las "botargas" o máscaras en Valverde de los Arroyos, Guadalajara, los "diablos" de Fuenlabrada de los Montes, Badajoz, o los "paloteos" de Fuentepelayo en Segovia. Particular interés folklórico y literario tiene el auto-sacramental que se representa en la festividad del Corpus en el pueblo toledano de Camuñas.

Muchas de las fiestas patronales, llamadas "fiestas mayores" en Cataluña y Valencia, tienen lugar en el verano, bien sea para la Virgen del Carmen, en julio, cuando se celebran bellísimas procesiones marítimas con las barcas de pesca engalanadas en muchos pueblos de la costa, bien con motivo de la Virgen de Agosto, cuando las vacaciones permiten la mayor afluencia de visitantes. Algunas de las fiestas de los pueblos han sido trasladadas a esta época y no son pocos los que, teniendo sus fiestas patronales en otoño o en invierno, inventan nuevas fiestas veraniegas. Los patronos de los pueblos y ciudades pueden ser o bien el Cristo o cualquiera de los santos del calendario litúrgico, sean estos San Blas, San Sebastián, San Roque, Santa Rosa, San Vicente, Santiago, San Jorge o San Isidro, patrono entre otros muchos pueblos y ciudades, de la villa de Madrid, que, en estos últimos años, ha vuelto a recuperar con gran esplendor sus fiestas patronales. Pero la mayor parte de las fiestas que se celebran en España están bajo la advocación de la Virgen, que a veces comparte con el Cristo o un Santo el título de patrona. En España existen innumerables santuarios marianos en los que se venera una advocación de la Virgen, sea esta la Virgen del Pilar zaragozana, la Macarena o la Virgen de Triana de Sevilla, la Virgen de Begoña de Bilbao, la de Aránzazu de San Sebastian, la de la Mercé de Barcelona, la de Montserrat, Patroña de Cataluña, la Bien Aparecida de Santander o la Virgen de Covadonga asturiana. Expertos españoles en devociones marianas se precian de poder adivinar de qué regiones, ciudades o pueblos proceden las chicas a las que acaban de conocer con solo saber su nombre. Y así pueden decir que una Fuensanta viene de Murcia, una Fuencisla de Segovia, una Nuria de Gerona o que una muchacha que tiene el extraño nombre de Tremedal procede de la villa aragonesa de Orihuela donde hay un santuario dedicado a esta Virgen.

En un país de tan rica tradición mariana tienen especial solemnidad las romerías a los santuarios de la Virgen en las que el contenido religioso se mezcla con el ambiente de la fiesta. En España se celebran durante el año miles de romerías a los santuarios de la Virgen y también de numerosos cristos y Santos. La más famosa, y con ello termino esta panorámica de las fiestas españolas, es sin duda la del Rocío a la que, según informaciones del último año, llegan a asistir más de un millón de personas. De todos los pueblos y ciudades de la Andalucía occidental, de Extremadura y de todas las regiones de España, los romeros se trasladan a la zona marismeña de Almonte donde se encuentra el santuario de la Virgen del Rocío. Muchos de ellos, desde las localidades vecinas y también desde Sevilla, Cádiz o Huelva, viajan en carretas engalanadas tiradas por troncos de caballos.

Los artesanos

La pervivencia de la gran tradición festiva española sugiere que, en nuestros días existe entre los españoles un creciente interés por conservar las ricas tradiciones populares, no solamente en materia de fiestas sino en otros muchos aspectos. La artesanía es uno de ellos. Después de una época de decadencia en que los cambios sociales y económicos producidos en España en los años sesenta expulsaron del mercado los productos fabricados a mano, la artesanía ha vuelto a resurgir con gran fuerza. Hoy en día la alfarería popular, pongamos por caso, ya no se vende para el uso cotidiano. Aun cuando no son pocas las oficinas, talleres e incluso redacciones de periódico donde sigue estando el clásico botijo de agua fresca y no pocas también las amas de casa que siguen cocinando en los excelentes cacharros de barro, difícilmente podrían sostenerse los numerosos alfares que quedan en España si no fuera por el interés de los coleccionistas. Así, cuando uno viaja por España, es fácil que tenga ocasión de comprar, pongamos por caso, una jícara del pueblo salmantino de Tamames, un florero de cerámica decorada en azul del pueblo zaragozano de Muel, un botijo con el riquísimo adorno en forma de cola de pavo real de Alba de Tormes, en Salamanca, un frutero de Manises, un juego de café de Puente del Arzobispo, una "cuervera" de Chinchilla para preparar la tisana, una jarra de vino de Triana, una orza de la Bisbal, un *siurell* de Ibiza, un plato decorado de Teruel o la figura de un toro ibérico de Cuenca. Dos excelentes museos puede visitar el lector para darse cuenta de la variedad de la cerámica y de la alfarería en España. Uno, el Museo Nacional de Cerámica instalado en el Palacio del Marqués de Dos Aguas, en la ciudad de Valencia. Otro, el Museo Nacional de Alfarería abierto hace relativamente poco tiempo en el pueblo de Chinchilla, cerca de Albacete.

En Córdoba y Salamanca se trabaja la plata y en Guadalupe y otros pueblos extremeños, el cobre. En numerosos lugares de España, en Atienza por ejemplo, se sigue trabajando el hierro en las primitivas forjas, mientras que en la villa cordobesa de Lucena continua la gran tradición de los trabajos en metal. En algunos pueblos las mujeres siguen haciendo el encaje de bolillos de tradición flamenca, por ejemplo en la villa catalana de Arbós y en la manchega de Almagro que fue, esta última, lugar de residencia de los famosos "Fúcares" banqueros alemanes de Carlos V, que dejaron en la preciosa plaza rectangular del pueblo algo del estilo de las construcciones de los Países Bajos. En la provincia de Toledo, en Lagartera y Oropesa, se siguen haciendo primorosos bordados con dibujos de tradición ancestral. La villa murciana de Mula es famosa por sus alfombras y en la Alpujarra granadina se fabrican mantas con diseños moriscos. El cuero repujado tiene su principal centro en el pueblo gaditano de Ubrique. La madera se sigue trabajando en Asturias y en Galicia mientras que los pastores de algunas zonas serranas no han dejado de fabricar morteros con la durísima madera de la raíz del fresno.

Como sucede en tantos países del sur, el espectáculo de la vida tiene en la calle su principal escenario. Las ciudades españolas y sobre todo las más meridionales, son ciudades muy callejeras, donde la gente suele padecer una especie de claustrofobia que les impulsa a salir de casa para encontrarse con los demás. Al anochecer, la plaza mayor de Salamanca, la calle Larios en Málaga, la calle de las Sierpes en Sevilla, Zocodover en Toledo, o las ramblas barcelonesas cobran una enorme animación. A esa hora las plazas y calles mayores de ciudades y pueblos son lugares de encuentro en los que se inician los recorridos por bares y tascas para lo que en España se conoce, dependiendo esto de las distintas regiones, por el chateo, el chiquiteo, el poteo, o el tasqueo. A la hora del aperitivo, tanto si es a mediodía como antes de la cena, el vino y también la cerveza suelen ser las bebidas más frecuentes. El whisky y en general, las bebidas extranjeras, se reservan para la noche o para otro tipo de establecimientos. El vino ofrece en España una variadísima carta que va desde los valdepeñas de la Mancha, los riojas y los vinos navarros, hasta los finos andaluces o los ribeiros gallegos, pasando por los vinos catalanes, los jumillas murcianos o los blancos de Valladolid por mencionar algunos de los caldos que en el país se producen. El vino o la cerveza suele acompañarse de las "tapas", de las que hay una variedad infinita con numerosas especialidades regionales.

Tertulias

Una de las características de España y que se encuentra en menor medida en otros países europeos es la costumbre de permanecer de pie ante el mostrador mientras se toma el aperitivo, que probablemente tiene su origen en el hábito meridional de charlar en la calle sin pasear ni sentarse. Ante los mostradores de bares y tabernas se resuelven en España grandes asuntos sean políticos o de negocios. Pero el lugar propio para las discusiones y conversaciones más reposadas es el café. España es el país donde se inventó la institución llamada "tertulia" que consistía en una reunión de amigos que periódicamente, todas las tardes después de comer, los sábados a mediodía o, tres veces por semana, por ejemplo, se sentaban juntos en la mesa de un café o en el casino para discutir de determinados temas, a veces de antemano fijados, o de las cuestiones que la actualidad suscitaba. Había grandes tertulias literarias que giraban en torno a un escritor importante como lo fueron en su tiempo el dramaturgo Ramón del Valle Inclán o el novelista Gómez de la Serna en el Madrid de los años veinte. La tertulia tenía sus "fijos" y también aquellas personas que ocasionalmente acudían a ella llevados por uno de los habituales. La costumbre de la tertulia se perdió en gran parte como consecuencia de las prisas de la vida moderna pero, con todo, aún quedan en ciudades como Madrid o Sevilla numerosas tertulias y, en los últimos tiempos, surgen otras nuevas.

El casino es una institución importante en la vida española. Los hay en casi todas las ciudades y aún en los pueblos y, por lo general, están situados en preciosos edificios decimonónicos o de principios de siglo. El de Madrid, por ejemplo, es un edificio de gusto modernista con una deliciosa decoración de estucos en las paredes, grandes arañas de bronce y una excelente colección de pintura y escultura, así como una magnífica biblioteca. Muchos casinos siguen siendo feudos exclusivos de los hombres, un poco al estilo de los clubs británicos, aunque las mujeres tienen derecho a acudir al restaurante o entrar en el casino con motivo de determinados acontecimientos o actos públicos. En muchas ciudades no hay solo uno sino dos casinos que, en el momento de su fundación, correspondieron a dos grupos sociales diferentes. En algún pueblo he oido yo hablar por ejemplo del "casino de los pobres" y el "casino de los ricos".

Comer en España

Hay quien asegura que una de las industrias que nunca pueden fallar en España es la de los restaurantes y casas de comidas debido a la costumbre muy arraigada de comer fuera de casa. En ciudades como Barcelona y, más aún, Madrid, existe una variadísima gama de restaurantes con todas las especialidades regionales e internacionales. La gastronomía española ofrece la misma diversidad que, a lo largo de estas páginas, hemos encontrado en el paisaje o en la cultura de las distintas regiones del país. El plato internacionalmente más conocido de la cocina española es la paella valenciana aunque poca gente sabe que la verdadera paella es una especialidad de la huerta que se prepara con pollo, conejo y algunos vegetales y en la cual no interviene el pescado ni el marisco. Cuando se hace con estos ingredientes, se llama "arroz a la marinera". Pero las formas de preparar el arroz son variadísimas y así, a medida que, desde Cataluña, descendemos hacia el sur por la costa mediterránea, vamos encontrando toda una "teoría de arroces" que va desde el "arroz al horno", el "arroz a banda" o el "arroz con costra de huevo" hasta el "caldero" murciano.

Siendo España un país de larga costa donde, desde antiguo, se ha desarrollado la industria pesquera, tiene una gran variedad de pescado y marisco que ofrecer a su gastronomía. Ostras, almejas, cigalas, gambas, percebes, navajas, mejillones, bogavantes, langostas o centollos son algunas de las delicias de la carta marisquera. Aunque el lugar adecuado para comerlas parecerían ser las ciudades costeras, lo cierto es que se encuentran con mucha frecuencia en las ciudades del interior y es proverbial decir que en Madrid está "el mejor puerto de mar de España" porque todos los días llegan a su mercado de la Puerta de Toledo un millón de kilos de pescado y marisco. Bilbao y San Sebastian, así como algunas otras ciudades del País Vasco, se precian de ser el lugar donde se cocinan los mejores platos de pescado y donde hay, en general, la mejor gastronomía de la Península. En San Sebastian son famosas las llamadas Sociedades Gastronómicas, constituidas por grupos de amigos, siempre hombres, que se reunen para competir entre sí con sus elaborados guisos.

Gastronomicamente hablando, el Norte tiene en España más prestigio que el Sur. Asturias y Galicia combinan la alta calidad de los productos de la pesca con los de la huerta y de la ganadería del interior. Navarra y La Rioja tienen una gastronomía muy original, con restaurantes de fama en todo el país. Cataluña tiene una cocina más próxima a la francesa pero guarda muchas especialidades de su tradición campesina, con excelentes embutidos. Los asados de cordero y de cochinillo hacen las delicias de un viaje por las regiones ganaderas de Aragón y Castilla. El cocido de Madrid no es el único puchero que se hace en España. En algunas zonas se le llama con el expresivo nombre de "tojunto", lo que indica que se pone a cocer "todo junto" una variedad de productos. Variantes regionales del cocido son el pote" gallego o asturiano, la "olla podrida" castellana o la "carn d'olla" catalana.

Y, sin embargo, del Sur proceden algunos platos internacionalmente conocidos de la cocina española tales como el gazpacho, la sopa fría de tomate que procede del campo andaluz. Mucho menos conocida, aunque injustamente, es otra sopa fria llamada "ajoblanco", que se hace mezclando almendra remojadas y picadas con ajos y miga de pan añadiéndole guarnición de uvas. Pero si en la Mancha de Albacete le dice usted a un camarero que le traiga gazpacho recibirá sin duda una sorpresa. Los "gazpachos" manchegos, llamados "galianos" en Ciudad Real, son guisos a base de mezcla de carne y de caza. En Cuenca estas mezclas, debidamente picadas, componen los deliciosos "morteruelos". En Sevilla, Cadiz o Huelva, en Málaga o Almería los cocineros tienen una inigualable técnica para preparar el "pescaito frito", especialmente chanquetes, chopitos y boquerones y esa variedad de pescado adobado que en algunos lugares recibe el apetitoso nombre de "bienmesabe".

La gastronomía española está en plena renovación gracias a la llamada "nueva cocina" que hoy se practica no sólo en lo que podría llamarse los restaurantes de vanguardia sino también en muchas casas y círculos de amigos, que hoy reconocen el valor cultural del arte de comer. Está de moda hablar de gastronomía y una persona que se precie tiene que poder sorprender a sus amigos explicándoles alguna nueva receta. La gastronomía, que algunos han empezado a llamar "gastromanía", es una de las formas de venganza que la sociedad española se ha tomado después de la larga época en que el pudor tradicional impedía hablar de los placeres de la vida. "Todo lo bueno, o es pecado o engorda", se solía decir y hoy los españoles se toman cumplidamente el desquite. Con todo, a pesar de las innovaciones de alta calidad que hoy se introducen, no son pocos los que piensan que no se ha superado el sabor de una tortilla de patatas bien hecha, de un buen estofado como lo hacían las abuelas o de una sopa de ajos tal como se prepara en Castilla.

La repostería española tiene también muchas variedades regionales y una ventaja adicional: ¡es perfectamente católica! Los dulces llevan muy a menudo los nombres de los santos o las vírgenes en cuyas festividades se confeccionaban originalmente. Existen así las "yemas de Santa Teresa" en Avila, las "yemas de San Leandro" en Sevilla, las "tortas de San Diego" de Alcalá o la "crema de San José" especialidad catalana, de manera que uno puede tener, casi, casi, la seguridad de ganar, comiendo estos dulces, una indulgencia de paso. También hay, claro está, especialidades "laicas" como las "ensaimadas" mallorquinas, el "mazapán" de Toledo los turrones alicantinos que se toman en Navidad, los "polvorones" de Estepa, las "almendras garrapiñadas" de Alcalá, los "sobaos pasiegos" de Santander o los caramelos de Aragón o de la Rioja.

El café es en España un verdadero culto. Cada vez se toma en España más té, pero a mucha gente no le ha abandonado la idea de que eso sirve para cuando uno está enfermo. Desde el café con leche que se toma por la mañana con churros, llamados en el Sur "calentitos", hasta el café solo que algunos toman para no dormir o otros para dormir, el español ingiere gran cantidad de café al cabo del día. Un escritor catalán, Josep Pla, se admiraba por ejemplo de la cantidad de café con leche que tomaban los madrileños y decía que una de las medidas que harían más popular a un gobierno sería la de instalar fuentes de café con leche caliente, perfumado y gratuito en las plazas públicas.

Uno de los signos más visibles de los cambios experimentados en la sociedad española es la generalización de las bebidas alcohólicas extranjeras que han venido a añadirse, o incluso a sustituir, a las de procedencia española tales como el coñac, el jerez o la gran variedad de los anises y aguardientes. A la costumbre de "chatear" de que antes hablábamos, se ha sumado ahora la de "tomar copas". Por lo que se refiere a los establecimientos públicos coexisten en España desde la tradicional taberna o tasca hasta el moderno "pub" que no tiene de inglés más que el nombre poque es un establecimiento de lujo más que una taberna, pasando por la "cafetería", introducida en España en los años sesenta, o el "bar americano".

Los cambios sociales y económicos, en éste como en todos los aspectos, han sido en España muy rápidos. El vertiginoso crecimiento de ciudades como Madrid, Barcelona, Valencia o Bilbao ha traido consigo numerosos problemas considerablemente acentuados en época de crisis. La modernización de las costumbres que se observa en cosas tales como el surgimiento de nuevas clases profesionales, la introducción de la ley de divorcio o en usos sociales de tanta actualidad como "la segunda vivienda" el hábito de las vacaciones o la generalización del automóvil privado, no impide que sigan manteniéndose simultáneamente las costumbres tradicionales, como hemos podido ver en la pervivencia de las fiestas populares o en la perduración de las manifestaciones exteriores de un catolicismo elemental. La originalidad de la España de hoy, respecto de tantos otros países europeos es precisamente esa convivencia no siempre fácil entre lo antiguo y lo moderno, entre lo rancio y lo flamantemente contemporáneo. Este es un país donde el pensamiento vanguardista coexiste con las ideas ultramontanas, la liberación sexual con los golpes de pecho, las computadoras con el lápiz en la oreja.

A las dificultades de diagnóstico que ofrece cualquier sociedad en época de cambio se suman en España las derivaciones de la gran diversidad regional, que no es solamente económica sino que se basa en hechos históricos y culturales. Precisamente en esa diversidad que hace difícil y convierte casi en una vana pretensión el intento de decir lo que es este país que con tanta propiedad se ha llamado "las Españas", radica su originalidad y su personalidad en el conjunto de los pueblos europeos.

ECONOMÍA ESPAÑOLA PARA VIAJEROS

Economía española para viajeros

¡Pasen, señores, pasen a ver la economía española! Pero ¿qué economía? ¿la de ayer o la de hoy? Porque basta remontarse pocos años para percibir cambios notables en la vida española. El turista que vuelve al cabo de algún tiempo lo percibe en la creciente circulación de automóviles, en el aumento de los edificios construidos y, por supuesto, en el alza de los precios. Y eso que no tiene tiempo de advertir cambios más profundos que a veces se nos escapan incluso a los mismos españoles. En otras palabras, lo primero que importa subrayar en la economía española es su rápida evolución, reforzada por el hecho de atravesar al mismo tiempo una transición política. Como esta última no es mi tema cierro aquí la referencia, pero dejando escrito que no se comprende nada de la economía española si no se tiene en cuenta que la política es en ella lo más importante de todo.

Mi tema es, por supuesto, la economía de hoy, pero sabiendo de entrada que no es la de ayer. Aun así, cabe seguir preguntándose: ¿qué economía española? No es lo mismo la atlántica que la mediterránea o la interior, ni tampoco la del campo frente a la ciudadana. Es decir, que junto al *dinamismo global hay que subrayar la variedad* de esas realidades españolas. De ello se hablará, pero empecemos por una caracterización global, configurando la economía española en comparación con otras contemporáneas.

Una economía en marcha

Entre los muchos aspectos que pueden reflejar el dinamismo de la economía española seguramente el que ofrece una perspectiva más sistemática es el basado en los cambios de la población. No me refiero sólo al crecimiento demográfico anual que, aun cuando ligeramente superior al promedio europeo, queda francamente por debajo de las tasas en otros continentes, sino a otros datos más reveladores, como es la composición de la *población activa*. En 1900 el 65 por ciento de los españoles activos trabajaban en la agricultura, el 16 por ciento, en la industria y el 18 por ciento en los servicios. En 1930, los trabajadores agrícolas habían descendido al 45 por ciento y en 1960 todavía se calculaba en el 40 por ciento aproximadamente. Desde entonces los cambios han sido muy acelerados: en 1970 había caído ya por debajo del 30 y en 1978 no llegaba al 20. Actualmente se cifra en torno al 16 por ciento y de ese modo en veinte años hemos asistido a una verdadera *revolución en la estructura del trabajo*, pasando de ser un país de labradores a otro que ya no lo es. Para completar el dibujo añadiré que hoy el 25 por ciento trabaja en la industria y más del 42 por ciento en los servicios, dedicándose el resto a la construcción y a otras actividades.

Otros datos demográficos confirman la intensidad del cambio. Así, la progresiva incorporación de la mujer a actividades fuera del hogar durante los dos últimos decenios, la fuerte concentración demográfica en poblaciones de más de 500.000 habitantes, los intensos movimientos migratorios dentro del país y hacia el exterior desde el final de la guerra civil y el considerable incremento del acceso a la educación. Para terminar con una sola cifra sobre el progreso sanitario reflejado en los datos demográficos mencionaremos la *esperanza de vida* al nacer, que era sólo de 34 años en 1900 (es decir, sólo llegaba a esa edad la mitad de los nacidos) mientras que hoy rebasa los 70. Resultado de una mejora en la alimentación, la sanidad y los hábitos nuevos, derivados a su vez de las grandes transformaciones económicas y sociales a lo largo del siglo y, especialmente, en los últimos decenios.

Es costumbre interpretar esa dinámica económica española concentrándola sobre todo en los años sesenta y atribuyéndola a la política de desarrollo del gobierno implantado entonces por la dictadura. Ocurrió, en efecto, que a partir de 1964 se decretaron unos planes de desarrollo cuatrienales que las autoridades, en su monopolio propagandístico de la información, presentaban como el motor del progreso español. La frase actual, intencionadamente reaccionaria, de "con Franco vivíamos mejor", alude a aquella época, olvidando que entonces la economía española se benefició de la fase expansiva mundial sin ningún esfuerzo propio, aparte de que ciertamente los que vivían mejor no eran todos, sino solamente los que actualmente lo afirman. Por añadidura, en ese cambio se desencadenó un consumismo derrochador que hoy estamos pagando. Ya por entonces escribíamos algunos que el motor del avance económico no eran los planes de desarrollo sino otras fuerzas del país, más profundas y reales que el *Boletín Oficial del Estado* y quienes entonces legislaban en él. En un trabajo mío de aquella época recordé la receta de Quevedo (en sus *Cartas del Caballero de la Tenaza)* para que los hombres logren que les sigan las mujeres: "echarse a andar por delante de ellas". Y es que como el país avanzaba por sus propias fuerzas, o bien el gobierno elaboraba planes de desarrollo o bien se reconocía un desarrollo ajeno a la política oficial. Los planes —sin negar la positiva intención que los inspiró— venían a ser así como la bandera roja que Charlot recoge de la calle en la película *Tiempos modernos* y agita delante de una manifestación sin que él sea quien la conduce. Naturalmente que no todo fue negativo en esos planes, pero importa dejarlos en su sitio porque sólo así se comprende la realidad y además se justifica la esperanza que formularé al final.

La economía actual

En cuanto a su estructura, la Constitución define nuestro sistema como una *economía social de mercado,* equivalente a la de tantos países democráticos adelantados. En cuanto a su nivel, la definición oficial no es tan categórica y no siempre es la misma. Pero como España forma parte de los países avanzados en algunas organizaciones internacionales, y como se suele repetir oficialmente que somos ya una potencia industrial, esta sensación de alto nivel parece ser la imagen que desea darse al exterior.

No estoy tan seguro de que esa misma sea la sensación del viajero por España. Probablemente la aceptará casi por completo si se apea de un avión en el aeropuerto de Madrid y entra en un gran hotel de la capital. Pero si desembarca en un puerto del sur y empieza a moverse en automóvil la cosa cambiará, sobre todo en cuanto se aleje de la costa y remonte las pendientes que lo llevan a la meseta.

Mi opinión personal es que España es lo que se llama, con eufemismo internacional, *un país en vías de desarrollo*. Lo afirmo así por razones económicas tanto como sociológicas y me basta con alegar dos hechos fundamentales: nuestra economía es dependiente, como la de todo el Tercer Mundo, y nuestra sociedad no está todavía integrada sociológicamente. En otras palabras, nuestro problema no es el del crecimiento, como en la Europa más adelantada, sino el del desarrollo: es decir, crecimiento económico *más* cambio social. Precisamente por eso estamos atravesando una indispensable transición política.

Que España es dependiente lo muestran simplemente dos sectores: *la energía y la técnica*. Nuestra dependencia energética es notoria: en 1981 pagamos por crudos de petróleo más del 60 por ciento del valor de nuestras exportaciones totales. En cuanto a la tecnología no sólo la importamos en los sectores más avanzados y en otros que no lo son, a costa de los pagos correspondientes, sino que además la asimilamos escasamente y nos limitamos a utilizarla. Nadie trata de la investigación científica en España, ni siquiera en los centros oficiales responsables de ella, sin lamentar la escasez de medios que se le dedican. A fines de los años ochenta sólo dedicábamos a esa tarea el 0,37 por ciento del producto bruto en vez de un mínimo del 0,75 por ciento en otros países europeos no muy avanzados. En todo caso las mismas fuentes subrayan que por lo menos sería preciso gastar el doble, simplemente para no quedarnos más retrasados todavía.

Dependientes como somos en la energía y en la técnica difícilmente podremos presumir de un nivel de desarrollo alto, aún no olvidando que en el mundo actual ningún país es realmente independiente. Pero es que además nuestra sociedad sufre el *grado de conflicto* propio de los países en desarrollo, como lo prueban acontecimientos recientes y estentóreos, testigos de las graves fisuras sociales, enfrentamientos y activistas disidentes hasta la violencia o el aislamiento, dentro del conjunto de la población.

Esa es la situación en cuanto al nivel de desarrollo y precisamente con ella podemos matizar mejor la definición constitucional de nuestra economía, anteriormente presentada. Ciertamente vivimos en una economía de mercado, pero su funcionamiento técnico se resiente de deficiencias impuestas por el nivel intermedio de desarrollo, repercutiendo en la eficacia y el rendimiento del sistema. Por ejemplo los mecanismos de transporte y distribución comercial funcionan peor que en otras economías de mercado más organizadas y afectan por tanto a los costes y a los precios. Falla la iniciativa empresarial, acostumbrada durante muchos años de dictadura a resolver sus problemas por el privilegio administrativo antes que por la capacidad de competencia, y esa deficiencia se agrava sobre todo en algunas regiones. El recurso al proteccionismo de todas clases (y no sólo al arancelario) es frecuente, aunque simultáneamente se clame en principio por la libertad del mercado. En suma, esa economía está al mismo nivel intermedio de organización que se encuentra el desarrollo técnico, sin perjuicio de admitir que existan excepciones.

Pero la definición constitucional comprende también otro calificativo: el de social, la segunda componente del texto consitucional. Pues bien, una sociedad todavía no del todo integrada y subterráneamente conflictiva sólo permite una democracia imperfecta y, por tanto, un injusto reparto del poder. Aunque, repito, mi tema no es la política, ya advertí que sin ella no se entiende la economía. En este caso concreto, el poder sigue estando de hecho casi en las mismas manos que durante la dictadura y, en consecuencia, la corrección social de las desigualdades del mercado es insatisfactoria. En suma, la definición constitucional es correcta, porque no somos otra cosa que una economía social de mercado. Pero, *ni el mercado funciona bien, por razones técnicas y estructurales, ni las instituciones políticas le imponen un auténtico carácter social.*

La economía rural

Adquirida así una primera noción de conjunto (por fuerza demasiado simplista) volvamos al viajero que desembarca por el sur y ha trepado los escarpes de la meseta. Si detiene su coche y busca la sombra de un árbol es muy probable que no la encuentre. La impresión desolada que se experimenta desde un avión al sobrevolar las pardas extensiones de la meseta se confirma pie a tierra.

Cierto que, como veremos, no todo el territorio es igual pero, pese a las grandilocuentes descripciones de algunos autores antiguos, la verdad es que la mayor parte de España pertenece a la llamada *Iberia seca* y depende de escasas lluvias para crear verdor. Por eso la mitad del suelo está sin cultivar y aunque casi toda esa parte se define como pastos, la ganadería no alcanza a ser próspera en esas condiciones. Del 40 por ciento cultivable la mitad se dedica sobre todo a cereales, vid y olivo, generalmente en secano. La mayor parte de la meseta norte y sur ofrece ese paisaje herbáceo o en barbecho, con restos de montes bajos y, de vez en cuando, manchas de encinares o pinares. Sólo en las márgenes de los ríos y en las zonas convertidas en regadío, mediante las obras hidráulicas, se logran otras posibilidades. Pero los ríos españoles no son demasiado caudalosos ni de fácil aprovechamiento.

La vida rural resulta así, difícil y se complica con una *distribución de la propiedad* también insatisfactoria. Mientras en el norte del país la progresiva división hereditaria desde la antigüedad ha contribuido a crear pequeñas explotaciones poco rentables, en la parte meridional las adjudicaciones de tierras durante la reconquista y su permanencia posterior en manos señoriales o monacales ha llevado a grandes propiedades insuficientemente explotadas, que sólo en los últimos tiempos han experimentado cierta corrección. Así, entre el poco propicio marco natural y las escasas facilidades institucionales no es extraño que la meseta se haya ido despoblando poco a poco en los últimos años, dirigiéndose la población a las capitales de provincia o emigrando hacia Madrid, otras regiones españolas o el extranjero.

Como veremos, la situación agrícola es mejor en las regiones periféricas e insulares, pero quien atraviesa España de norte a sur no deja de percibir ese anacronismo de una vida rural que contrasta fuertemente con el modernismo de las grandes capitales españolas. Esta situación, descrita por algunos con el término de "dualismo", es típica también de los países en desarrollo. Porque ciertamente la vida modernizada de los grandes núcleos urbanos no encuentra una paralela transformación del medio rural. Cierto que en éste último también se ha manifestado el dinamismo económico: la radio y la televisión han contribuido a ello tanto como han fomentado la emigración, pero queda mucho por hacer, como demuestran las estadísticas de servicios públicos en los pequeños núcleos rurales. Además, los progresos han sido muchas veces impuestos desde abajo: así, la relativa mecanización del campo español actual no ha sido la causa de la emigración de jornaleros sino al contrario: fueron éstos, con su desesperado rechazo de la miseria en que habían nacido, quienes obligaron a empresarios anacrónicos a utilizar la maquinaria.

La vida urbana

Por supuesto que la modernización española de la ciudad está ligada, como en todas partes, al *desarrollo industrial*. Este, que se retrasó en España a lo largo del siglo XIX respecto del resto de Europa, después de un despegue dieciochesco que la guerra de la independencia y las que le sucedieron contribuyeron a asfixiar, ha progresado sin duda grandemente en los últimos decenios. Después de la guerra civil la dictadura siguió una activa política de industrialización basada en el proteccionismo y apoyada en la empresa pública. Las circunstancias del aislamiento durante la guerra mundial y en los años posteriores orientaron esa política en una dirección autárquica, que resultó costosa y nos ha dejado en herencia una *estructura industrial deficiente*. En los años sesenta, la política de desarrollo aludida cambió de dirección y pasó a inspirarse más en el rendimiento económico (es decir, en el beneficio), pero los resultados no fueron por eso mejores, porque contribuyeron a la proliferación de industrias y de bienes de consumo, con tecnología importada, endeudándonos y creando hábitos de consumo costosos bajo la dependencia de las multinacionales extranjeras.

Los *sectores principales* de la industria española son el metalúrgico, la construcción de material de transporte, la industria alimentaria, el calzado y la confección, la electricidad y la industria química. Además, en los últimos años han avanzado sectores de técnica más moderna como el electrónico o el bioquímico. Todas esas actividades se concentran sobre todo en Cataluña, Euzkadi y Madrid, aparte de otros focos locales. Pero, en su conjunto, el dualismo sigue percibiéndose en la estructura industrial: junto a fábricas realmente modernas abundan las instalaciones anacrónicas. Lo malo es que las primeras suelen ser dependientes de empresas extranjeras, más o menos directamente, y de ello no puede consolarnos la independencia de las empresas menos eficientes.

Pero la modernización urbana no se debe solamente a la industria. Los servicios han influido también en ella y, sobre todo, la *explosión turística* de los últimos dos decenios. El hecho es tan llamativo y obvio que no requiere comentarios. Los hormigueros humanos del litoral español, los rascacielos erguidos junto al mar como acantilados, y sus consecuencias para la transformación de la vida local están a la vista de todos. Pero ese espectáculo no se da en todas partes y con ello volvemos al problema de la diversidad regional con su importante proyección política en las autonomías.

Las diversas Españas

Todos los países tienen su diversidad regional y España no es en eso un caso singular. Pero sí registra unas diferencias muy marcadas para un territorio nacional que, aunque pequeño en comparación con las grandes potencias continentales de nuestro tiempo, resulta grande a escala europea. A esas diferencias contribuye, por una parte, un suelo con depresiones junto a un bloque mesético partido por la orografía e incluso unas distantes tierras insulares. Por añadidura, los sedimentos de una larga historia con encuentros culturales importantes agudizan la personalidad de las regiones.

El clima también colabora: así, hay una España cantábrica y atlántica con una franja industrializada desde Asturias a la frontera francesa y un mundo más pescador y campesino en el noroeste gallego. En ese mundo cantábrico es donde aparecen también (sin contar el bable asturiano) dos de las creaciones lingüísticas peninsulares: el euskera y el melodioso galaico.

Más al sur todavía queda una costa atlántica en la baja Andalucía, entre Portugal y Gibraltar, pero el clima induce a englobarla en toda la región meridional; es decir, en ese gran país que es Andalucía por su tremenda personalidad humana, por su manera de entender la vida y, por supuesto, por su manera de trabajar, producir, consumir. Harían falta muchas páginas para hablar de la economía andaluza. La imagen habitual se condensa en esas grandes extensiones de olivares y viñedos y en la mítica (aunque ocupe poco suelo) ganadería brava. Pero ese cuadro ha sido influido por modificaciones económicas durante los últimos decenios: una fuerte emigración desde la región, que contribuye a transformar el campo; unos focos de industrialización en Huelva, Sevilla y otras áreas y, sobre todo, una expansión tremenda del turismo que ha revalorizado prácticamente toda la costa, influyendo en el comportamiento y la situación de las áreas interiores más próximas. Todo ello supone un cambio aparente que, por fortuna, no lo es tanto: los frentes marítimos de altos rascacielos hoteleros han alterado mucho menos de lo que parecía el modo de ser de las gentes del país. Y escribo "afortunadamente" porque una de las grandes pérdidas de España sería la banal modernización —otra cosa es el auténtico progreso irrenunciable— de un sistema de vida como el andaluz.

De Andalucía hacia Francia seguimos avanzando por la España mediterránea. Primero, la esencialmente agrícola del país valenciano, con su actividad exportadora de agrios y otros productos y su explotación en pequeñas parcelas, con admirables regadíos de origen árabe. Más al norte, el próspero Principado catalán y su gran capital mediterránea en Barcelona, con su industrialización textil desde el siglo XVIII y más diversificada después, con su equilibrada agricultura, su historia, su lengua y su literatura. Y en toda la costa, otra vez más, el turismo: el gran descubrimiento de la economía española desde los últimos veinte años.

Dentro, la España de la meseta. *Castilla la Nueva* al sur, con sus cereales y sus vinos comunes; entre ella y Portugal, Extremadura, un poco andaluza al sur y también olvidada. Al norte de la sierra central divisoria, Castilla la Vieja y León: trigales y pinares, a veces encinares hacia el oeste y sólo algunas bases mineras para la industria en el norte. Entre las Castillas y el Mediterráneo la tierra fronteriza de Aragón, más equilibrada agrícolamente y con su capital en el centro de una vega importante y, sobre todo, de un cruce de transportes que ha facilitado cierta industrialización.

Finalmente, las islas. Las mediterráneas baleáricas, con exportaciones agrícolas típicas, y las atlánticas y casi tropicales de Canarias: un mundo ya anticipándonos el encanto de las viejas colonias antillanas sin salir de nuestro propio suelo. Y en ambos archipiélagos, una vez más, el turismo.

La estadística permite cuantificar con más precisión los esbozos cualitativos presentados anteriormente, basándose en los datos de la renta por habitante de cada región, según la elaboración del Banco de Bilbao para 1979. El transplante de esos datos a un mapa muestra en el acto que la España rica, por así decirlo, es la que se encuentra al este de la cordillera ibérica, además de Madrid, Cantabria, Euzkadi y Navarra. Es decir, las áreas mencionadas, más la Rioja, Aragón, Cataluña, Baleares y Valencia. Todas ellas superan la renta media nacional por habitante. Lindando con esa zona, Asturias alcanza casi esa media, mientras Castilla-León y las islas Canarias llegan al 85 por ciento y Murcia apenas rebasa el 80 por ciento. Galicia, con Castilla la Nueva, Andalucía y Extremadura no alcanzan esta última cifra y el nivel inferior corresponde a Extremadura que sólo roza el 60 por ciento de la renta media nacional; los extremeños, según esos datos, viven por tanto a un nivel que es sólo las tres quintas partes del conjunto, mientras que en Madrid, con el máximo, rebasa el promedio en casi otras dos quintas partes.

El esquema es por fuerza incompleto; la simplificación obligada aquí traiciona la variedad real. Pero era indispensable abocetar a grandes rasgos unas *diferencias naturales y culturales* que el viajero sólo percibe en parte y que son la raíz de candentes problemas políticos y humanos.

Las raíces de la esperanza

Humanos: esos son los factores con los que quiero terminar porque en economía, como en tantos otros aspectos, la España real y la España oficial no son fieles espejos una de otra.

Eso es particularmente verdad en relación con las *perspectivas para el desarrollo* nacional. Puede este problema enforcarse como se hacía oficialmente en los años sesenta: resolviendo el problema por decreto, según piensan todas las dictaduras que se mueve una sociedad. Por esa vía, lo importante sería la tecnocracia de los planes de desarrollo, trazando rumbos y activando las máquinas de la nave.

La verdad es que, como quedó dicho, la dictadura levantó anclas e izó la bandera de los planes cuando ya la espontaneidad vital del pueblo había encendido las calderas. Quienes primero pusieron en marcha el país fueron los obreros, cuyos ingresos redujo el plan de estabilización de 1959, por lo que se lanzaron, empresarios de sí mismos, a la penosa emigración a Europa, precedidos en esa iniciativa por las muchachas de los pueblos que se pusieron a servir en París y en otras capitales. Después, la dinámica alcanzó a los estudiantes, que empezaron el decenio de los sesenta con reivindicaciones y con salidas para estudios al extranjero. Los auténticos intelectuales, para los que no hay dogmas políticos, reforzaron la tendencia con la ayuda, no bastante reconocida todavía, de las revistas de humor erosionando la propaganda. La necesidad oficial de aparentar lo que no se era si se querían acrecentar las relaciones exteriores, contribuyó también a los mismos fines, y los turistas, espontáneamente creados por la prosperidad europea y traídos por la propaganda de otros modos de vivir, que poco a poco se fueron difundiendo. minando la sumisión al sistema. Al mismo tiempo, una generación diferente pensaba ya en el poder y se apoyaba en esas fuerzas espontáneas del pueblo para pretender los sillones de los dirigentes del pasado.

En otras palabras, el desarrollo de los años sesenta no fue el fruto de un acertado gobierno sino el resultado de una situación histórica y de unas fuerzas vitales. Ahora, cuando el panorama mundial no ofrece las mismas ventajas y algunos atribuyen sus repercusiones interiores negativas a los conflictos del sistema español actual, siguen quedándonos esos factores humanos y la capacidad creadora del pueblo, como esperanzas de cambio. Las perspectivas de la economía española descansan en esa posibilidad, dentro de las condiciones impuestas siempre por el marco geopolítico circundante, y bastaría una ilusión colectiva para emprender una nueva marcha. Pero, eso, como dije al principio, es otra historia: las variables políticas de las que depende toda economía.

José Luis Sampedro.

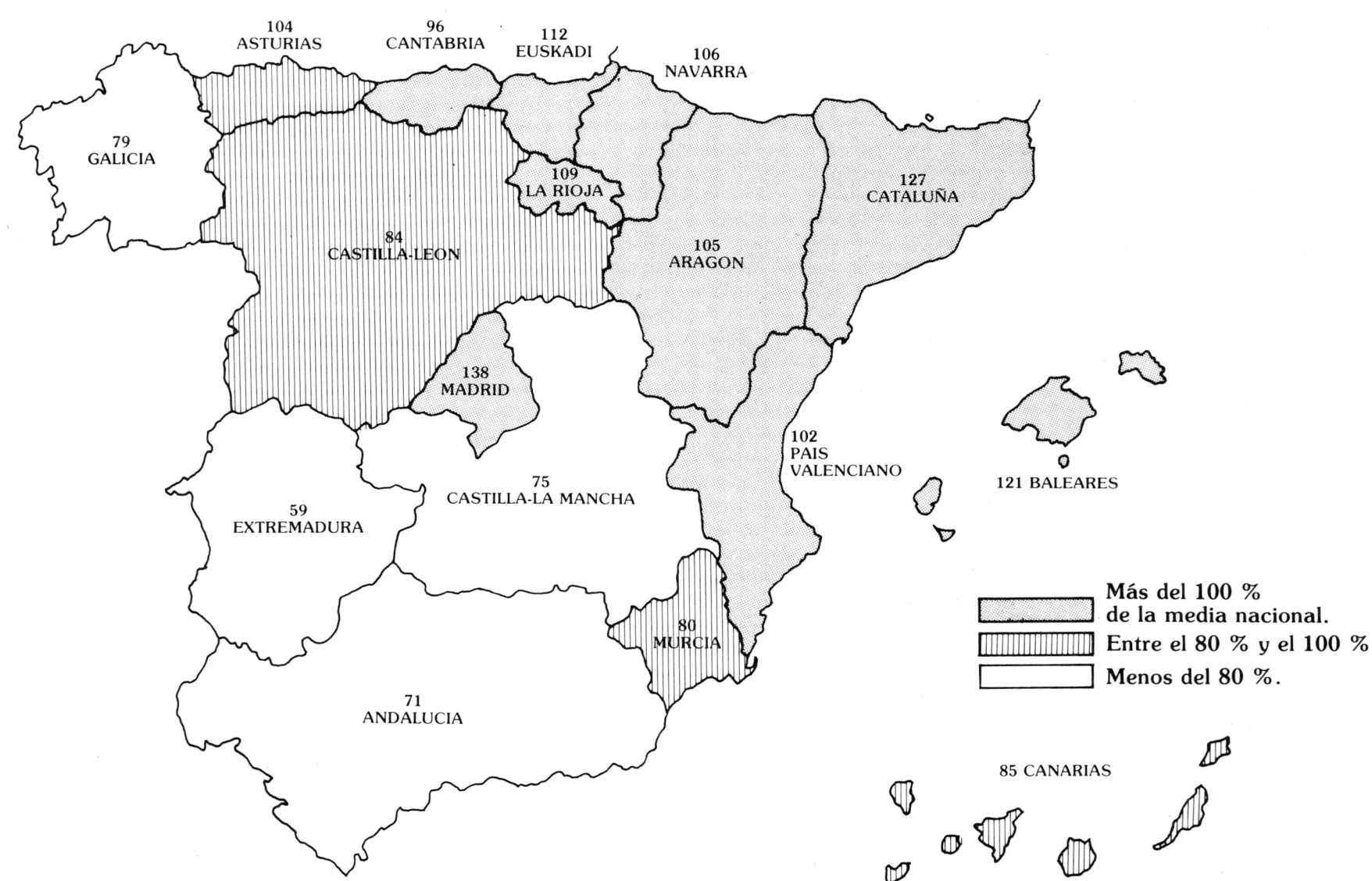

Fuente: Banco de Bilbao.

1. Las estalactitas parecen una joya en las Cuevas de Nerja (Málaga).
2. En contraste: un desierto junto al mar. Maspalomas (Gran Canaria).
3-5. Magia de la piedra, erosionada por elementos de la Naturaleza en: Seriñena (Huesca), Cuenca y Torcal de Antequera (Málaga).
6. Los Organos de Montoro (Teruel).
7. Del paisaje de Teide, dijo Humboldt que era «el más hermoso del mundo».
8. Riotinto (Huelva). Un nombre adecuado.
9. El «malpaís» en una bella isla: Lanzarote (Canarias).
10-11. El agua toma formas fantásticas al caer en cascada: Monte Perdido (Huesca) y «la cola de caballo» en el Monasterio de Piedra (Zaragoza).
12. Agua y lava, dos fuerzas compitiendo en belleza, en la Costa de Lanzarote, Canarias.
13. En San Juan de la Peña (Huelva), el verde tiene otro matiz.
14. Las plantas dan vida y color al paisaje: Planta Vescu, Gerona.
15. Las flores en Lanzarote (Canarias) no abundan en cantidad, pero sí en belleza.
16. En la isla más original de Canarias, Lanzarote, ni siquiera el hombre ha truncado la obra de la Naturaleza.
17. La inmensa mole del Monte Perdido (Huesca).
18-19. Roma dejó en muchos lugares su recuerdo: Sevilla y Mérida.
20. Vestigios de Numancia (Soria).
21. Huellas de los Iberos en Alicante: la Dama de Elche (ahora en el Museo Arqueológico de Madrid).
22-23. Mosaico y ruinas de Itálica (Sevilla).
24. Estatua de Octavio César Augusto en Tarragona.
25. Mérida (Badajoz) fue capital de la Lusitania.
26. La imagen más típica y famosa de Segovia: su Acueducto, nos muestra una forma de «domar» los elementos para el provecho del hombre.
27-28. La Mezquita de Córdoba: los mahometanos nos legaron buena parte de su cultura.
29. Raíces árabes también en Gerona. En la foto, baños públicos.
30-31. Muchos de los pueblos andaluces conservan su encanto: Córdoba y Medina-Sidonia.
32. Imagen particular de una calle de Ibiza (Baleares).
33. «Tranquilidad» volcánica: Yaiza (Lanzarote).
34. Original y típica fachada de Covarrubias (Burgos).
35. El carácter creativo y dispar de los pueblos españoles se contempla hasta en la variedad de sus chimeneas: Roncal (Navarra), Guadix (Granada), Hecho (Huesca), Alpujarras (Granada) y Signes (Zamora).
36. Belleza y utilidad se conjugan perfectamente en la arquitectura propia del Pirineo. Valle de Arán (Lérida).
37. Puertas distintas para gente diversa.
38. Tertulia, una palabra y un hecho propios de España. Villanueva de la Vera (Cáceres).
39. Don Quijote creyó que eran gigantes... Los molinos eran la imagen más conocida de Castilla en tiempos de Cervantes. Campo de Criptana (La Mancha).
40-41. Los colores de la mar en las casas de la costa: Tazones (Oviedo).
42. El puerto pesquero de Pasajes (Guipúzcoa).
43. La Alberca eterna (Salamanca).
44-45. La Orotava, paraíso vegetal en Tenerife (Canarias).
46. Un típico patio cordobés.
47. Patio en Casares (Málaga).
48-49. Los pueblos llenos de luz y blancura, por el trabajo de sus gentes: La Solana y Casares (Málaga).
50. Las rejas, en España, no siempre son sinónimo de cárcel: Córdoba.
51. La gastronomía es un arte... Jabugo lo demuestra con la perfecta cura de sus jamones.
52. Su nombre así lo indica, Villajoyosa. Toda la gama de colores brilla en Alicante.
53. El tiempo parece detenerse en Cáceres.
54. Uno de los pueblos «museo» de España: Santillana (Santander).
55. Artesanos en España: Santander, Ronda (Málaga), Cádiz, Carmona (Sevilla) y Santiago (Galicia).
56. Escudos de nobleza se conservan en muchos portales: Olienza (Badajoz).
57-59. Un cementerio de coches contrasta con la viveza de Arrecife de Lanzarote. En las páginas siguientes: dos calles largas y hermosas que parecen hechas adrede para pasearlas saboreándolas lentamente, en los dos extremos de España: Villagarcía de la Torre (Extremadura) y Santillana (Santander).
60. Célebre esquina de Albarracín (Teruel), marco de la novela de Ramón J. Sender: «Crónica del alba».
61. En Sos nació Fernando el Católico (Zaragoza).
62. Ropa tendida: Llanes (Asturias), Hostalets (Gerona), Cáceres.
63-65. Trabajos intemporales: lavandera en Cáceres, pastor en Ansó (Huesca) y salinera en Lanzarote.
66. La sal es un elemento indispensable para el cuerpo humano: Salinas de Janubio en Lanzarote.
67. La noria de la Ñora (Murcia).
68. Invernáculos en Plencia (Vizcaya).
69. La España trashumante: pastores en la sierra de Almería.

70. Corderos en las llanuras del Bajo Aragón (Teruel).
71. El campo andaluz se viste de flores: Medina-Sidonia (Cádiz).
72. Tierra de Campos, inmensa llanura (Palencia).
73. La siega en Morella (Castellón).
74. Los gallegos cultivan sus campos cerca del mar: Corcubión (La Coruña).
75. Campos de trigo en Deva (San Sebastián).
76. Cultivos de viña en Lanzarote.
77. La tierra celta da sus frutos: Lugo.
78. Típica imagen de Asturias y Galicia... Hórreo en Lugo.
79. Un pajar en Corcubión (La Coruña).
80. Bodegón de Sánchez-Cotán.
81. Día de mercado en la Plaza de Vic (Barcelona).
82. En toda España se celebran mercados: Vic (Barcelona); Toledo y el de La Boquería: Barcelona.
83. El palmeral de Orihuela (Alicante). En esta localidad nació el poeta Miguel Hernández.
84. Un lugar idílico en el Pirineo, en Huesca: El Pueyo.
85. «Tierra firme», Sanguinago (Teruel).
86. Uno de los hermosos valles de Vizcaya: Alto de Ulcarregui.
87. De sol a sol: Pontevedra (Galicia).
88. Mujeres unciendo bueyes, Manzaneda (León).
89. Arrastre de piedras: Herandio (Vizcaya).
90. Barroquismo en las fiestas españolas.
91. Caballos en el monte. Isaba (Navarra).
92. «A rapa das bestas», en Sabucedo (Orense).
93. Los mercados de caballos en Navarra, con aire de fiesta.
94. Caballos salvajes, caballos domados: una estampa siempre hermosa. Hipódromo de la Zarzuela (Madrid).
95. El caballo es protagonista en la Feria de Sevilla.
96. El toro, animal español por excelencia. En la página anterior, los toros de Guisando (León).
97. Los toros corren sueltos en Arcos de la Frontera.
98-99. En contra de sus detractores el arte del toreo sigue vivo en España: Mijas (Málaga), Benidorm (Alicante) y la Real Maestranza de Sevilla.
100. La danza, la pintura... Muchos artes en uno: el toreo.
101. Color y valentía. Fiesta muy arraigada en España: los Sanfermines de Pamplona (Navarra).
102. Plaza de toros bajo las murallas de un castillo.
103. Los castillos se crearon para defenderse de ataques enemigos, hoy son una evocadora imagen que debe conservarse. Castillo de Belmonte del Tajo.
104. Castillo mudéjar de Coca en Valladolid.
105. La gallardía del Castillo de Loarre (Huesca).
106. Piedra esculpida en el Medioevo. Piasca (Santander).
107. Llegando a Mallorca... Castillo de Bellver.
108. Bordados en piedra. Santa María del Naranco (Oviedo).
109. «A la luna de Valencia». En el medioevo, a las seis de la tarde se cerraban las puertas de la ciudad: las Torres de Serrano.
110. El imponente Castillo de Villarejo de Salvanés, cerca de Madrid. ¡Quién da más!...
111. Caballeros, lances y torneos... La Armería Real de Palacio: Madrid.
112. En el Castillo de Peñíscola (Castellón) habitó el Papa Luna (Benedicto XXIII).
113. La famosa puerta de Santa María de la Catedral de Burgos.
114. Murales en Mondoñedo (Lugo).
115. Un viejo castillo sumergido en las aguas de un pantano de Cáceres.
116. Una talla románica. Catedral de Orense.
117. Extremadura, tierra de conquistadores. La estatua de Pizarro parece mirar una cigüeña. Trujillo (Cáceres).
118. El arte y la cultura están muy presentes en España: Museo del Prado. Al fondo, un cuadro de Velázquez, «La rendición de Breda».
119. En el cielo límpido de Segovia, destaca la imagen de su Alcázar.
120. Visión insólita del Castillo de la Mota, en Medina del Campo (Valladolid).
121. Belleza estática: el lago de San Mauricio (Lérida). En páginas anteriores un «bunker» en Matalascañas (Huelva), y cascada irrumpiendo con fuerza en La Maladeta (Huesca).
122. Playa fluvial de Zamora.
123. Parece Venecia... Puente de la Plaza de España, de Sevilla.
124. Puente de Toledo: Madrid.
125. El puente románico de Camprodón conserva todo su sabor (Lérida).
126. No importa de qué época son... Los puentes siempre sugieren imágenes románticas.
127. Divertida y original visión de la Bahía de Cádiz.
128. Los andaluces aman su tierra y sus fiestas. Puente de Triana (Sevilla) en Semana Santa.
129. El Tajo de Ronda (Málaga).
130. Los orígenes de los antiguos habitantes de las islas privilegiadas permanecen ocultos: los guanches. Garachico (Tenerife).
131-132. La pesca no es sólo un deporte; muchas familias españolas viven de ella: La Albufera (Valencia); Bayona (Pontevedra) y Sardinero de Malpica.

133-134.	Aunque parezca lo contrario en la Península Ibérica se vive de cara al mar: Puerto de Bermeo (Vizcaya); Marisqueros en la Playa (Huelva).	
135.	Rincones hermosos se dan en toda la costa... Puerto del Barquero (Lugo).	
136.	Un paseante insólito en la playa de Sanlúcar de Barrameda (Cádiz).	
137.	Los miradores de la dársena de la Marina, en La Coruña, parecen preparados para acoger la lluvia en sus cristales.	
138.	Todo es mágico en Galicia. Viveros de mejillones.	
139-140.	Cadaqués cambia de color pero no de estructura (Gerona).	
141.	Toda la luz de Valencia en el cuadro de Sorolla: «Saliendo del baño».	
142.	Benidorm, un Mahattan alicantino.	
143.	Vestidores típicos en la playa de Gijón (Asturias).	
144-145	Dos costas parecidas a ambos extremos de un mismo mar: el Mediterráneo. Sa Riera (Gerona) y Mallorca (Baleares).	
146.	Marisma en Lanzarote.	
147-148.	Las enormes playas de Santander: El Sardinero.	
149.	En Lanzarote, el hombre (en este caso, César Manrique) ha sabido respetar la identidad del entorno natural.	
150.	Uno de los rincones más bellos y conservados de la Costa Brava: Calella de Palafrugell (Gerona).	
151.	Todo invita al reposo en las calas de la Costa Brava.	
152.	Contemplando las playas santanderinas.	
153.	En La Coruña se besan un mar y un océano: el Cantábrico y el Atlántico.	
154.	El Coto Doñana (Andalucía) es zona de paso y habitáculo natural de las aves en su ruta migratoria.	
155.	Paseo turístico en camello por Lanzarote.	
156.	La Alhambra misteriosa llena de leyendas: Patio de los Leones y Patio de los Arrayanes.	
157.	Iglesia blanca en los Valles (Lanzarote).	
158.	La torre mudéjar de El Salvador en Teruel.	
159.	El estilo gótico empezó en Alemania y era llamado arte «bárbaro». Se demostró que no lo era. Un ejemplo en España: La Catedral de Burgos.	
160.	La belleza plástica se combina en estas imágenes con la cultura física.	
161.	El románico encaja perfectamente en el paisaje pirenaico. San Clemente de Tahull (Lérida).	
162.	El Pilar a orillas del Ebro.	
163.	Todo invita a la meditación en el claustro del Monasterio de Guadalupe (Cáceres).	
164-166.	Tres estilos: Santa María del Naranco (Oviedo), La Sagrada Familia de Gaudí (Barcelona) y la Sinagoga de Santa María la Blanca en Toledo.	
167.	Un descanso en la Ermita de Valverde del Camino (Huelva).	
168.	El paso de varios estilos dejó su huella en esta iglesia.	
169.	Las flores realzan, todavía más, el encanto gótico de la Catedral de Palma de Mallorca.	
170.	Extremadura en constante cita con el pasado... Monasterio de Guadalupe como muestra del mudéjar extremeño.	
171-172.	Una visión parecida de dos catedrales distintas: Gerona y San Sebastián.	
173.	San Martín de Frómista, una obra perfecta del románico, Palencia.	
174.	Un símbolo de Lérida: La Seo.	
175.	¿Acaso es una iglesia de estilo colonial en Sudamérica? Pues no, es Palma del Condado (Huelva).	
176.	Bordados de sombras en la Seo Leridana.	
177.	En una montaña: San Juan de la Peña (Huesca).	
178.	Rocas en casi imposible equilibrio dentro de la Iglesia de Marquina (Vizcaya).	
179.	En todo el Norte de España abundan las edificaciones con arcos... Dicen que es para cobijar a la gente en los días de lluvia, tan frecuentes en esa zona. Santander (Catedral).	
180.	Piedra labrada de la fachada de la Seo de Ripoll.	
181.	Pintura gótica de Paredes de Nava (Palencia).	
182.	La luz se transforma en mil colores al atravesar el precioso rosetón y las vidrieras de la Catedral de León.	
183.	Luminosa cúpula de la Iglesia de Priego (Córdoba).	
184.	La ceremonia más esperada de Santiago de Compostela... Curas y seglares atentos al movimiento del Botafumeiro esparciendo incienso.	
185.	En Granada, su Cartuja.	
186.	Tres cabezas surgen de la pared en la Catedral de Oviedo.	
187.	Una obra magistral del románico: San Isidoro de León.	
188.	La Iglesia cambia y se reforma. En Vic aún quedan curas «como Dios manda».	
189.	En las fiestas del Rocío, todos quieren transportar a su Virgen.	
190.	En Andalucía hay un verdadero culto a la Virgen del Rocío.	
191.	Los sevillanos creen que no hay Virgen más hermosa que la Macarena.	
192-193.	Dos Vírgenes negras con leyenda: la Moreneta de Montserrat, Barcelona; y la de Guadalupe (Cáceres).	
194.	Hornacina en la calle. Calaceite, Teruel.	
195.	En la Catedral de Toledo, toda la ternura maternal reflejada en la cara de esta Virgen. A la derecha, maternidad, Lérida.	
196.	Un cura visto por el violento brochazo de Antonio Saura.	
197.	Lo moderno y lo tradicional en la Semana Santa de Murcia.	

198. Imágenes esculpidas en piedra en el capitel de una columna: Santillana (Santander). Cristo románico adosado a madera policromada de época muy posterior: Beget (Lérida).
199. Descendimiento románico en San Juan de las Abadesas (Gerona).
200. Cruceiro de Hío (Pontevedra).
201. Una visión casi fantasmagórica de la Semana Santa de Sevilla.
202. Cristo yacente de Gregorio Hernández en el Museo de Escultura de Valladolid.
203. Los cementerios también sugieren muchas características del carácter de sus moradores, Toledo.
204. Ambiente apropiado para entrar en el espíritu que Domenico Teotocopulis (El Greco) supo reflejar en su cuadro: «El entierro del Conde de Orgaz».
205. Sepulcros Reales del Monasterio de Poblet, Tarragona.
206. Historia, arte y cultura en cada rincón de Granada: Capilla Real.
207. En toda España hay obras dignas de admirarse: San Vicente de Avila.
208. La tumba de Juan Ramón Jiménez y de su mujer y musa Zenobia, en Palos de Moguer (Huelva).
209. Pliego de firmas de pésame. Lastres (Asturias).
210. El blanco siempre en Andalucía. Cementerio de Casares, Málaga.
211. Lujo y riqueza en el Panteón de los Reyes del Escorial, Madrid.
212. Fueron seres vivos... La iglesia osario en Wamba, Valladolid.
213. La vista, a veces, engaña... Palomares y palomas en Pedraza del Campo.
214. La Duquesa de Alba, escandalizó a la gente «bienpensante» de su época al ser pintada de esta forma por Goya: la maja desnuda.
215. La alegría del baile por sevillanas.
216. ¡De buena cosecha, seguro! Taberna de Antonio Sánchez, Madrid.
217. El barroquismo de la Romería del Rocío.
218. Típicos ambientes de nuestras gentes; folklórico y tradicional el de los Sanfermines y «folklórico», también, e internacional el de una discoteca.
219. Los «Corrales» de paso obligado para los actores españoles en sus giras artísticas, es una institución muy castellana. El Corral de Comedias de Almagro, Ciudad Real.
220. El cuerpo humano mediante la danza, es el instrumento más bello para expresar todas las sensaciones que produce la música. Teatro de expresión corporal y ballet, Barcelona.
221. Sobre todo en verano las plazas, teatros y zonas con más solera al aire libre son marco ideal para manifestaciones culturales y artísticas de todo tipo. La Plaza del Rey, Barcelona.
222-224. El teatro o la calle, cualquier lugar es adecuado para bailar, la afición más primitiva e inherente al ser humano en general y al pueblo español en particular.
225. Erotismo en piedra.
226-229. La cultura física y la intelectual son necesarias e indispensables para el desarrollo integral... El deporte de levantamiento de piedras en el País Vasco; Teatro Real de Madrid; Barrio Gótico de Barcelona y friso de Picasso.
230-231. Picasso nació en Málaga, pero estudió en Barcelona. Museo que lleva su nombre en el casco antiguo de la ciudad.
232-233. Dalí es el pintor actual más conocido y querido por el pueblo catalán. Museo Dalí. Figueras (Gerona).
234. En Alcoy (Alicante), todo el pueblo en pleno participa en la fiesta de moros y cristianos.
235. Los valencianos se pasan todo el año esperando y preparando «Las Fallas». En los «ninots» que van a ser quemados, son satirizados sin excepción todos los organismos, instituciones y personajes públicos.
236. Miró, escultor y pintor de minorías. Es, sin embargo, orgullo de todos los catalanes.
237. Fundación Miró, Barcelona.
238. Salamanca, ciudad preciosa, es sede de la Universidad de estilo plateresco, más antigua de España. Cada piedra rezuma historia y cultura. En la foto, la fachada de la Catedral.
239-242. ¿Por qué se dirá que en España se lee poco? Doncel de Sigüenza (Guadalajara), Dean de San Vicente de la Barquera (Santander); El «tostado», ábside Catedral de Avila, y Henri Moore (Retiro, Madrid).
243. En el Barrio Gótico de Barcelona abundan las librerías para coleccionistas de joyas literarias difíciles de encontrar.
244. España diversa.
245. España industrial.
246. Imágenes para el recuerdo.
247. Rascacielos de Madrid y Barcelona. Palacio Real (Madrid). Sevilla. San Sebastián: La Concha.

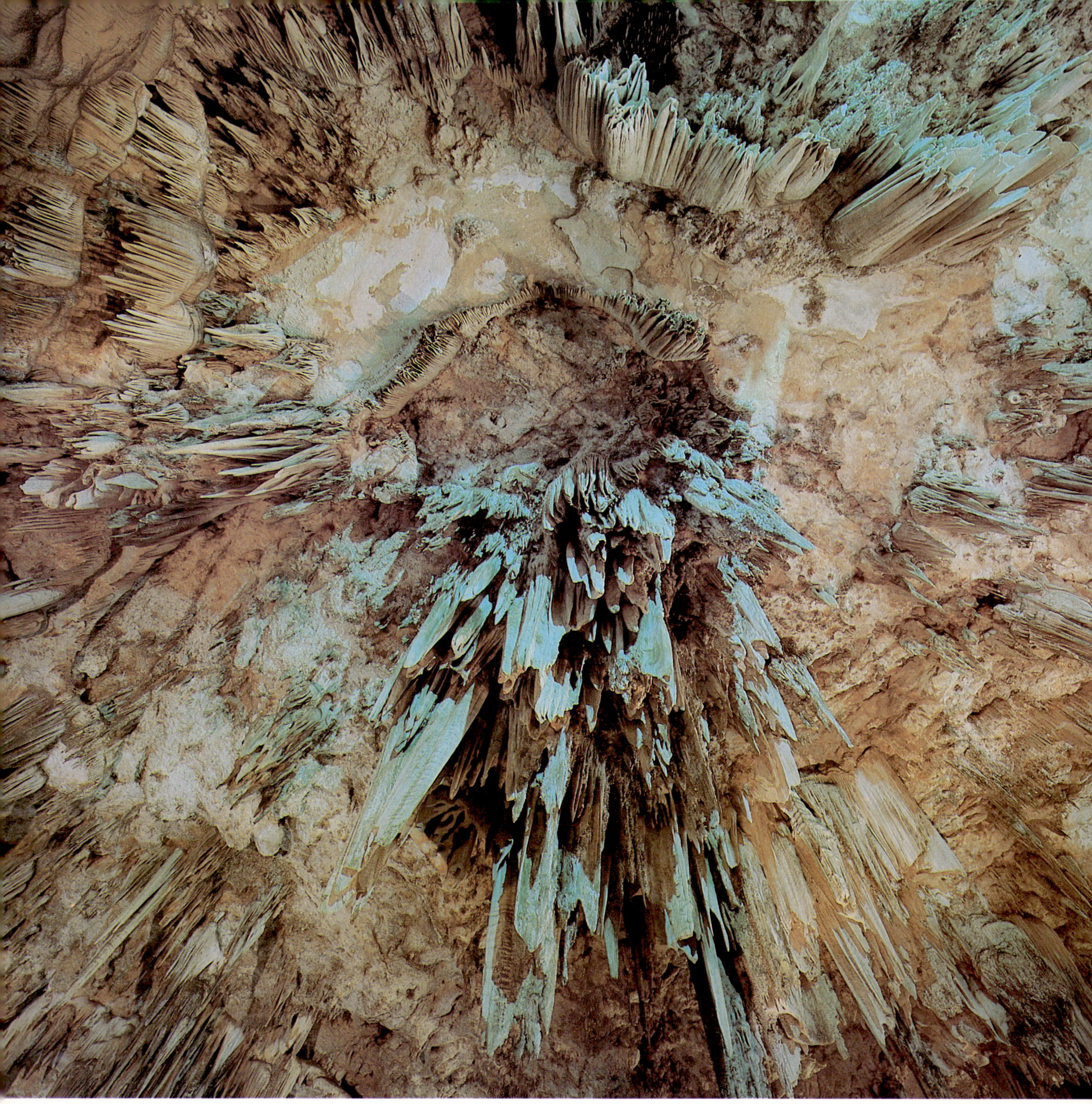

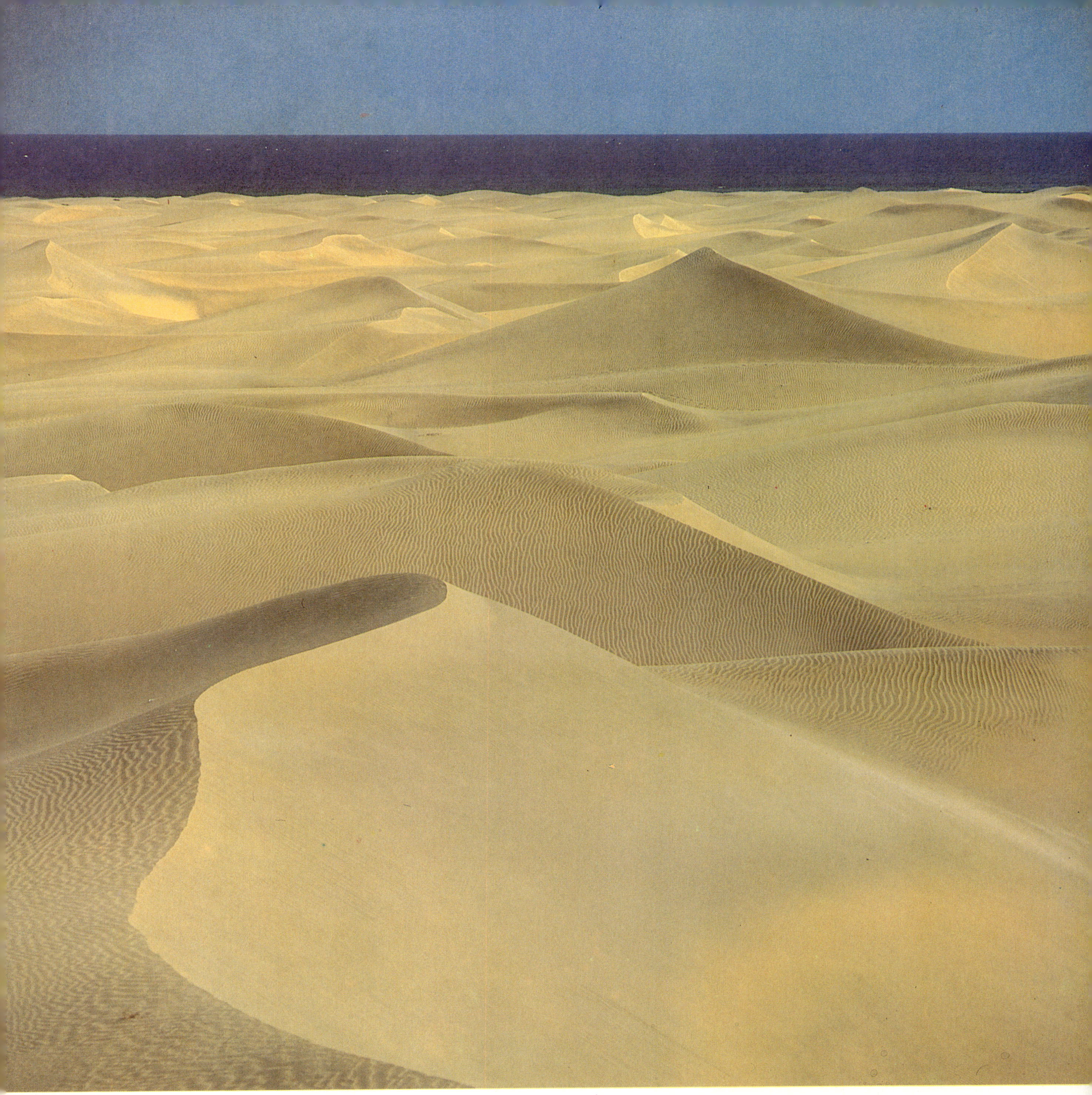

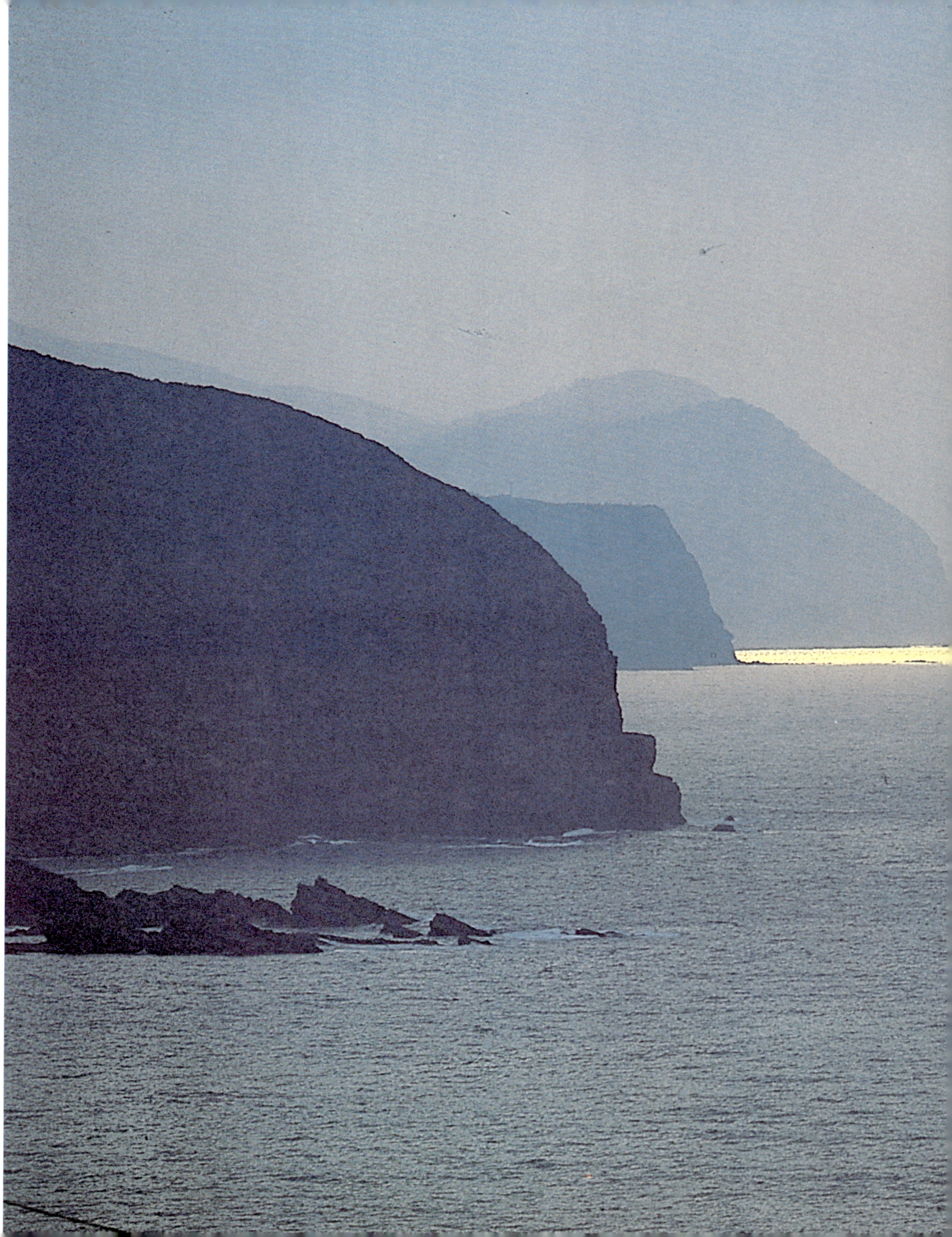

3

4

5

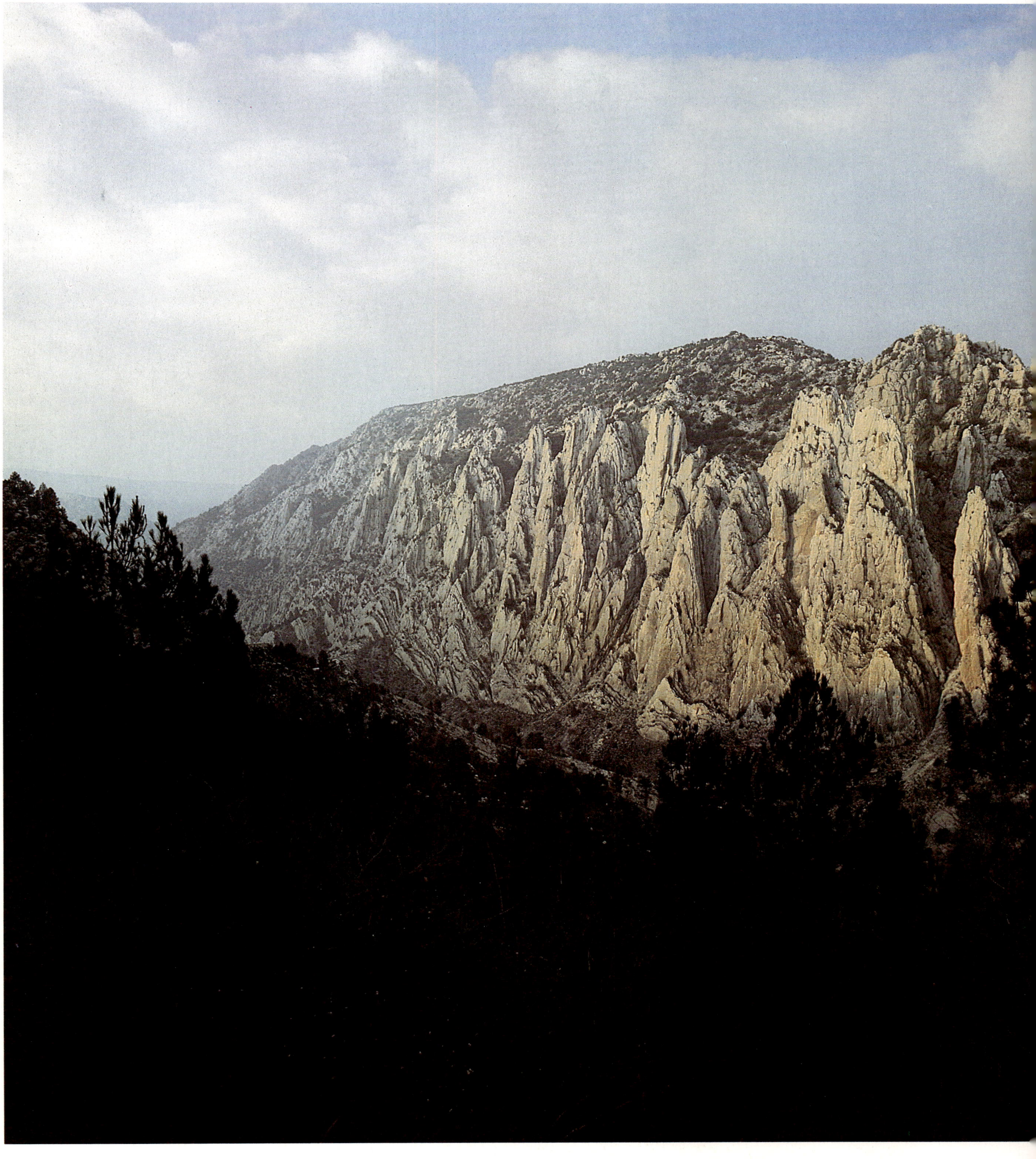

7

8

9

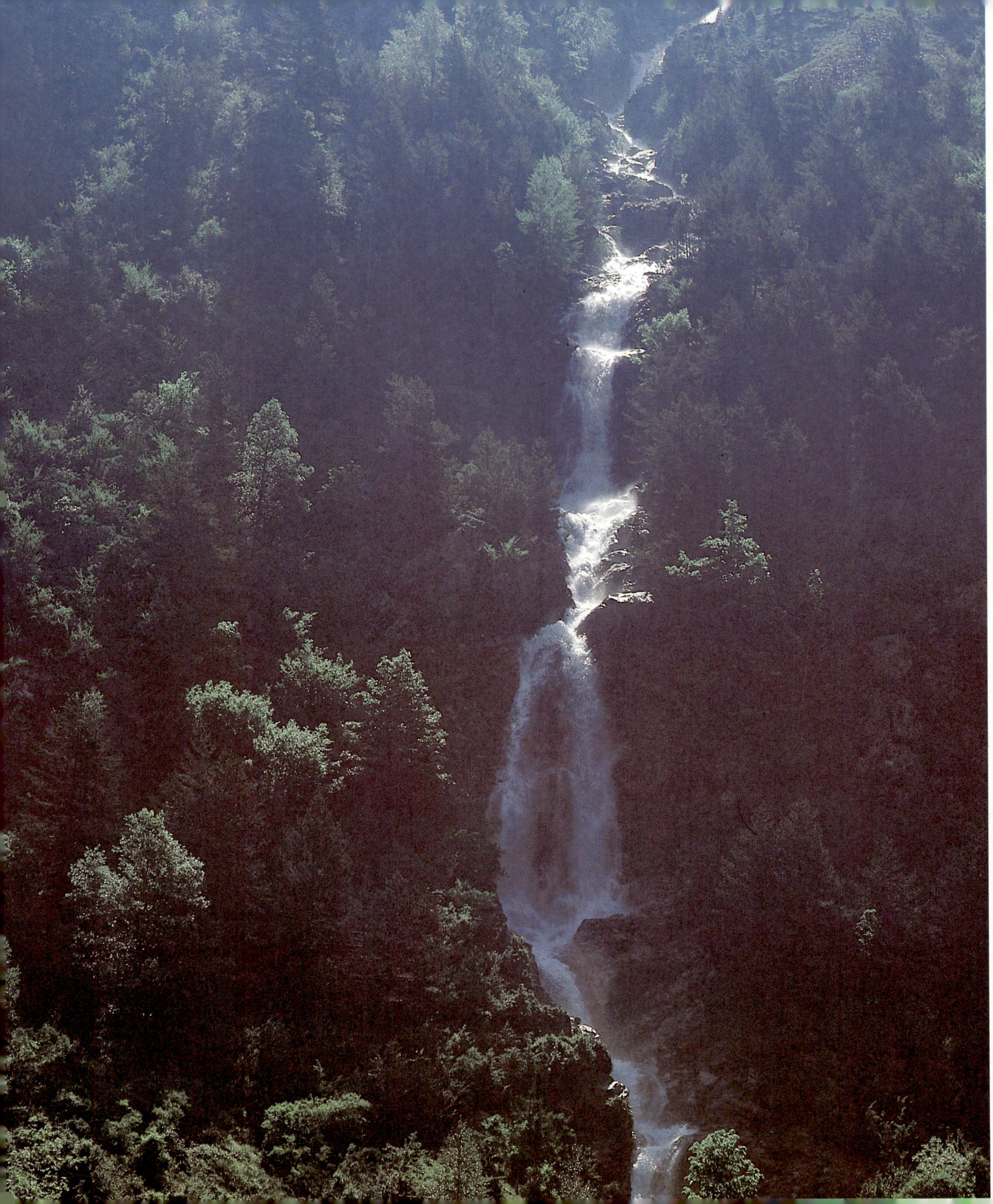

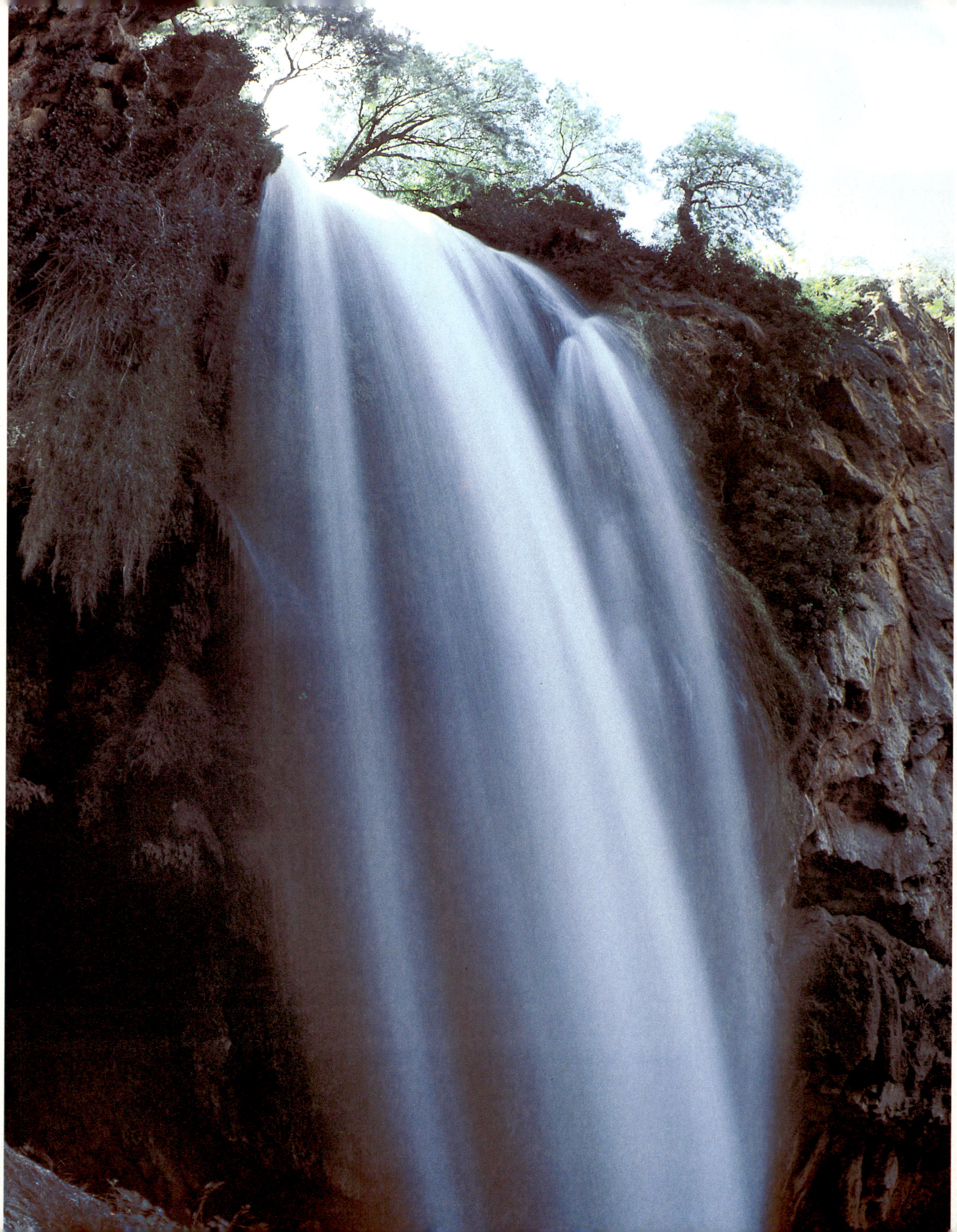

12

13

14

15

16

17

18

19

20

21

22

23

24

25

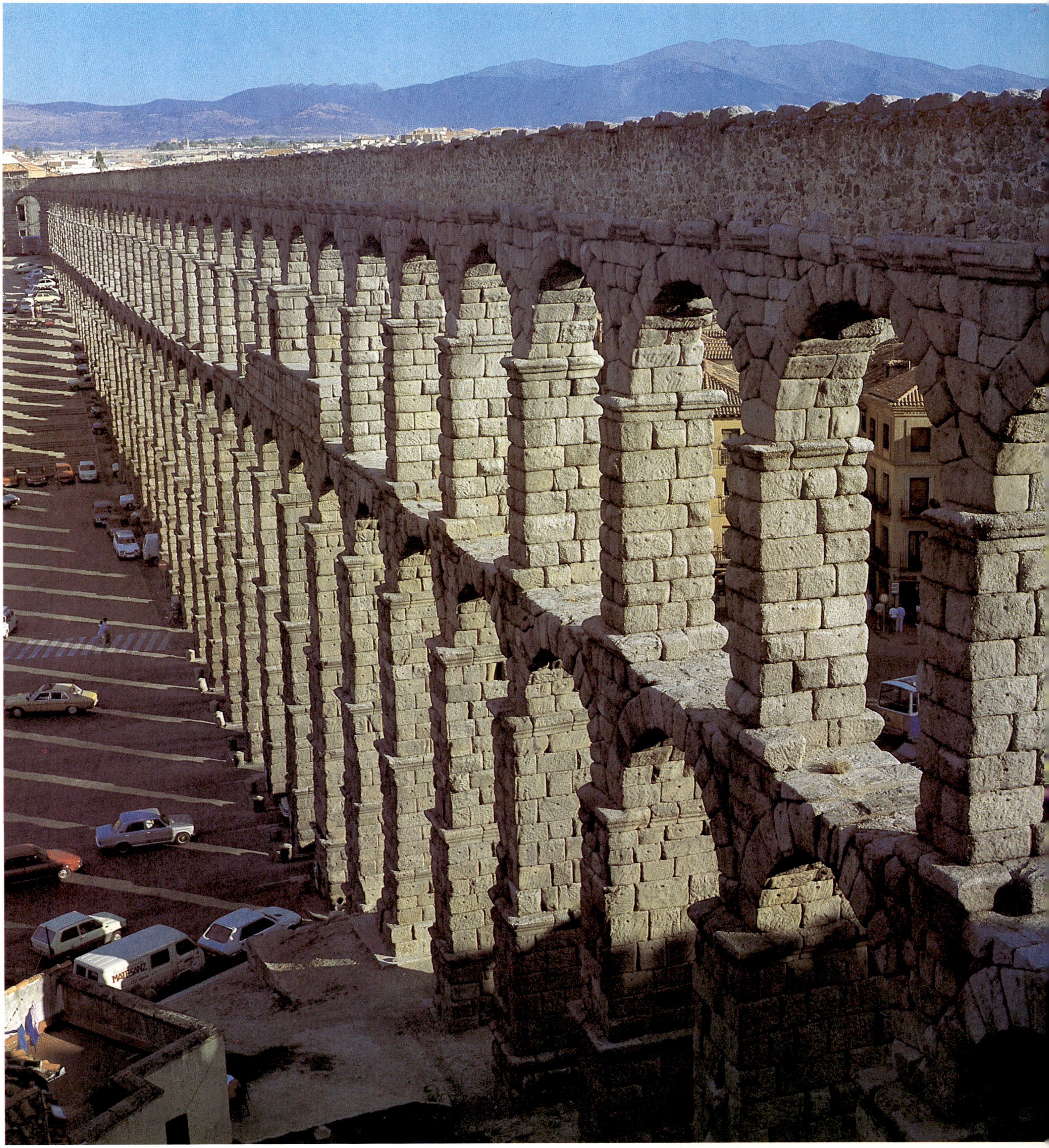
MATESANZ

27

28

29

30

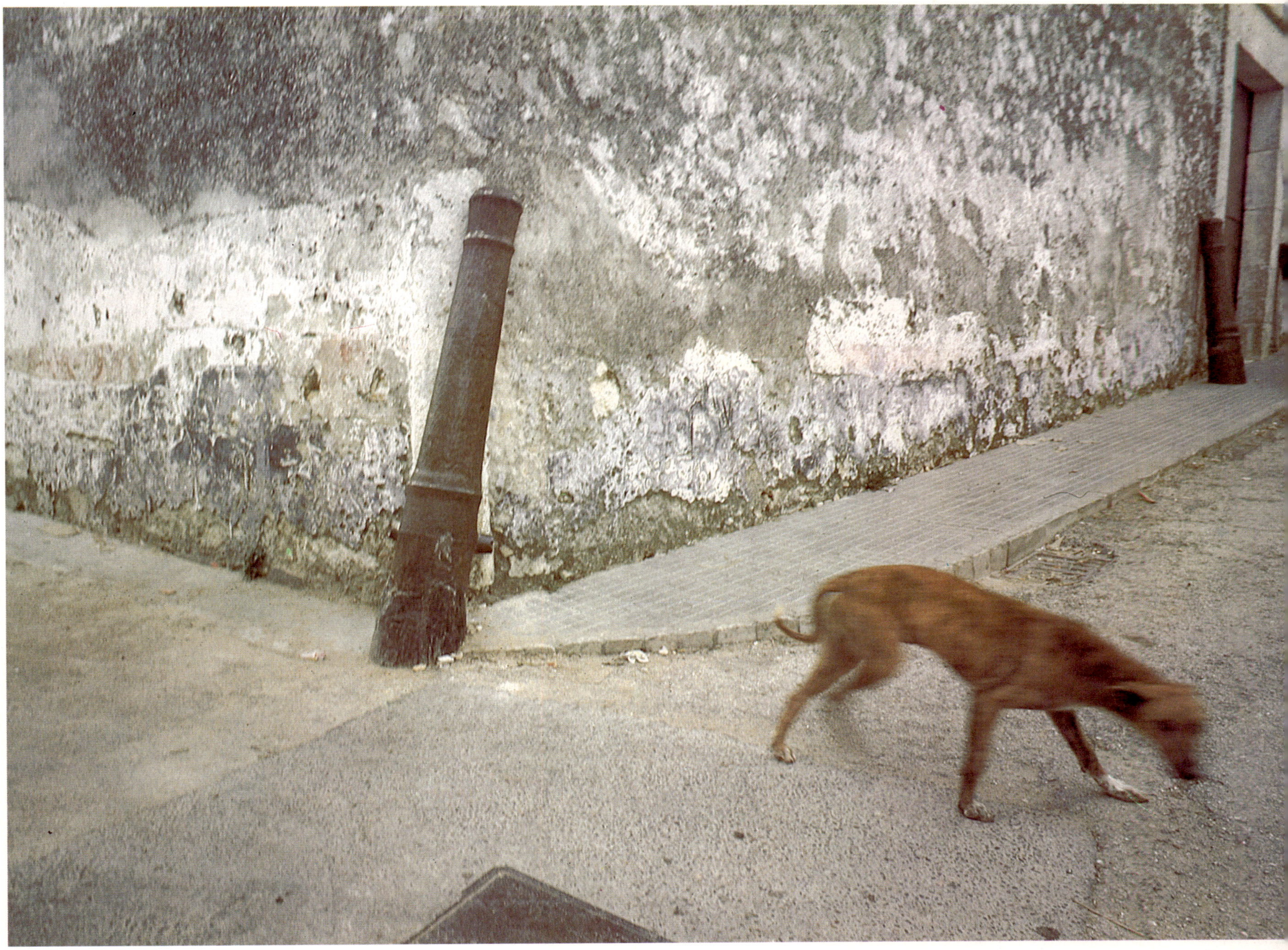

32

33

34

35

36

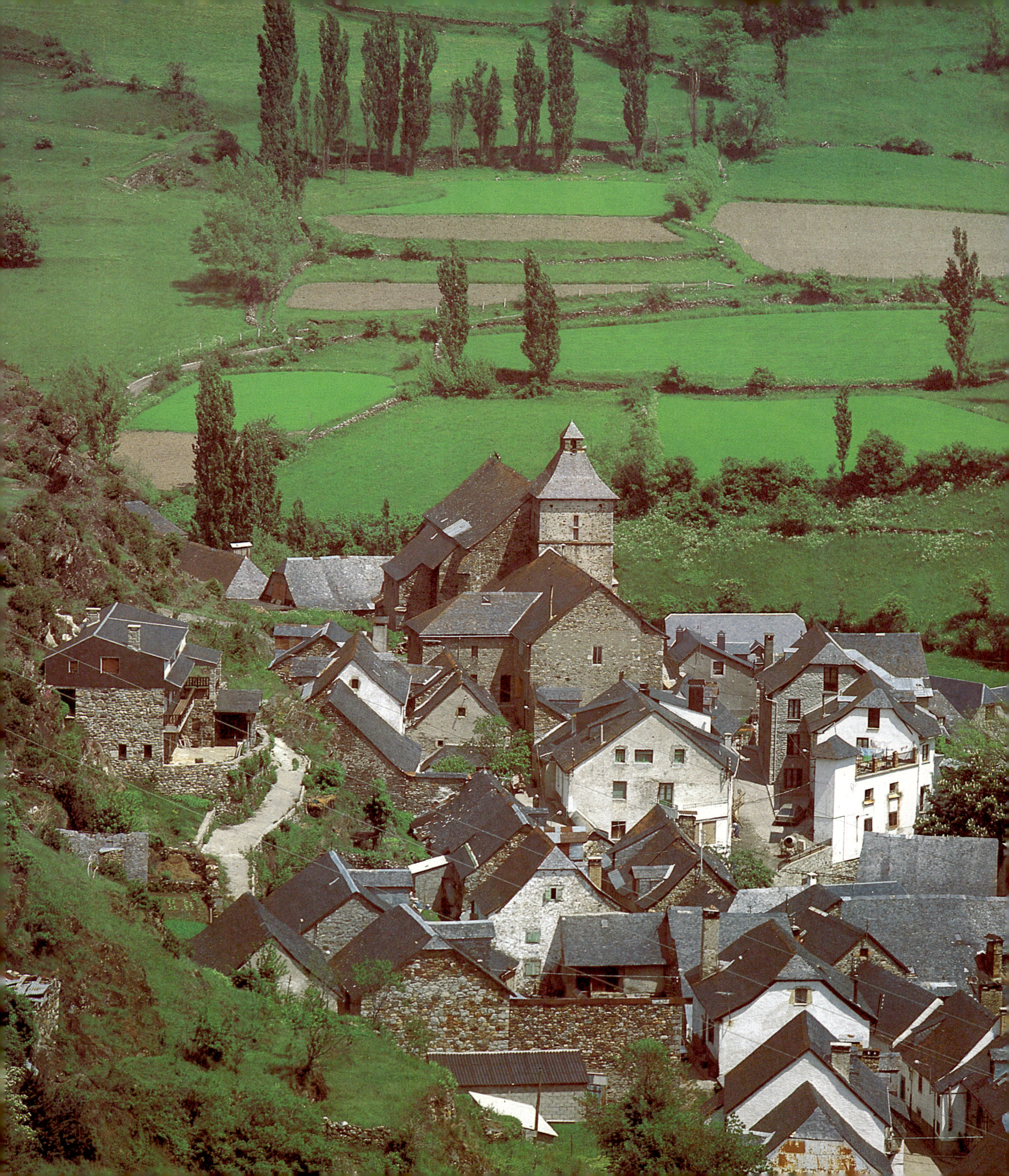

37

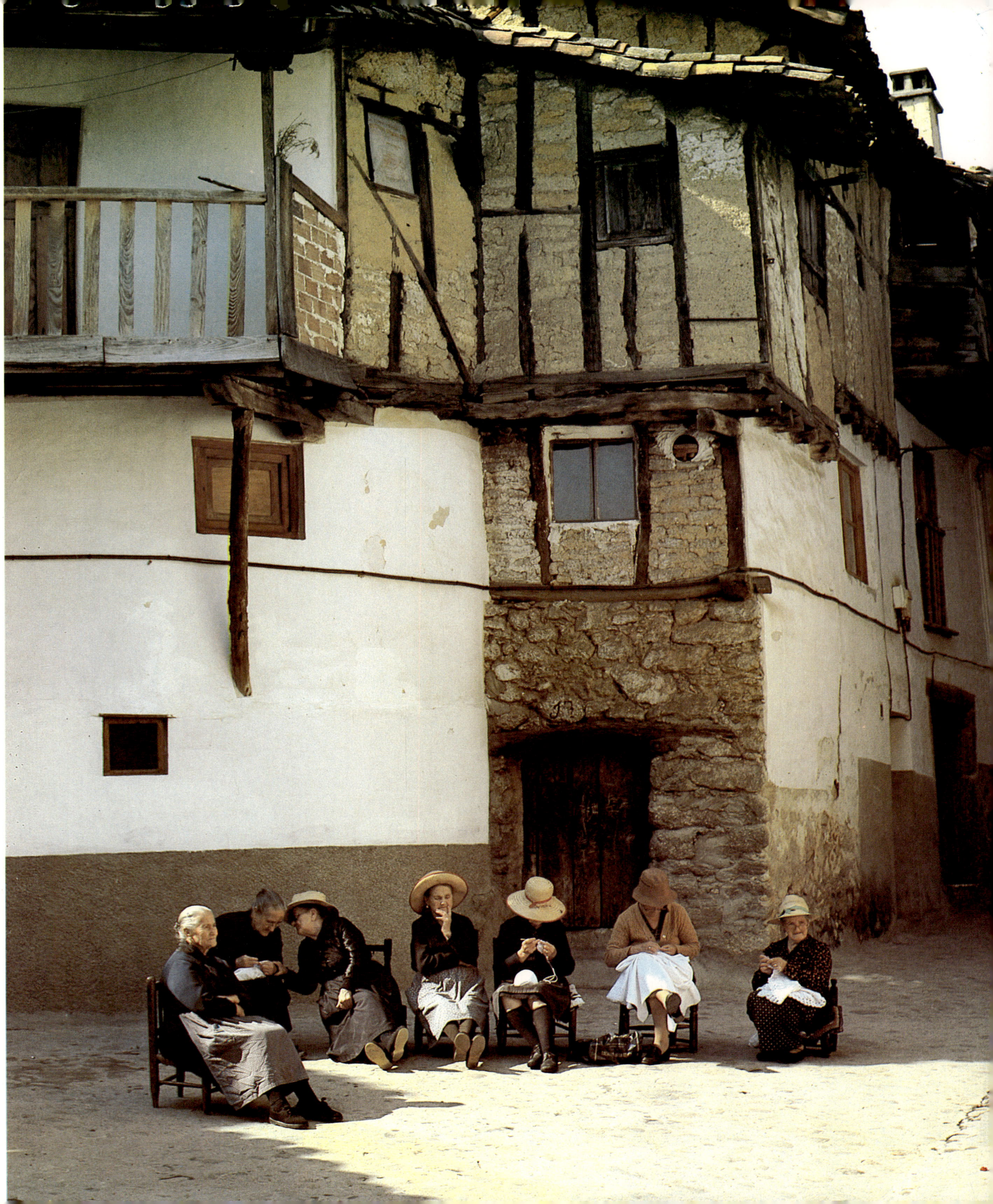

39

40

41

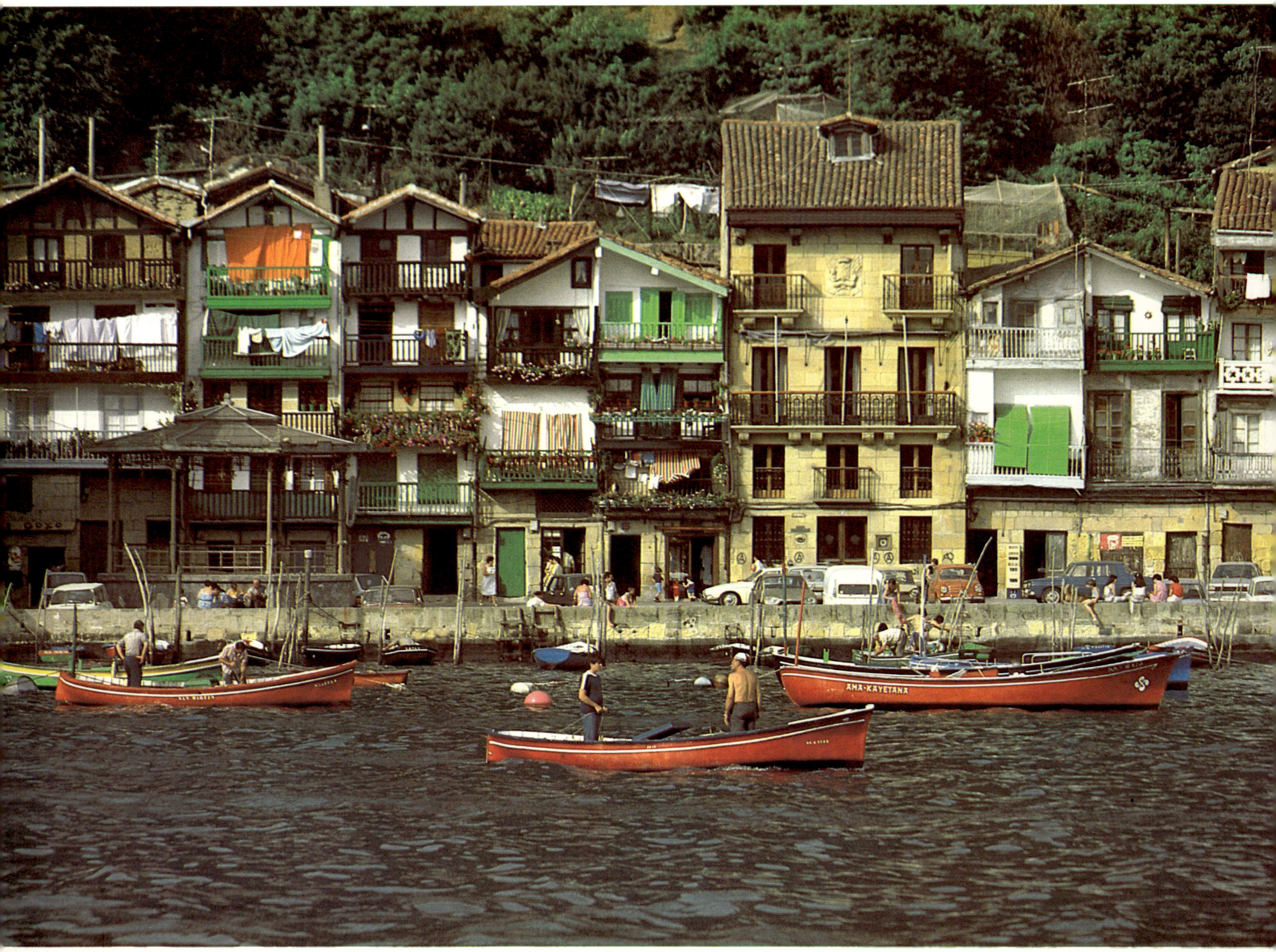
AMA-KAYETANA

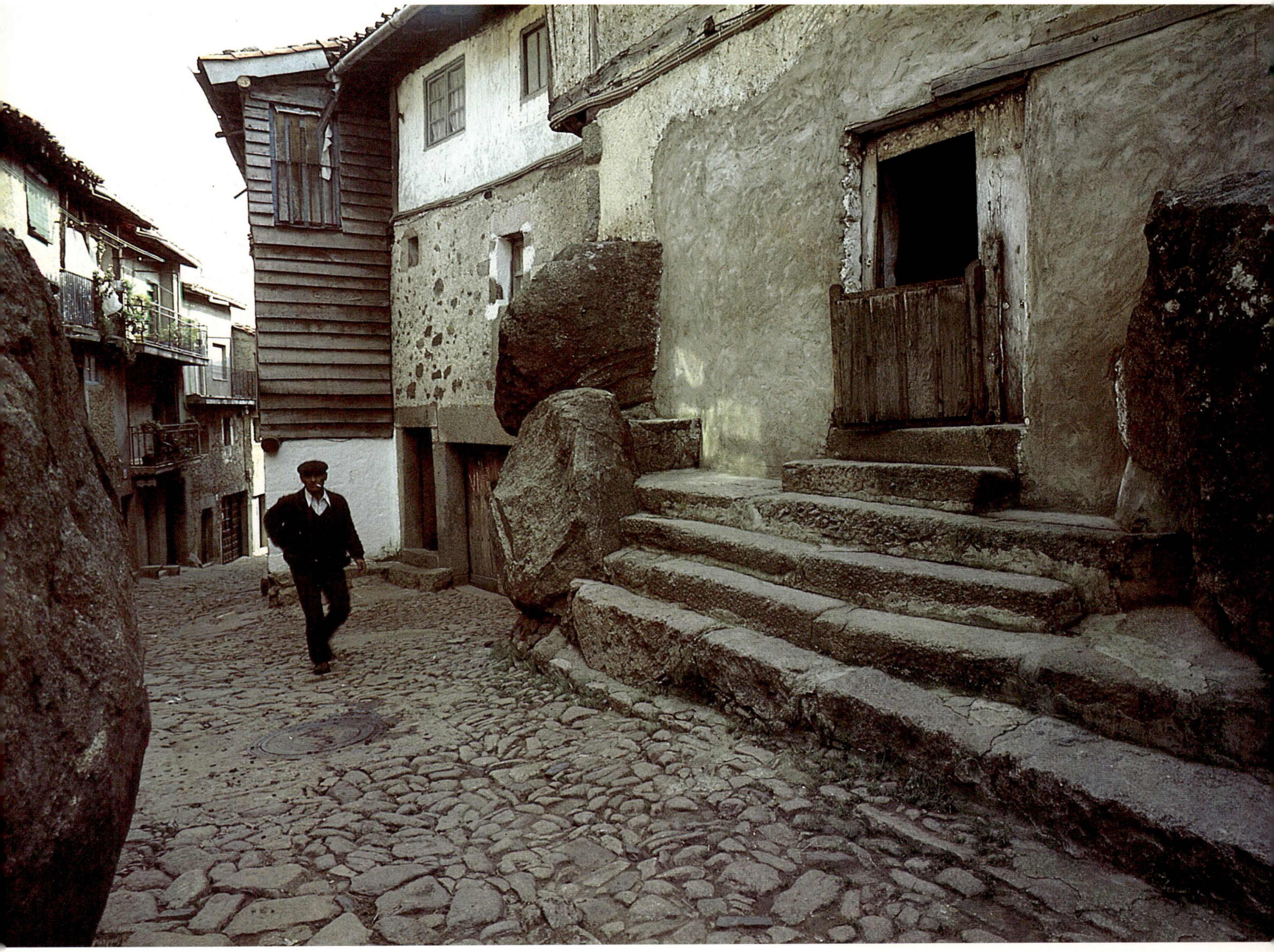

44

45

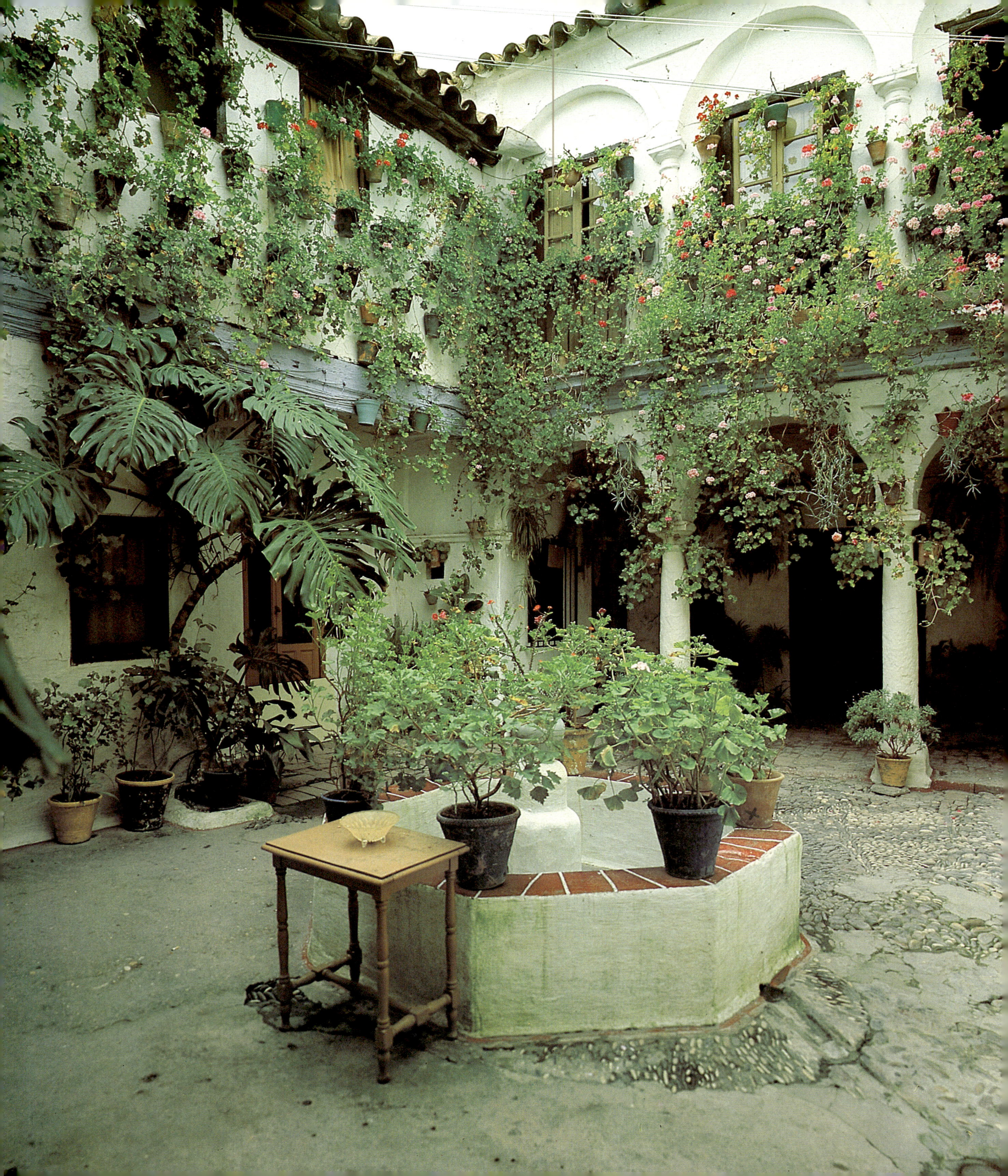

46

47

48

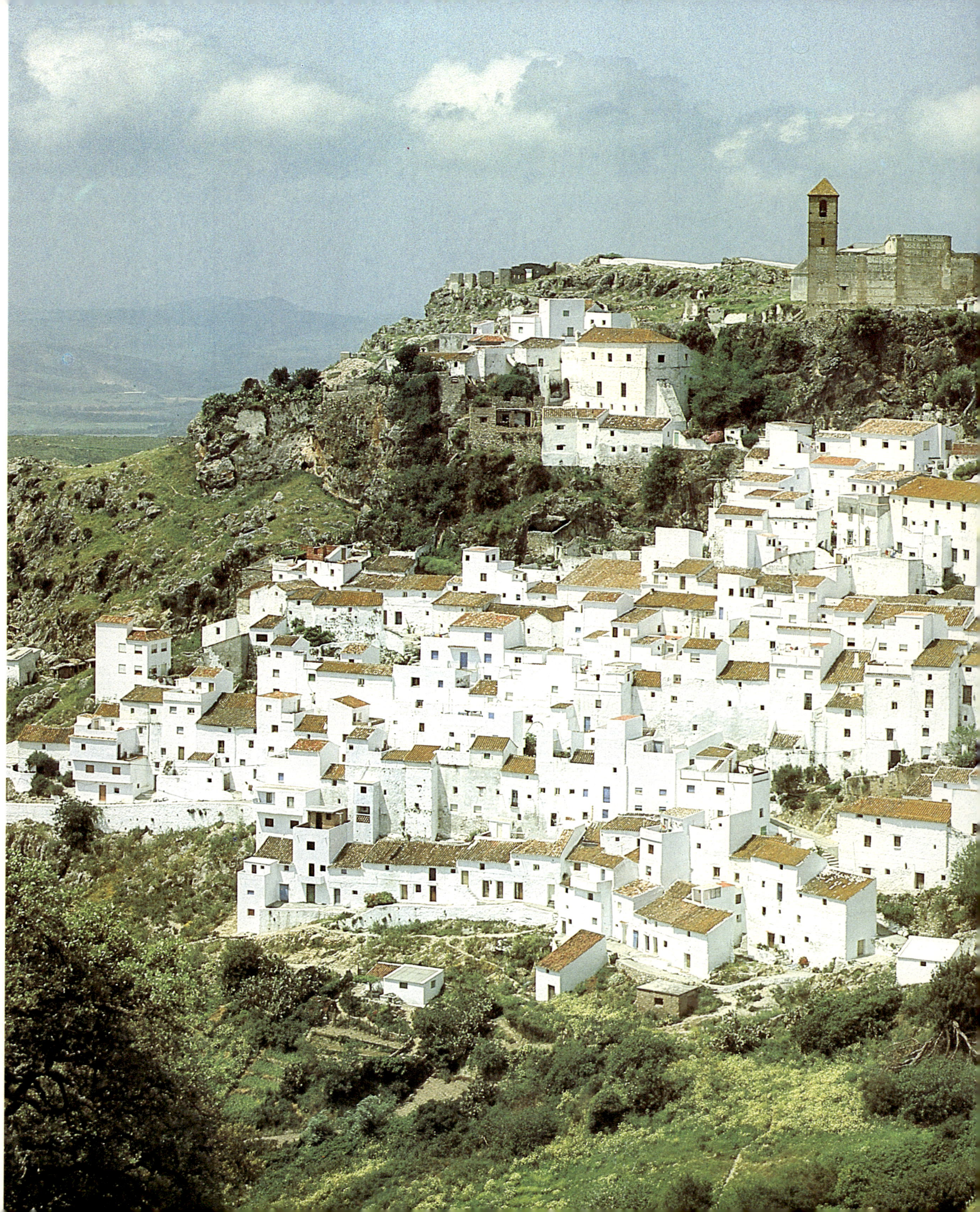

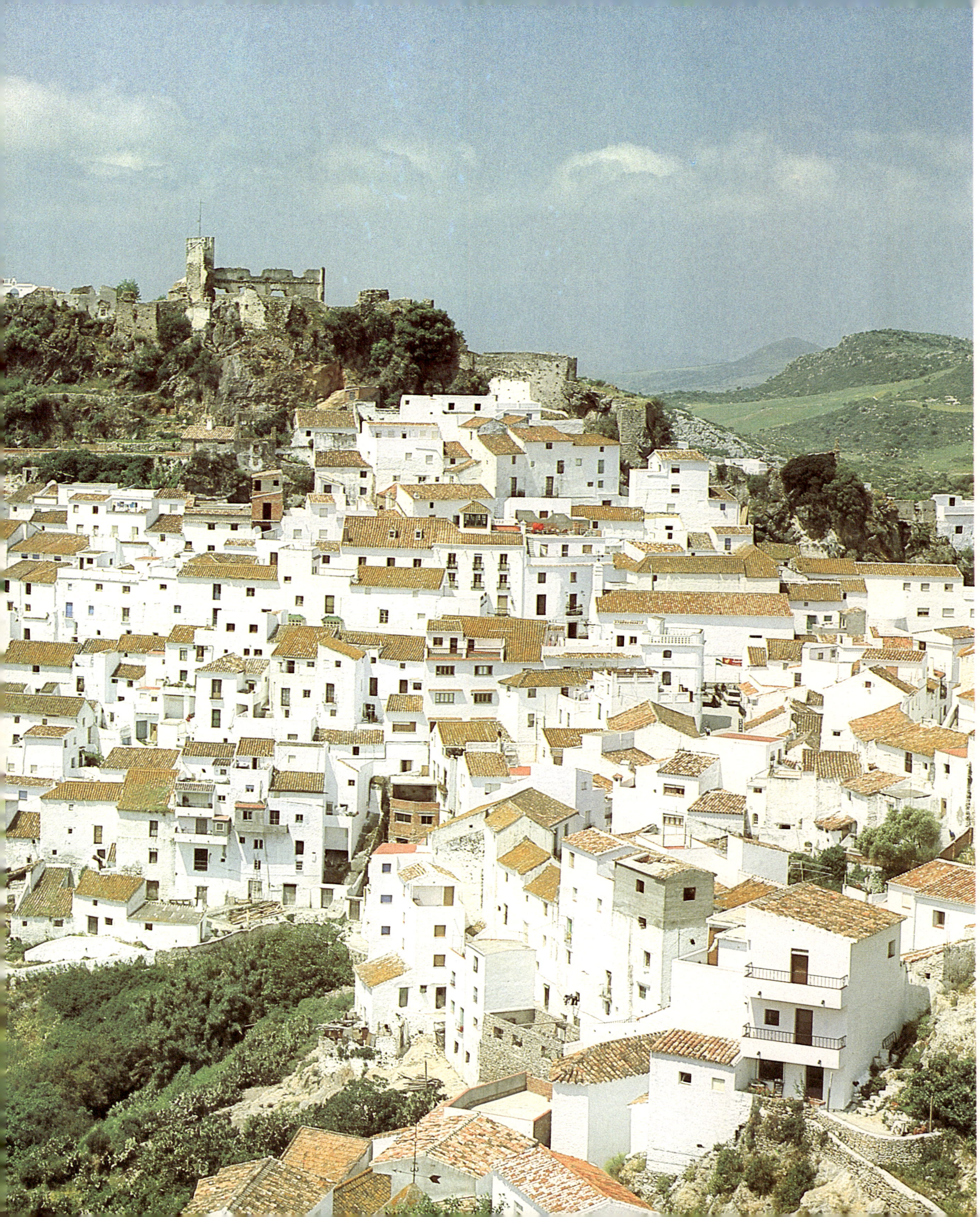

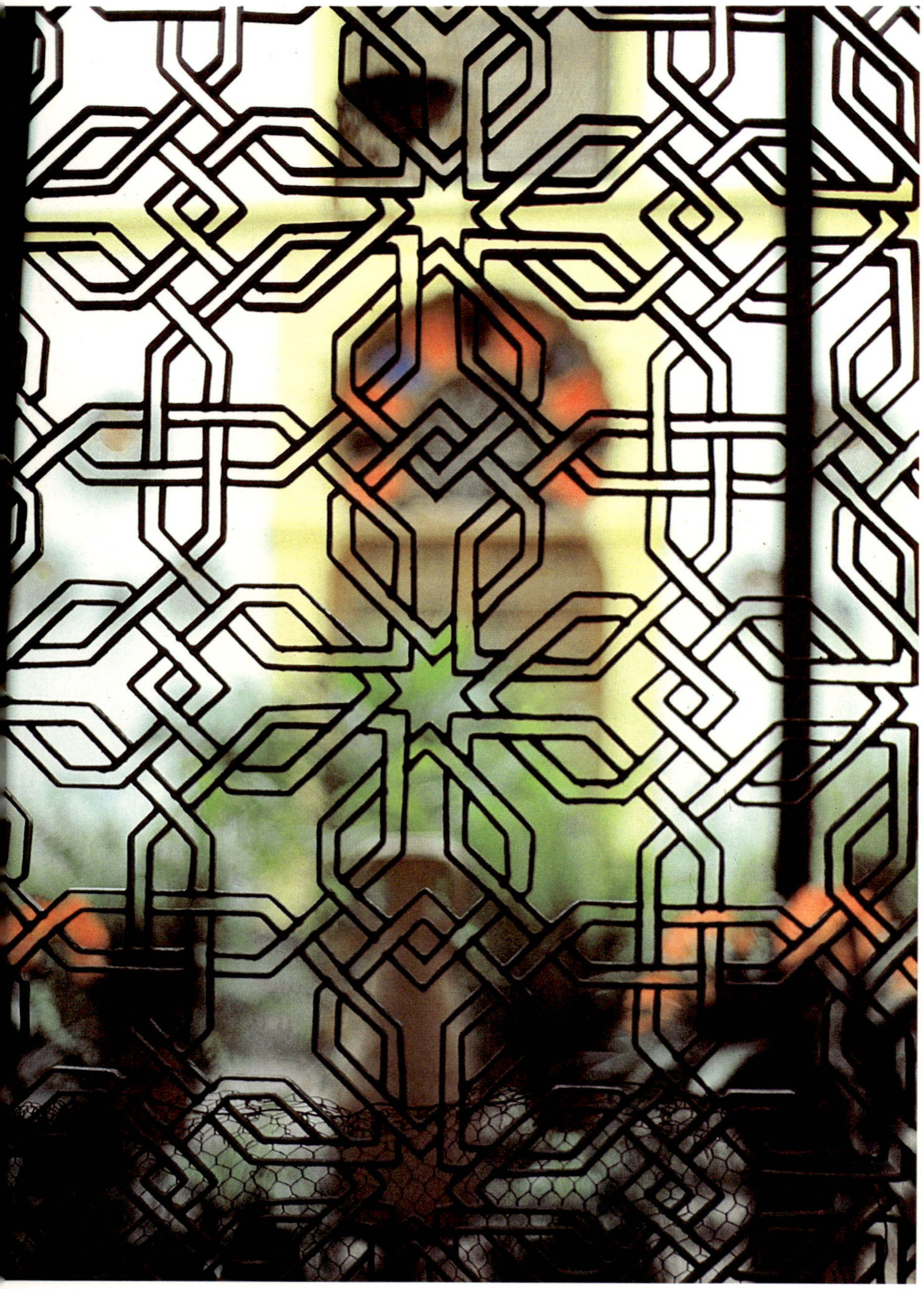

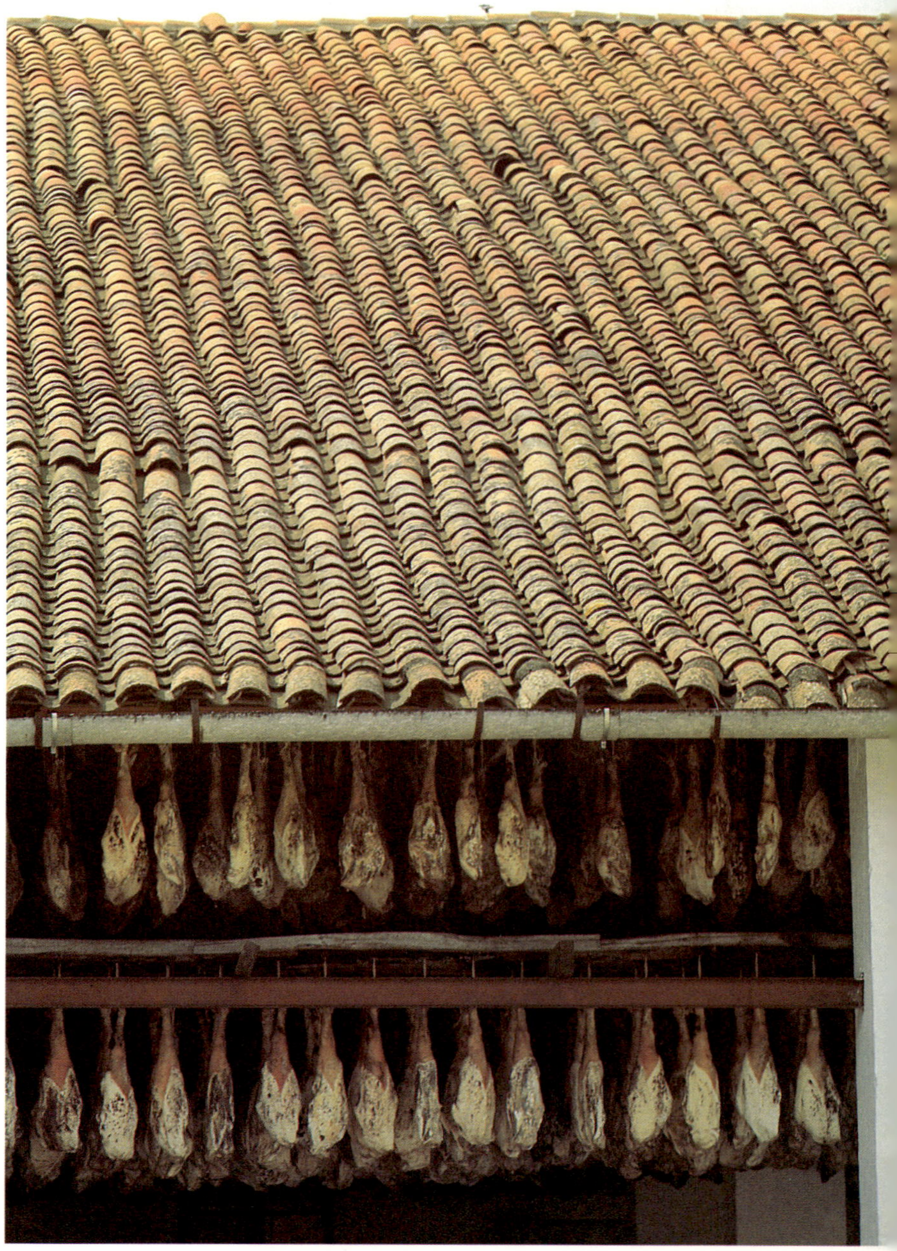

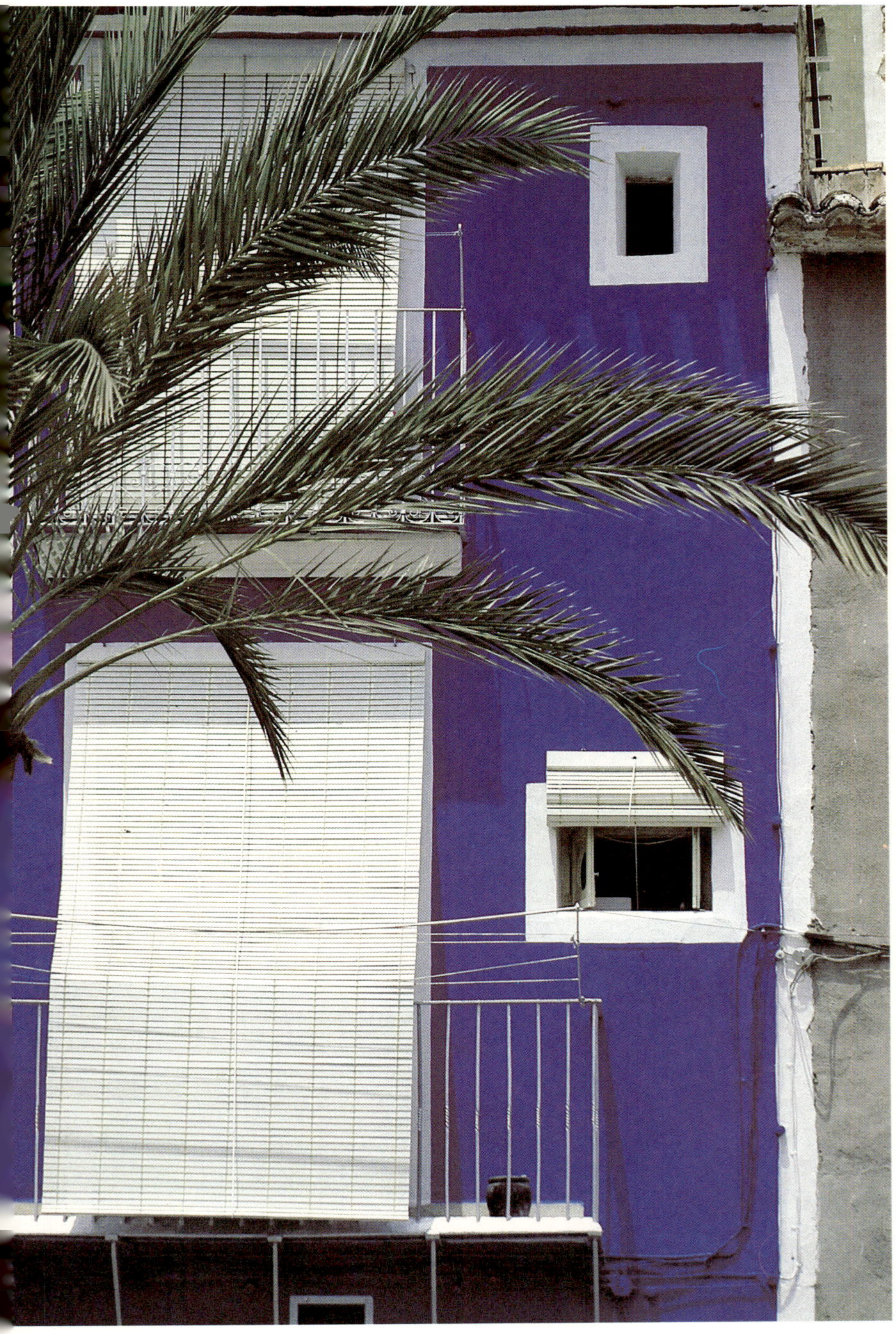

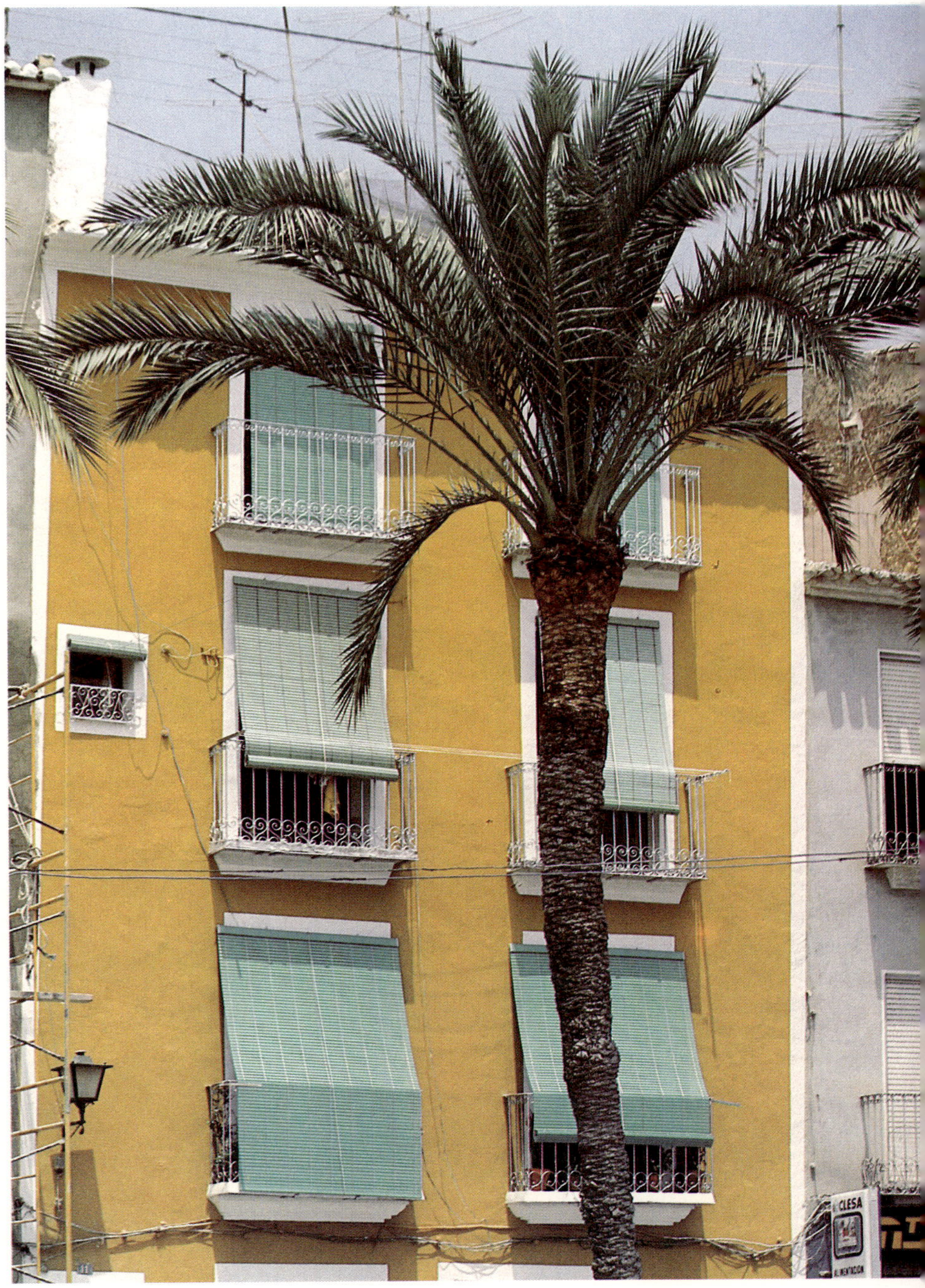
CLESA

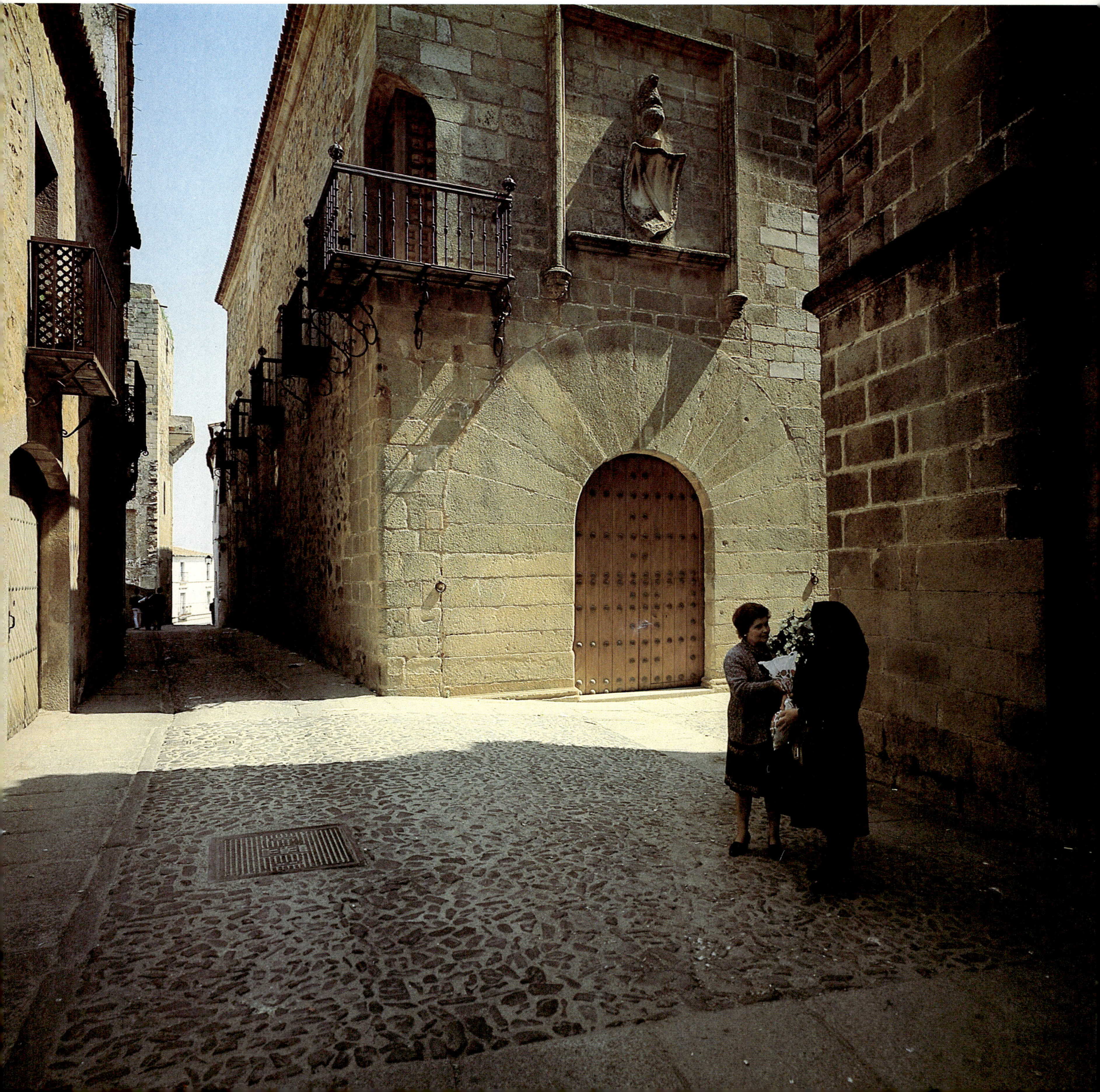

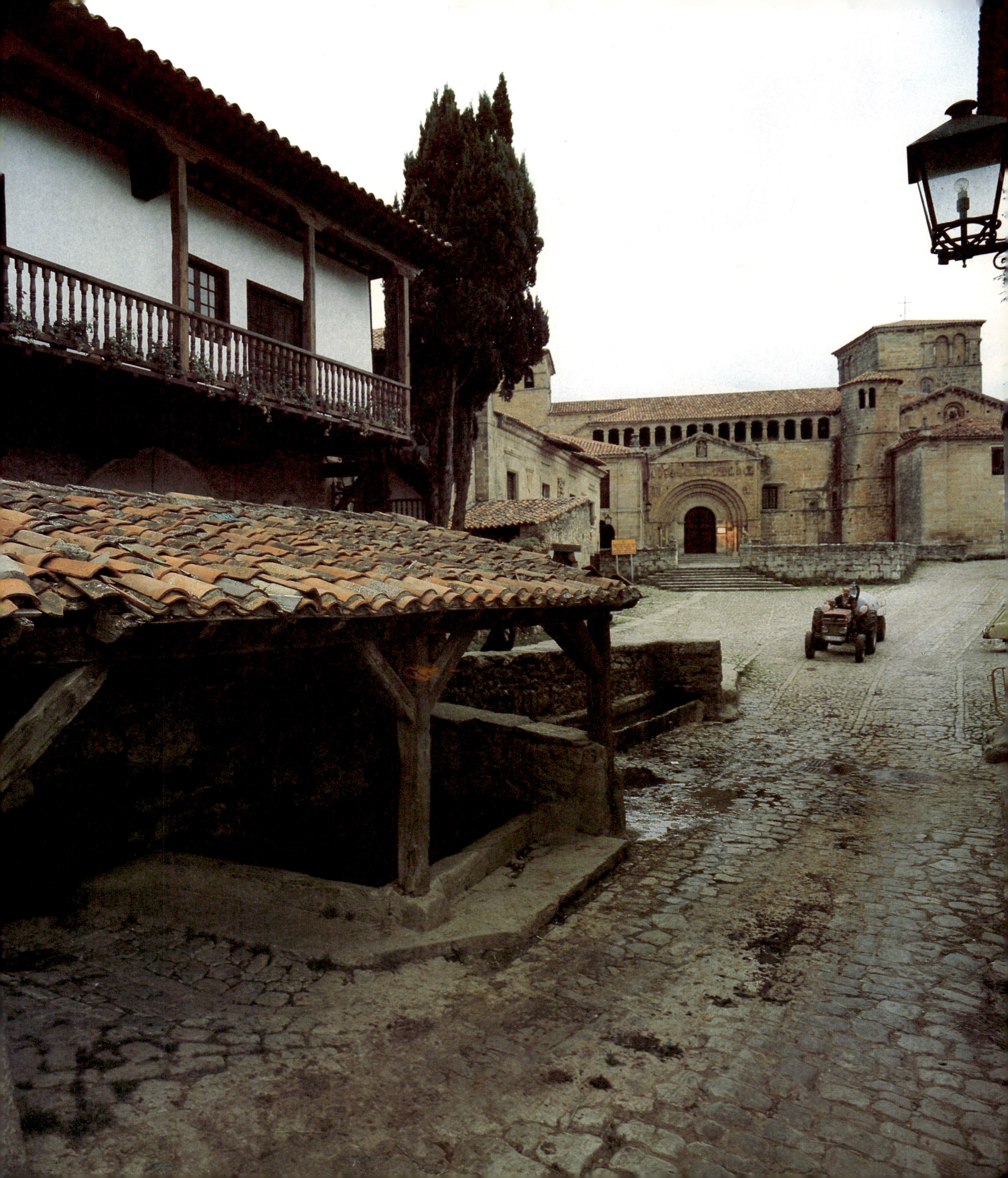

55

56

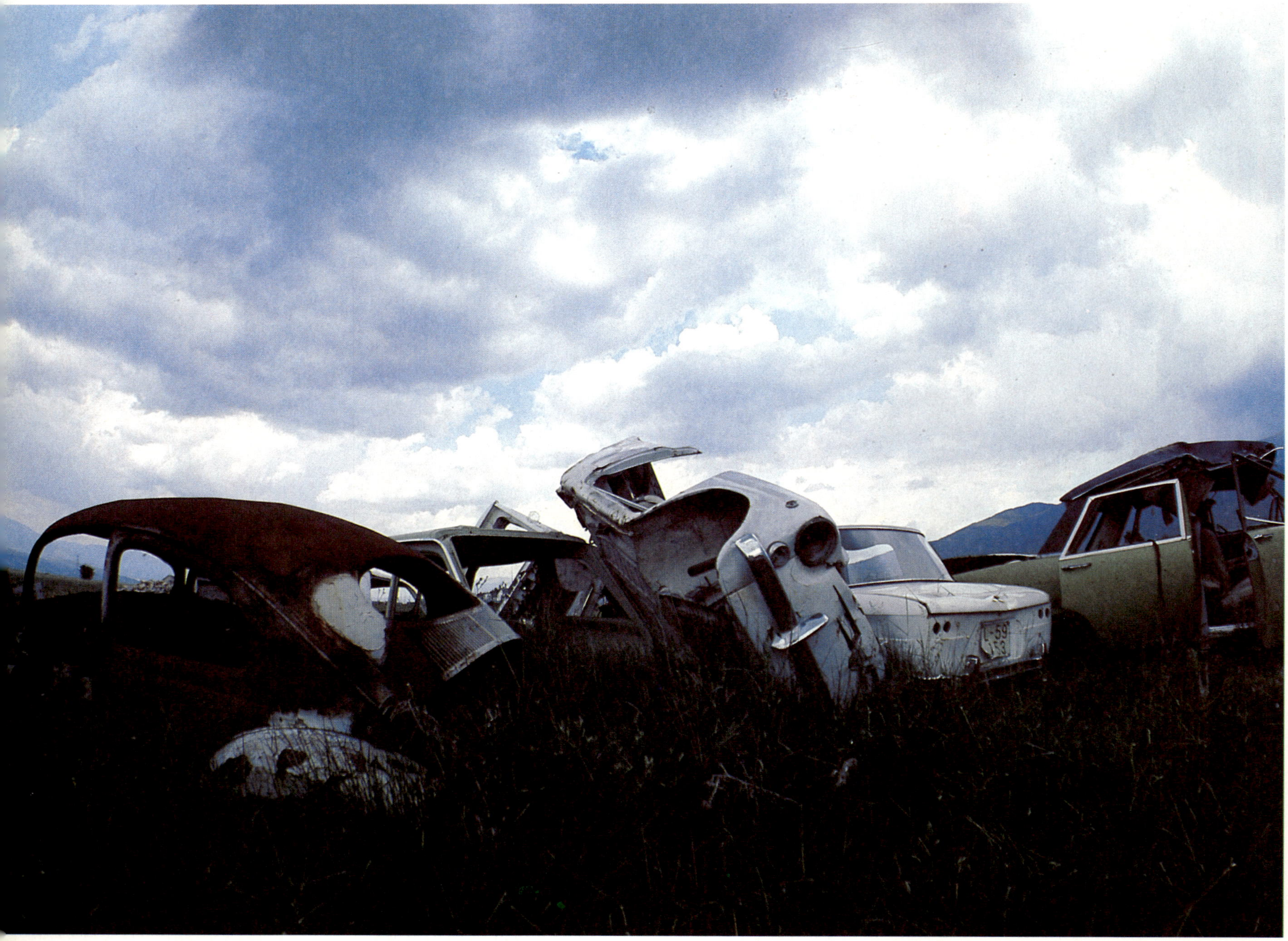

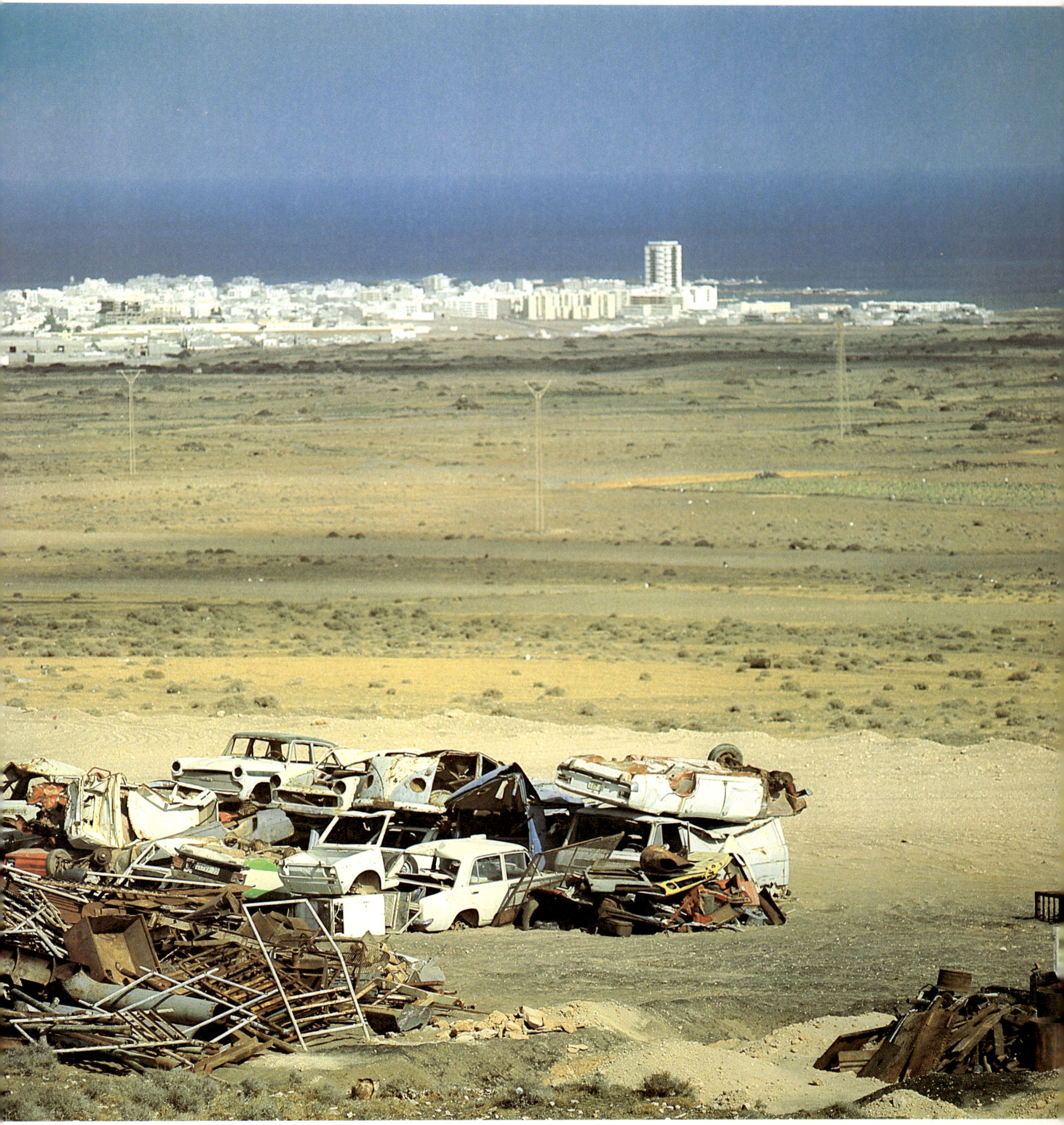

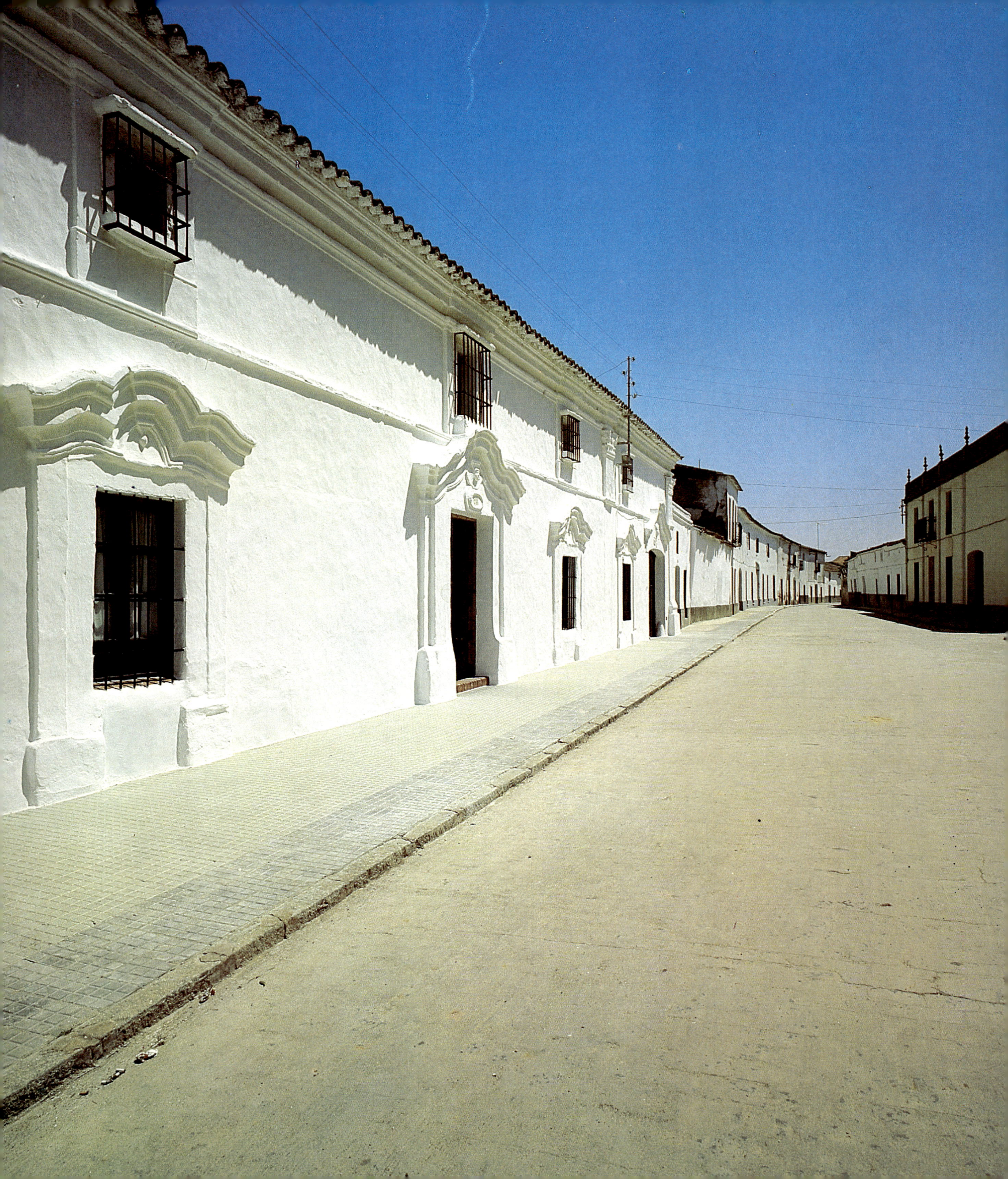

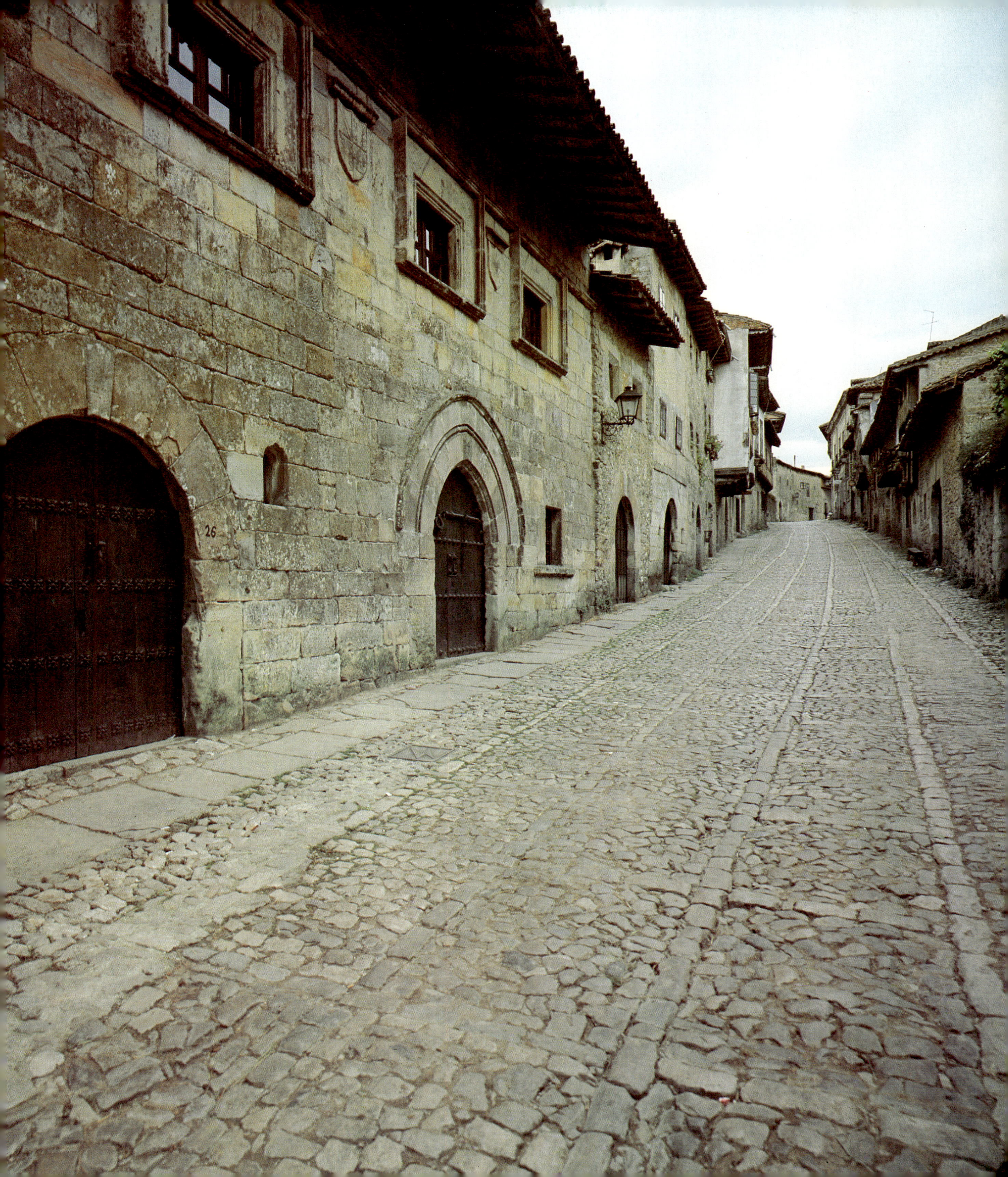

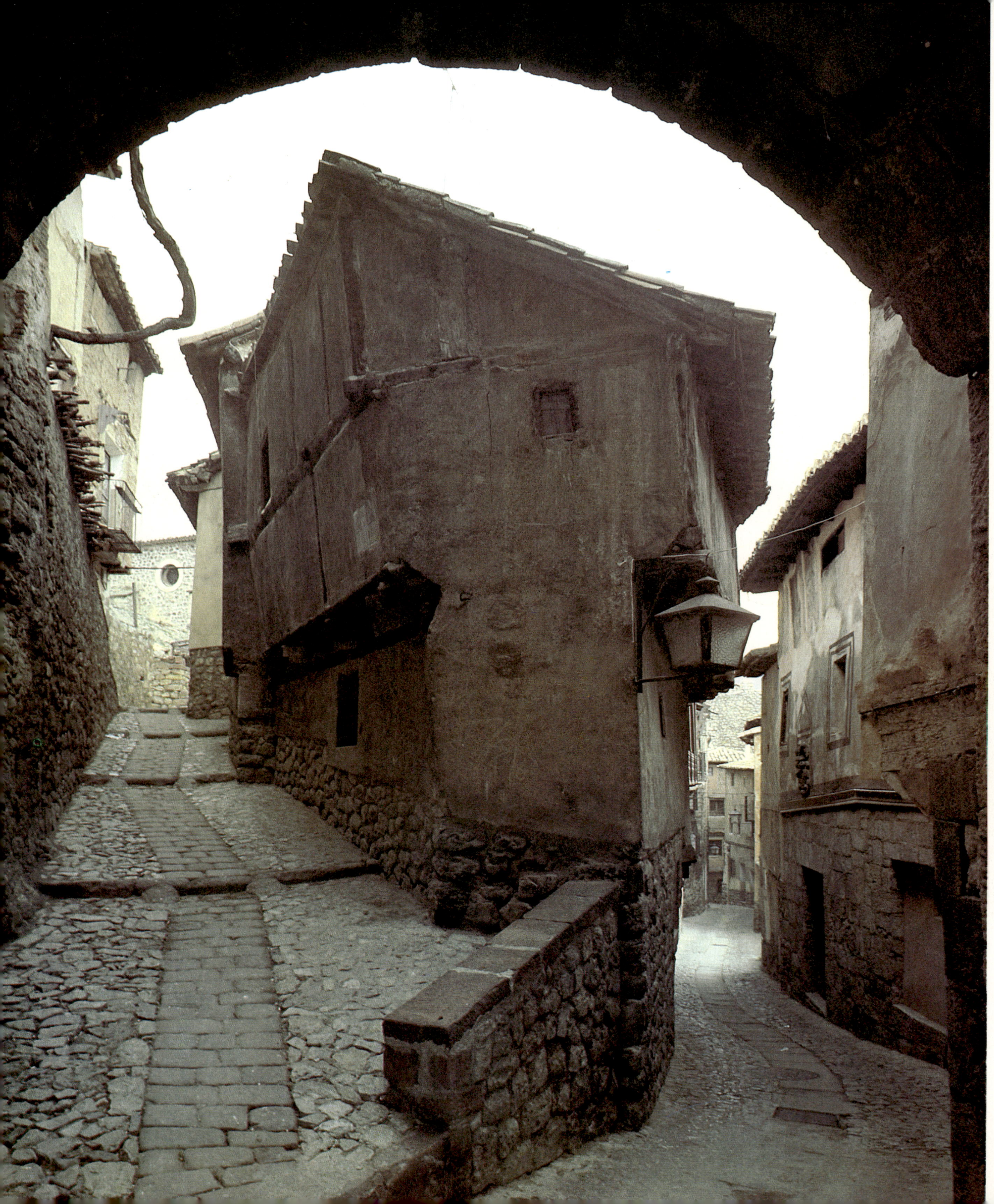

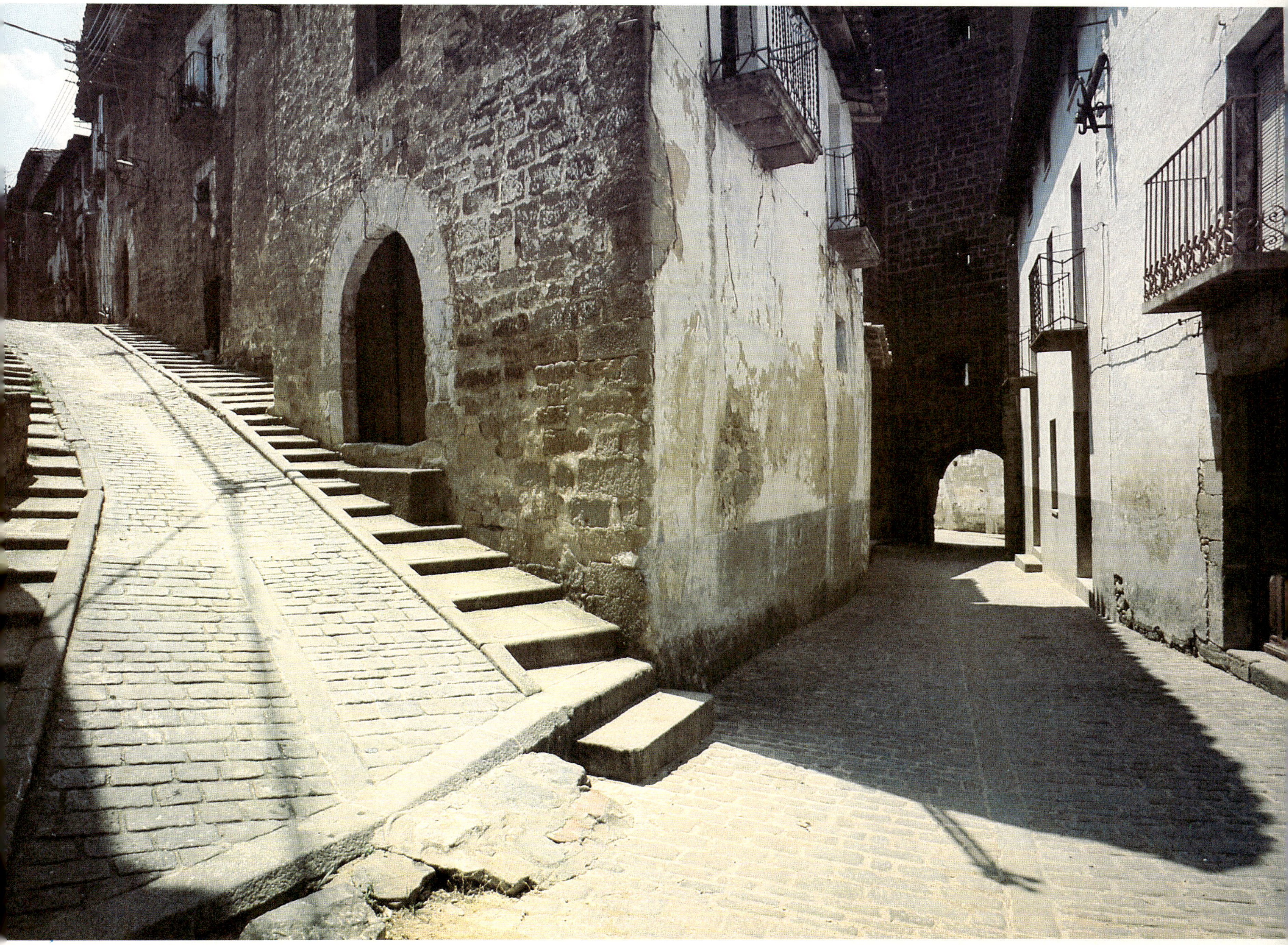

62

63

64

65

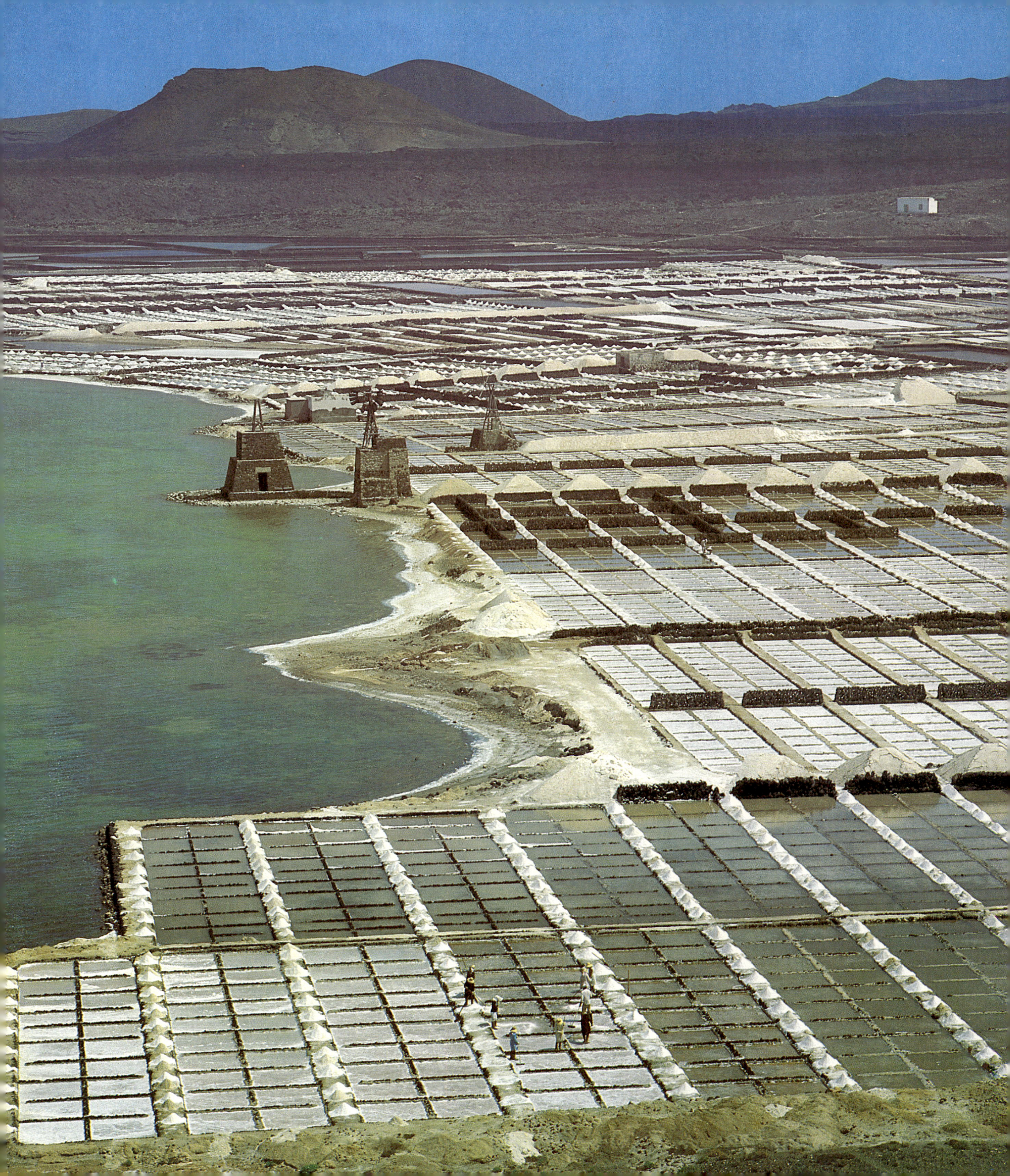

67

68

70

69

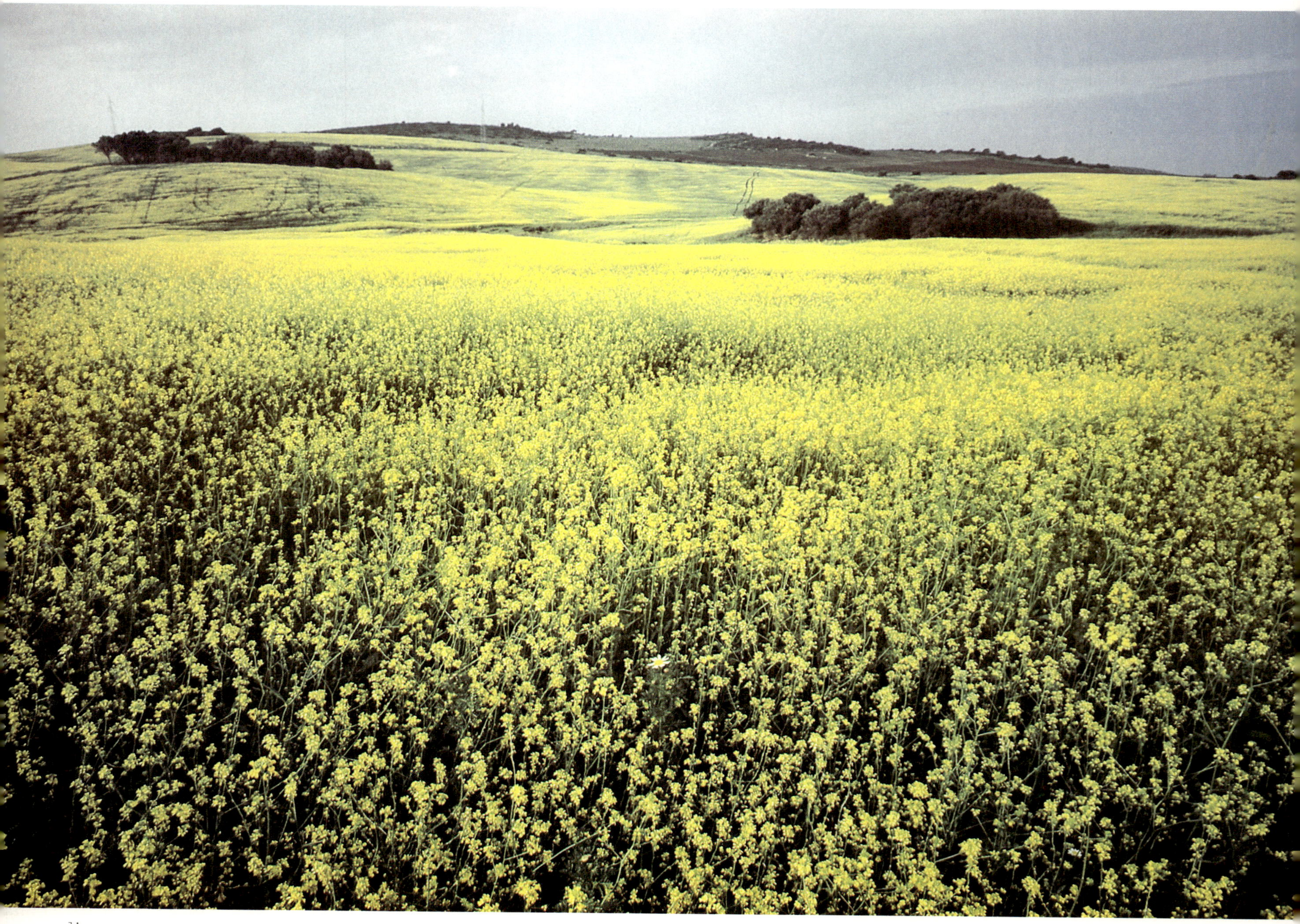

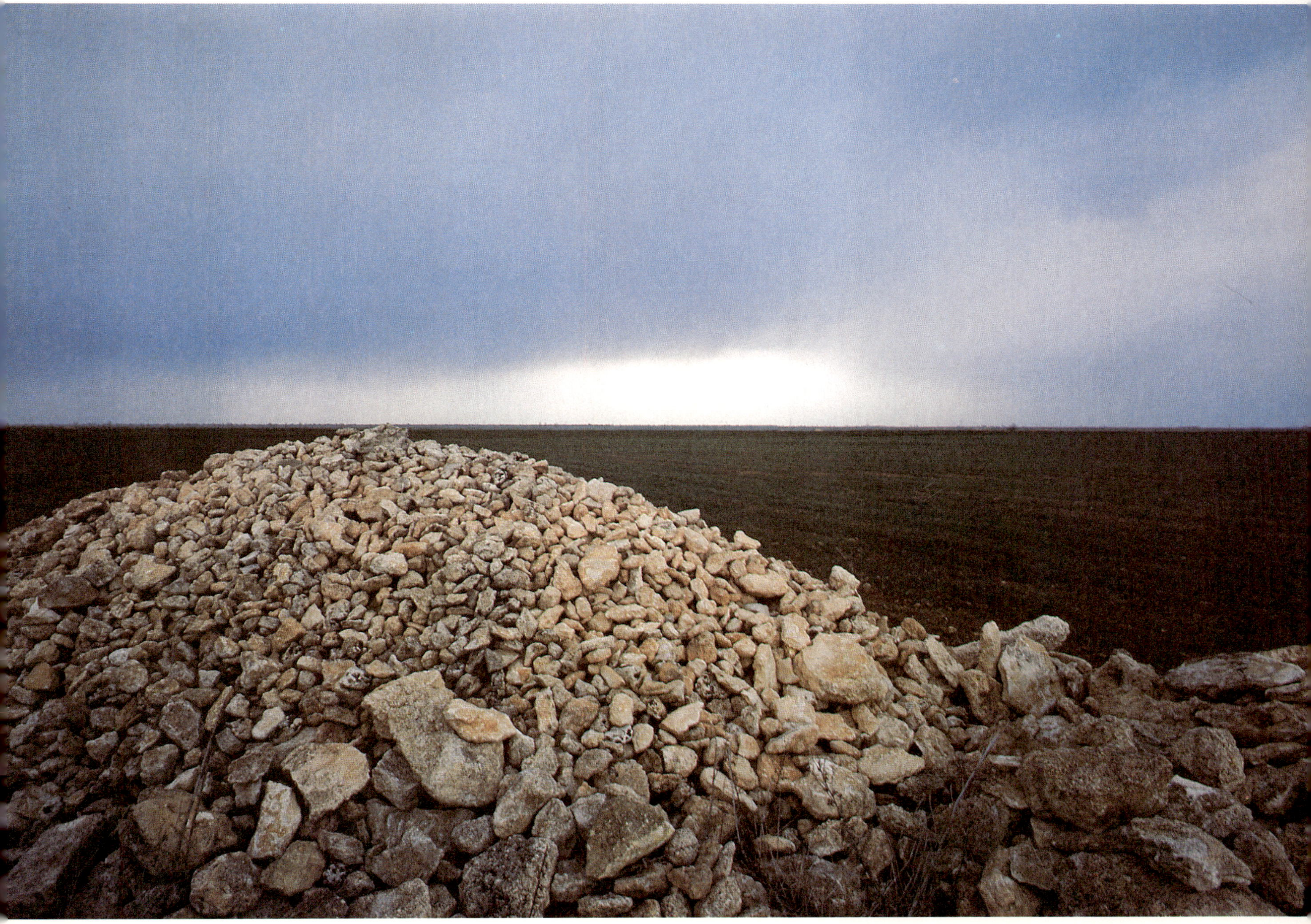

73

74

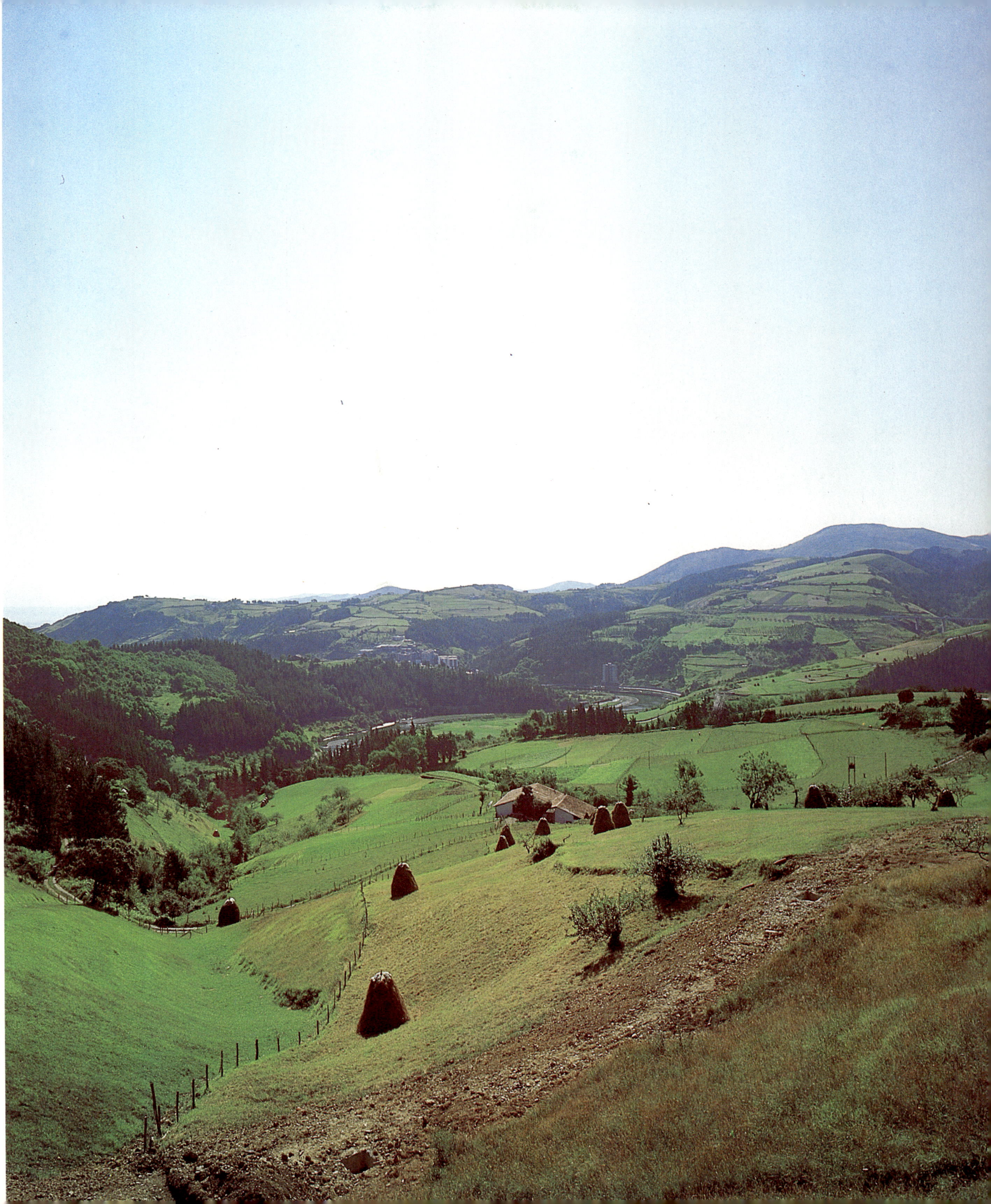

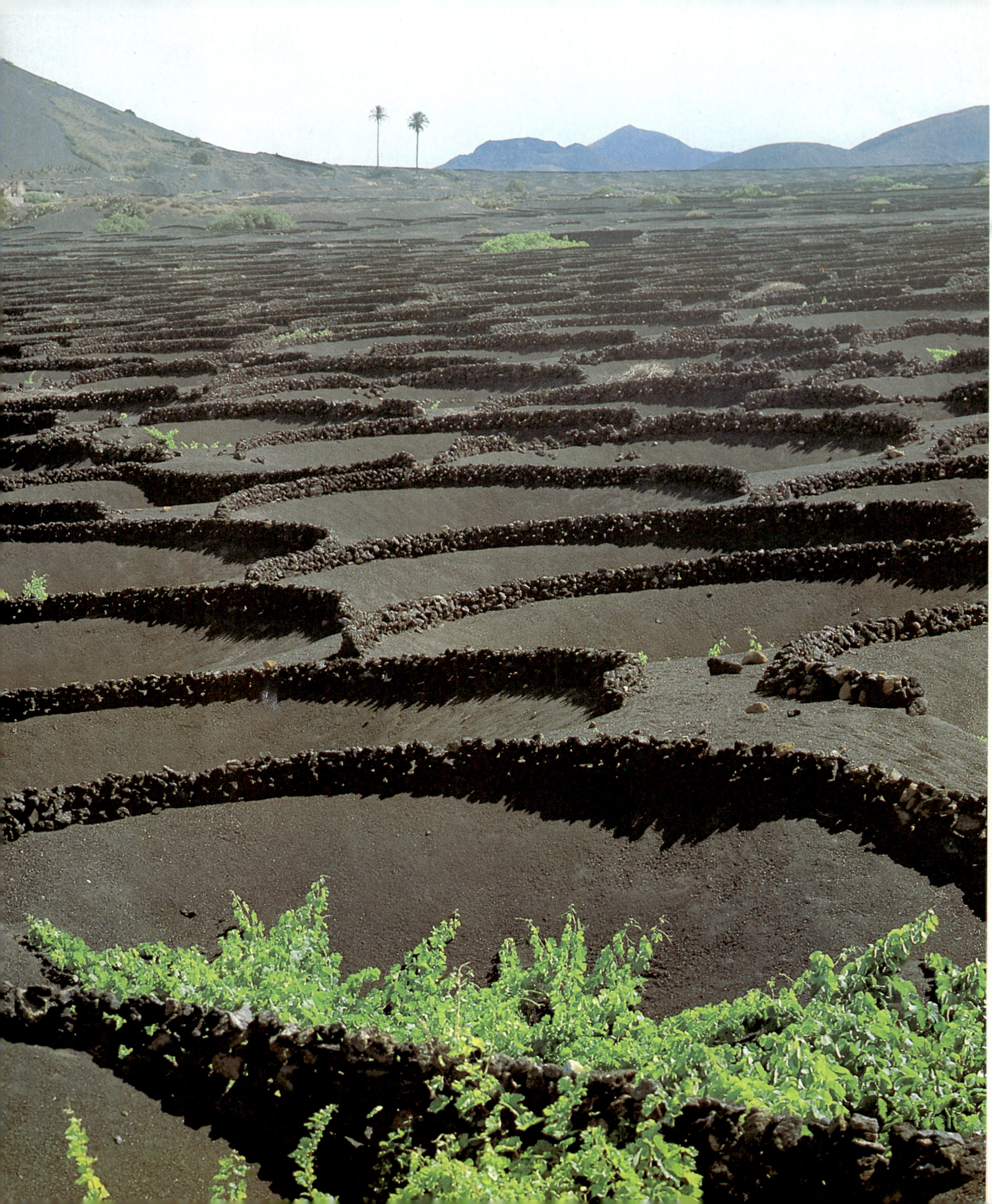

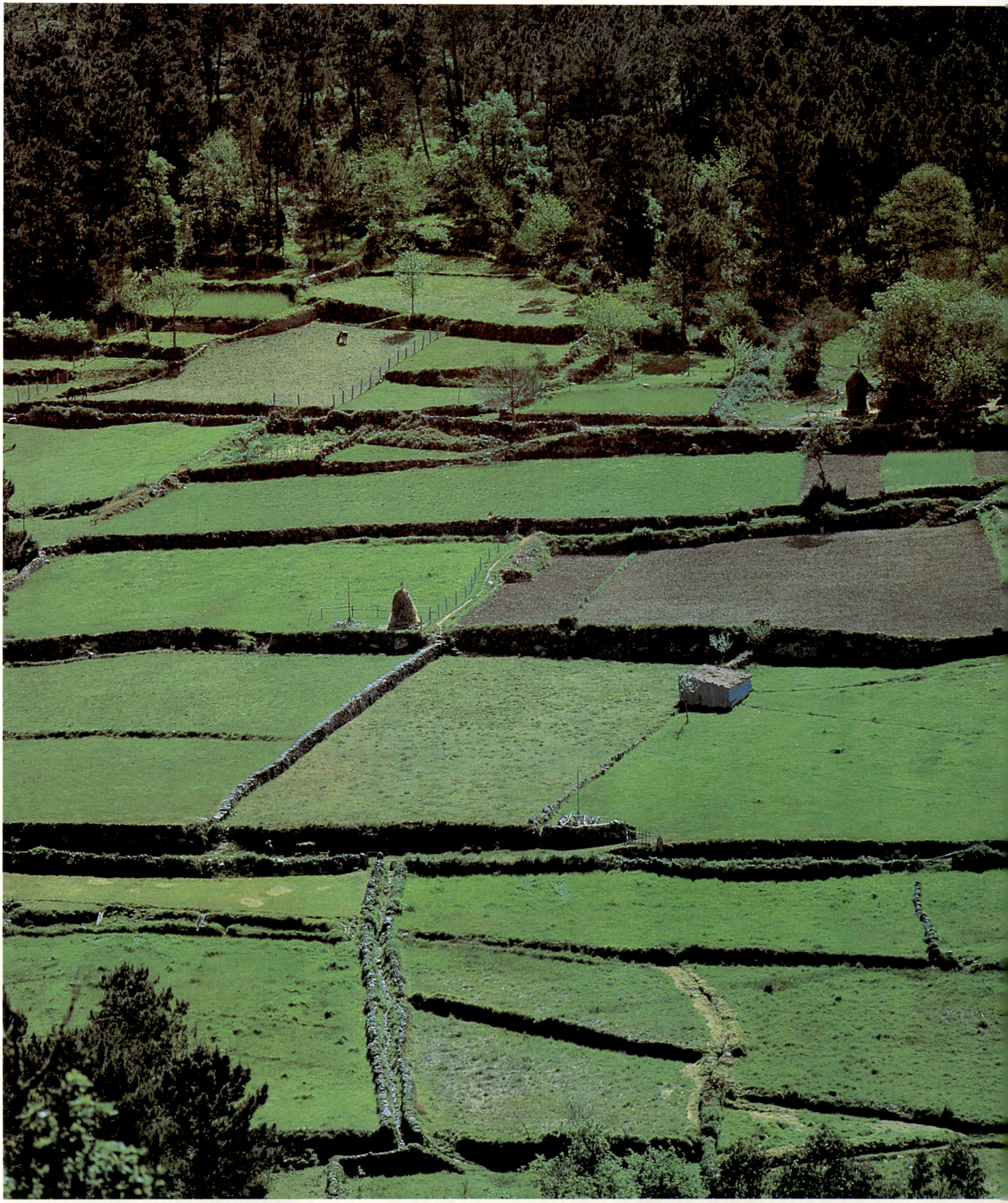

78

79

80

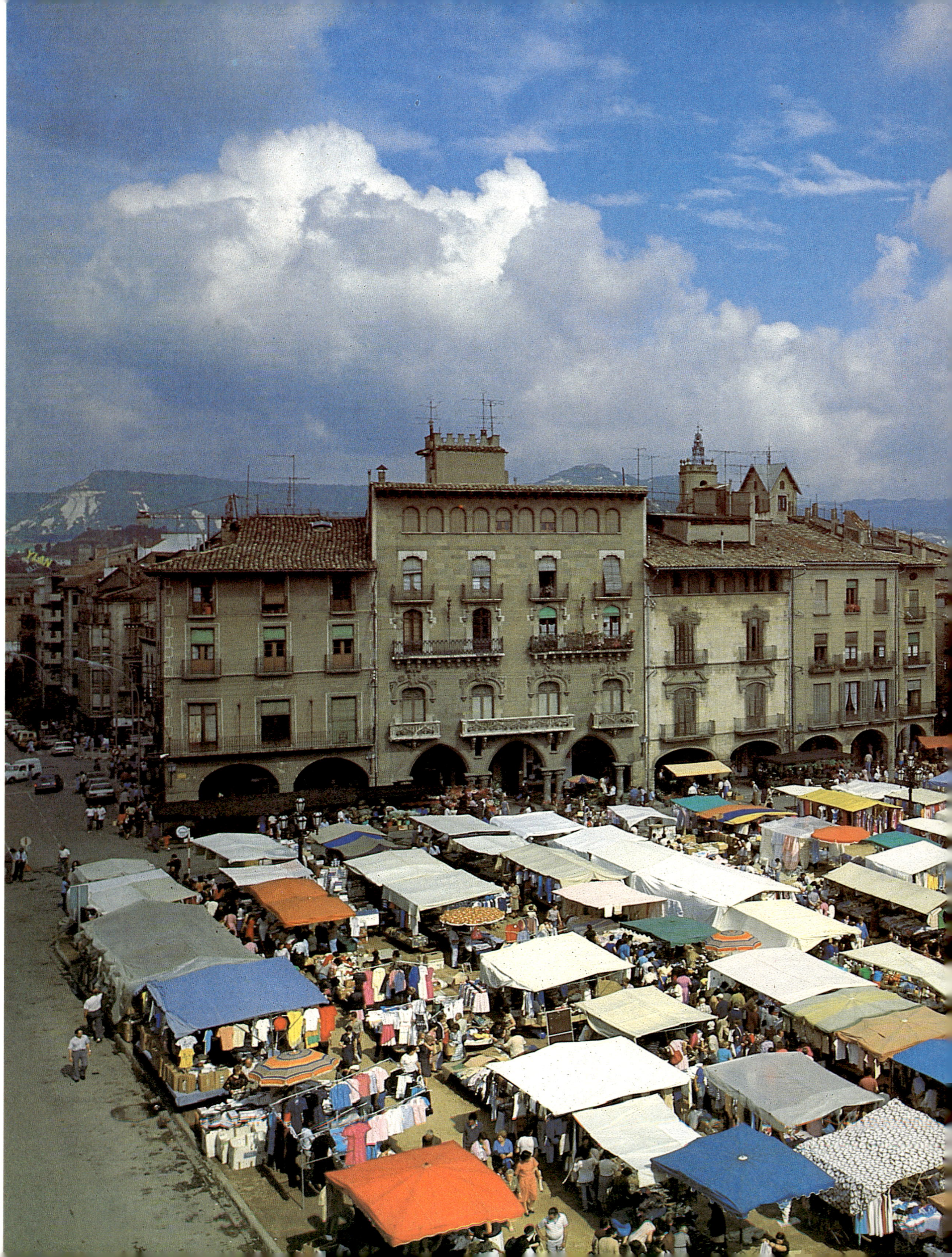

81

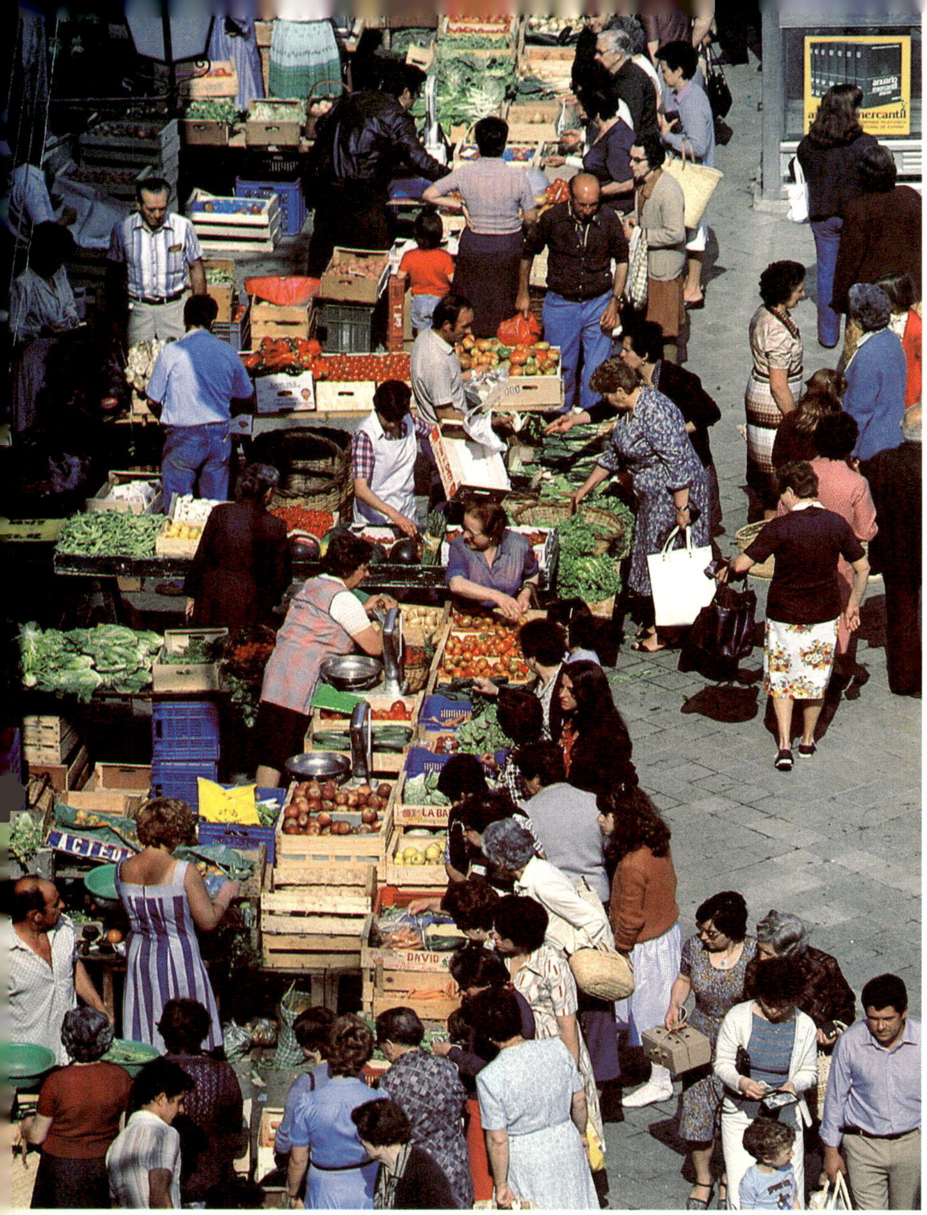

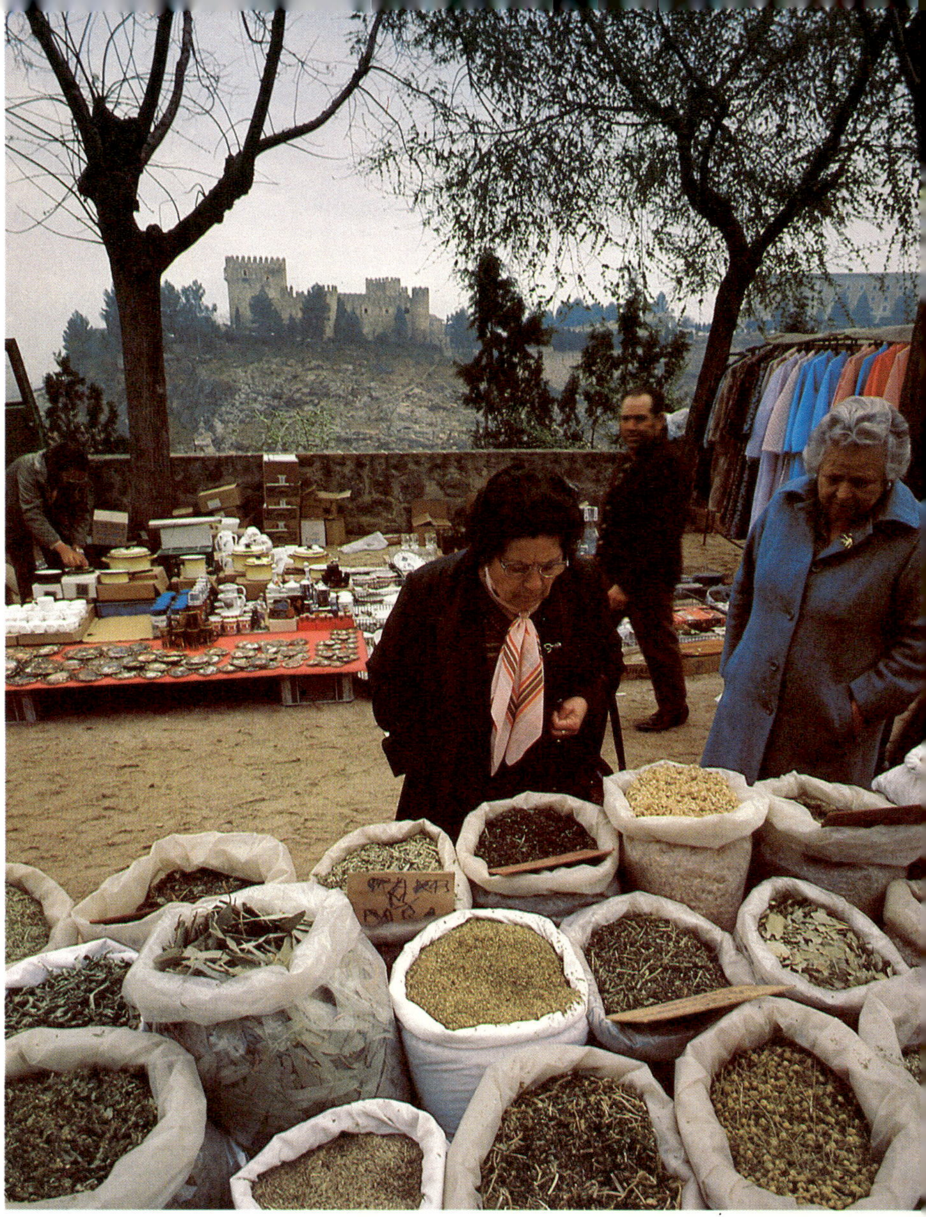

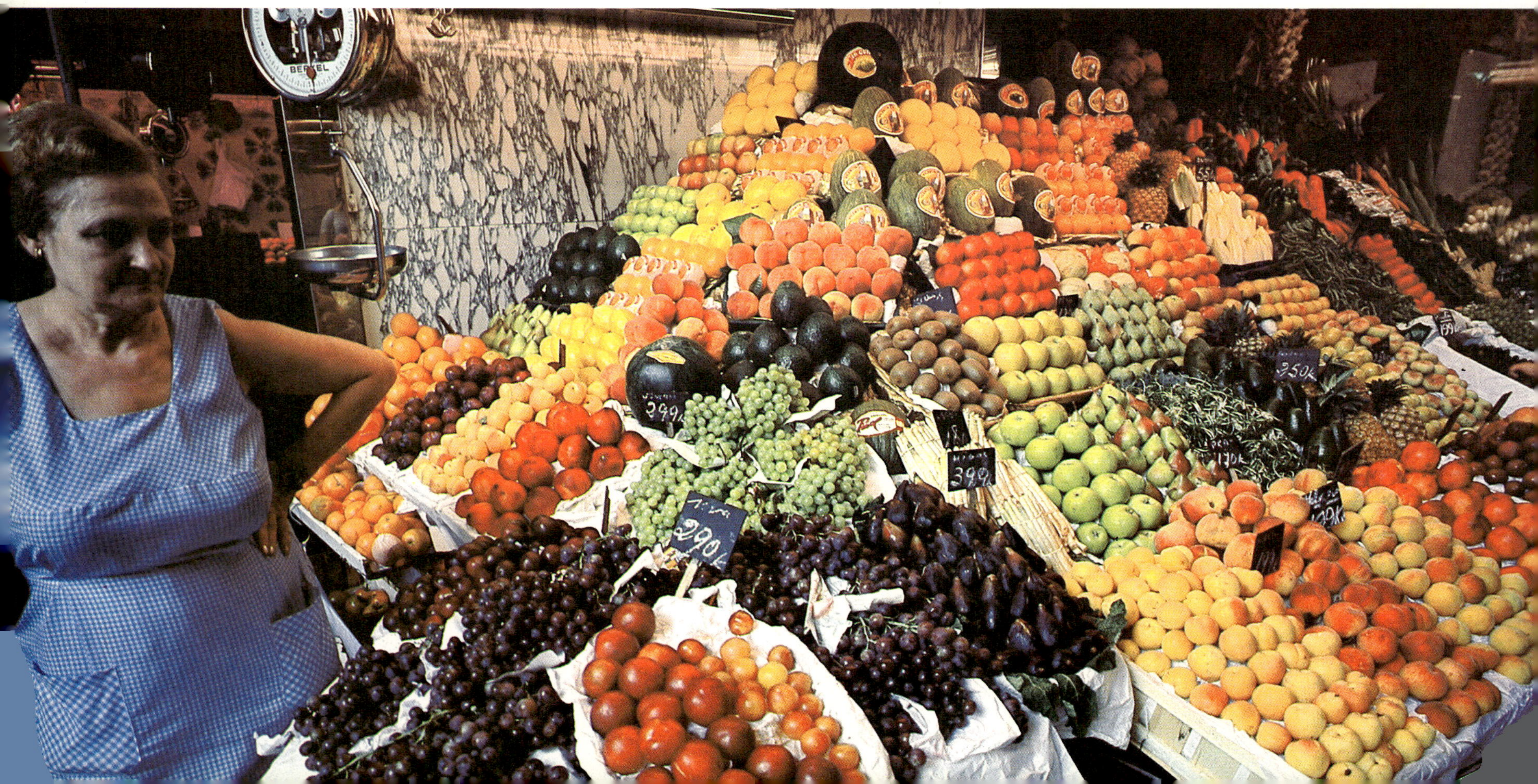

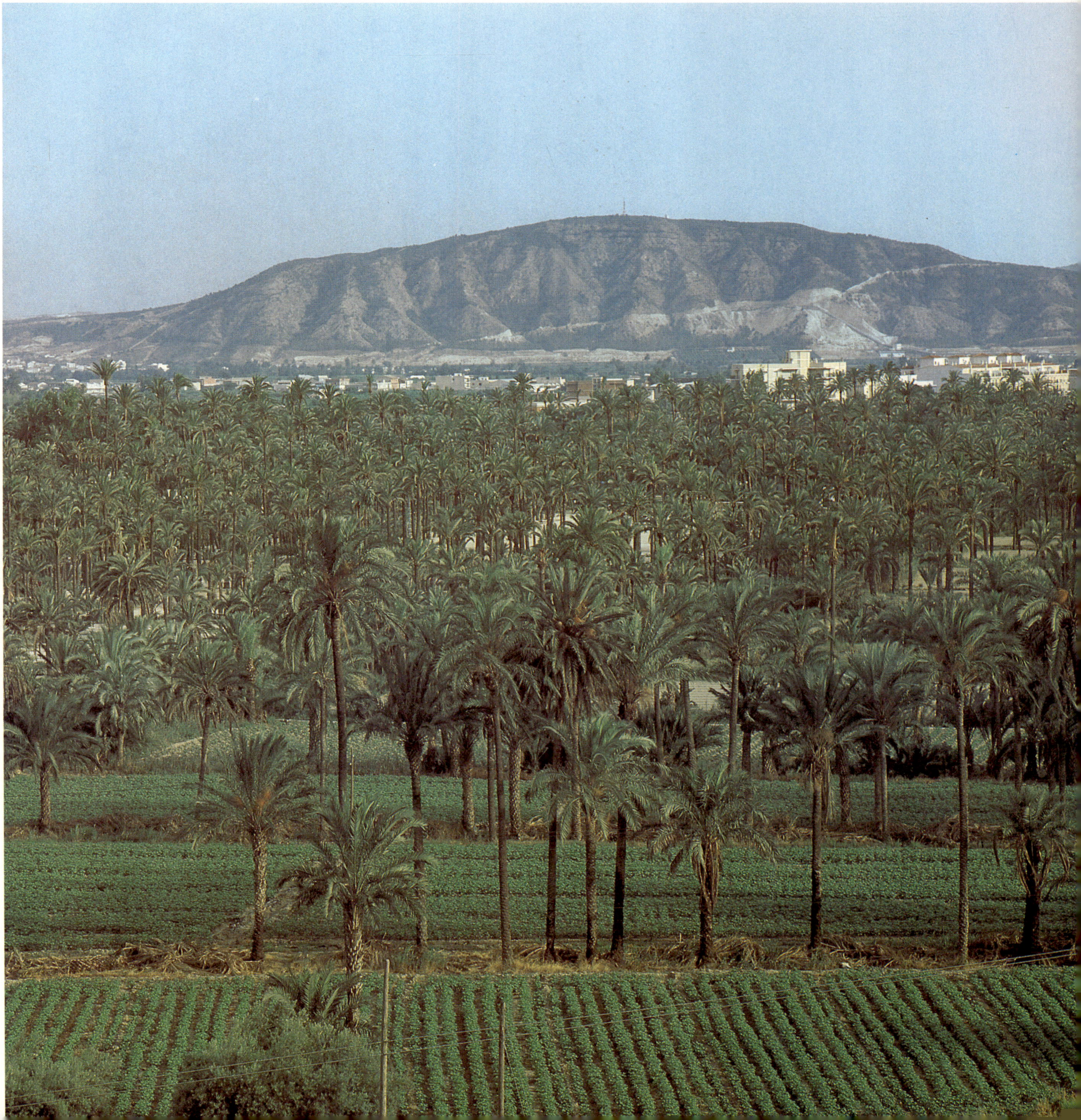

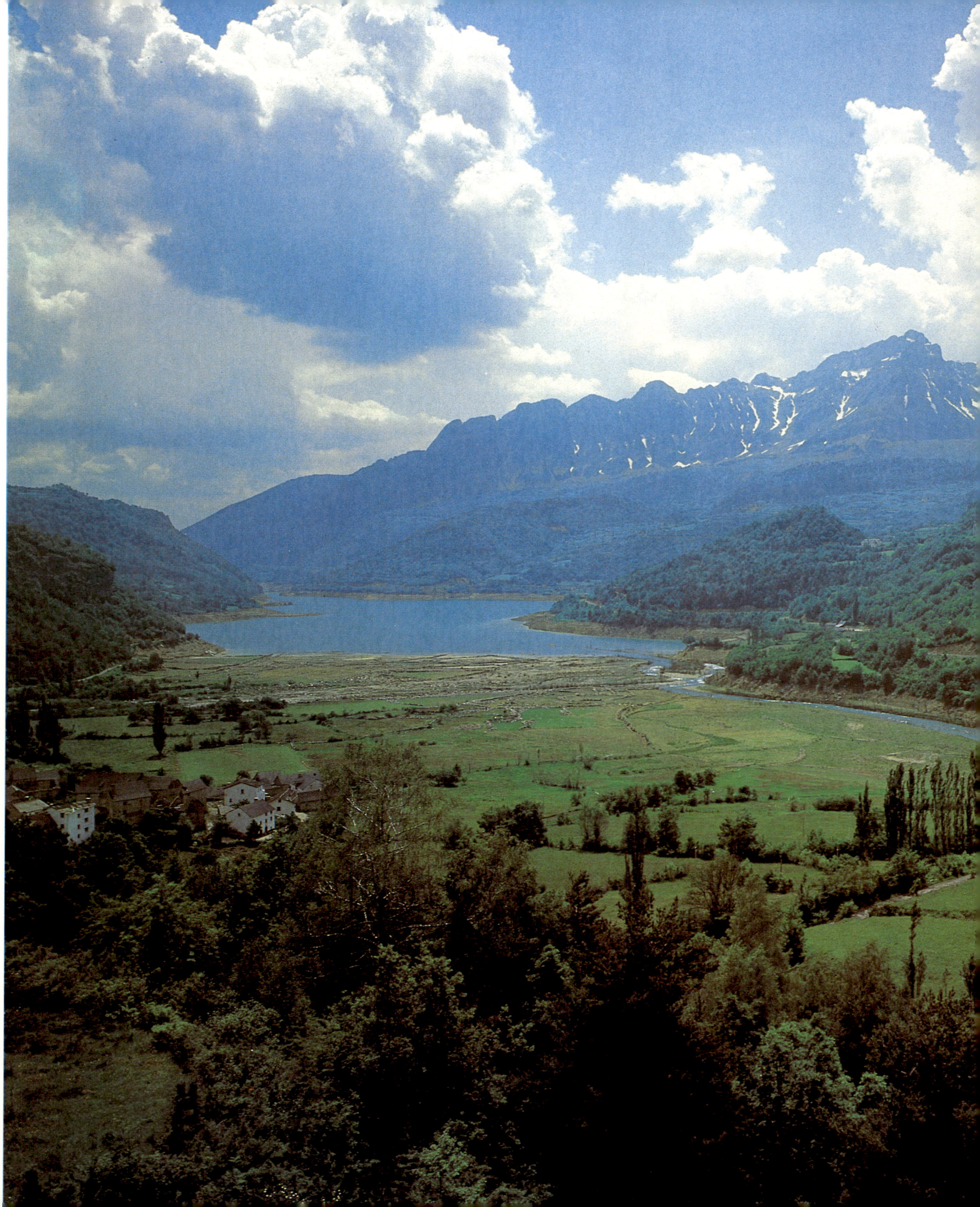

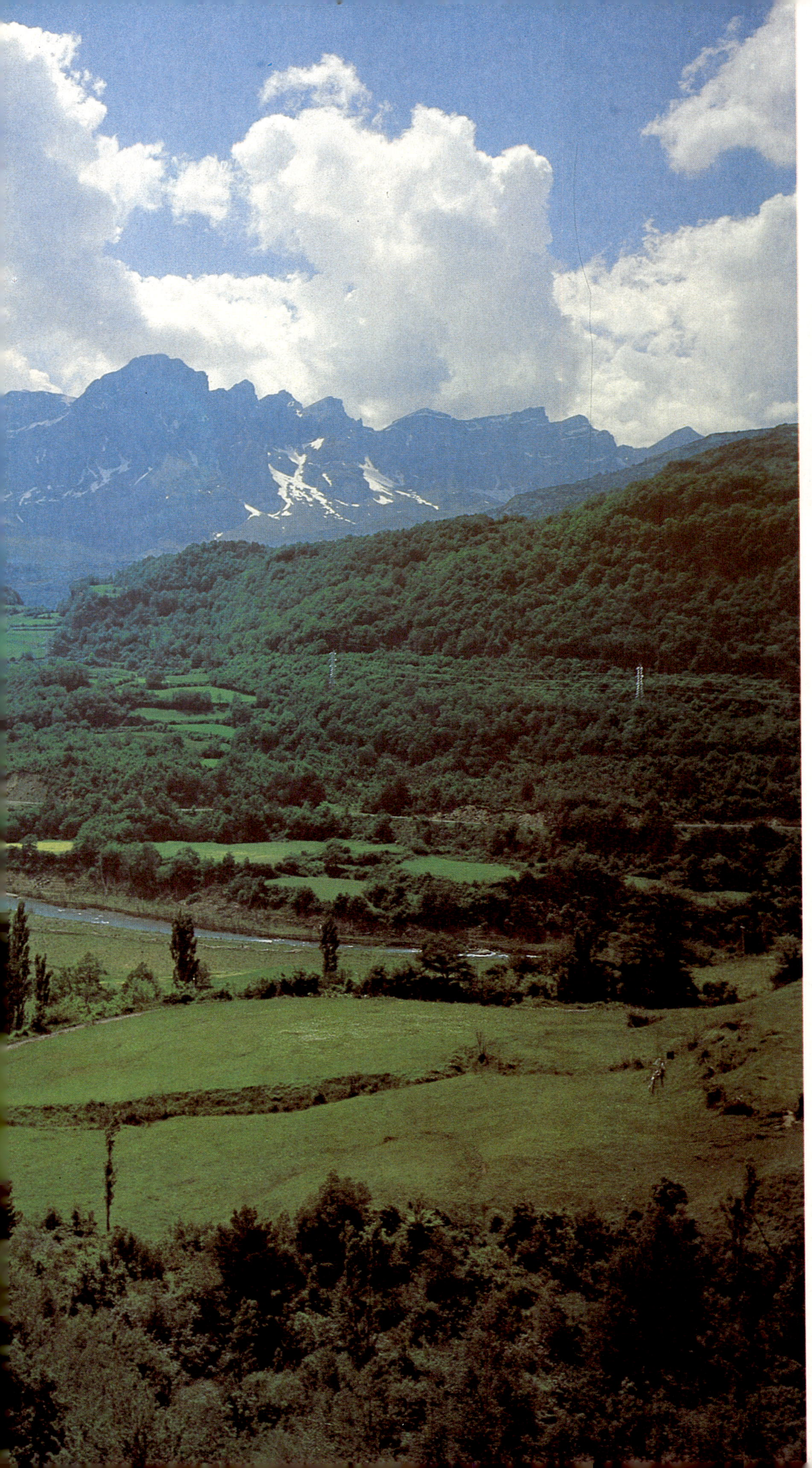

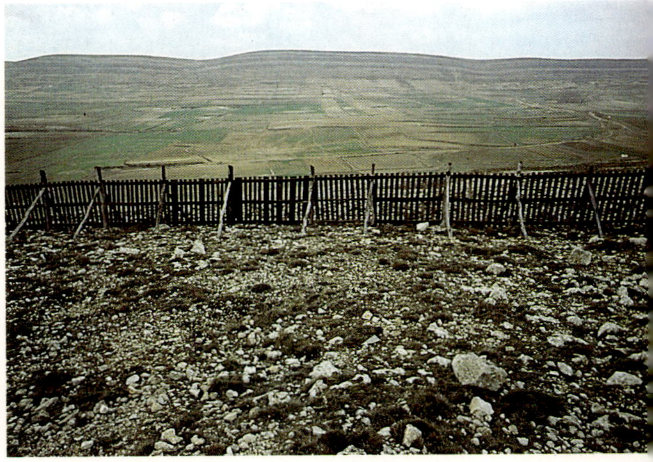

85

84

86

87

88

89

90

91

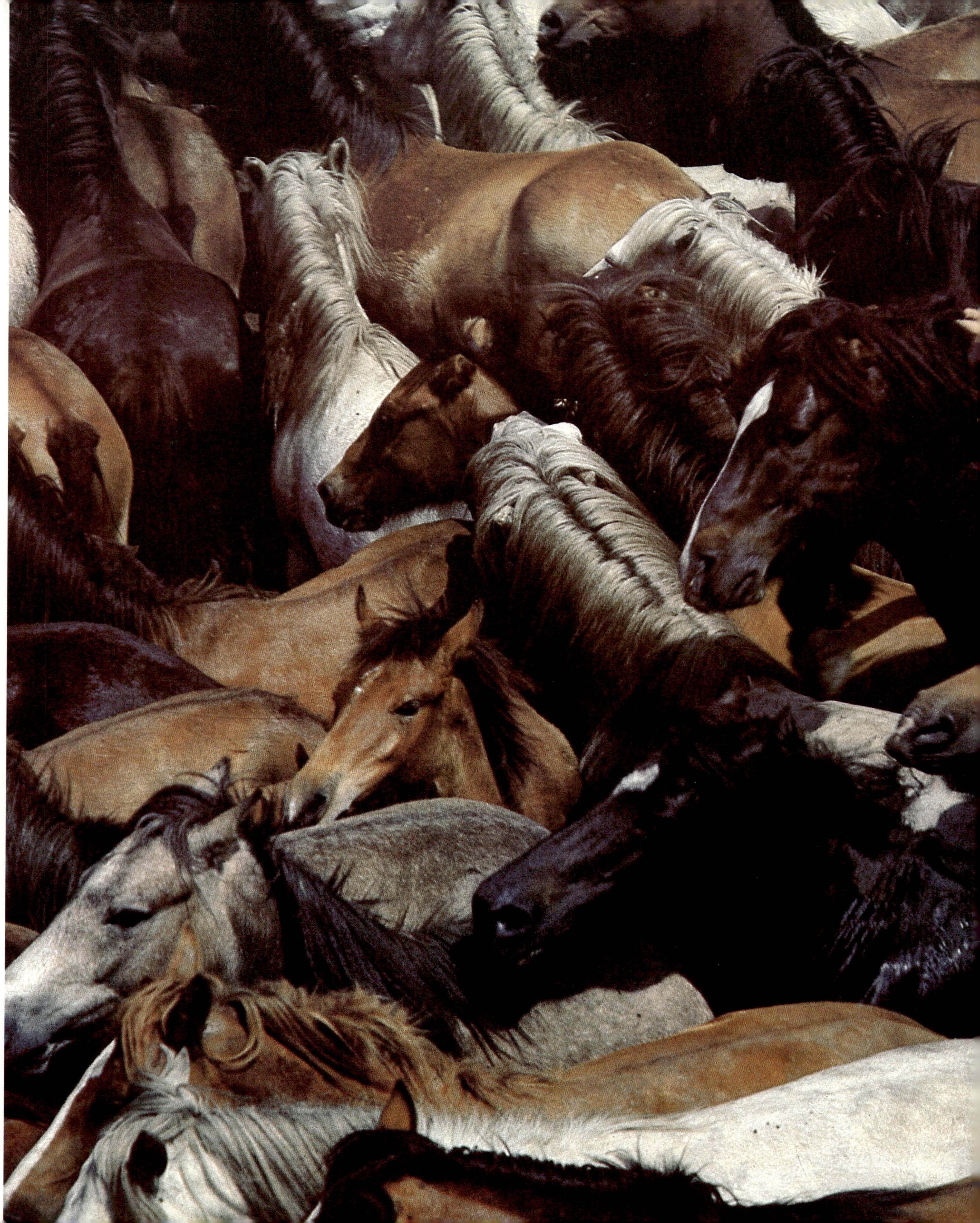

92

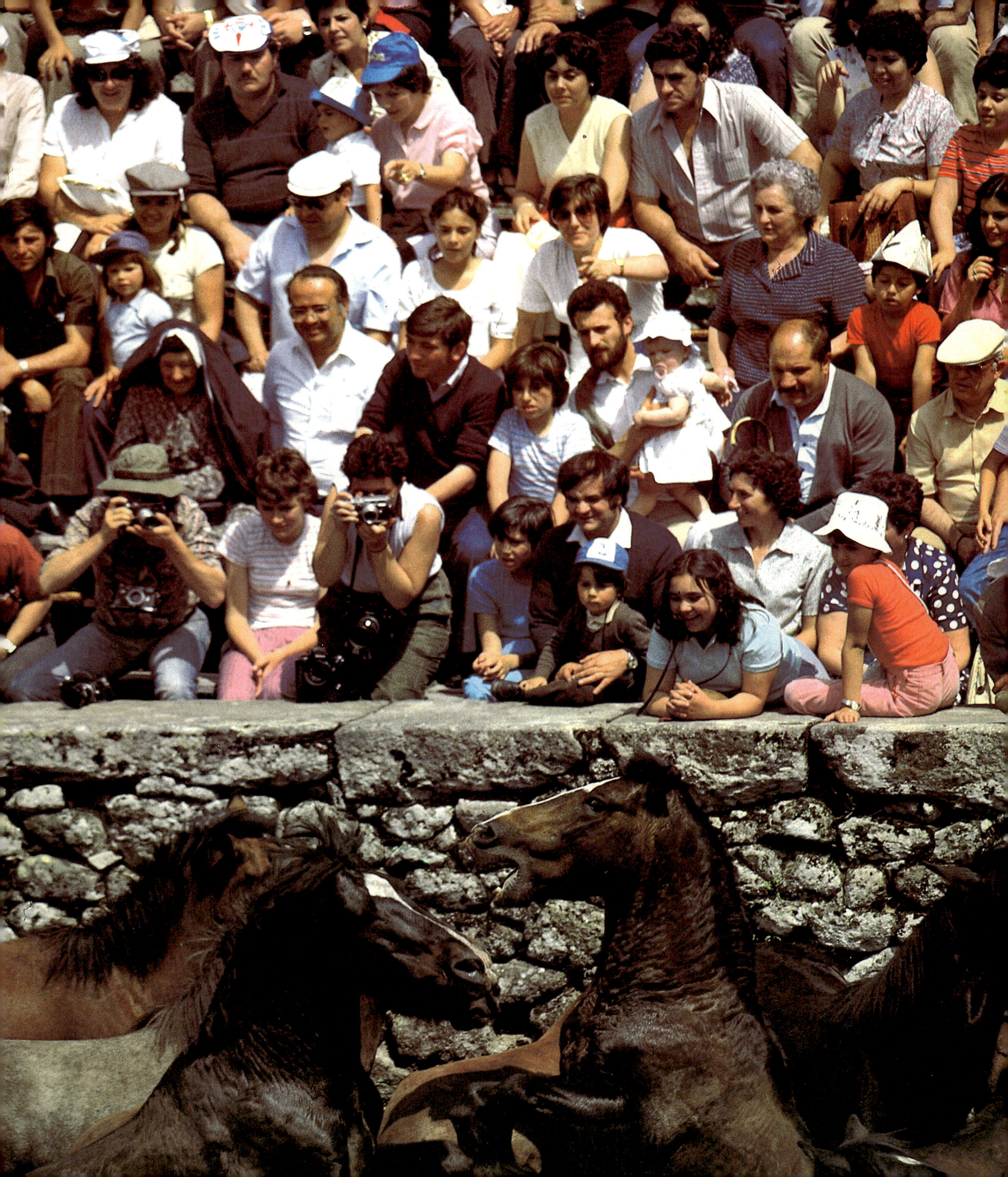

93

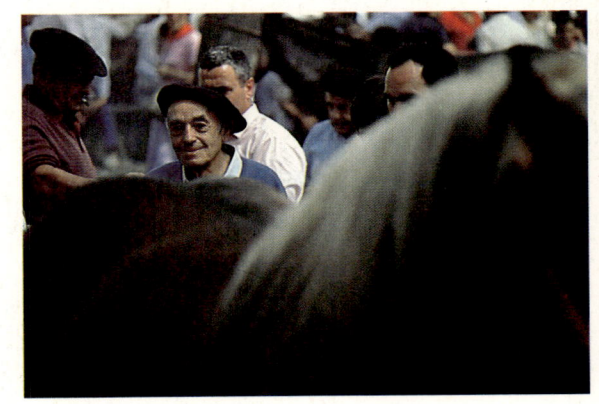

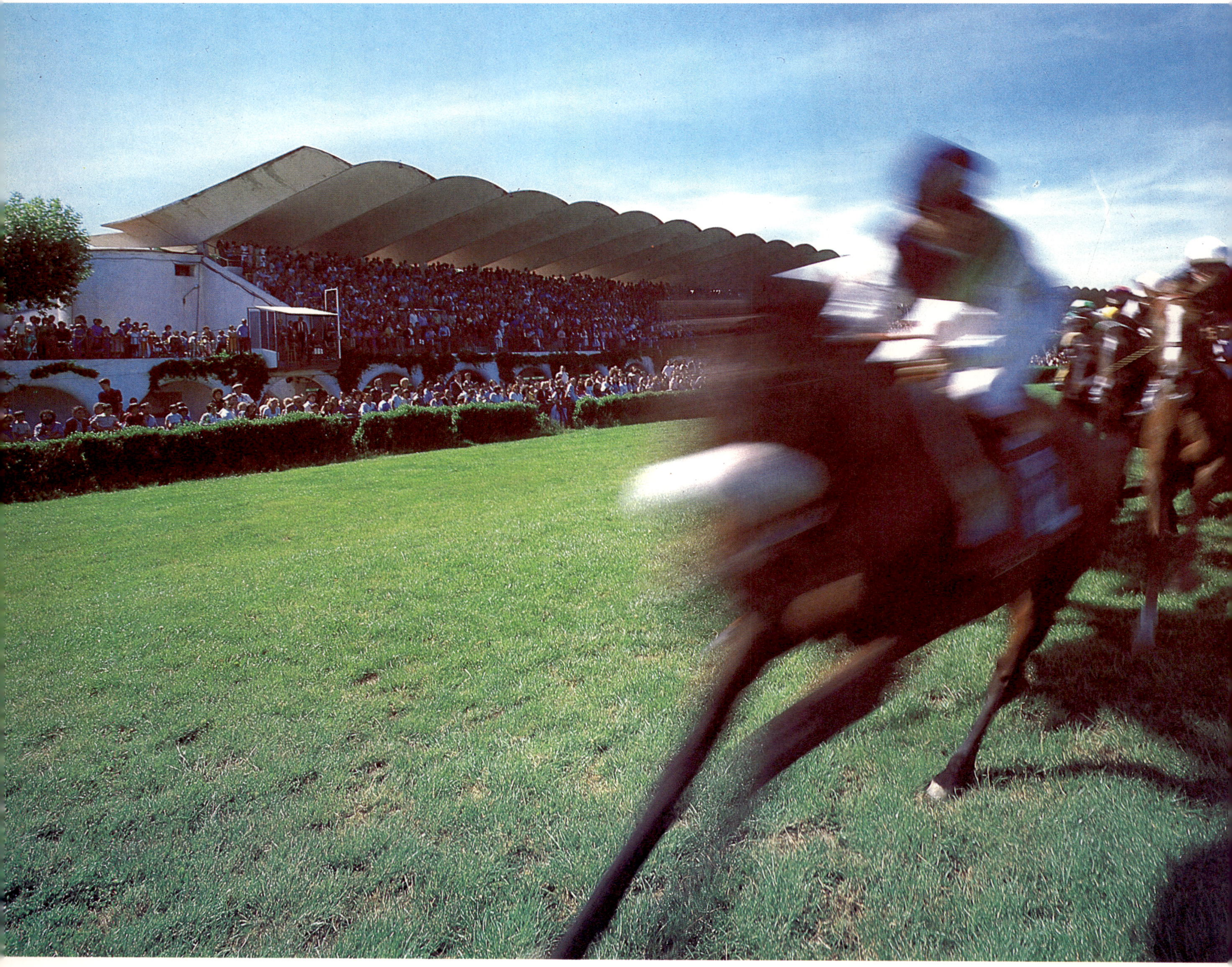

95

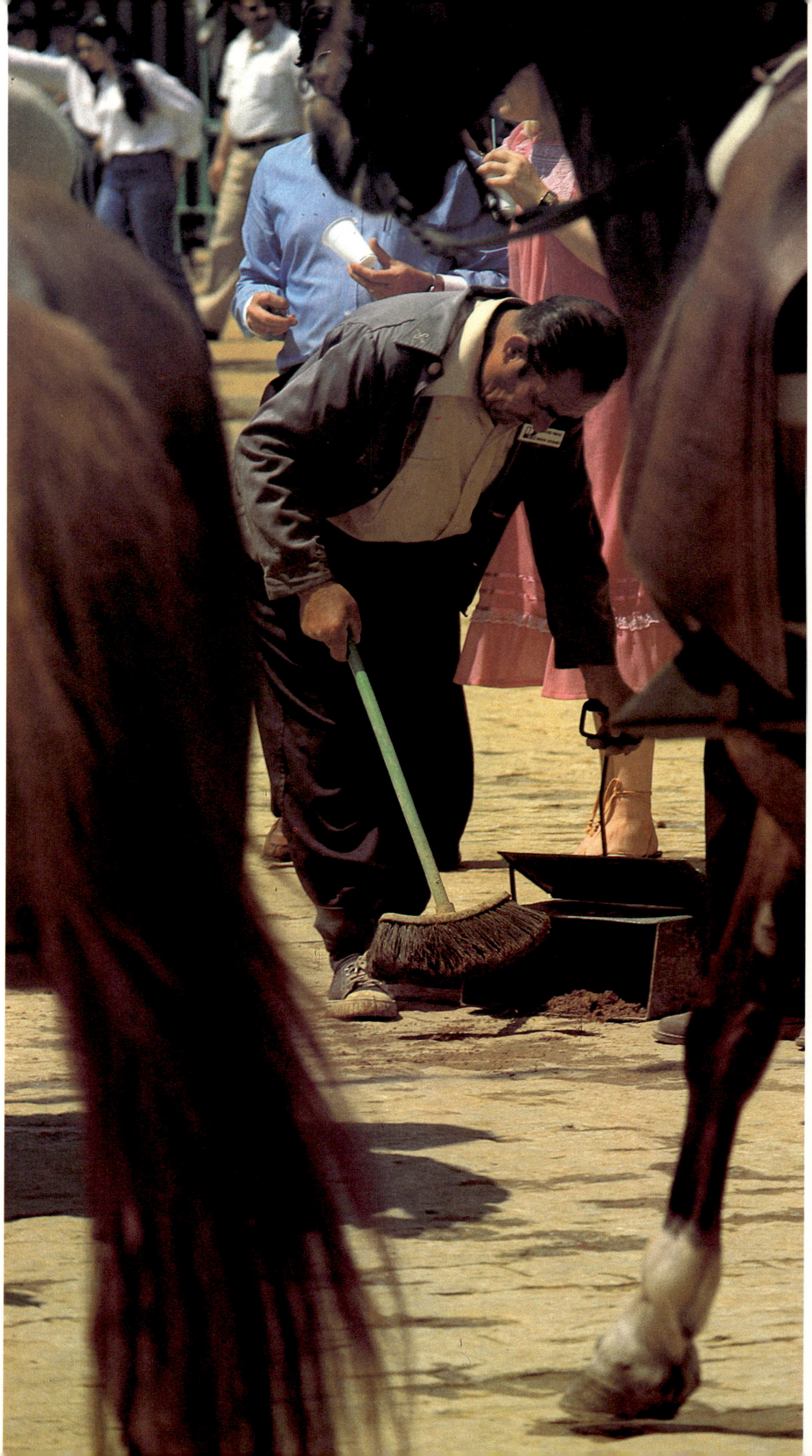

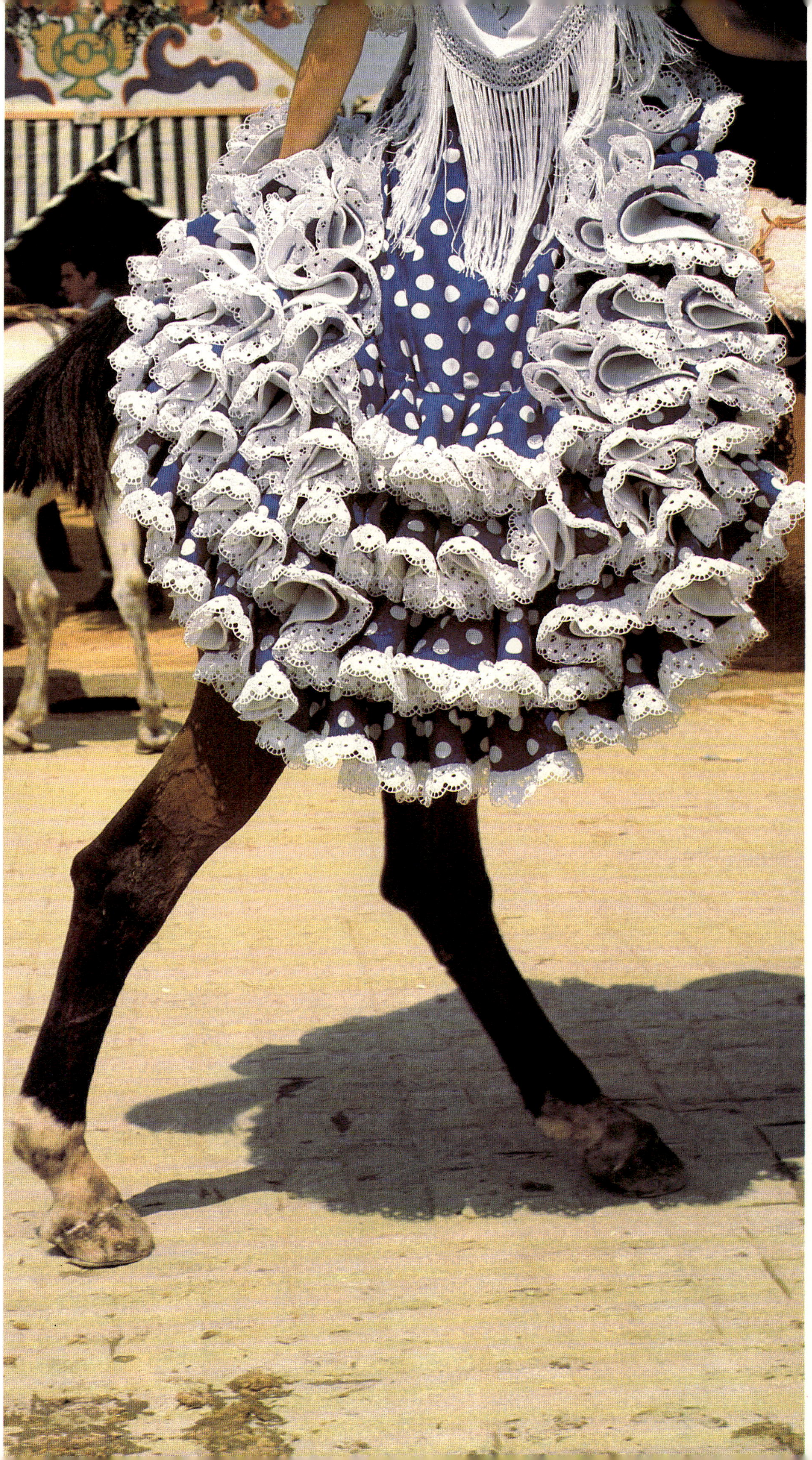

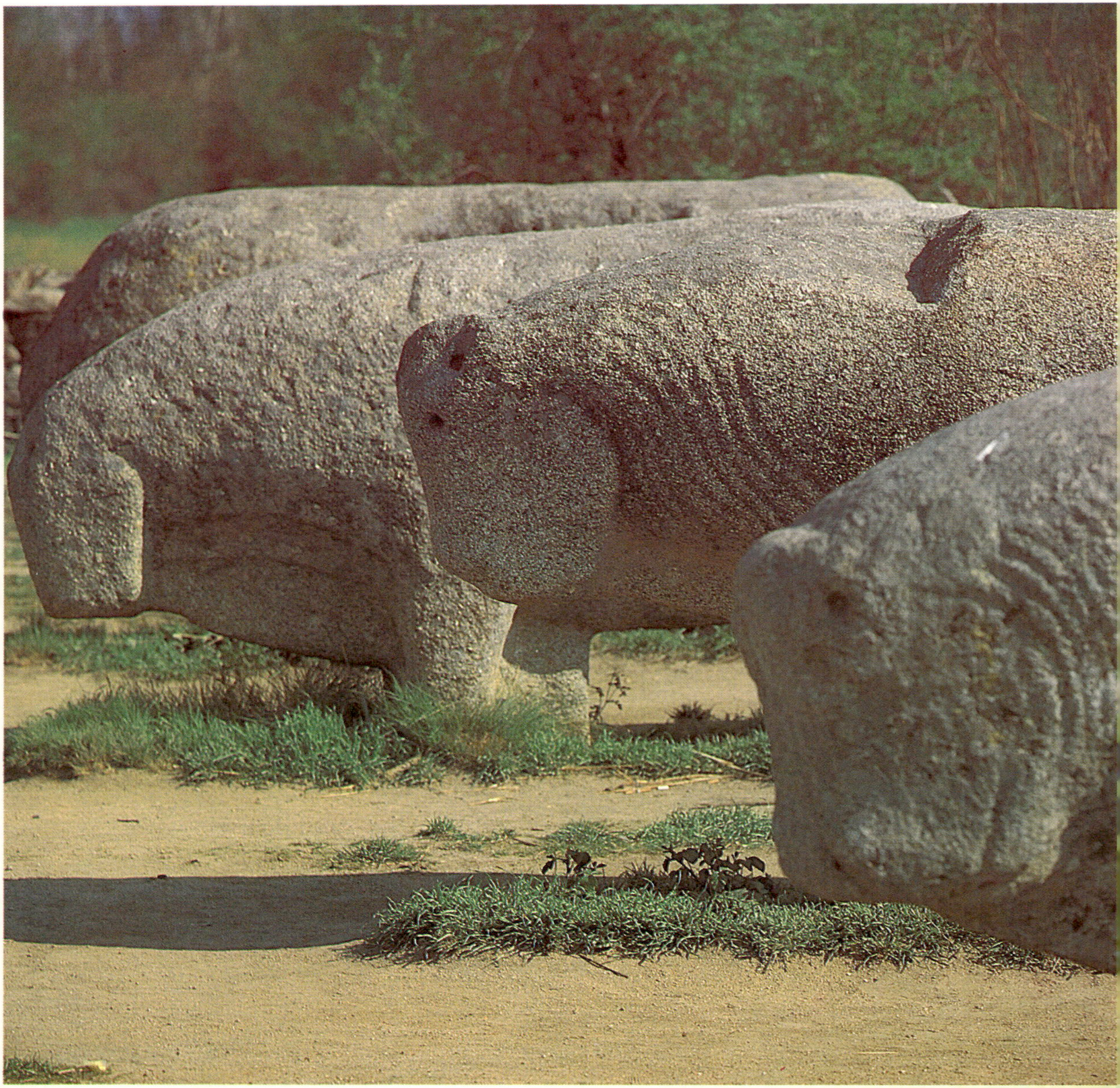

96

97

98

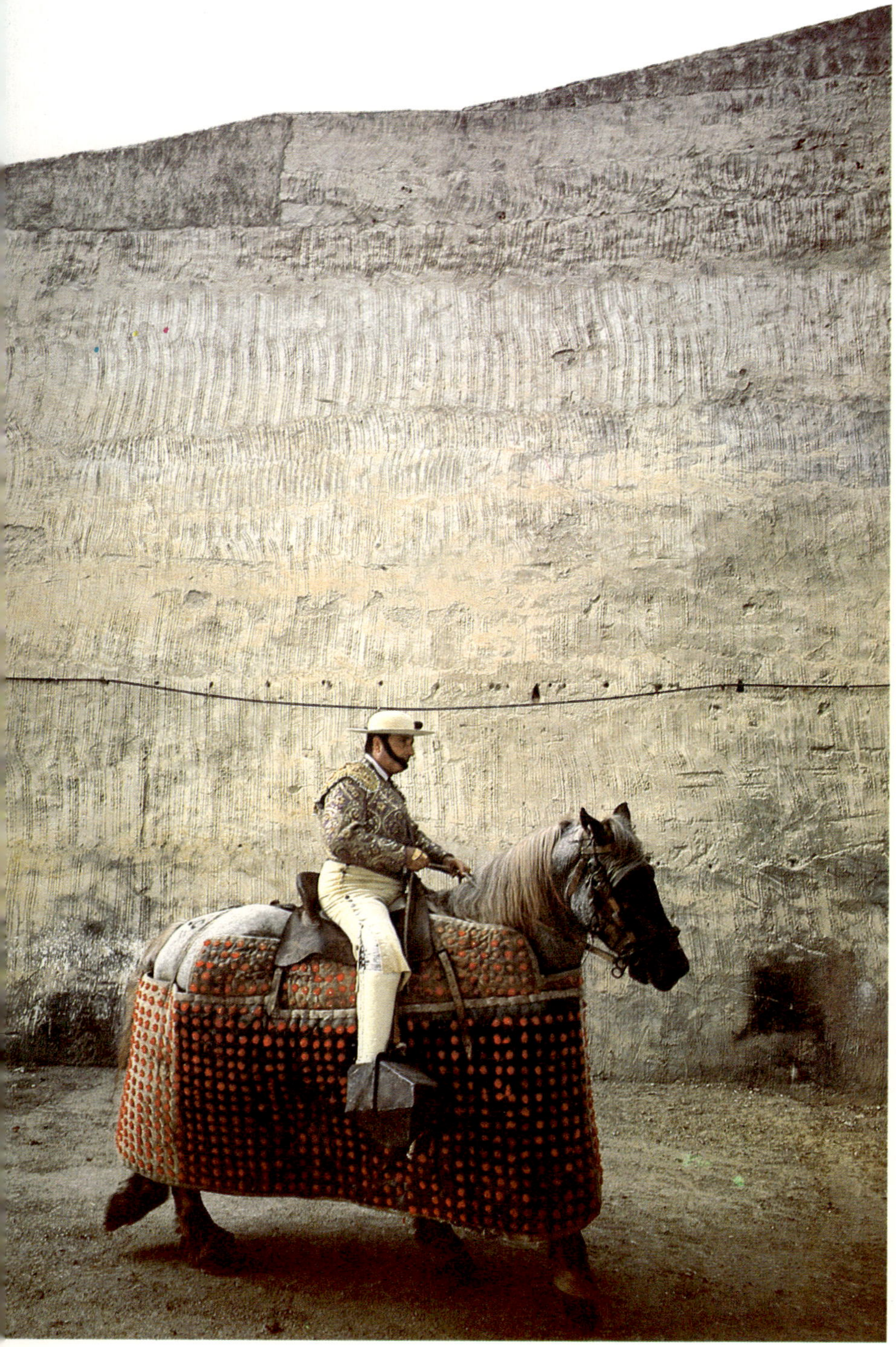

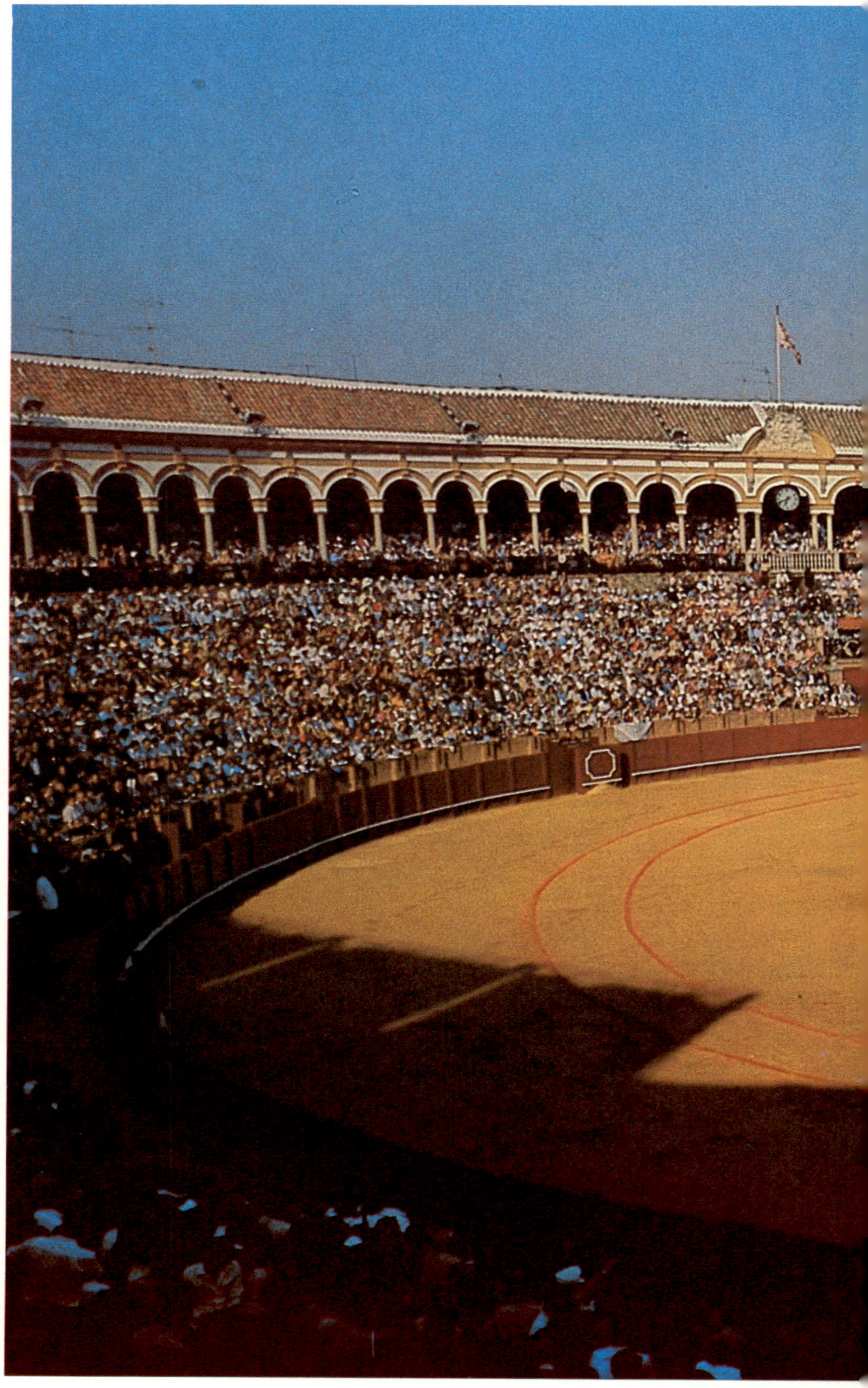

99

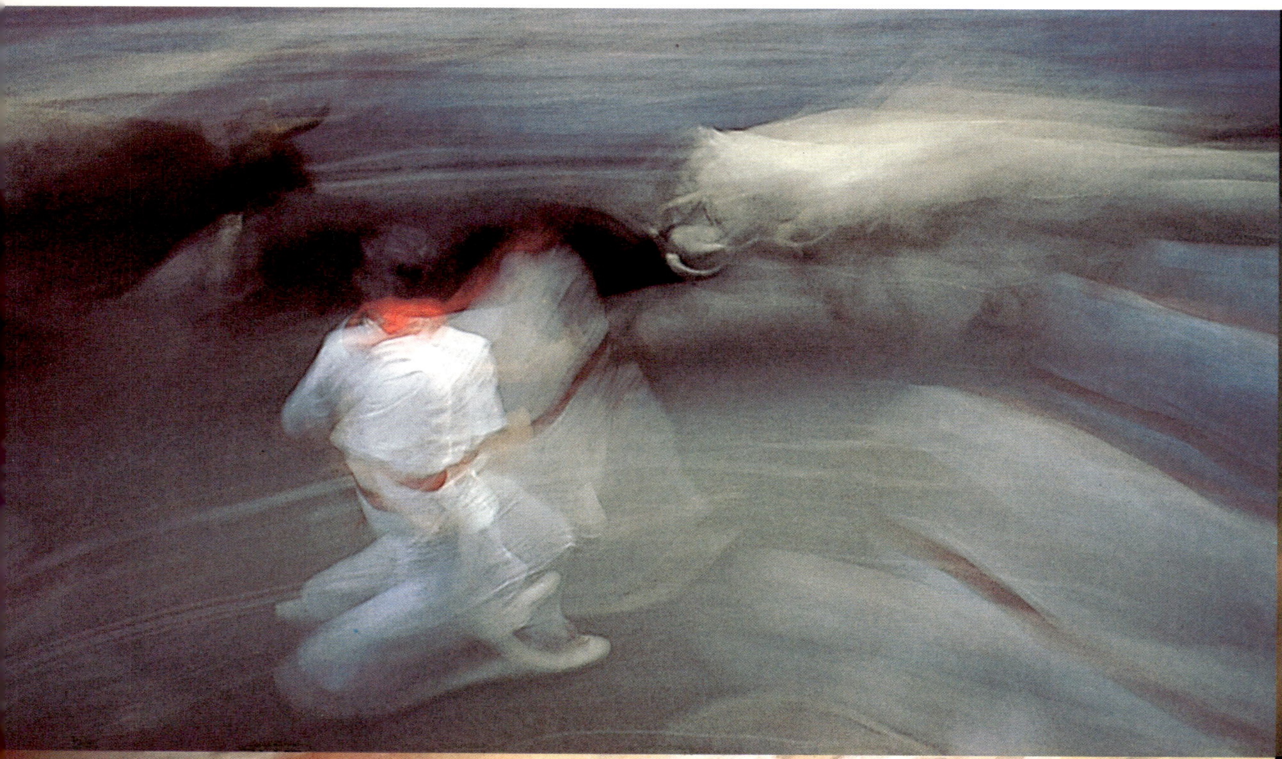
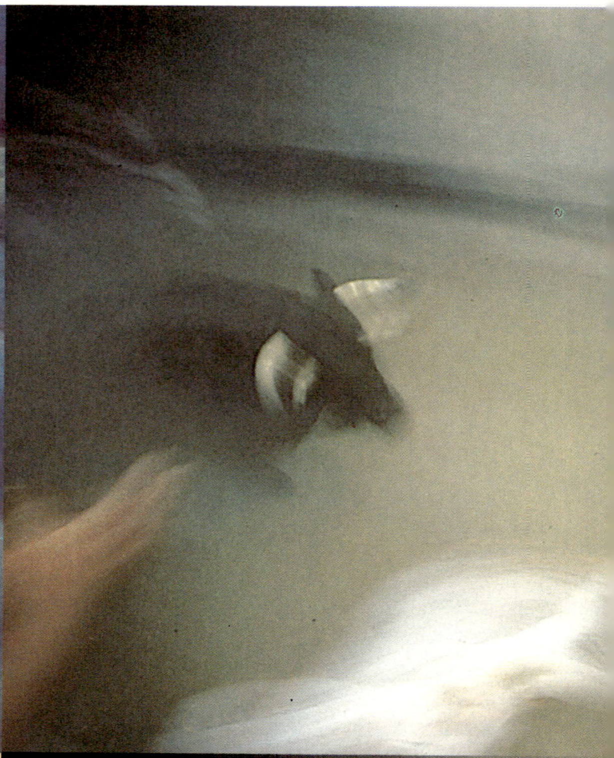
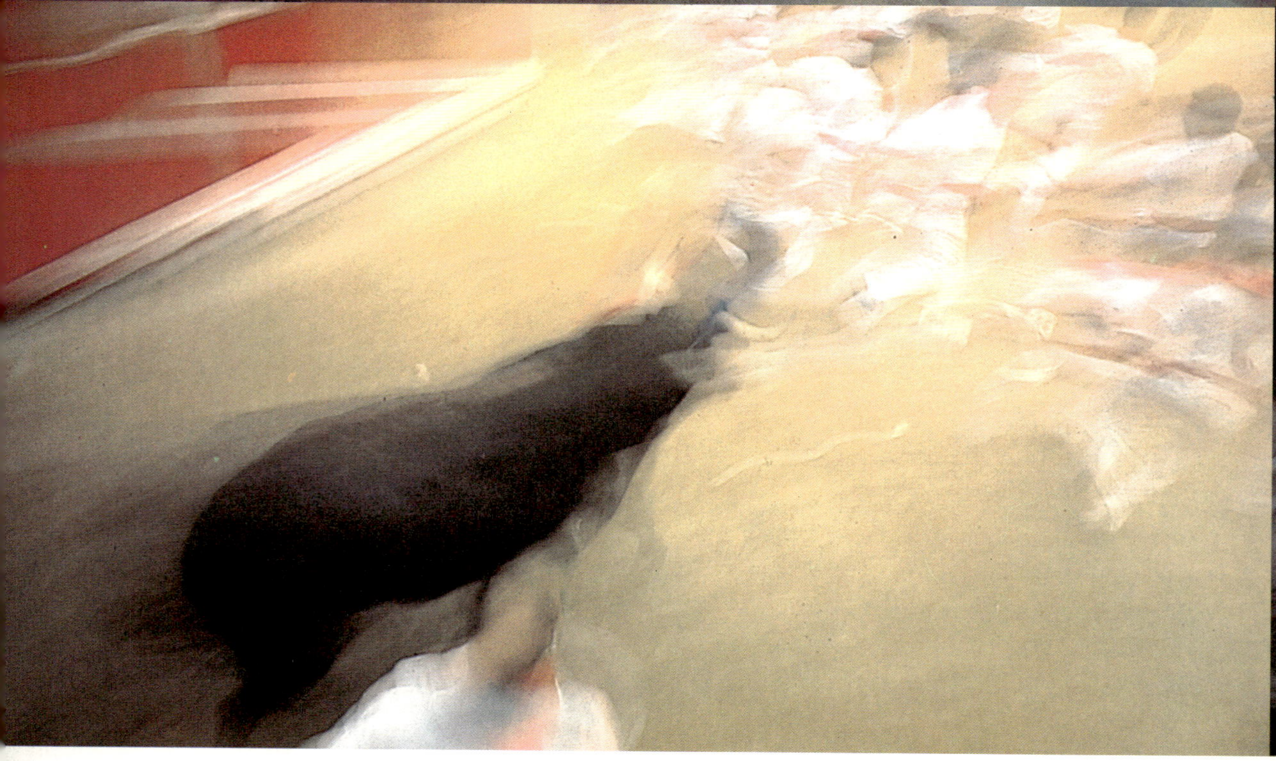
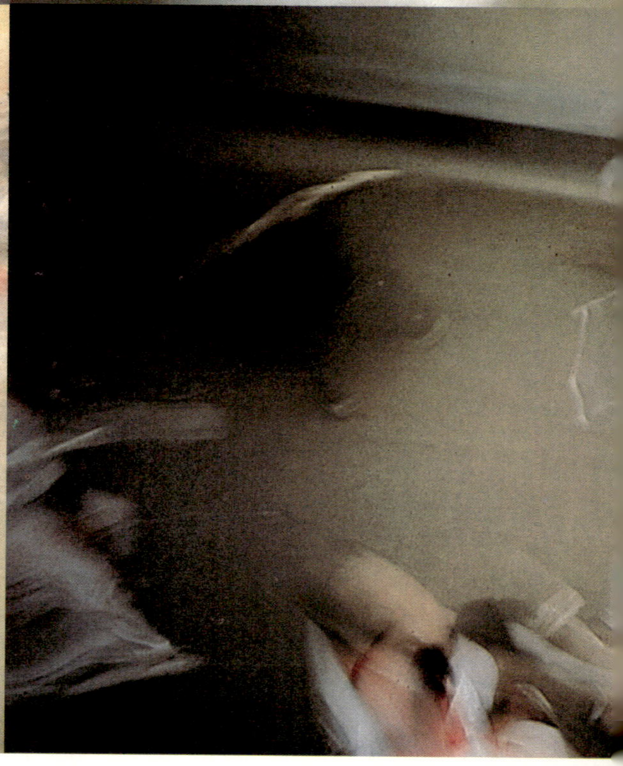

100

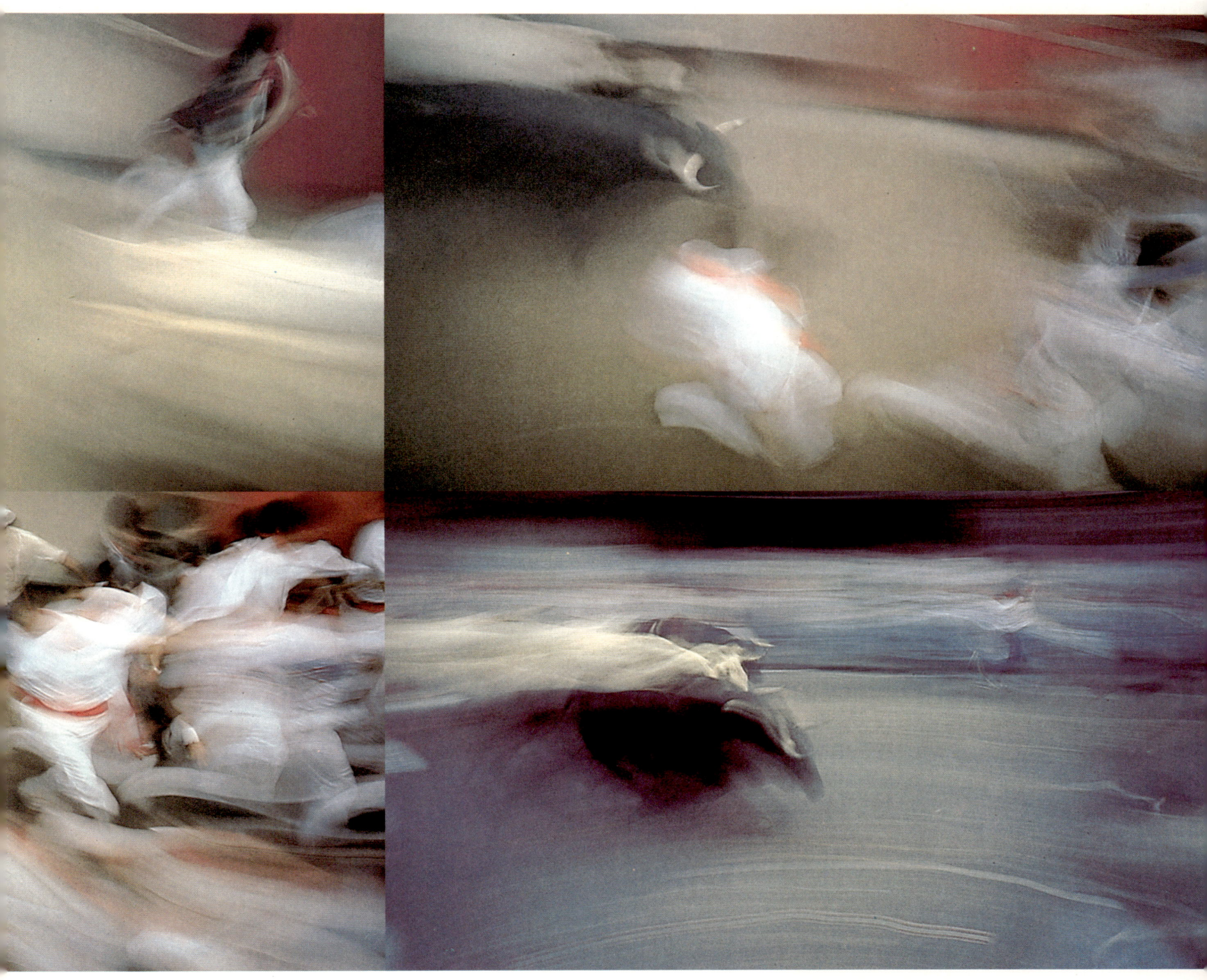

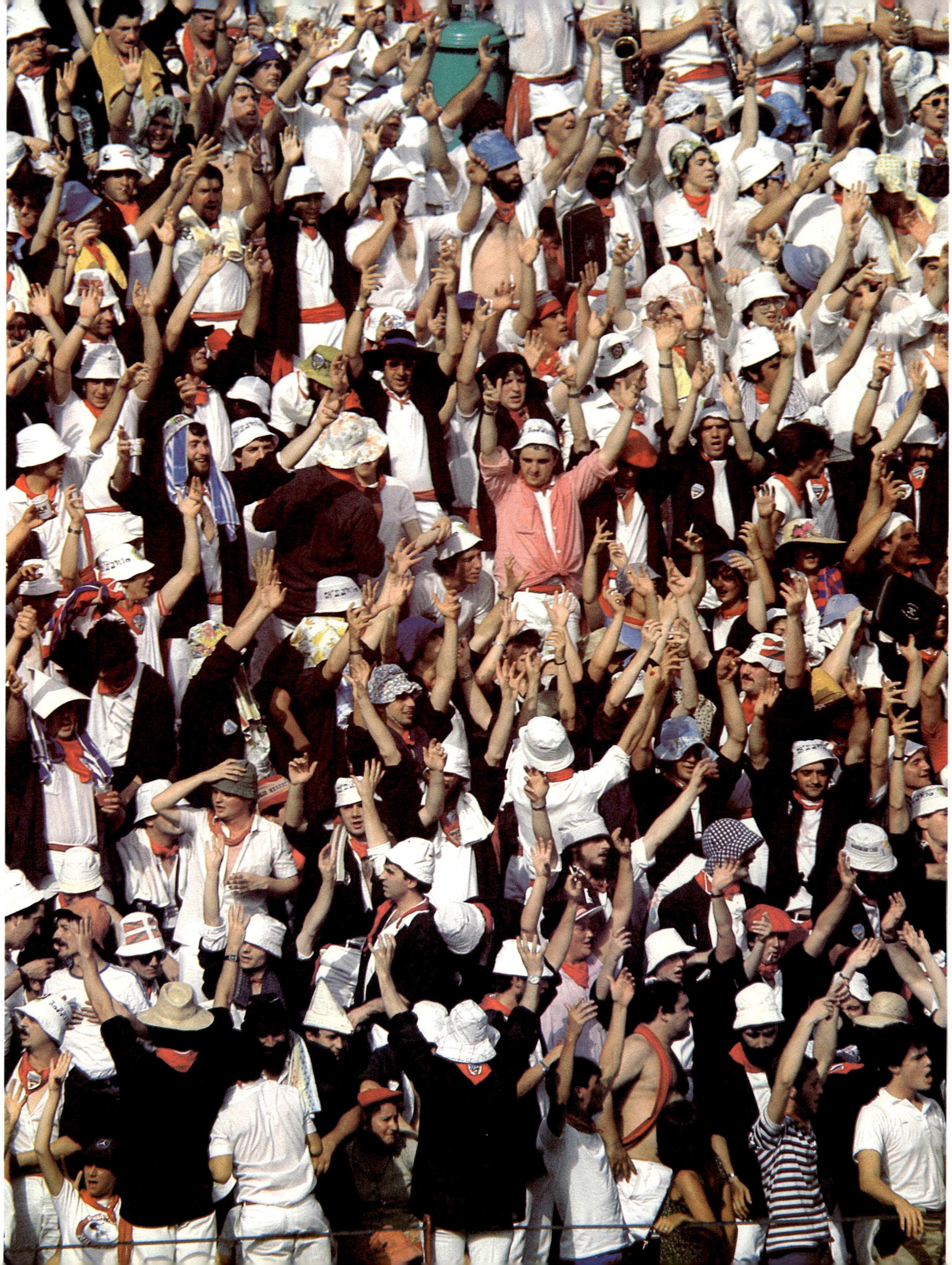

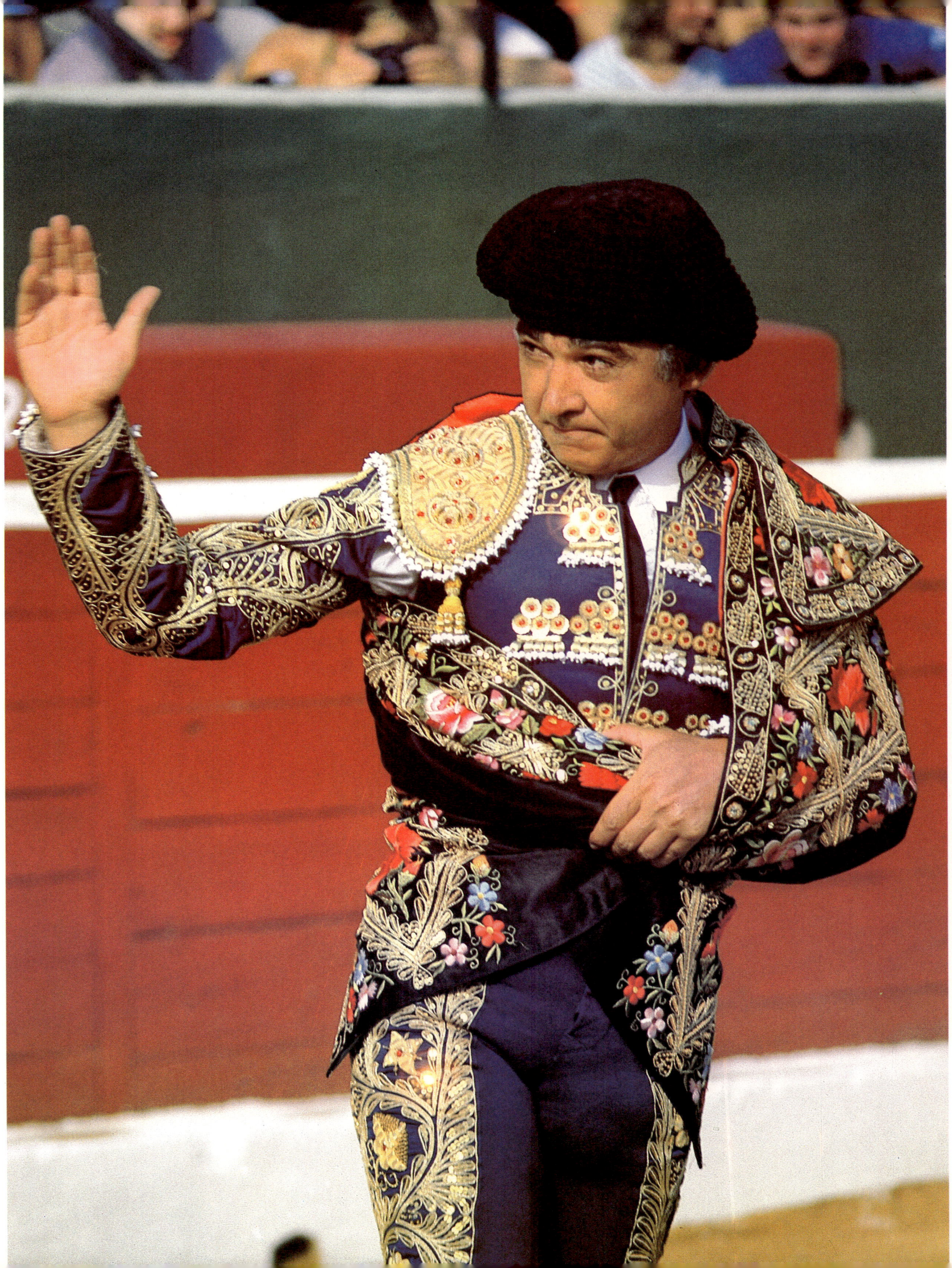

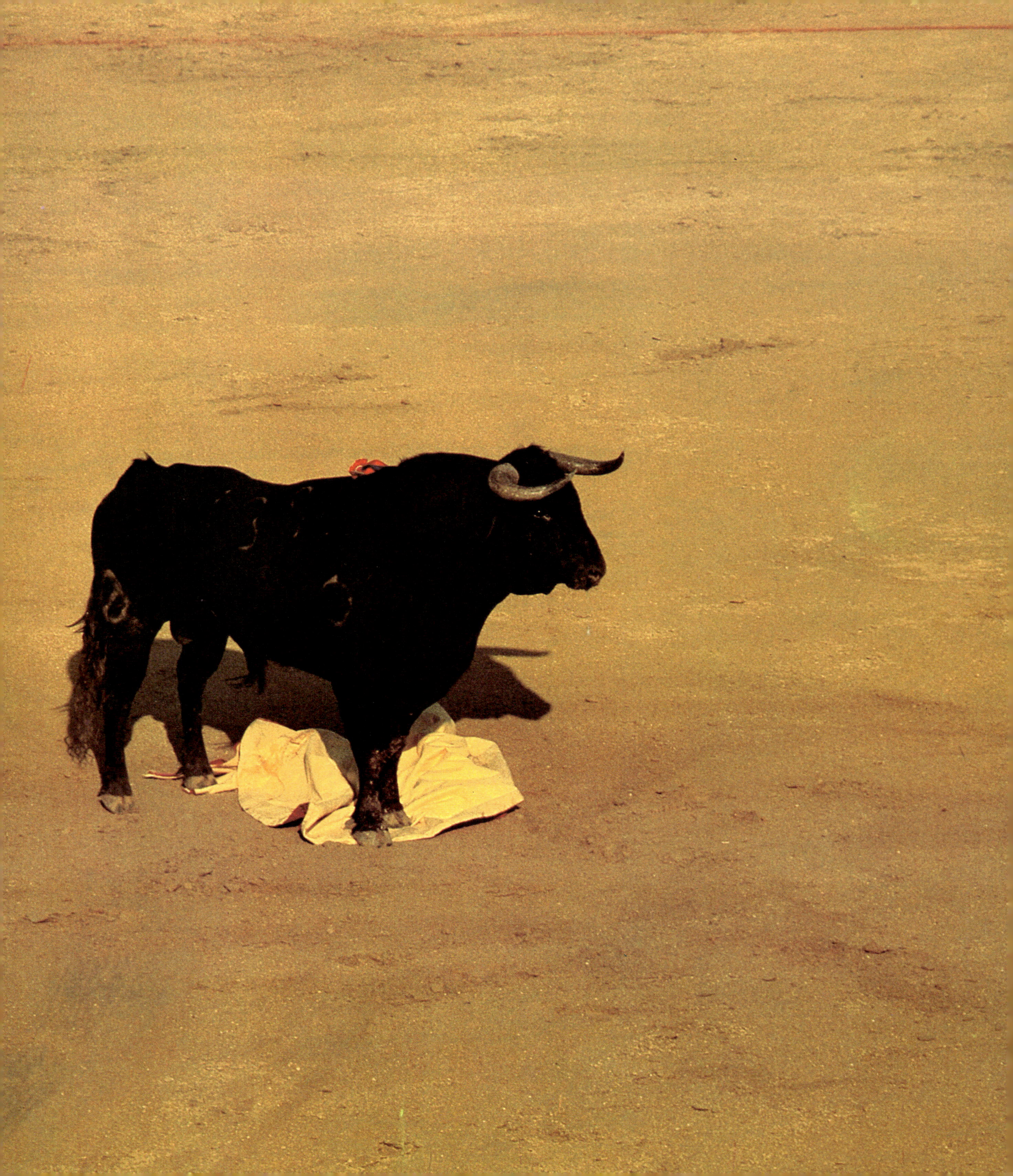

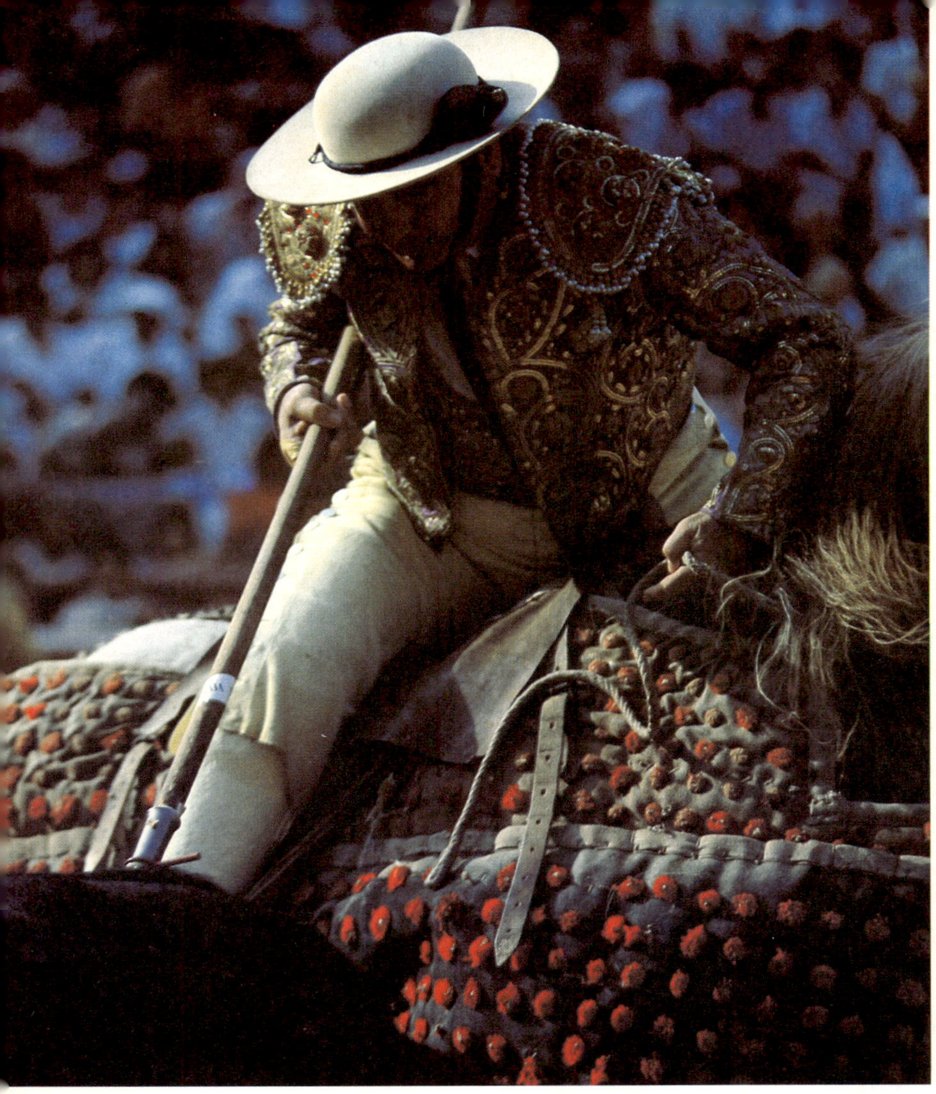
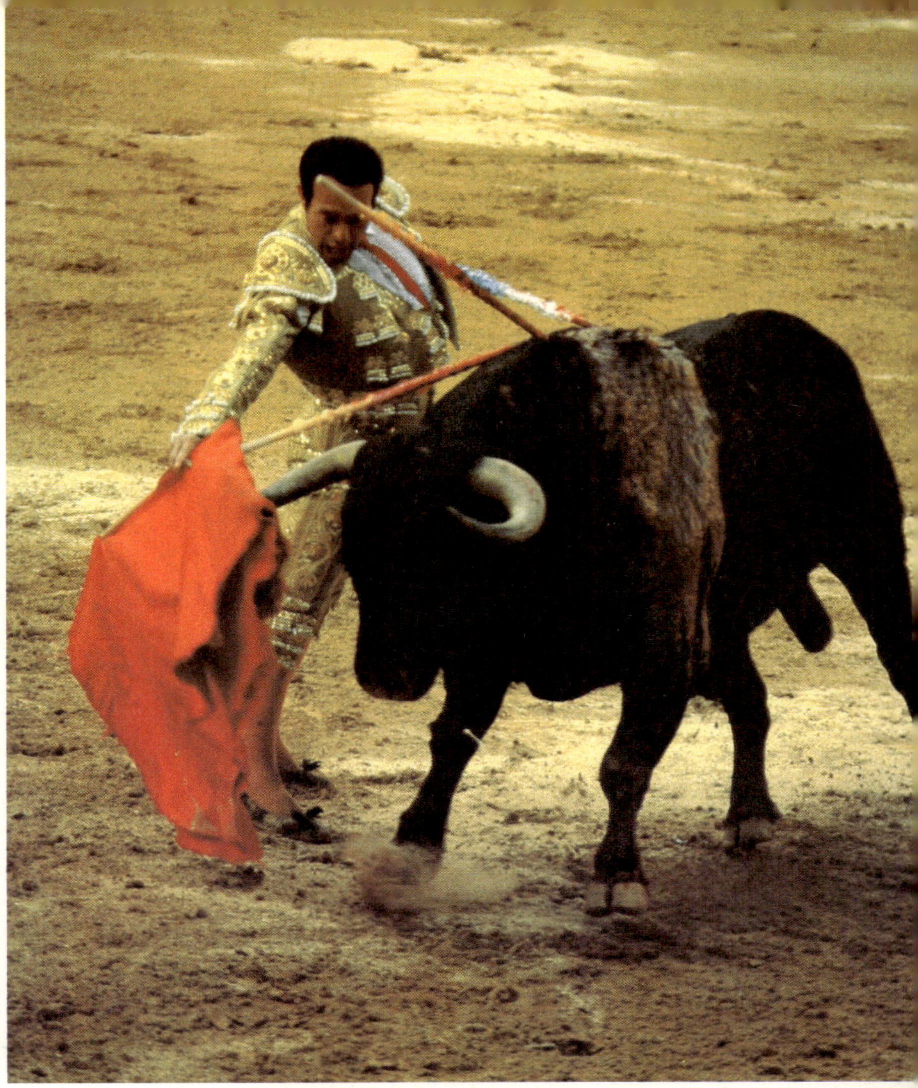
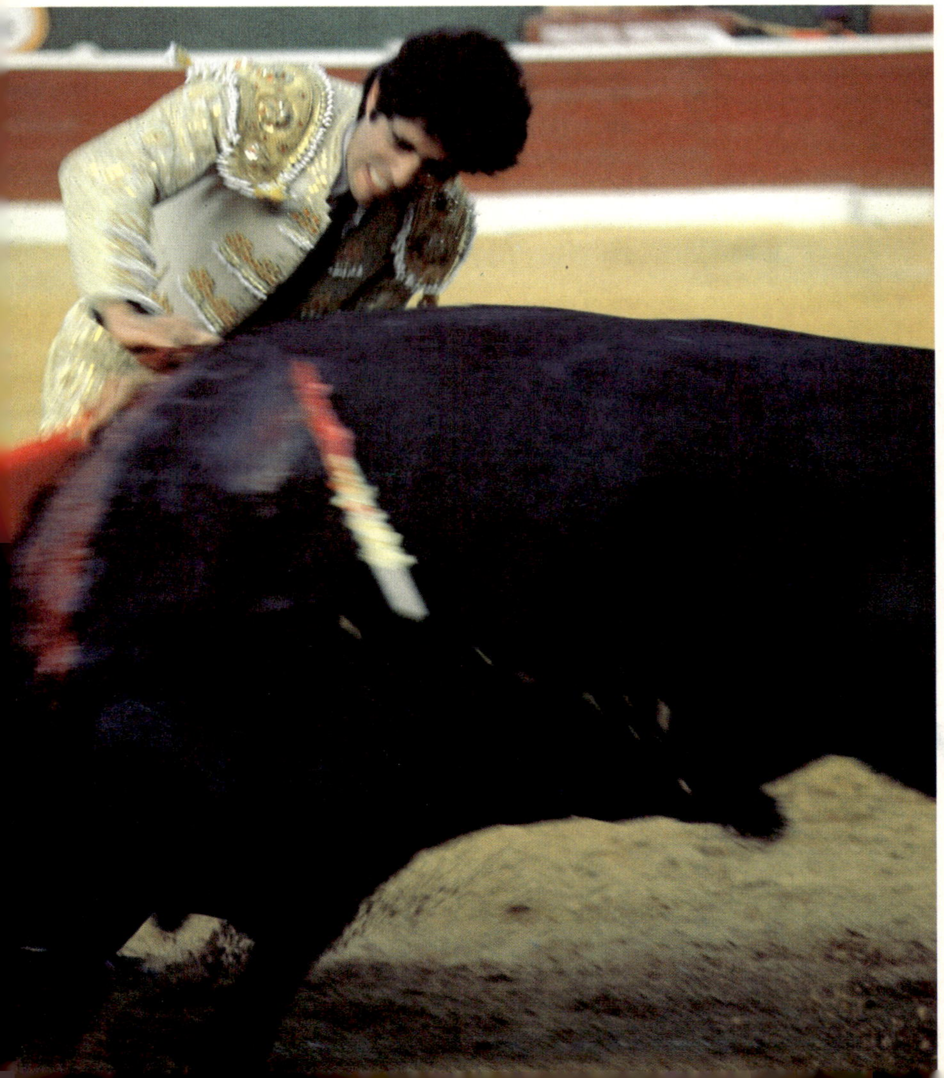
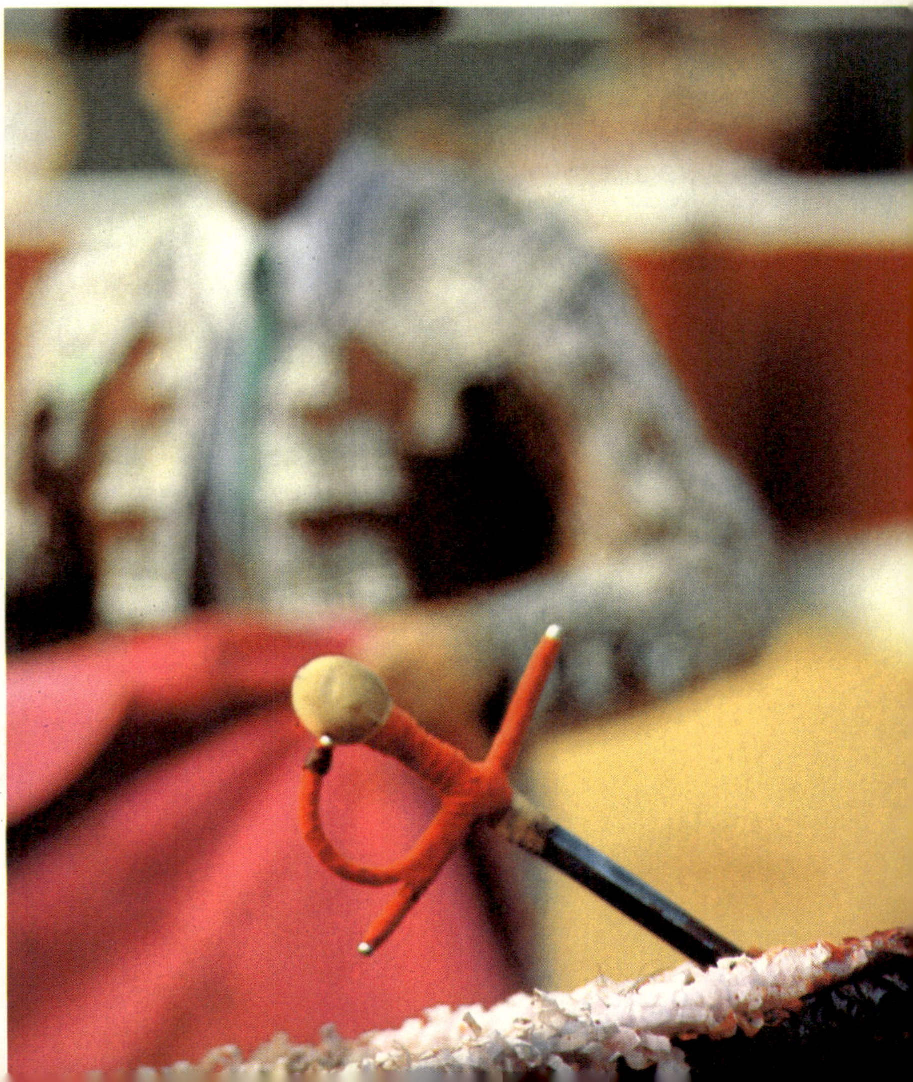

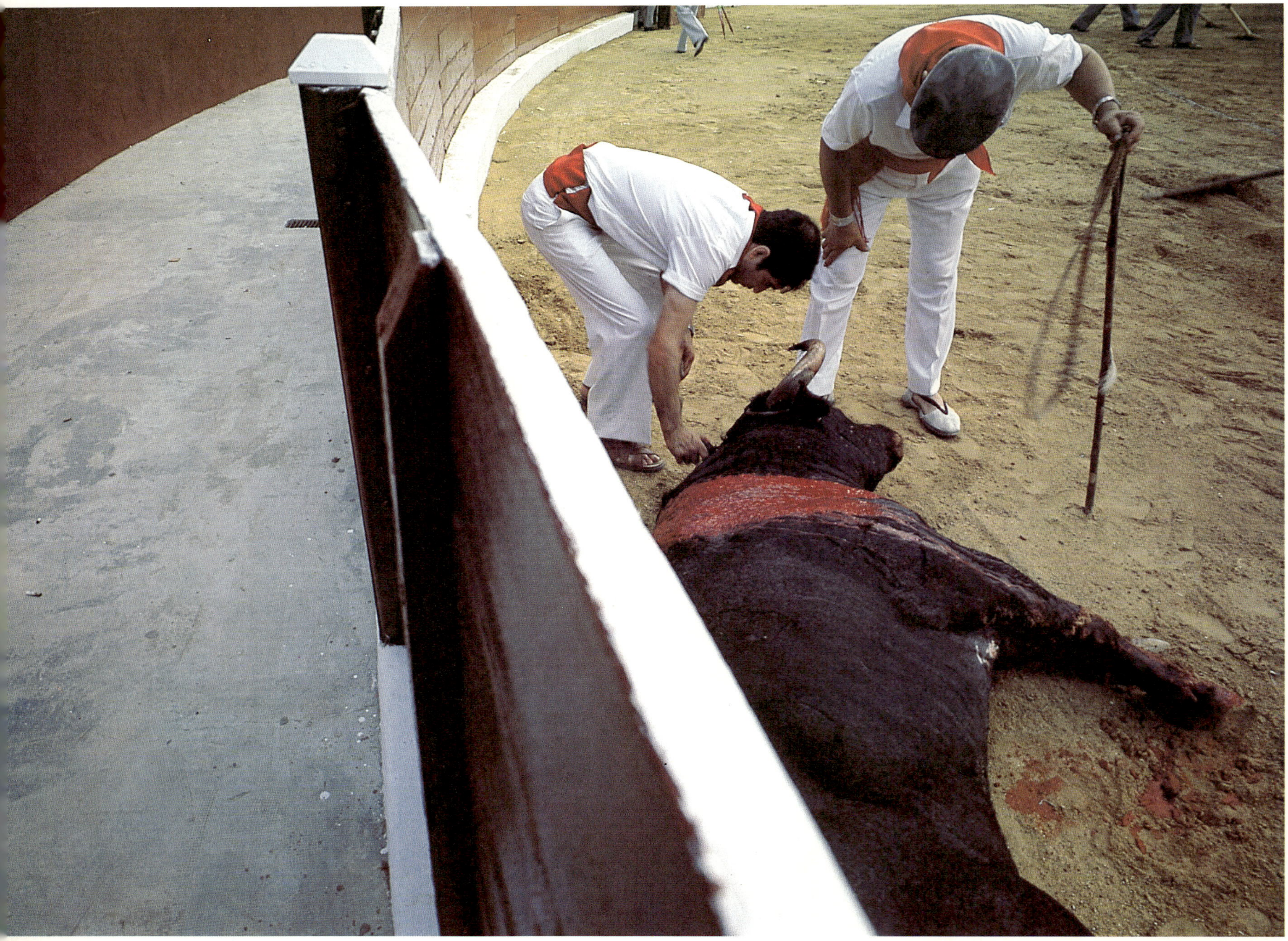

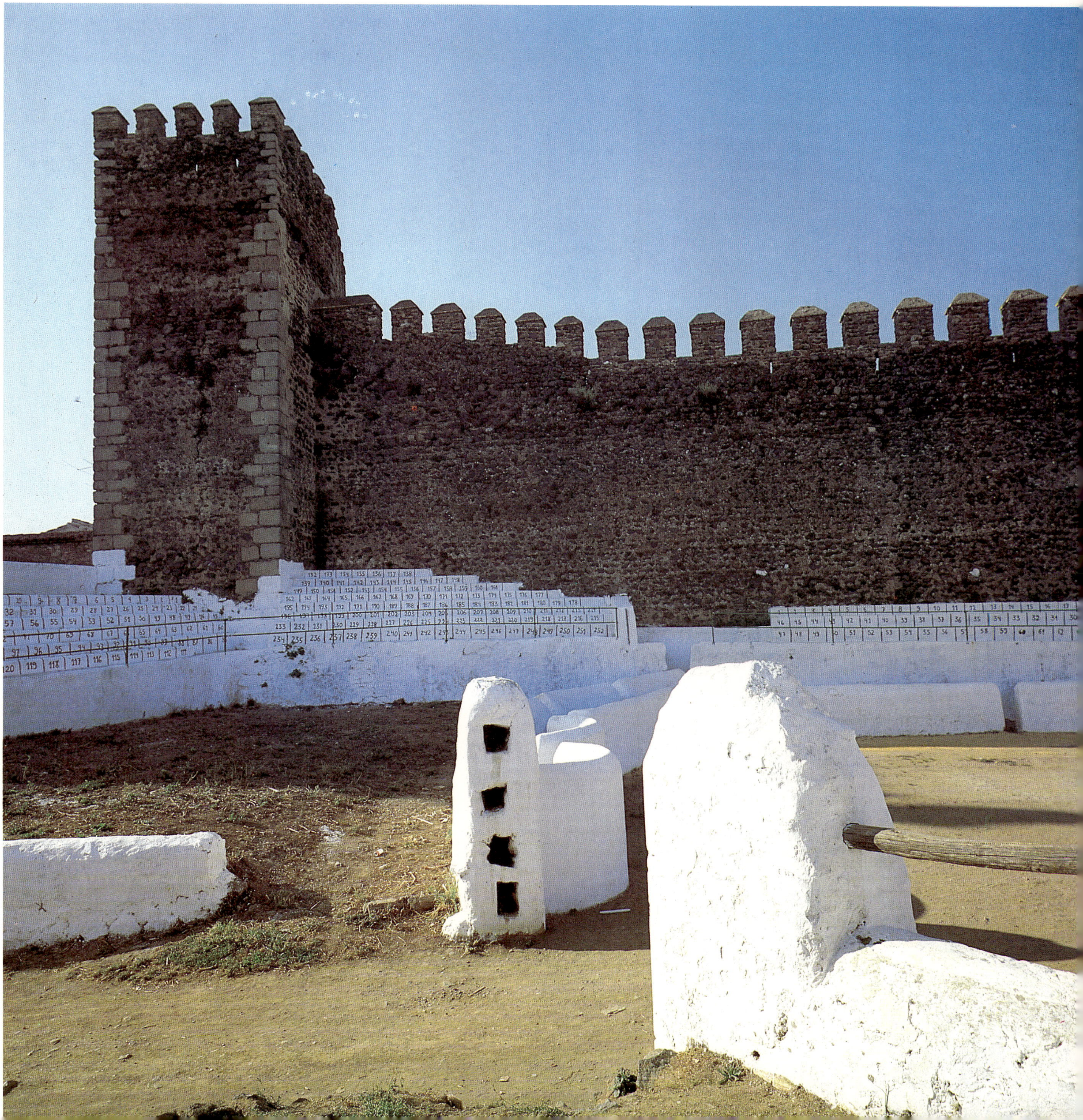

103

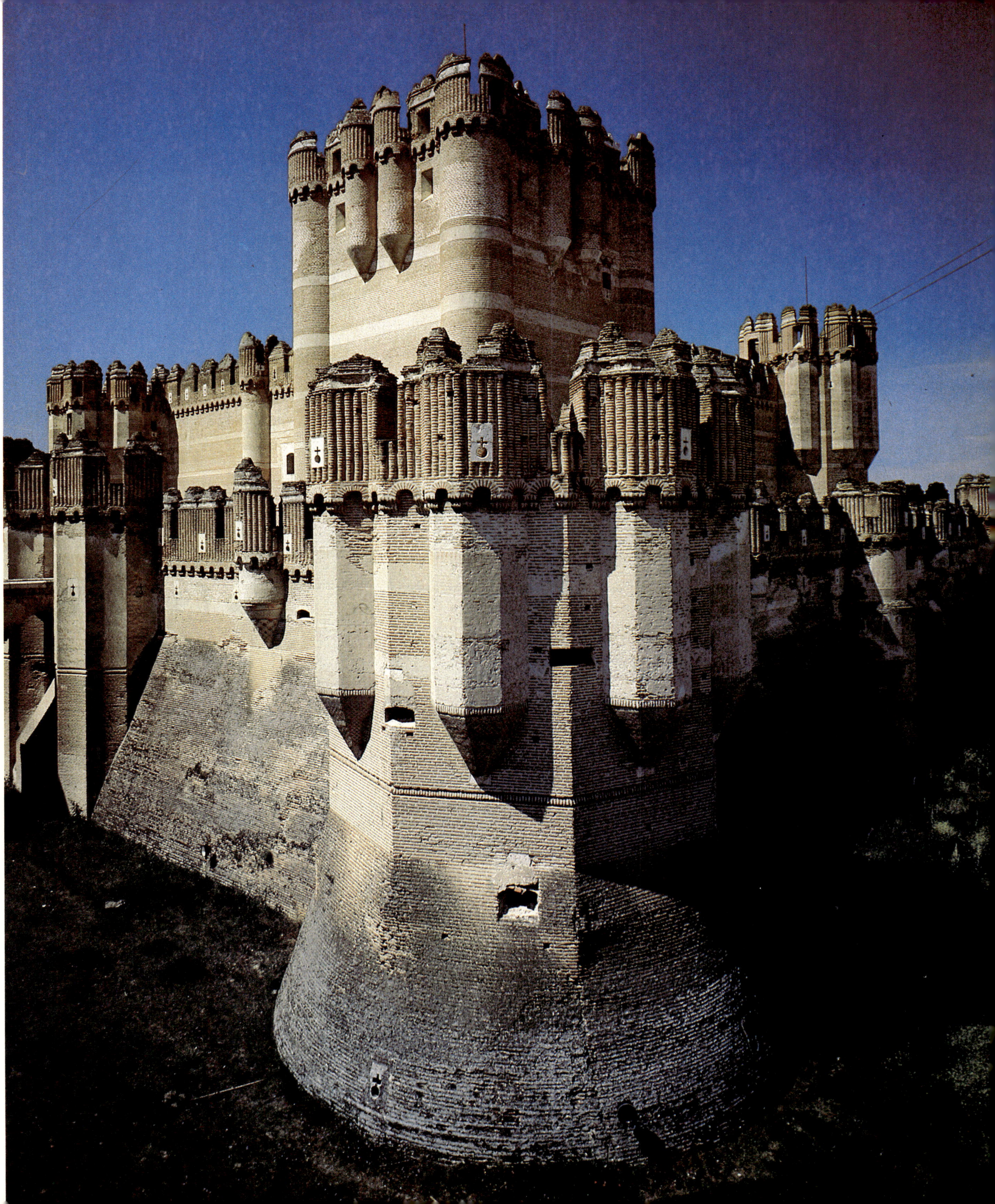

105

106

107

108

109

111
112

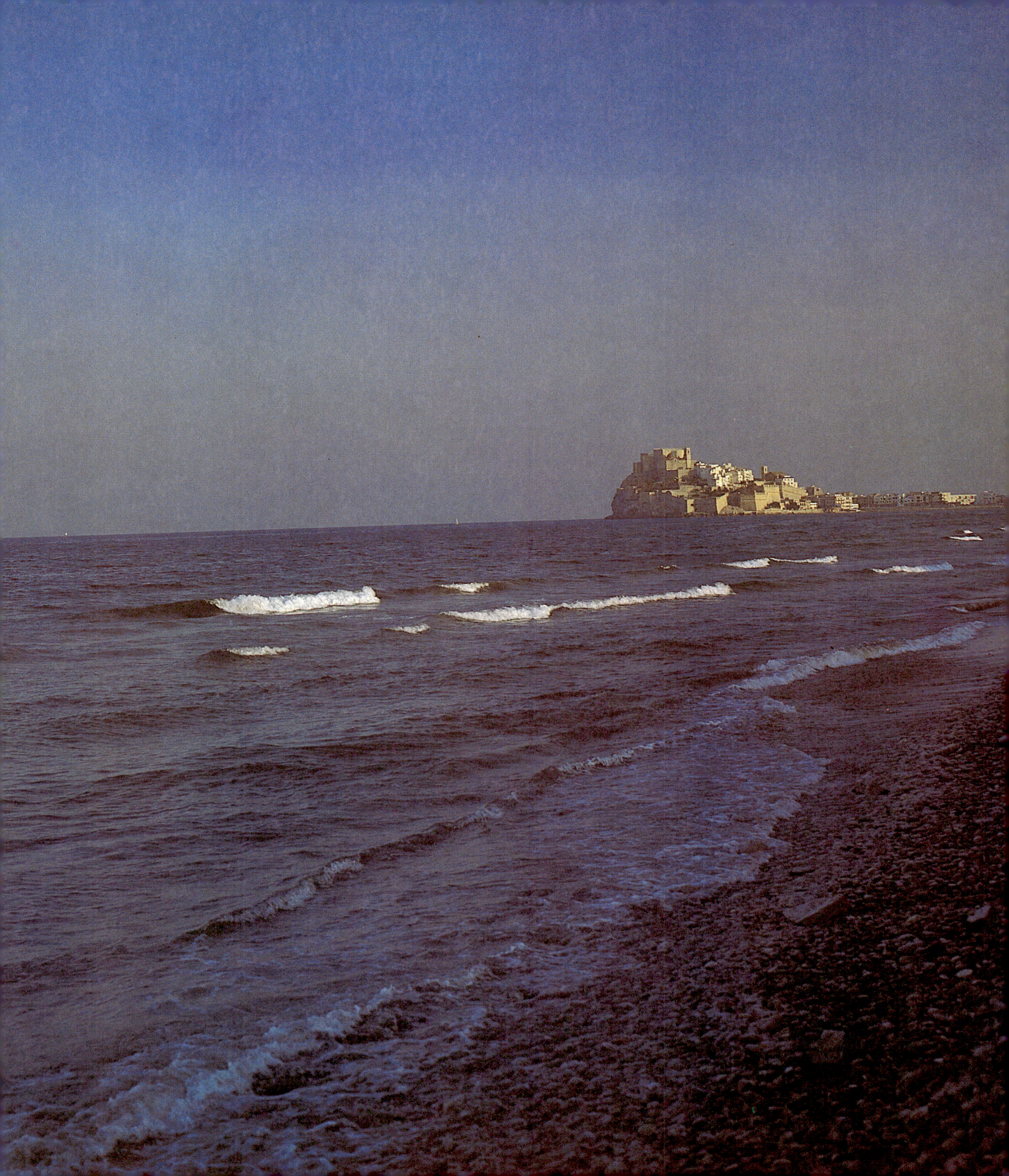

113

114

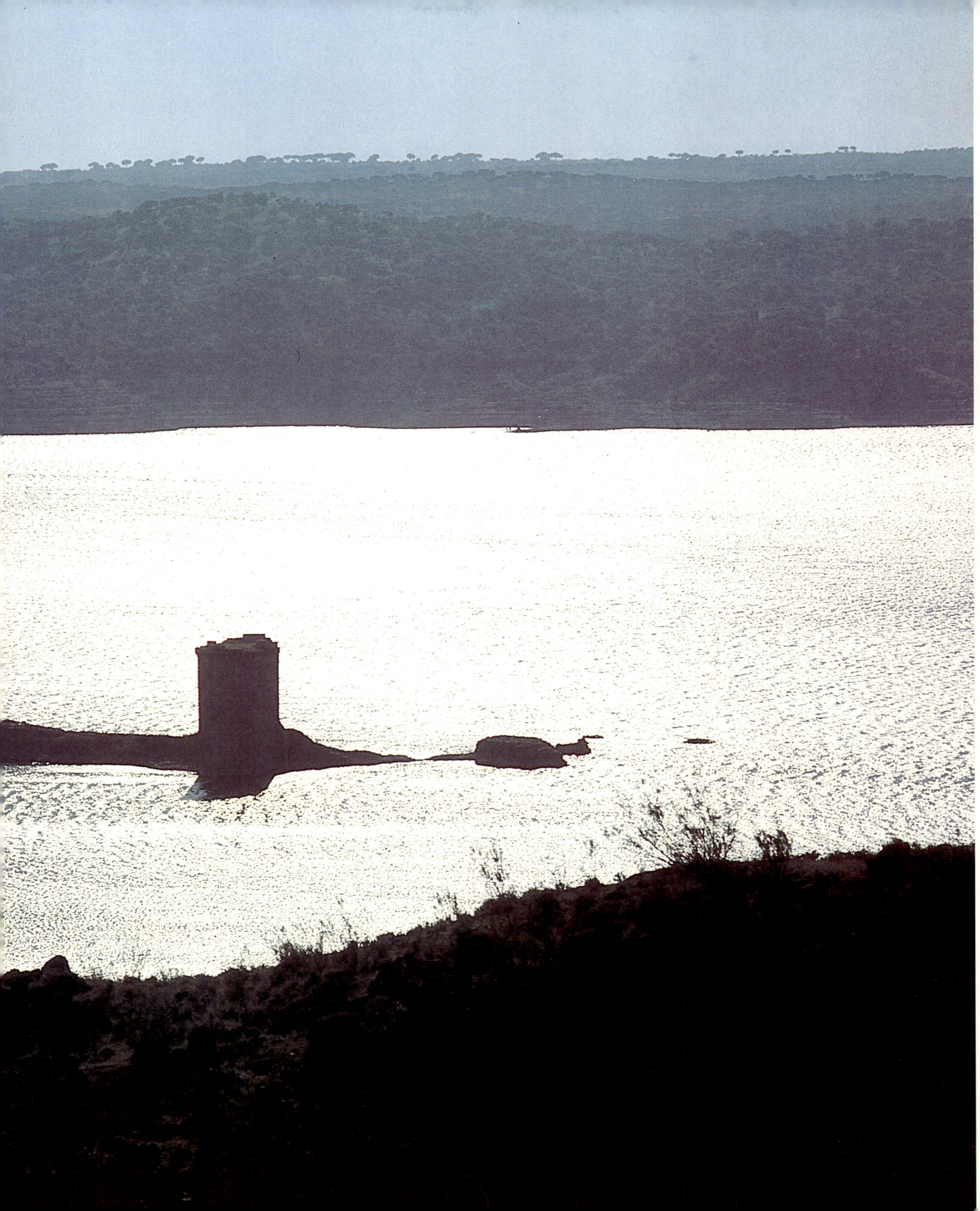

116

117

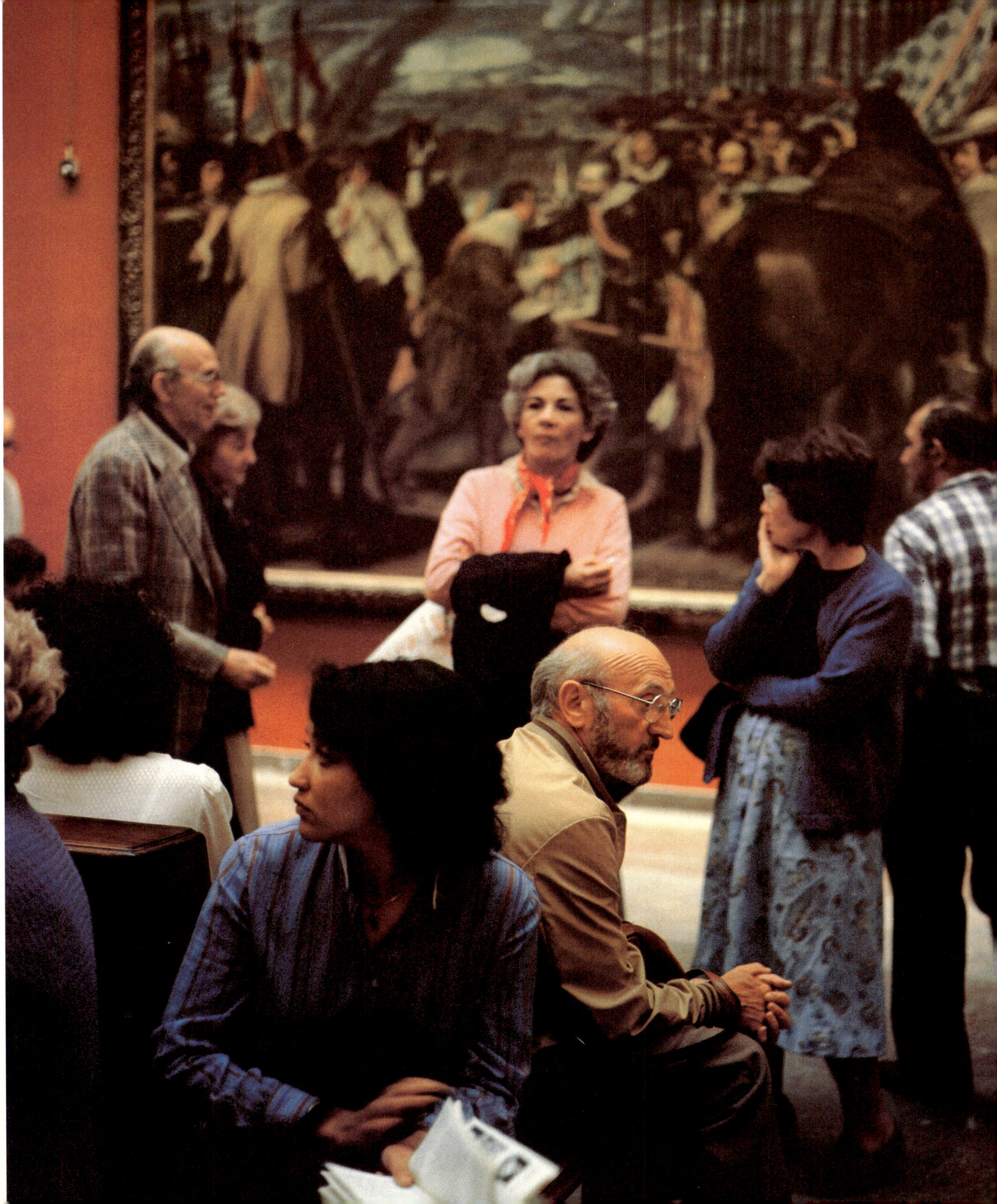

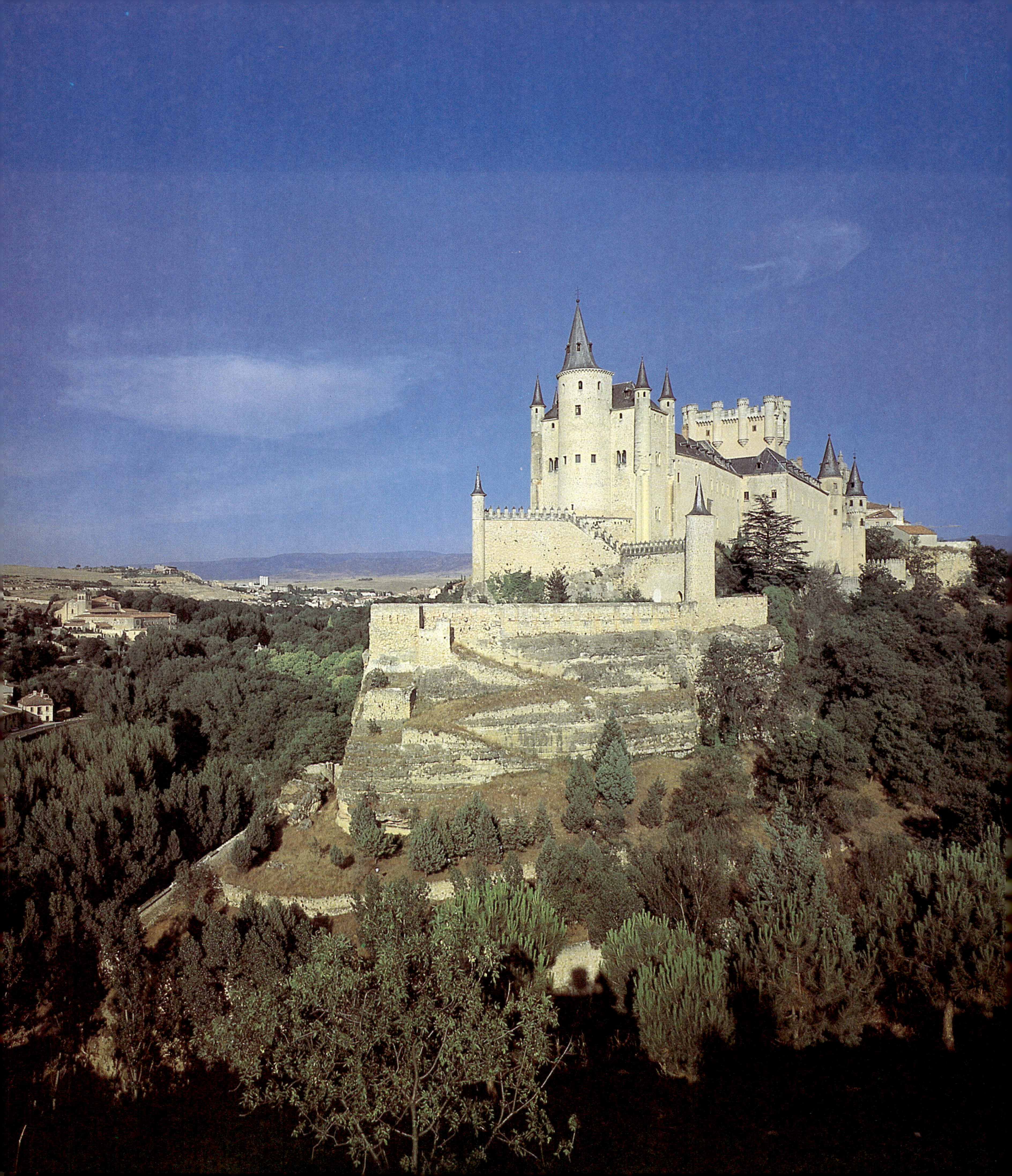

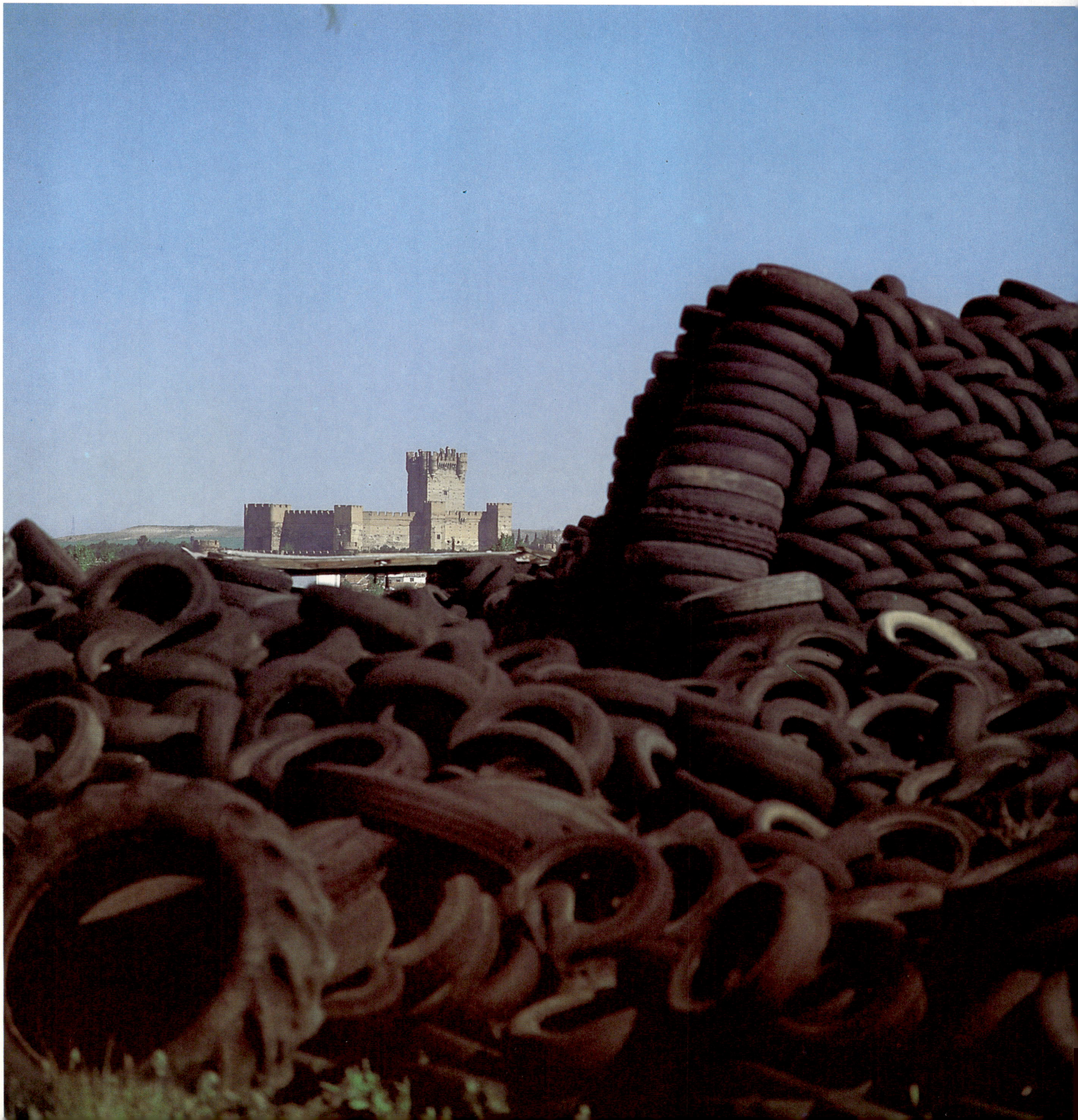

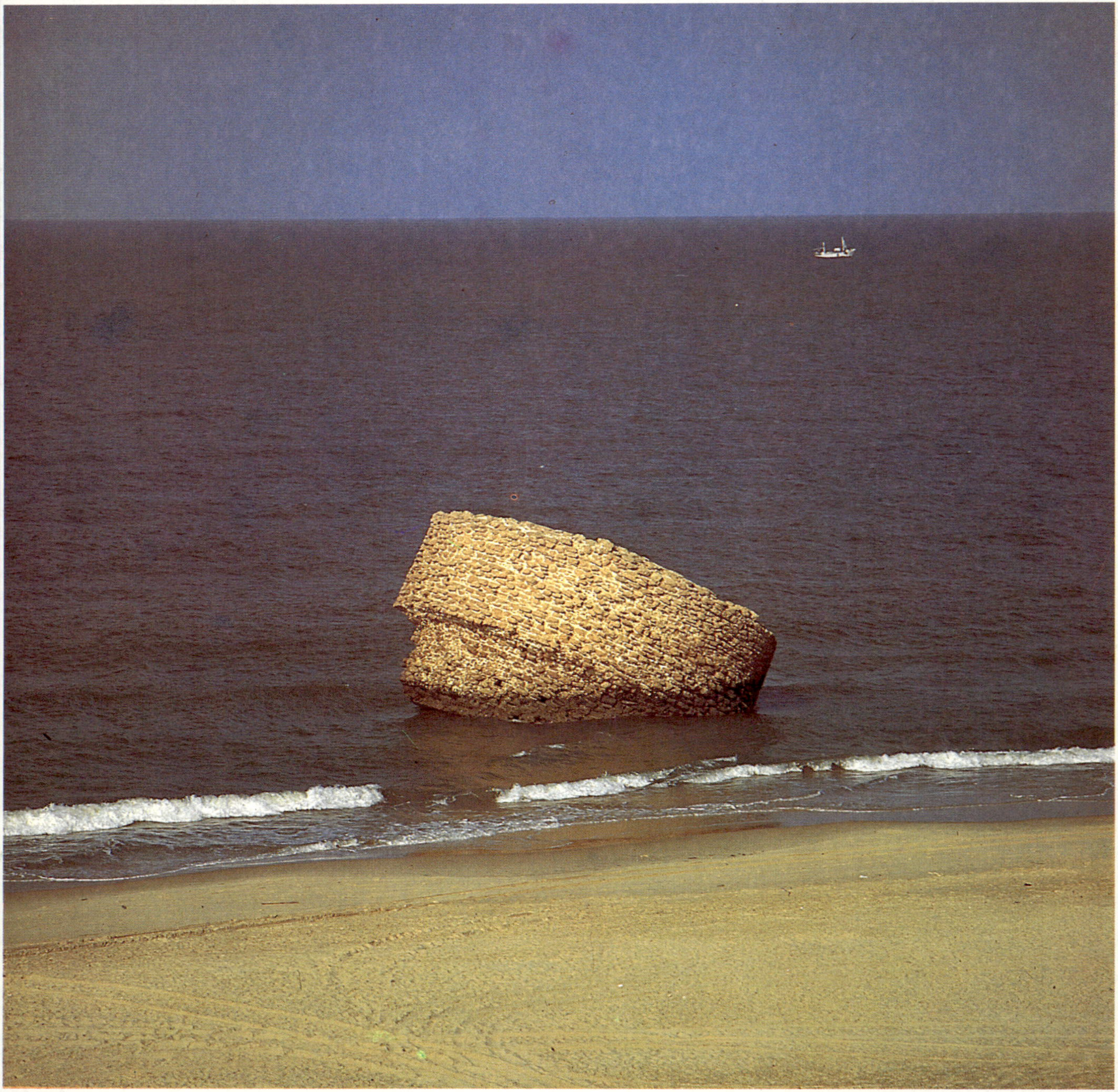

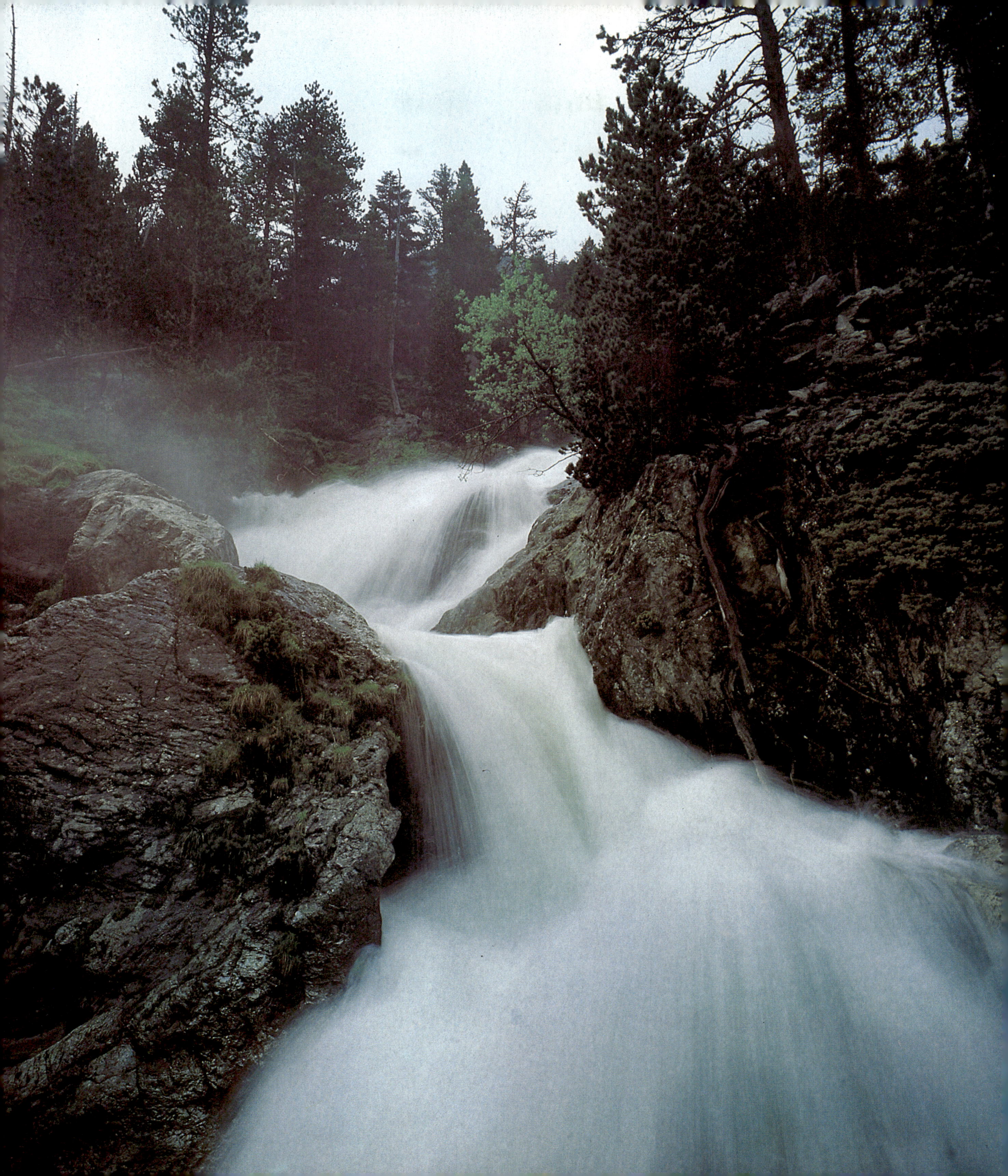

121

122

123

124

125

126

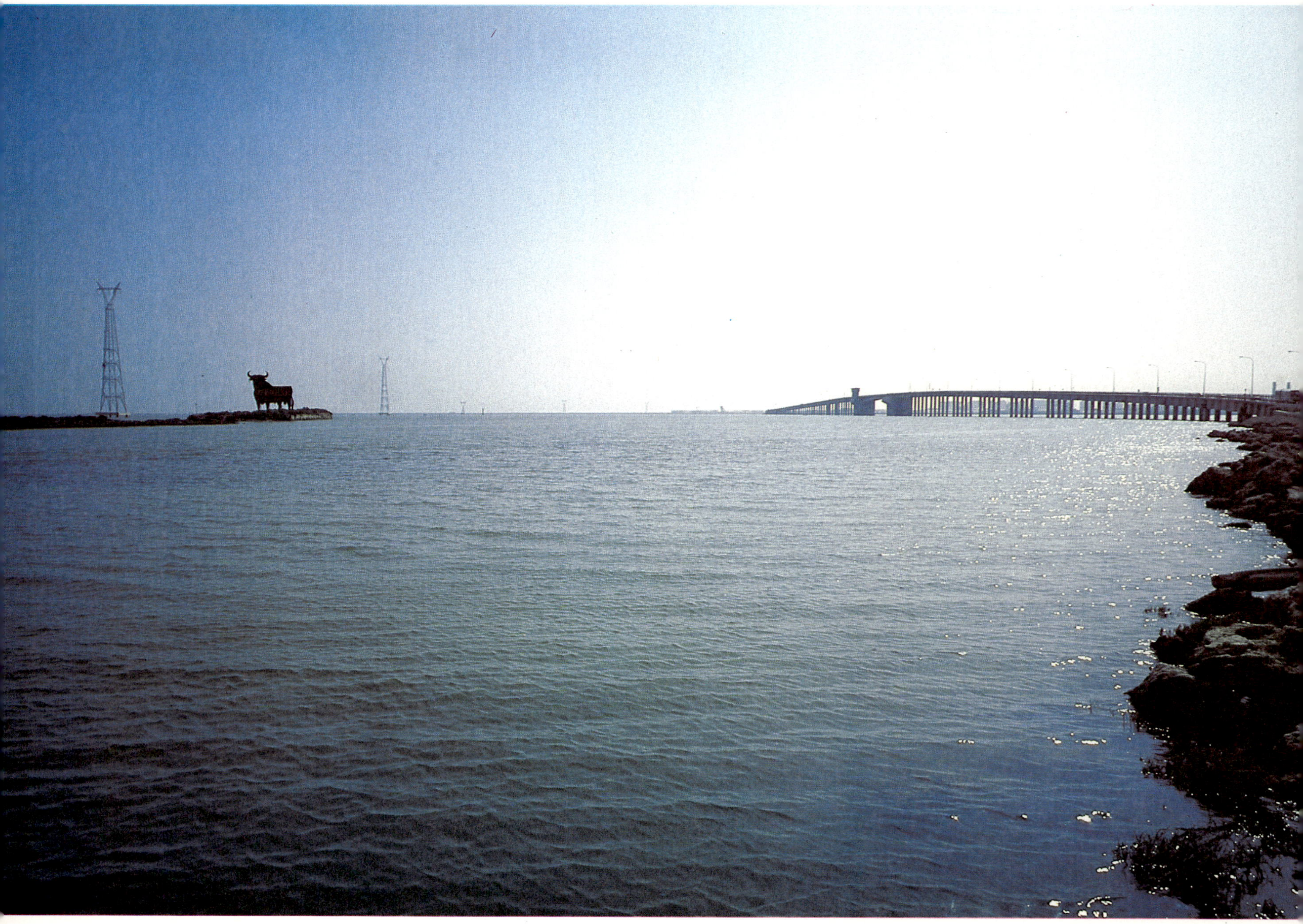

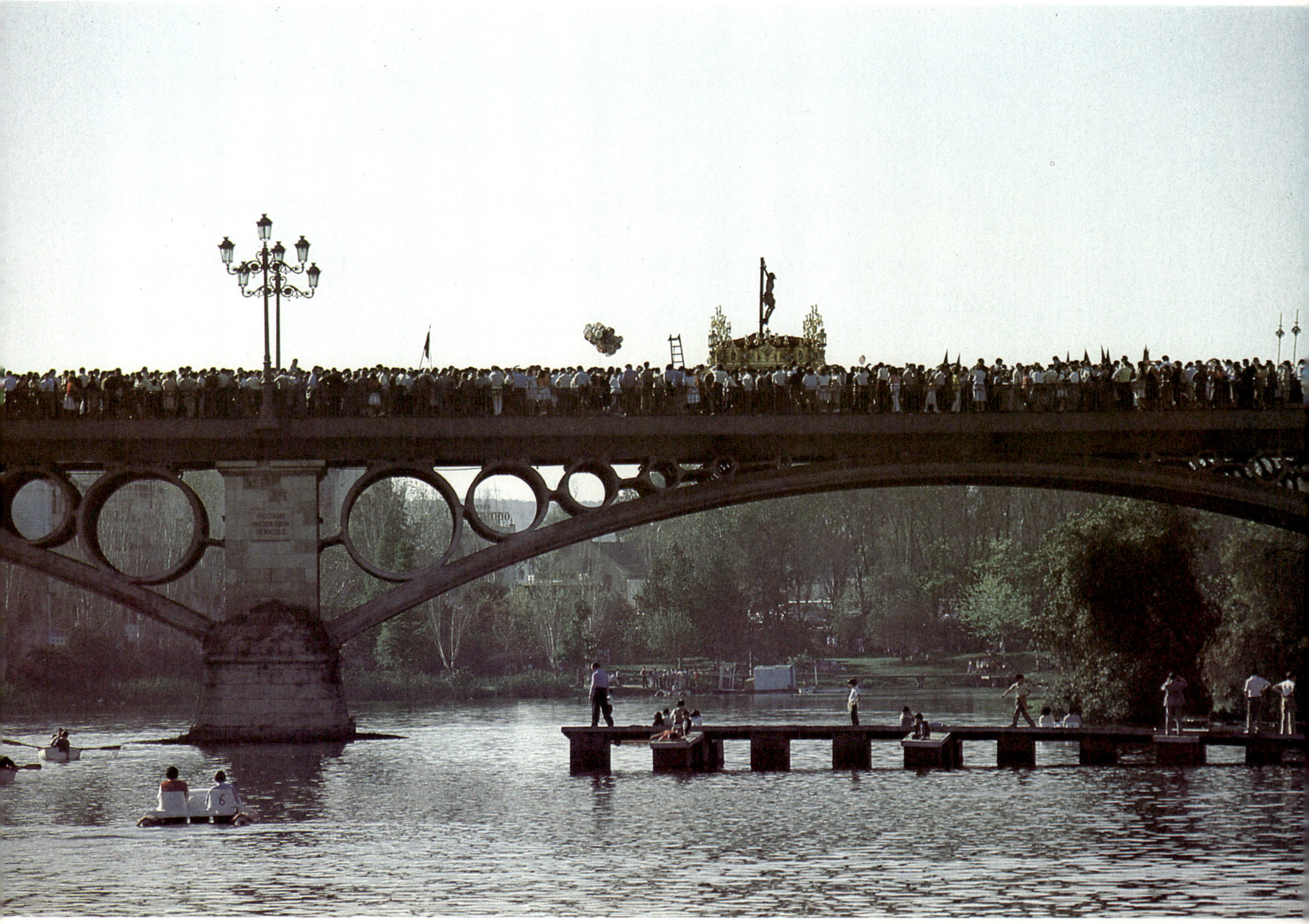

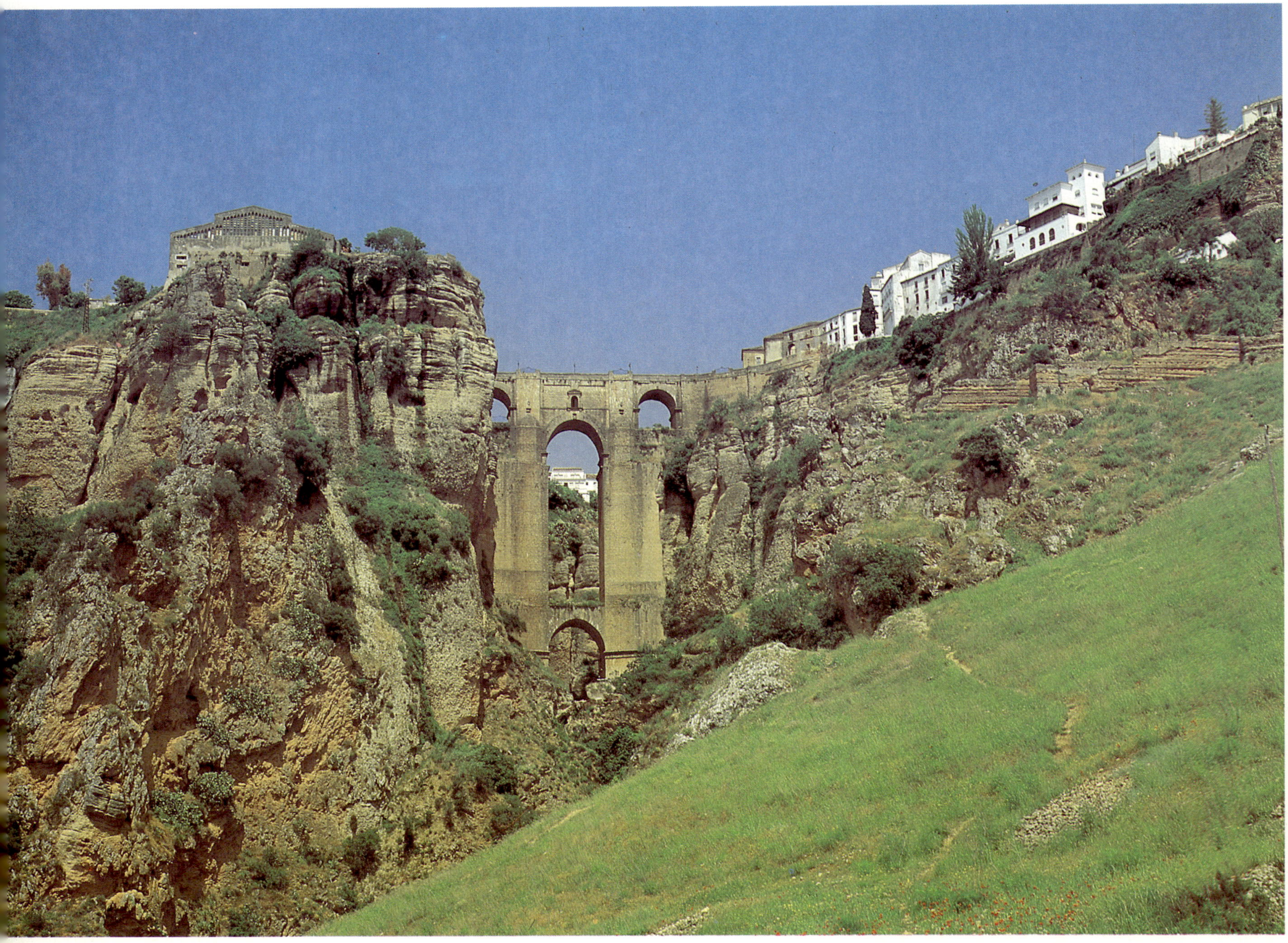

129

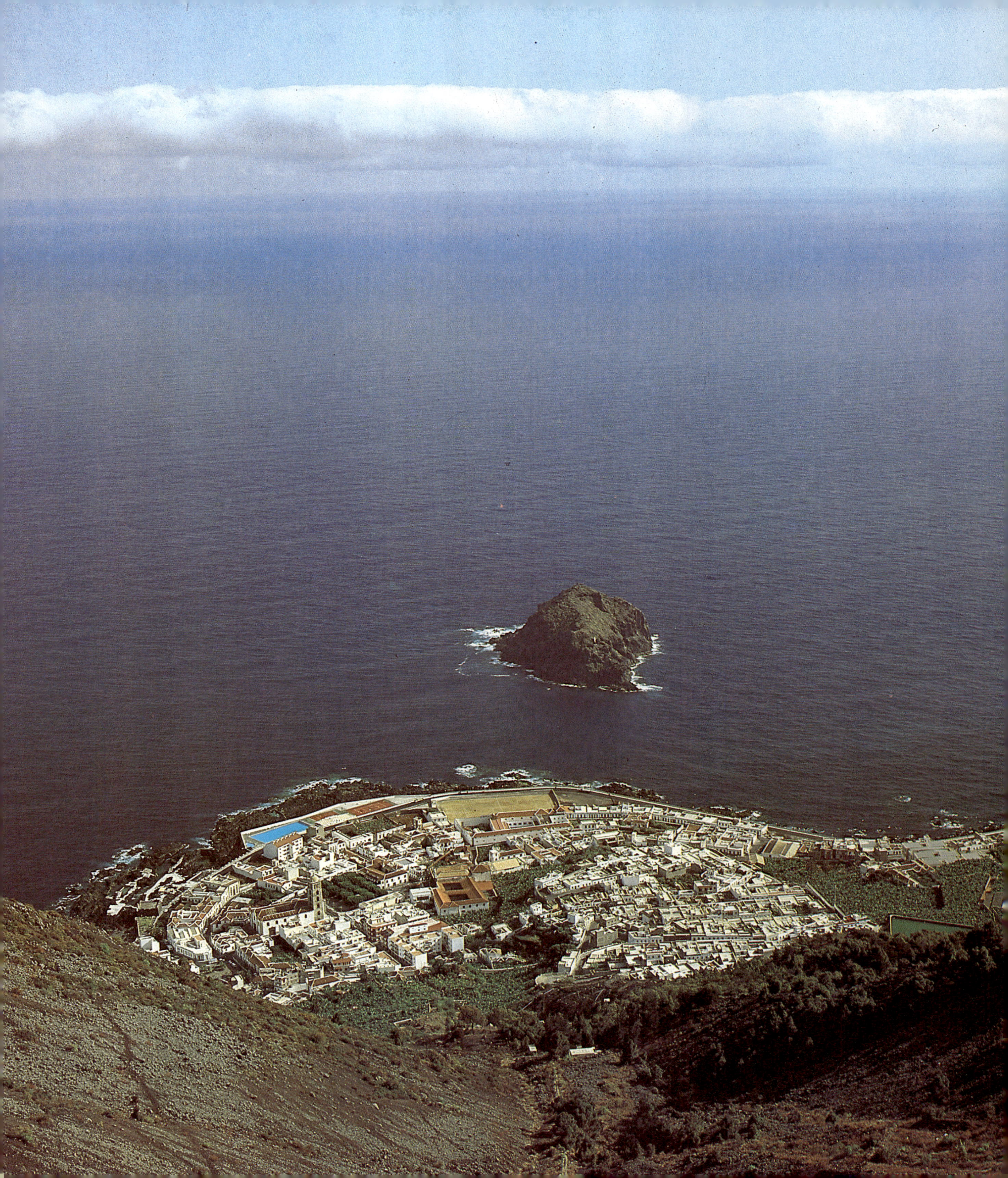

131

132

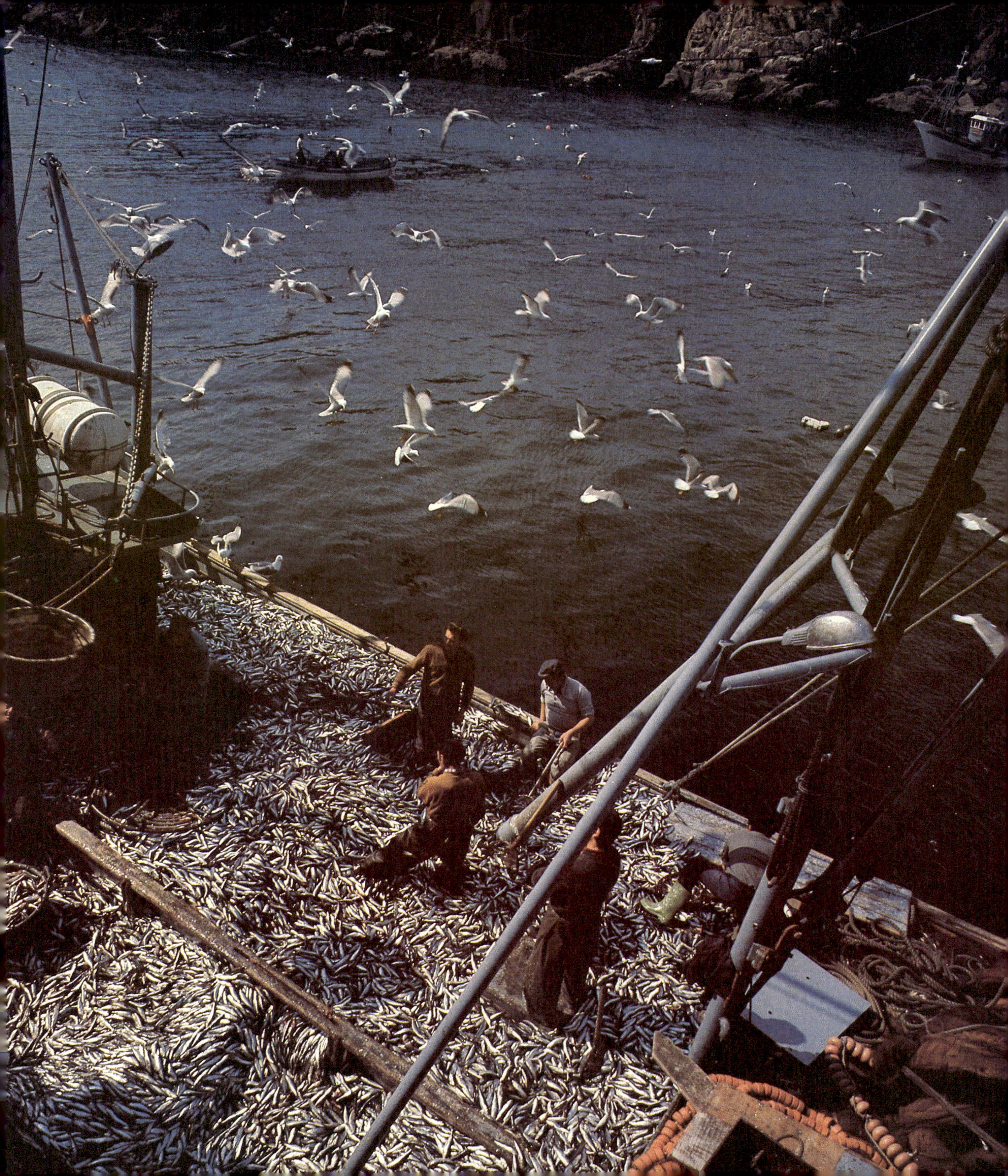

NOCHE
DE
SANJUAN
SETIEN
BERMEO
ANGEL
BERMEO
BI2·2333
BI2·2191
BI·2·2731

134

133

135

136

137

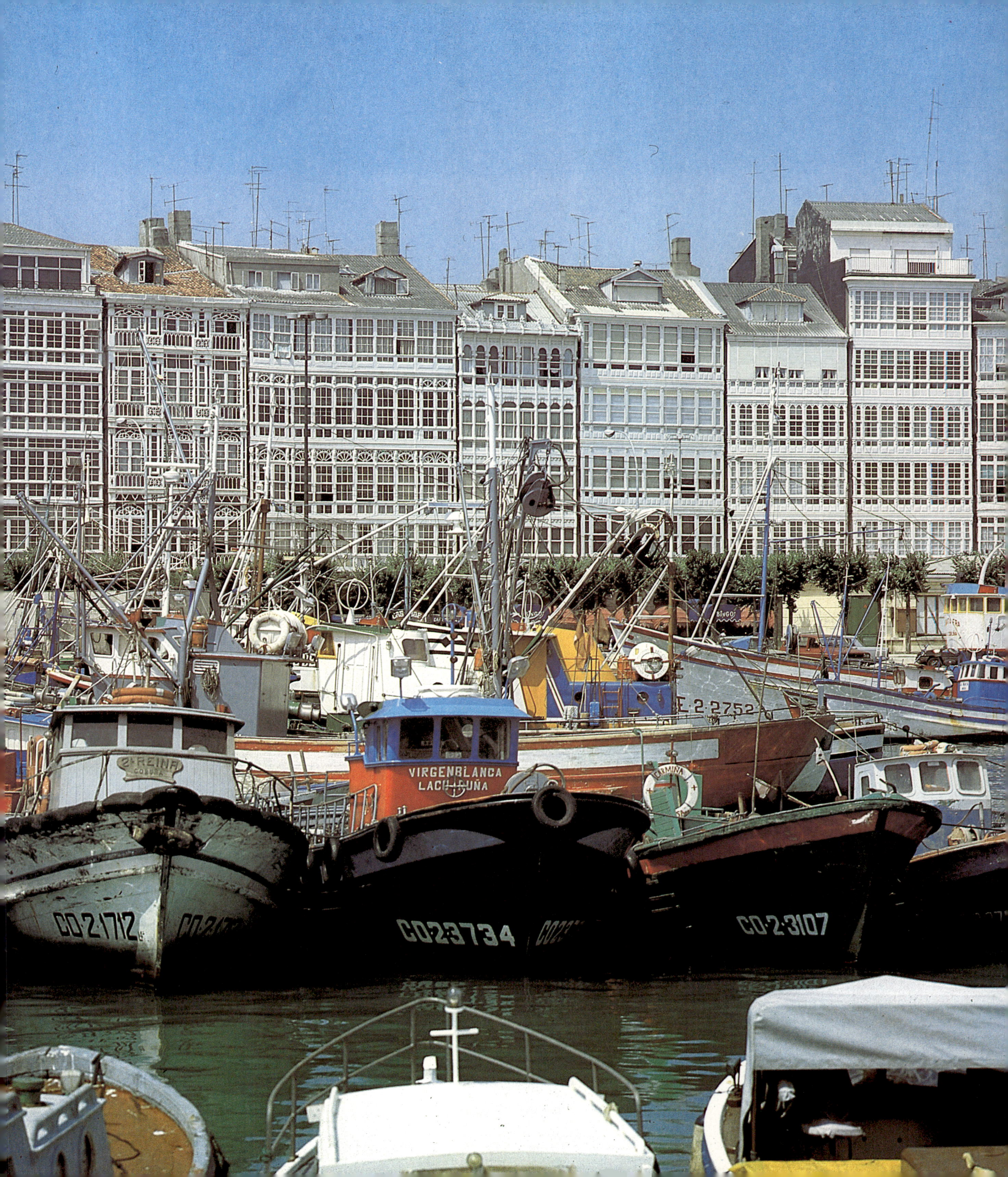

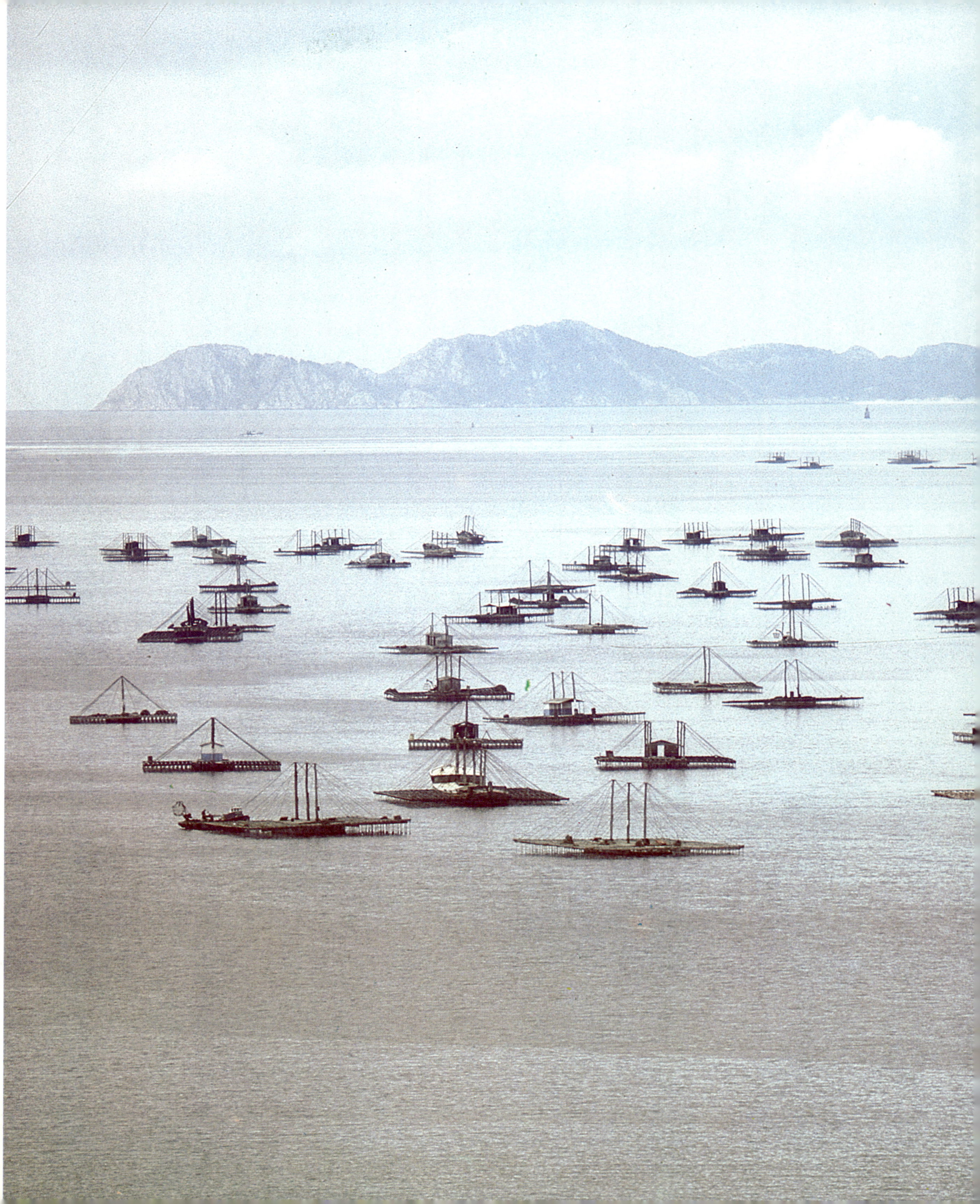

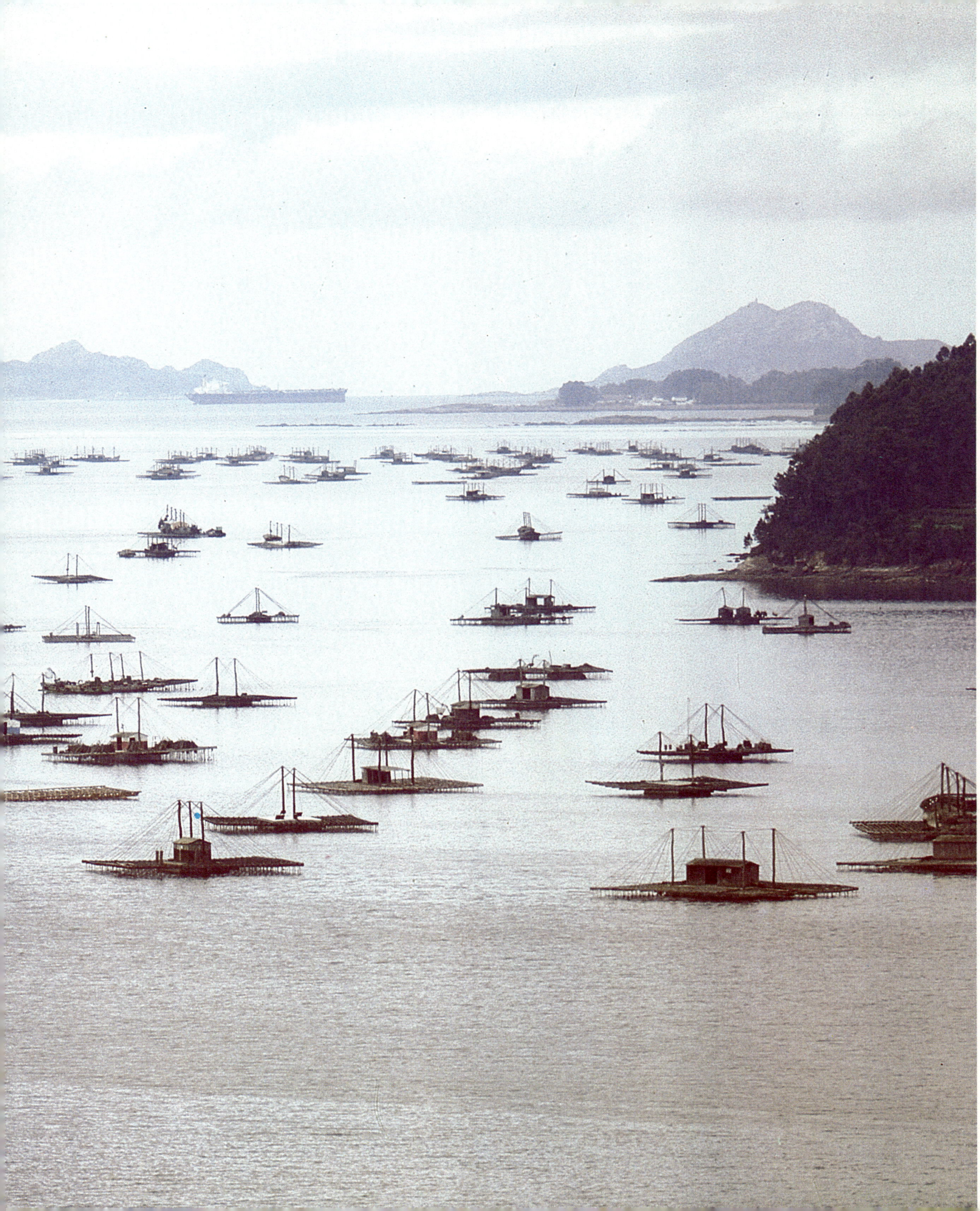

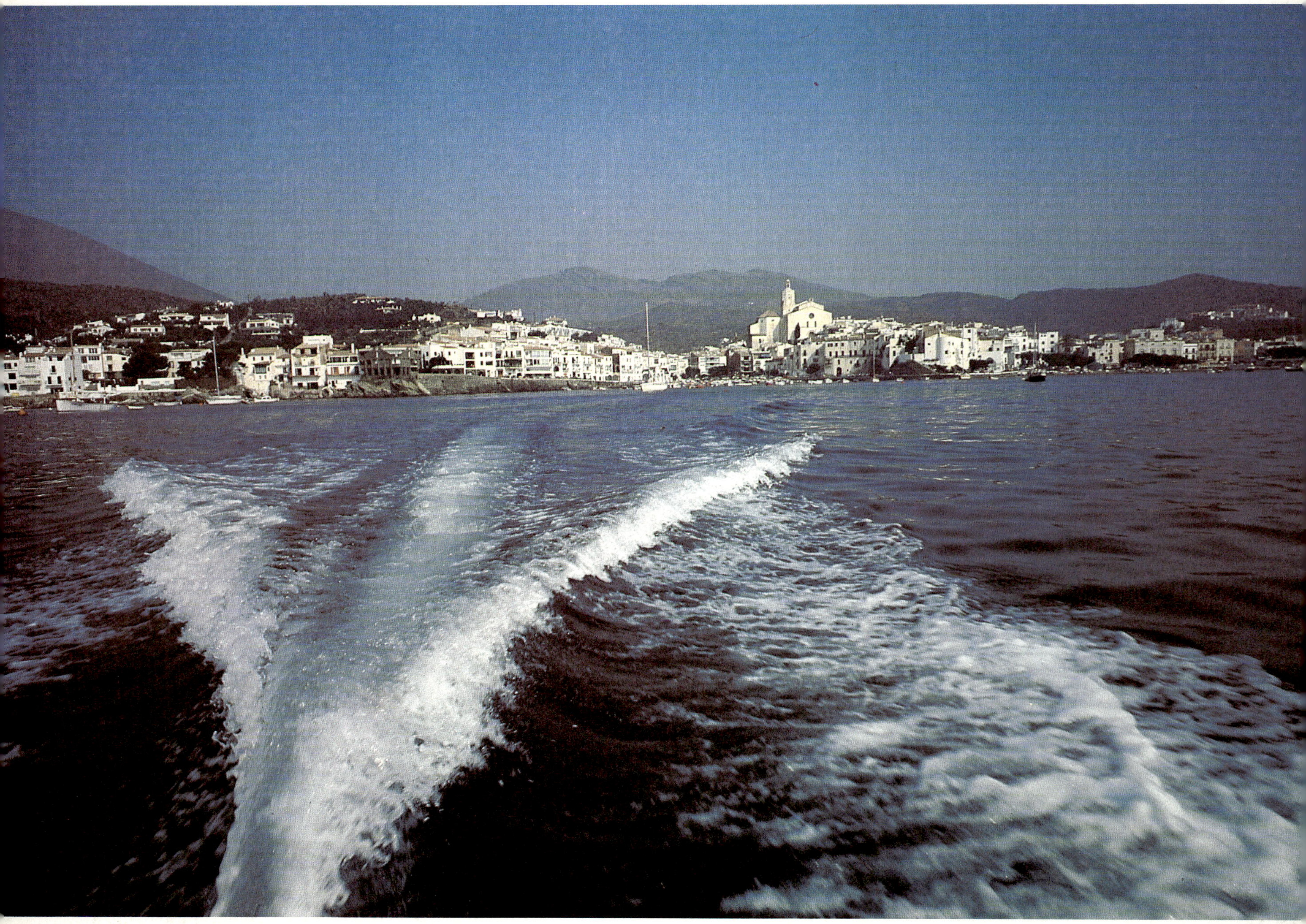

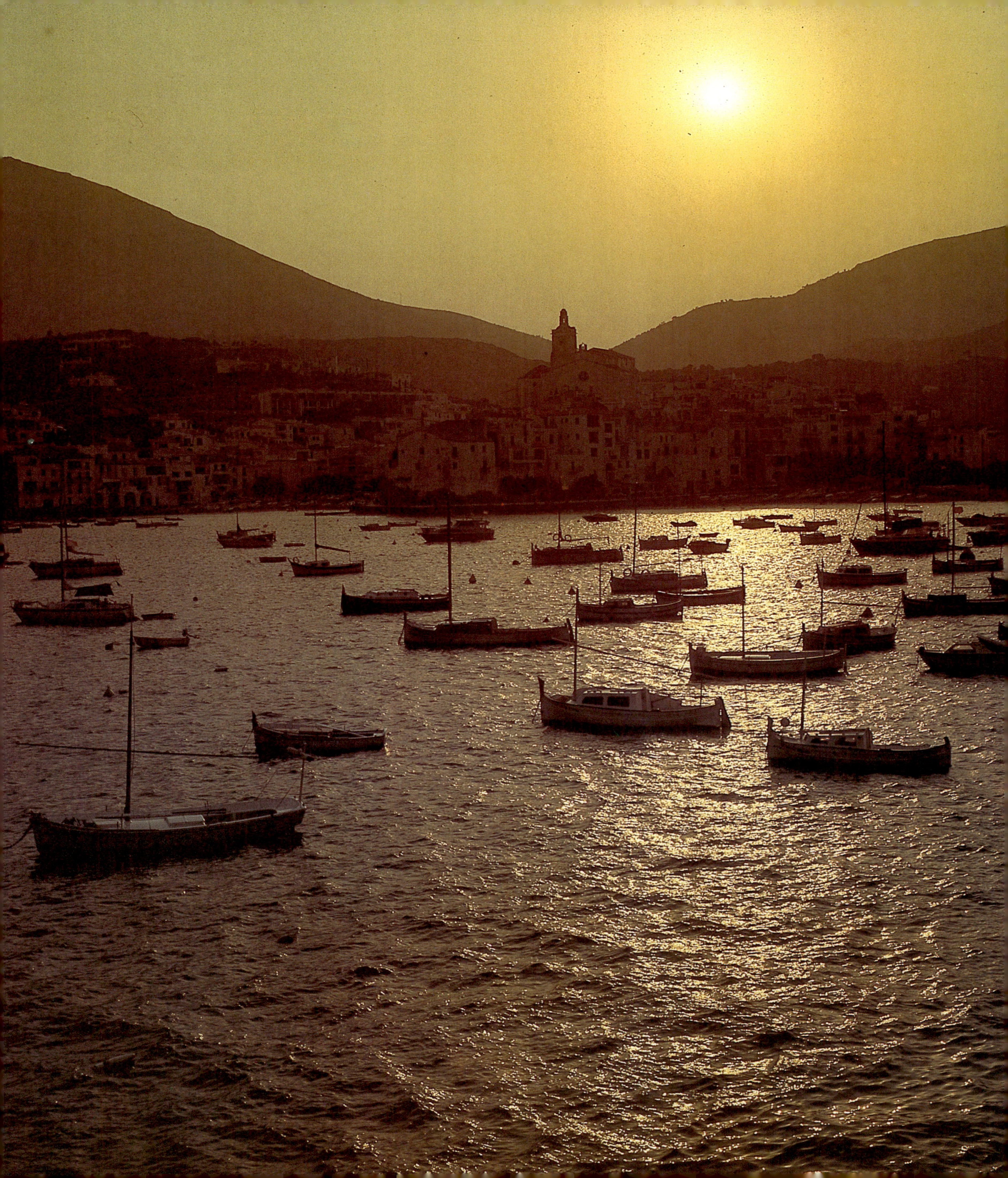

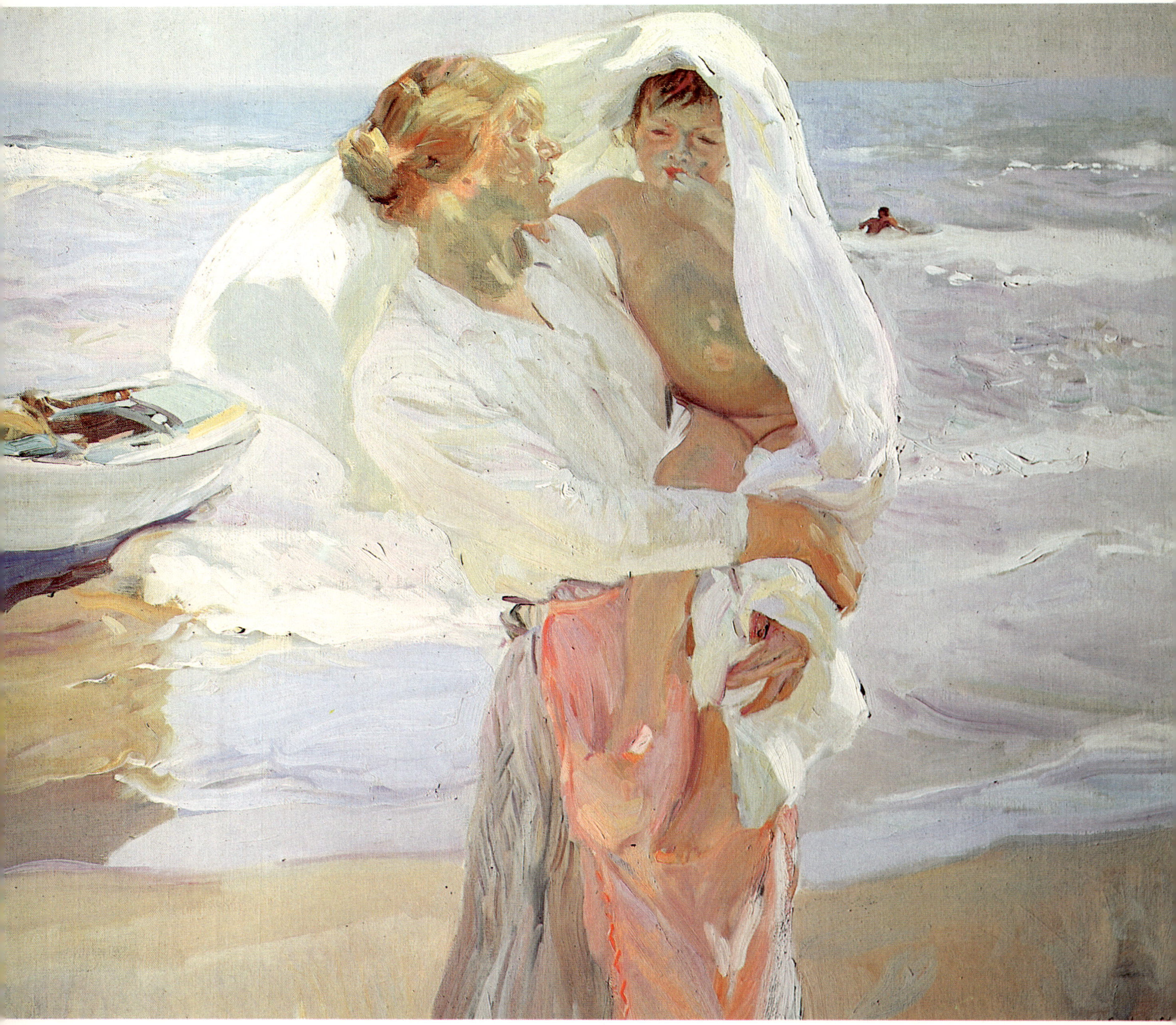

141

142

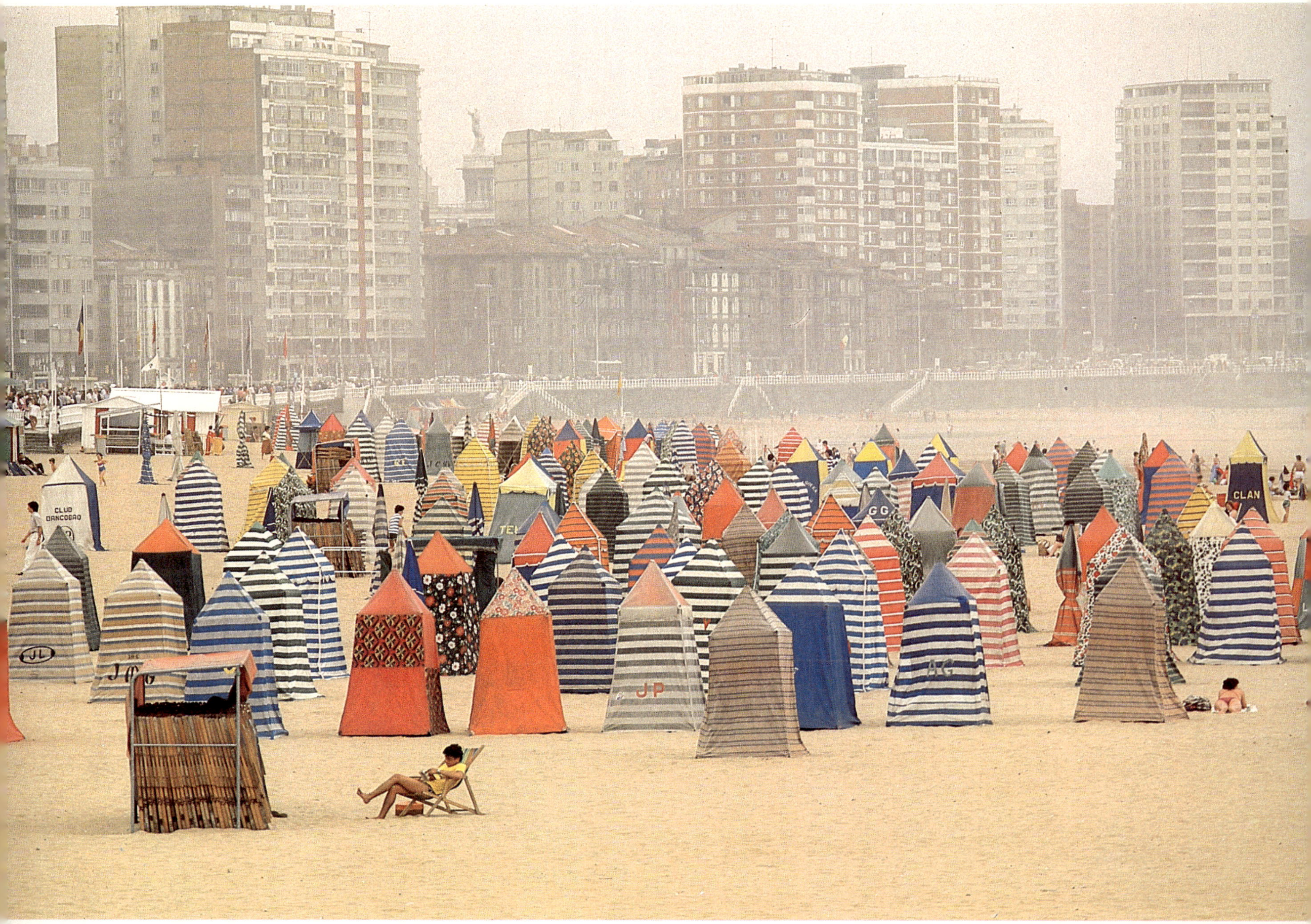
CLAN
JP

144

145

146

147

148

150

149

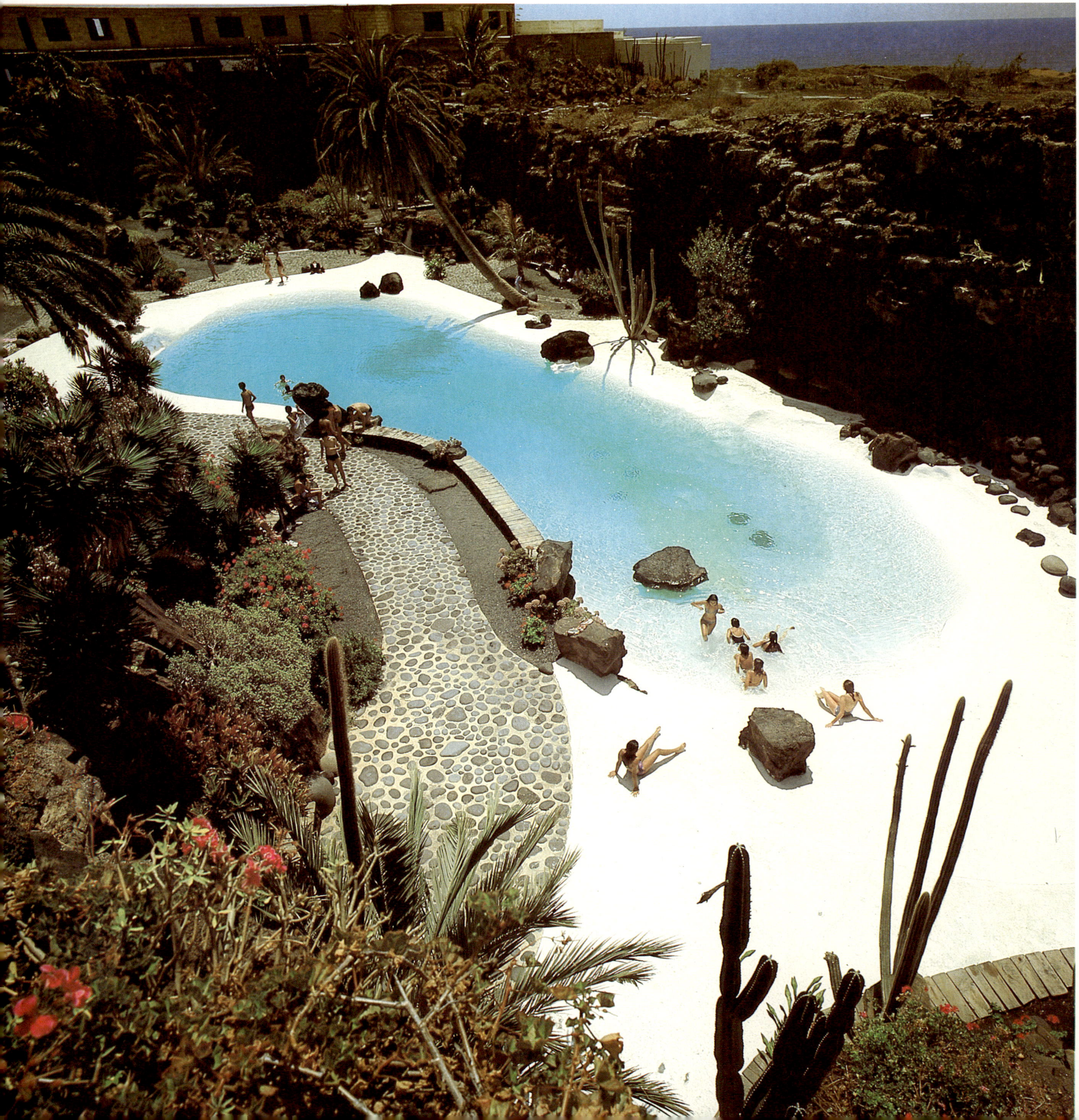

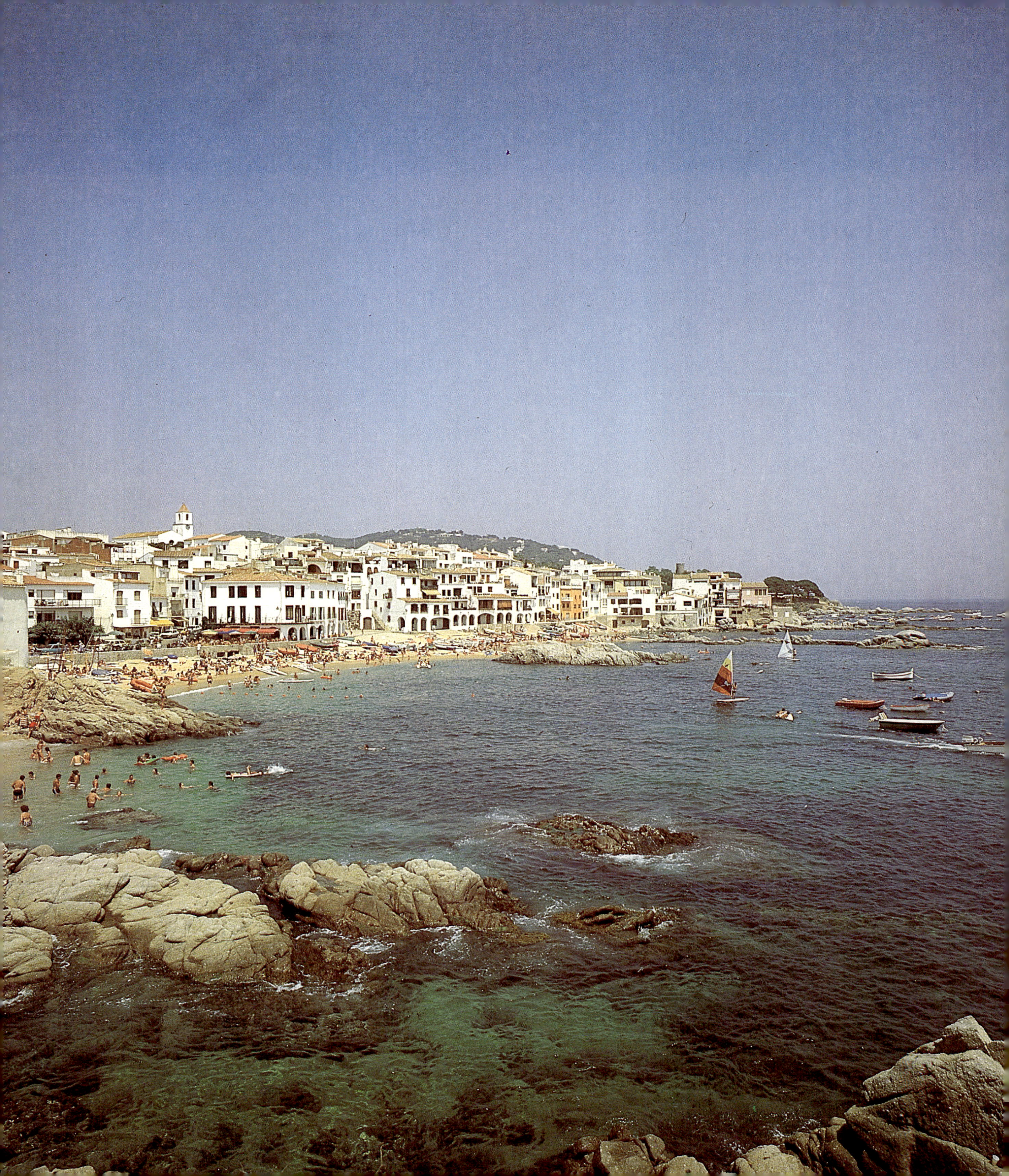

151

152

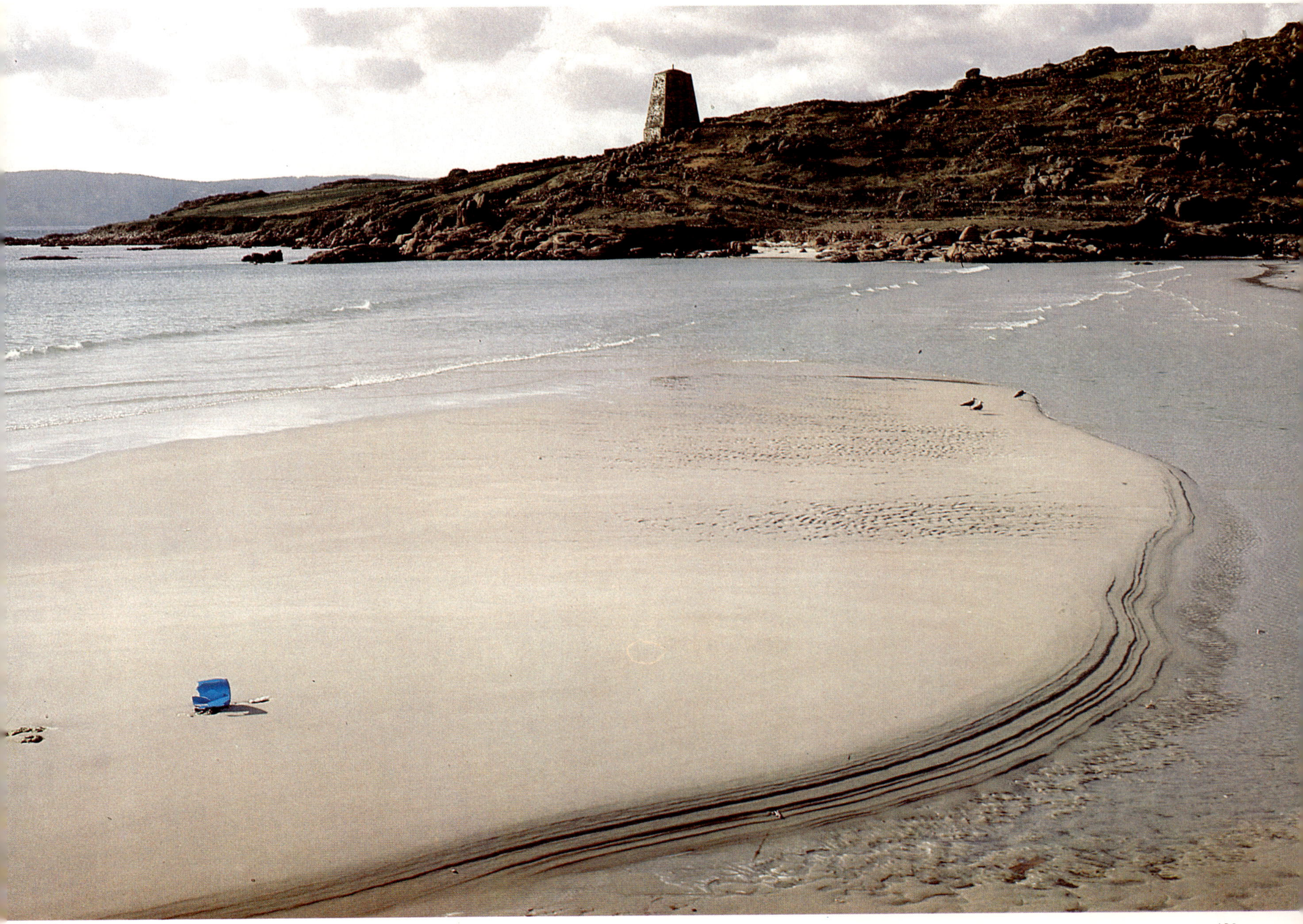

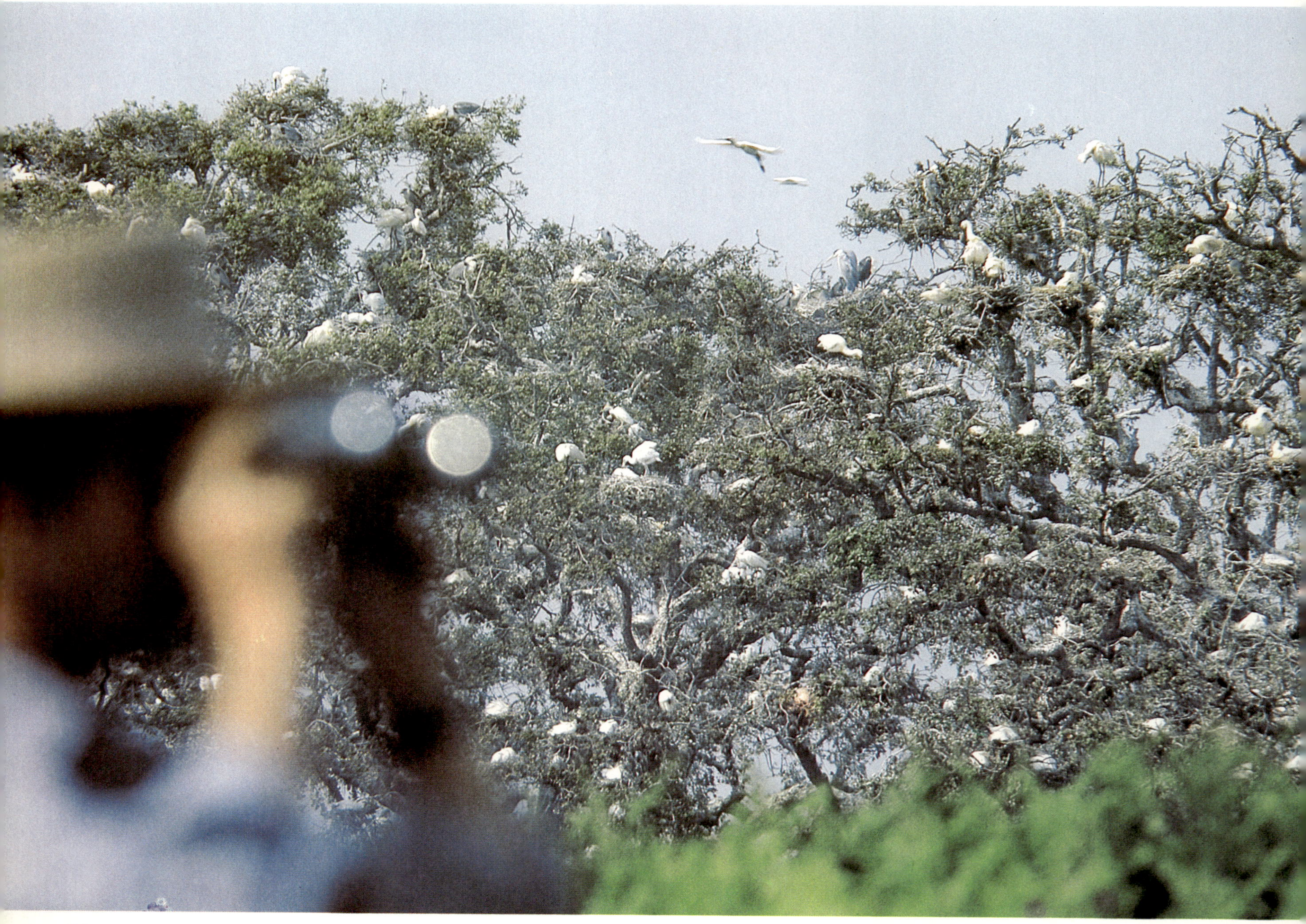

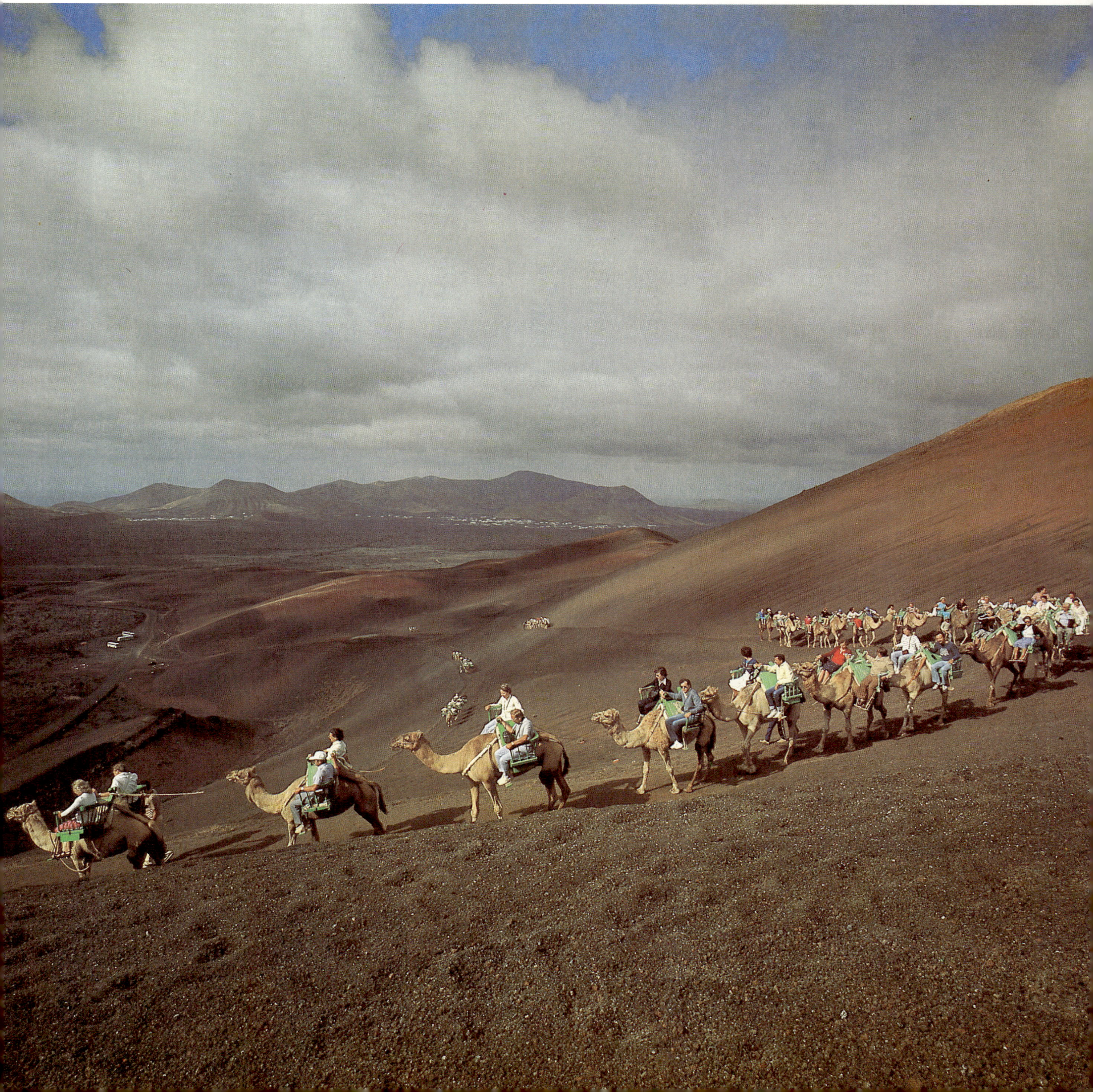

156

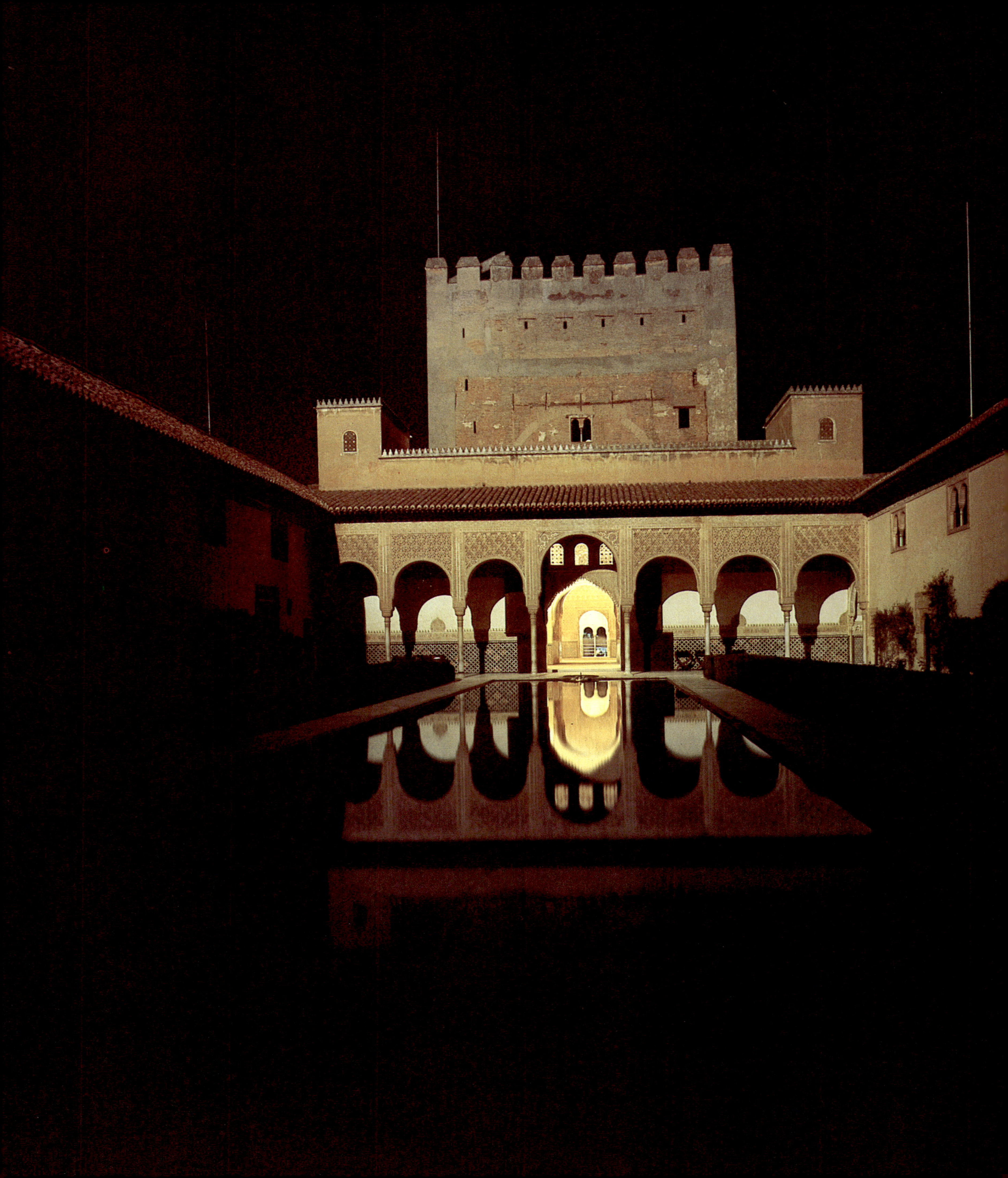

157

158

159

160

161

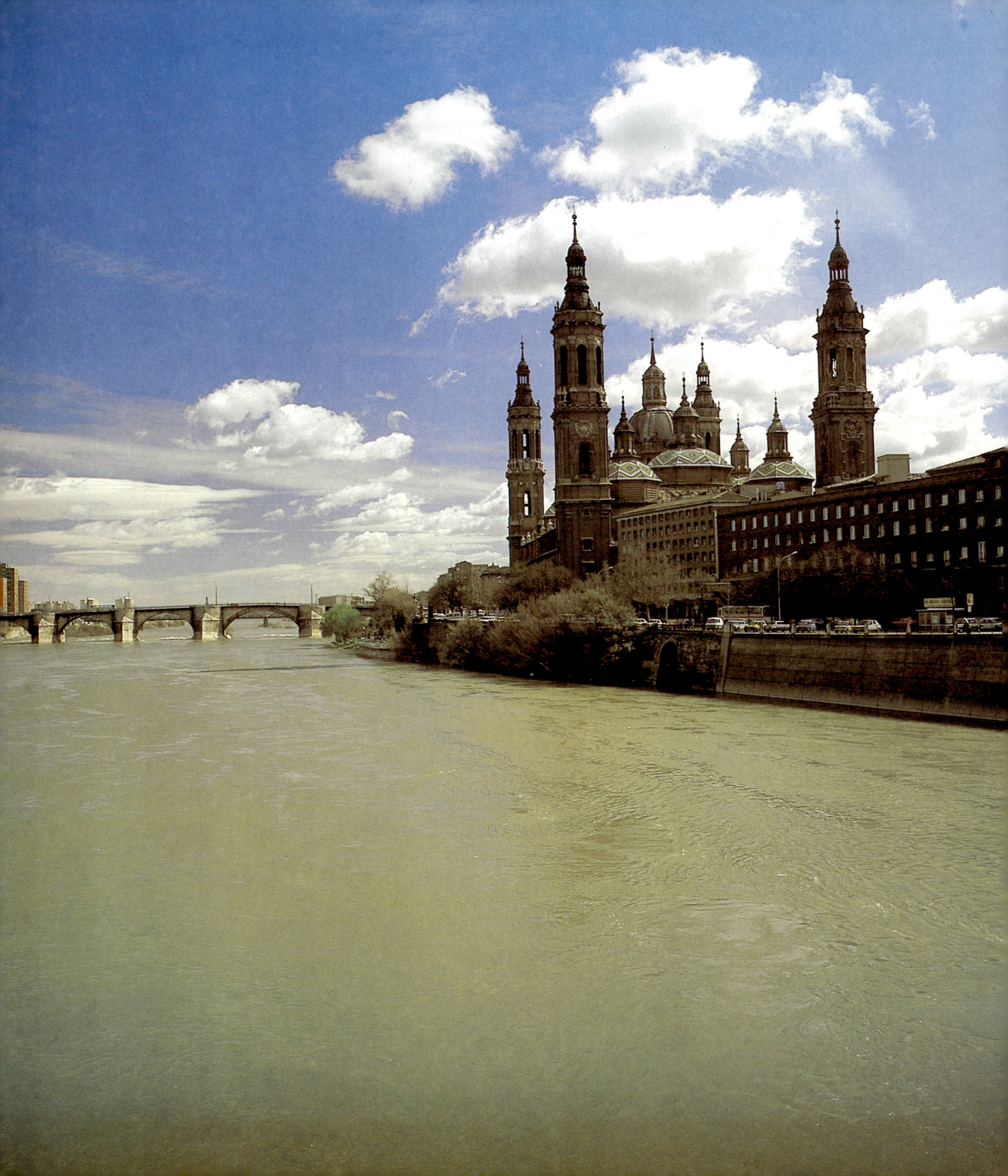

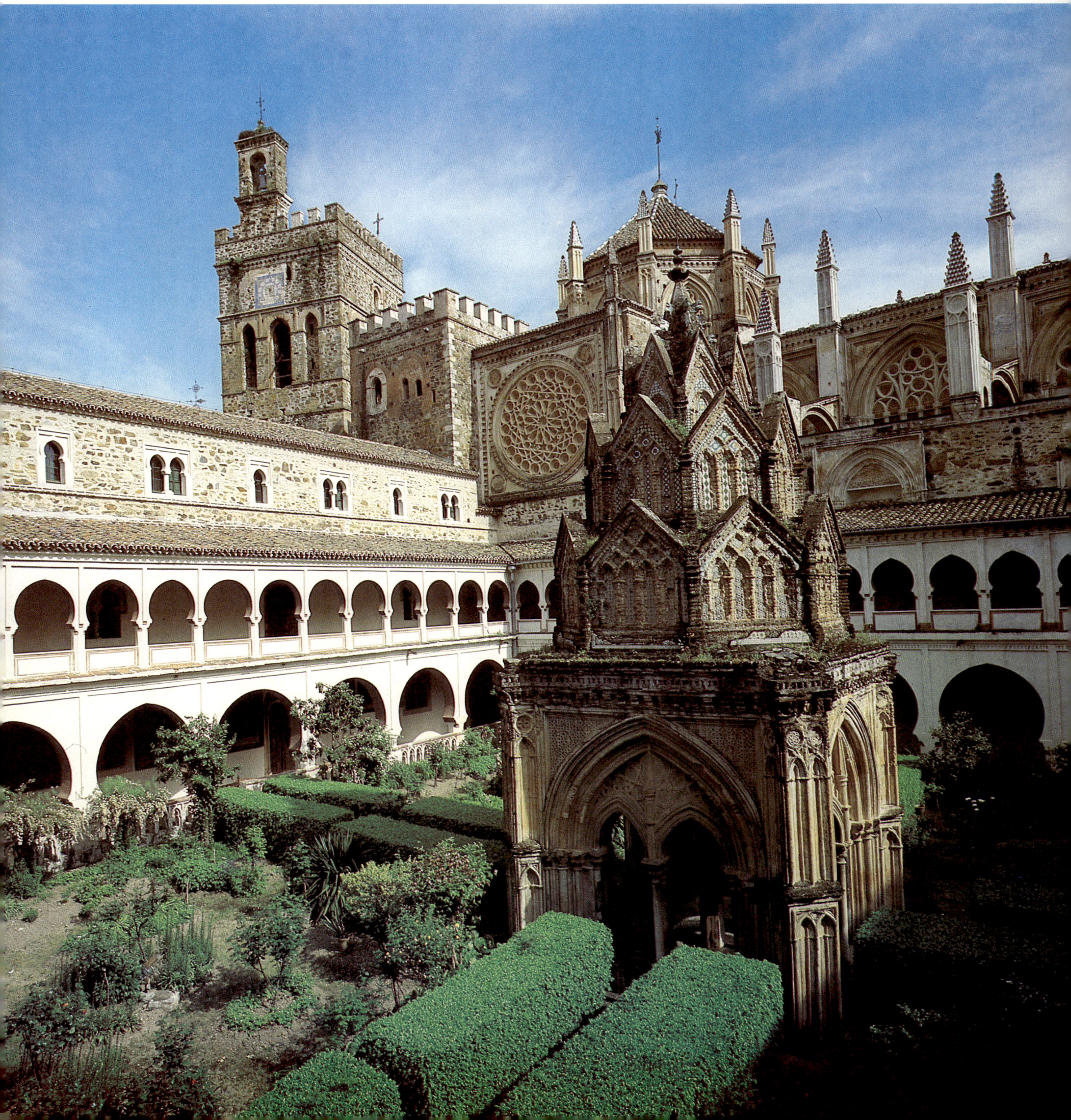

164

165

166

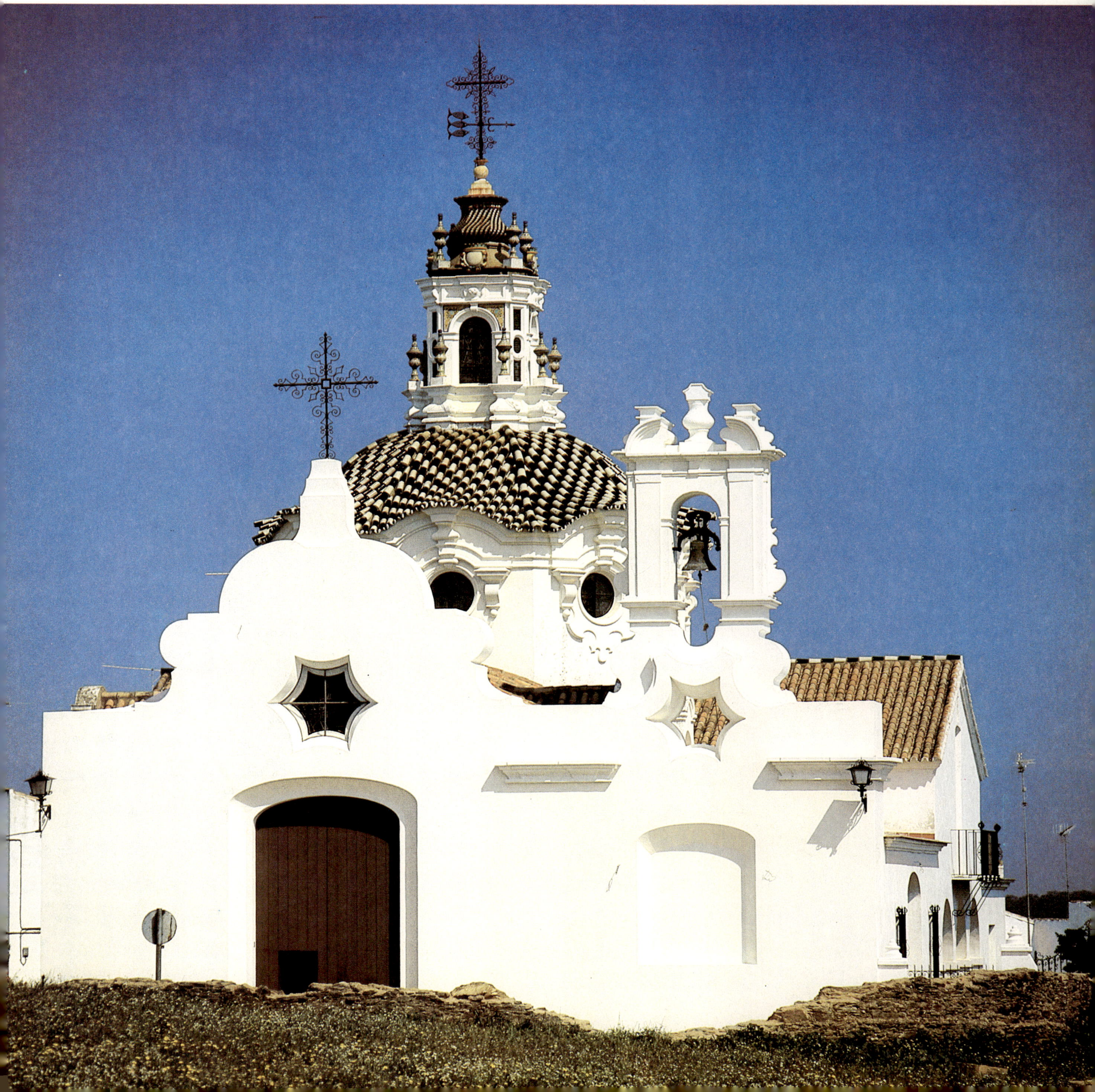

168

169

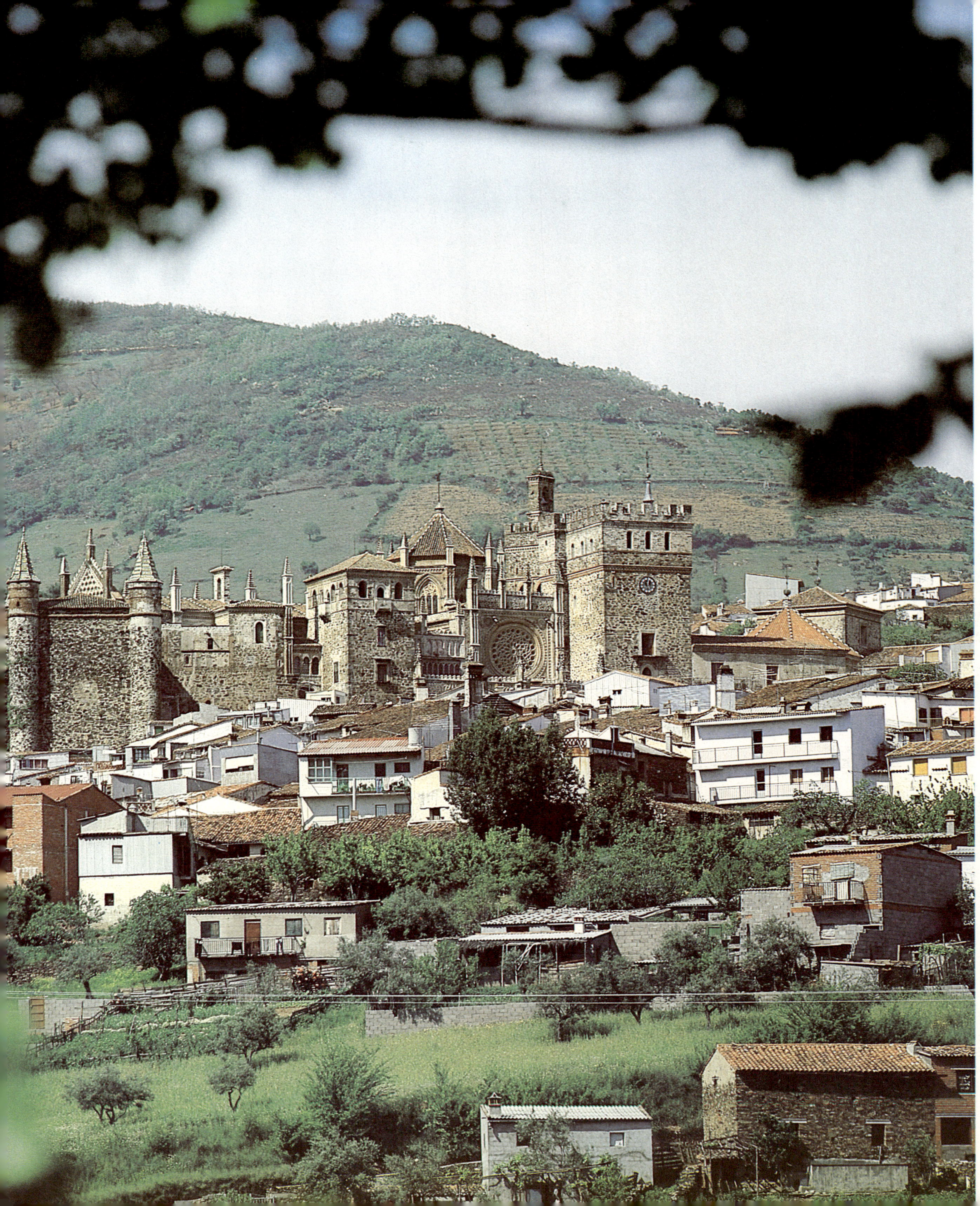

171

172

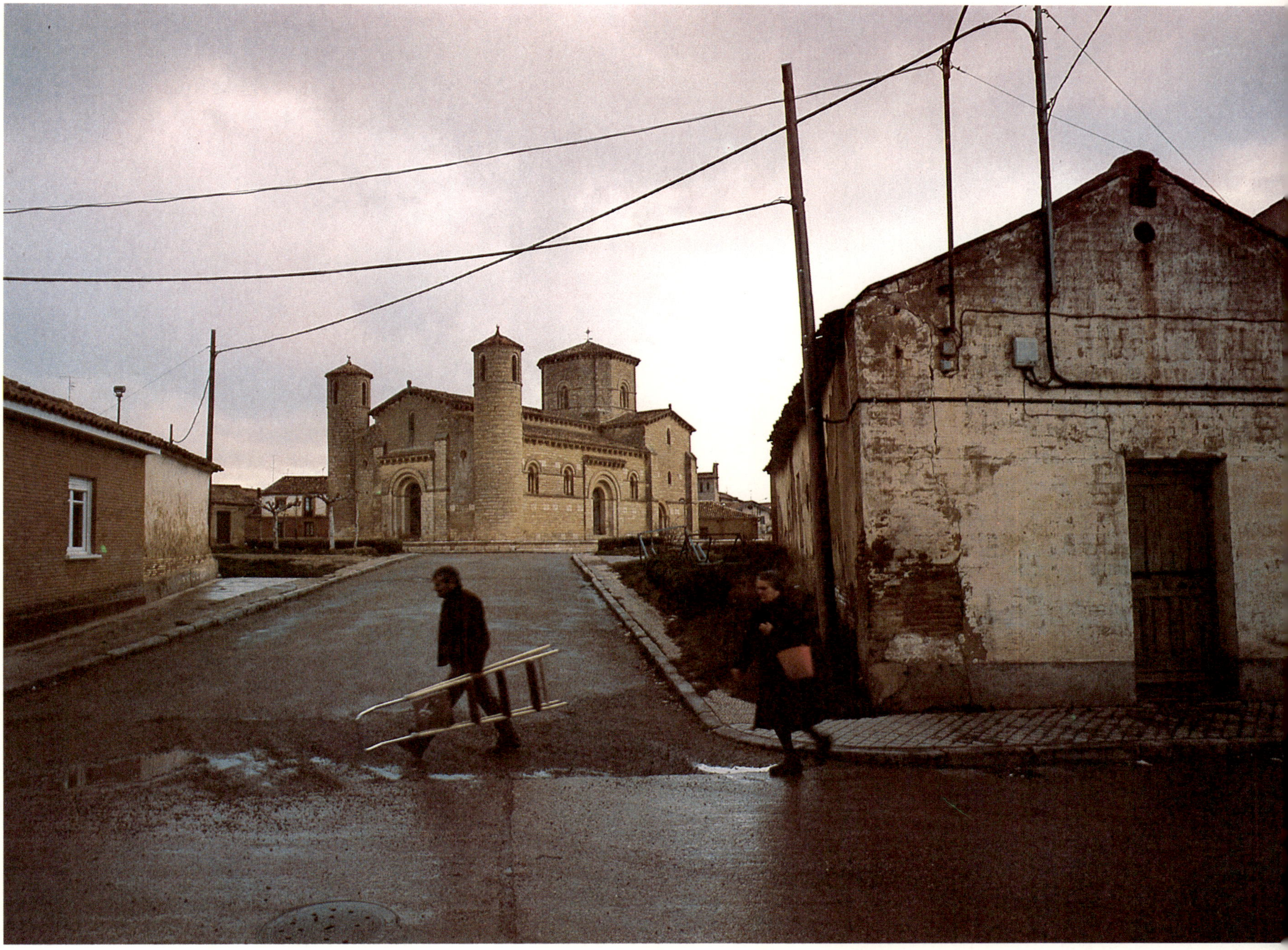

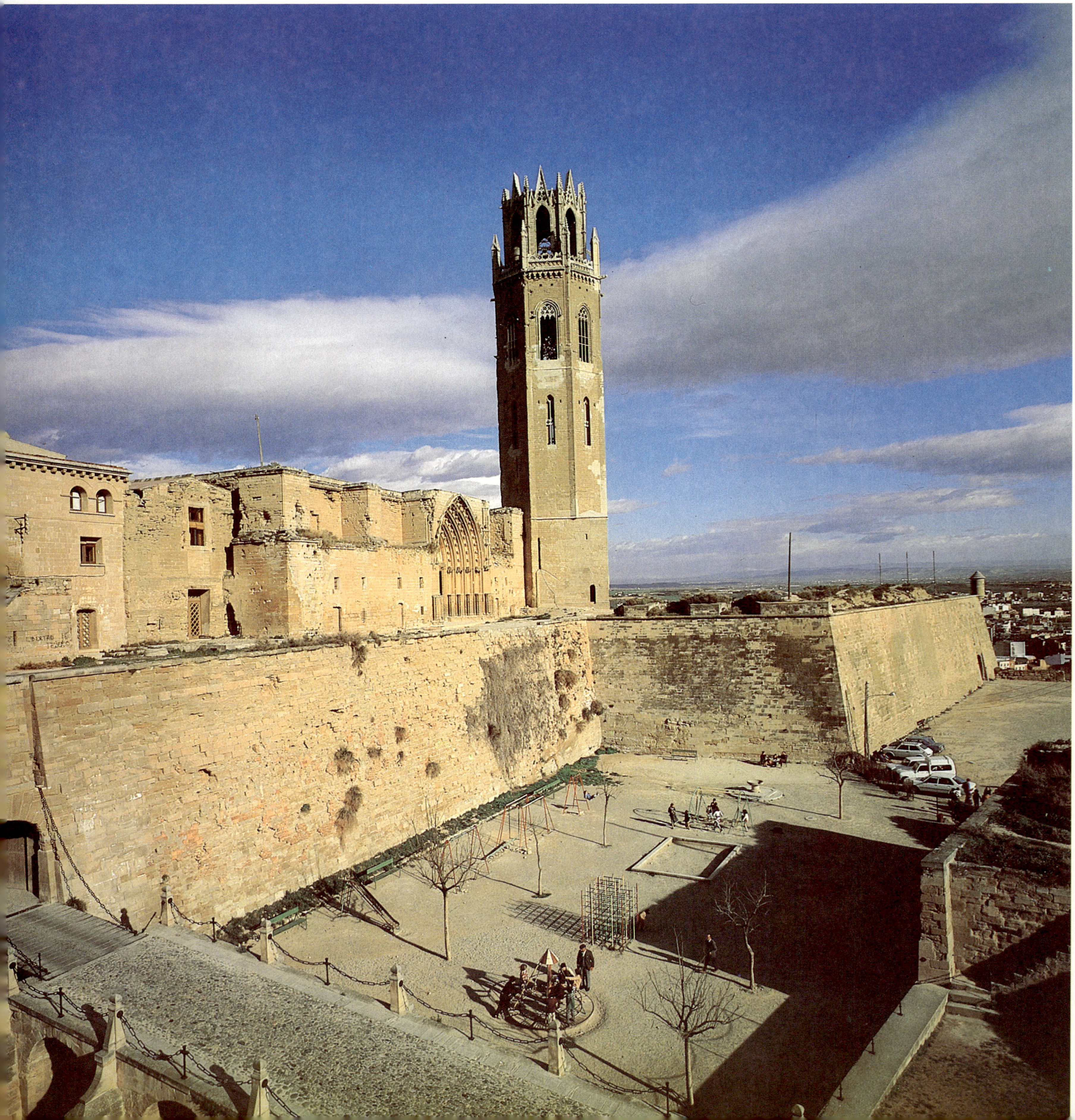

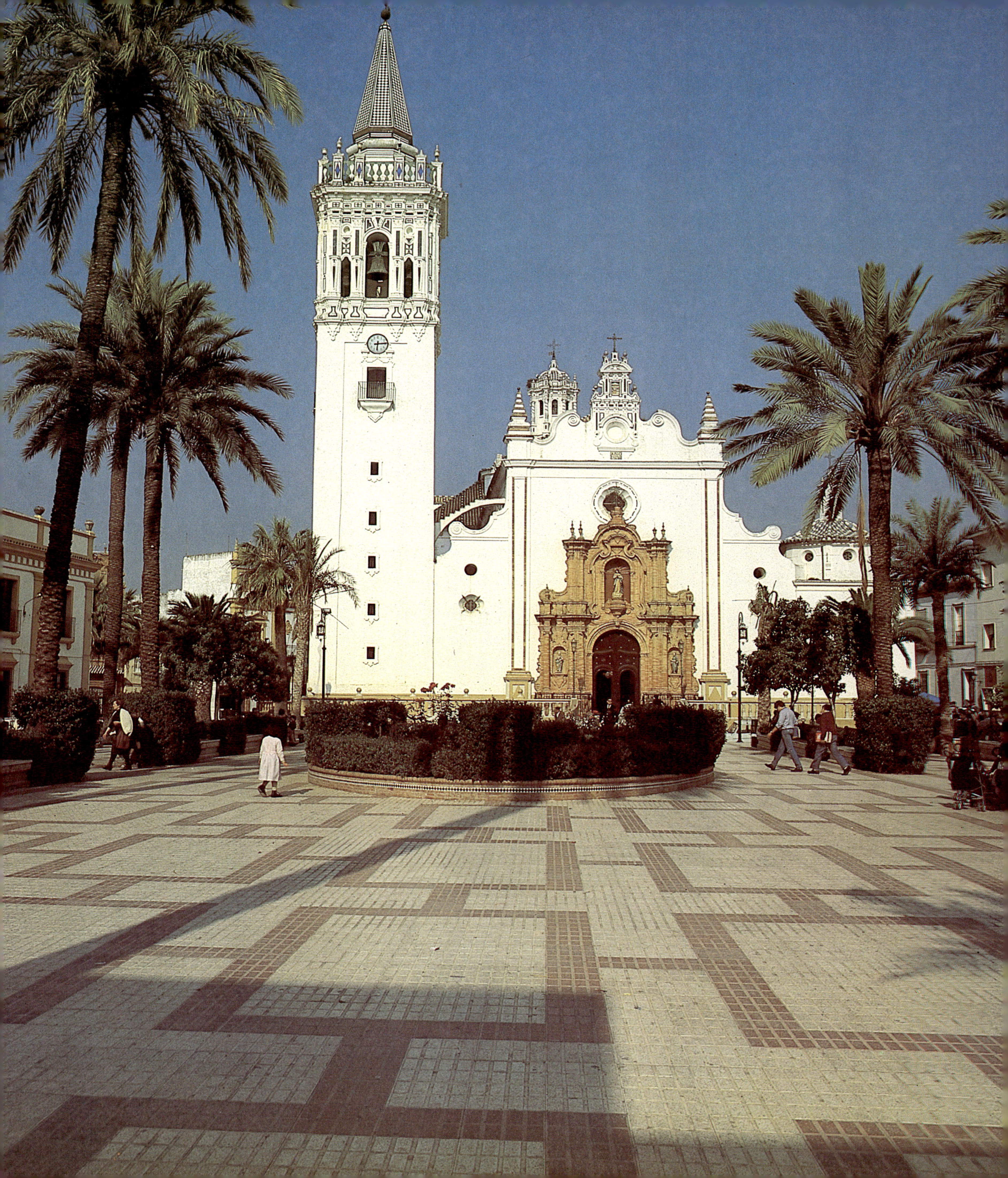

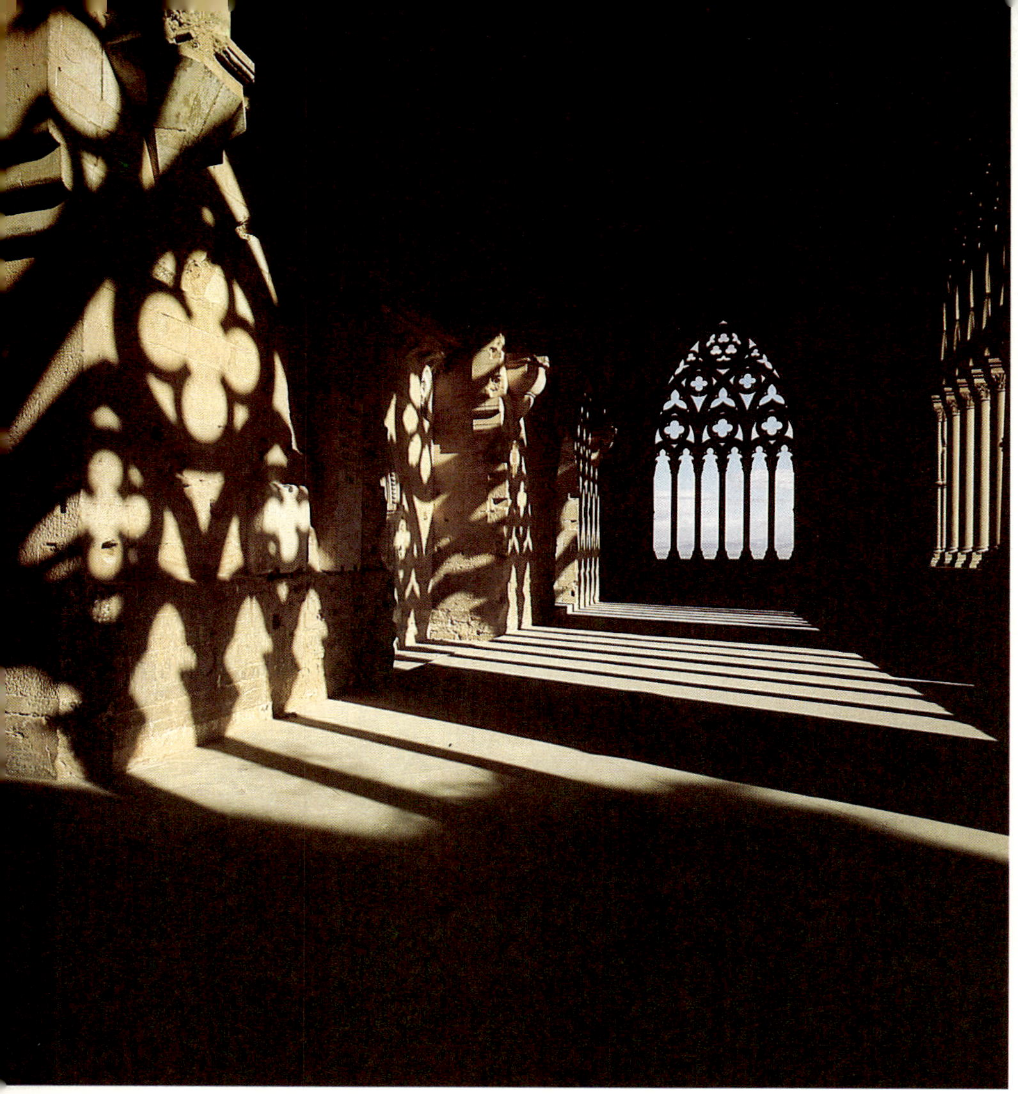
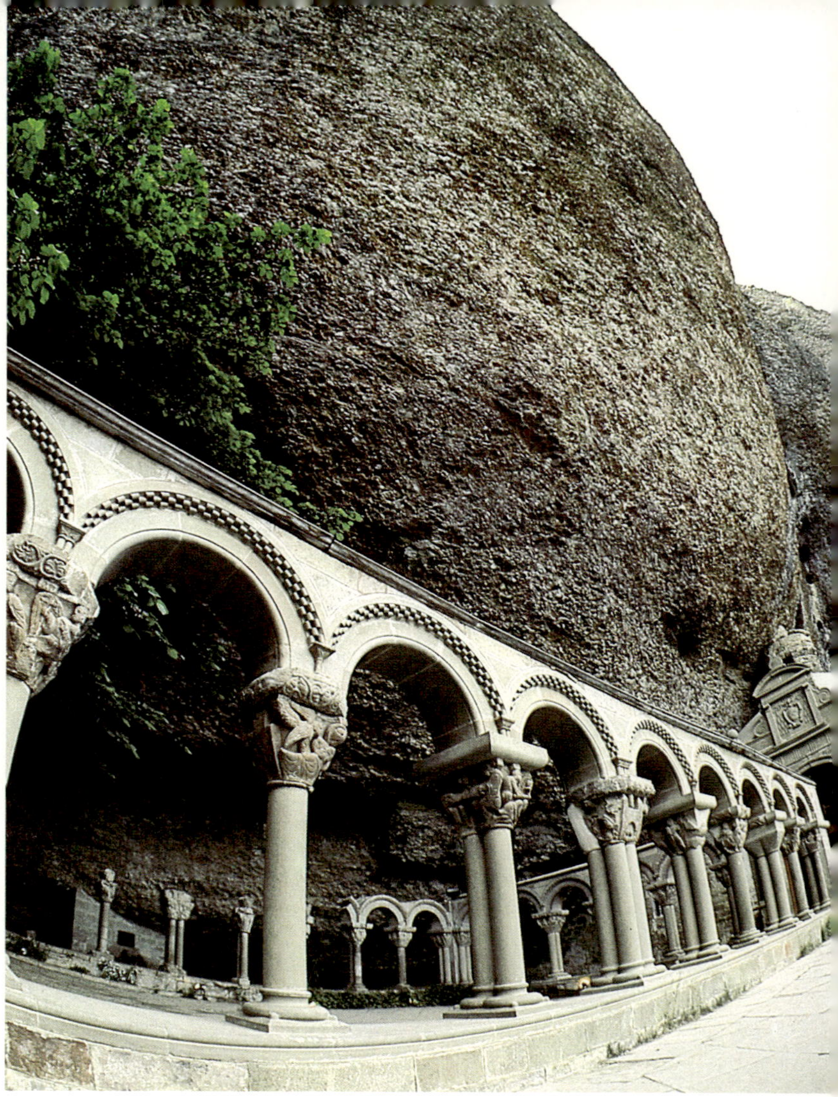
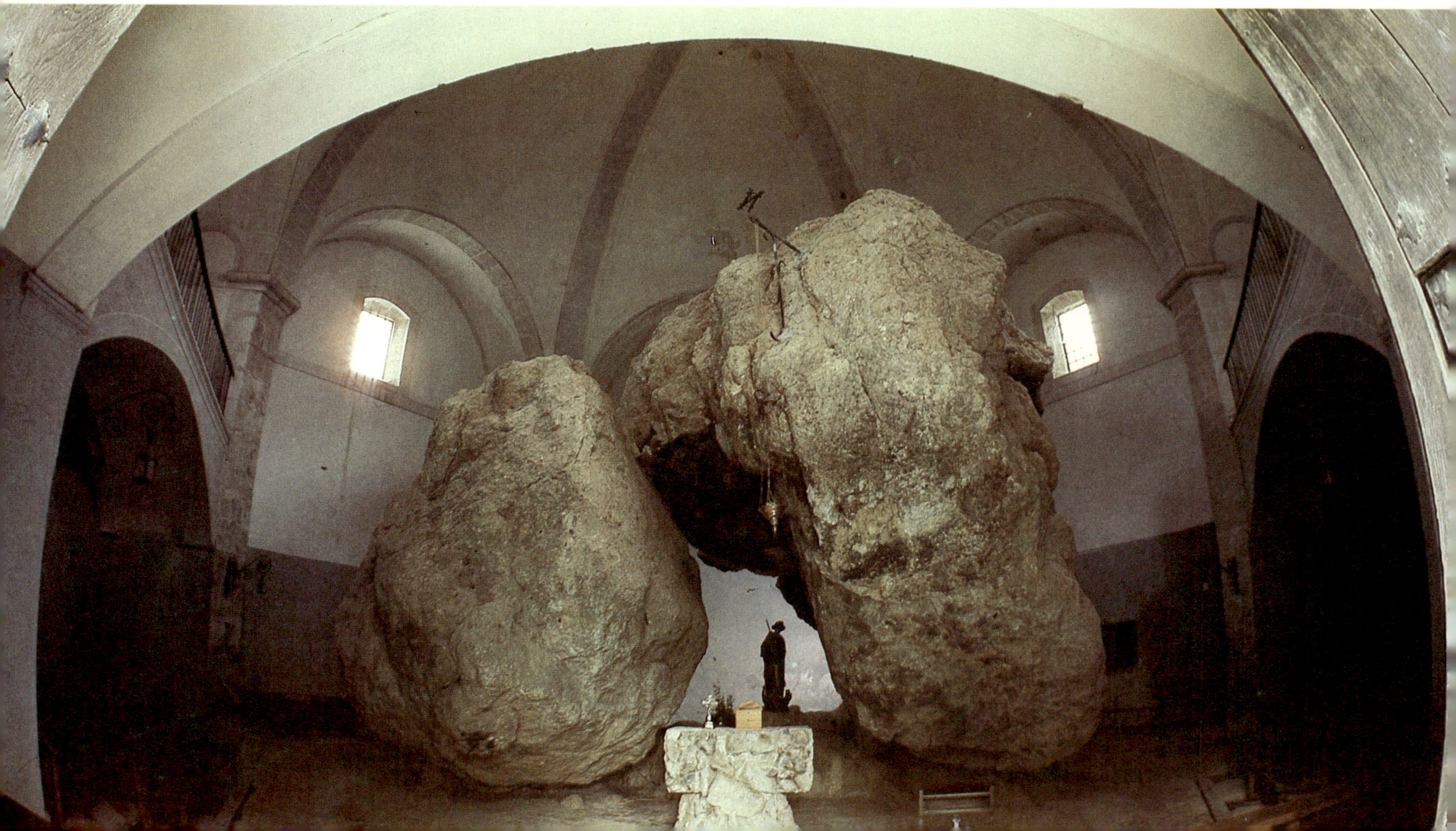

179

180

181

182

183

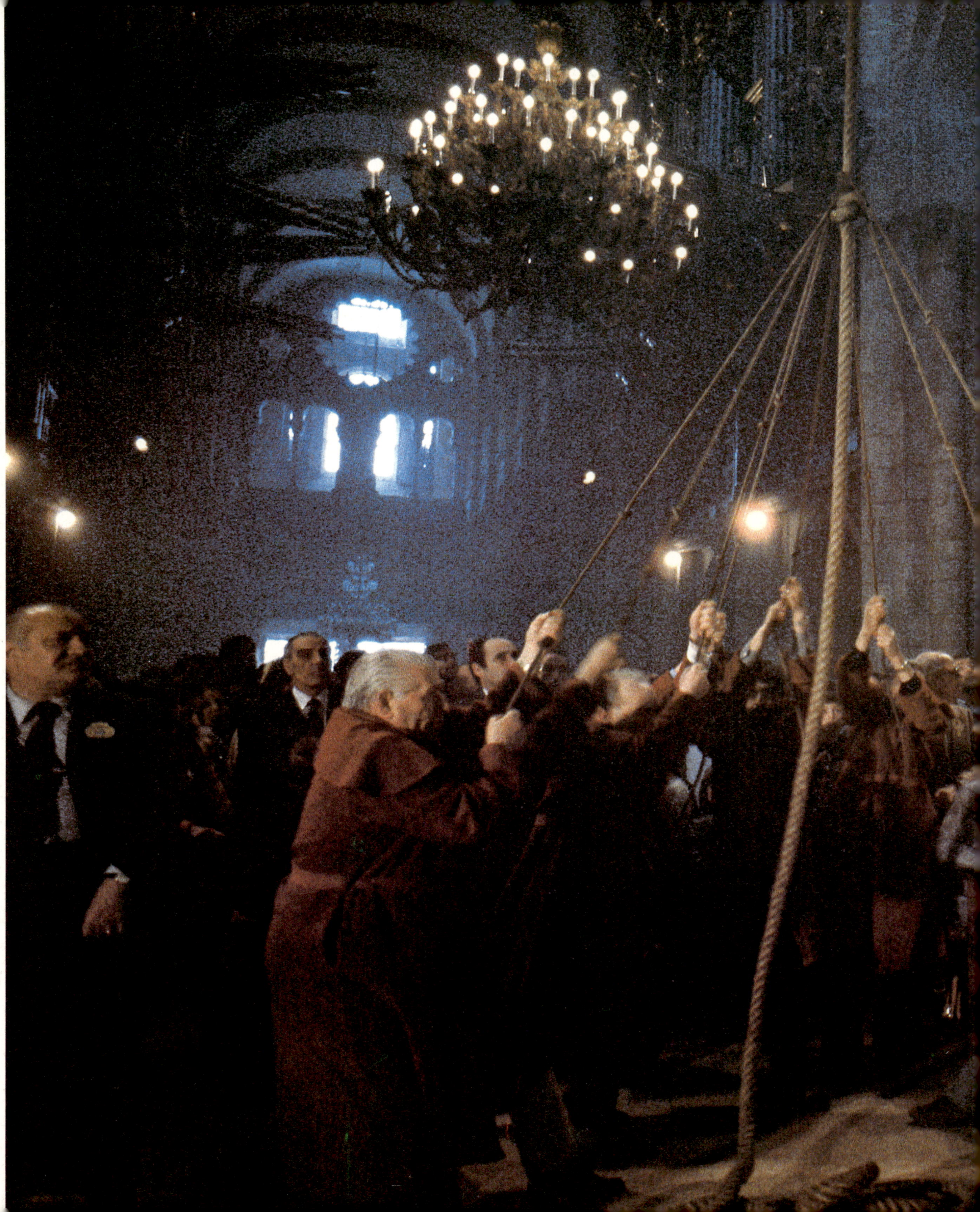

184

185

186

187

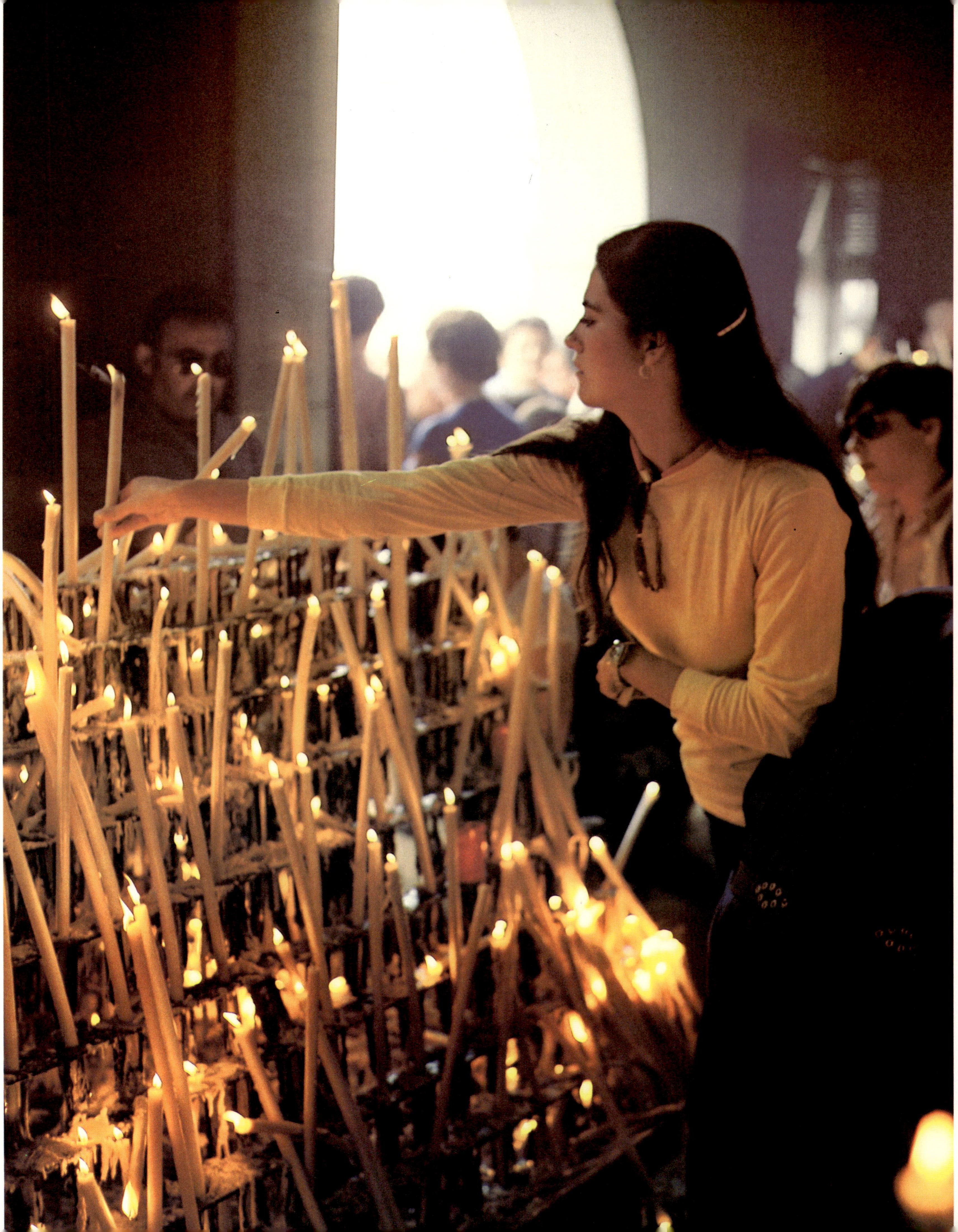

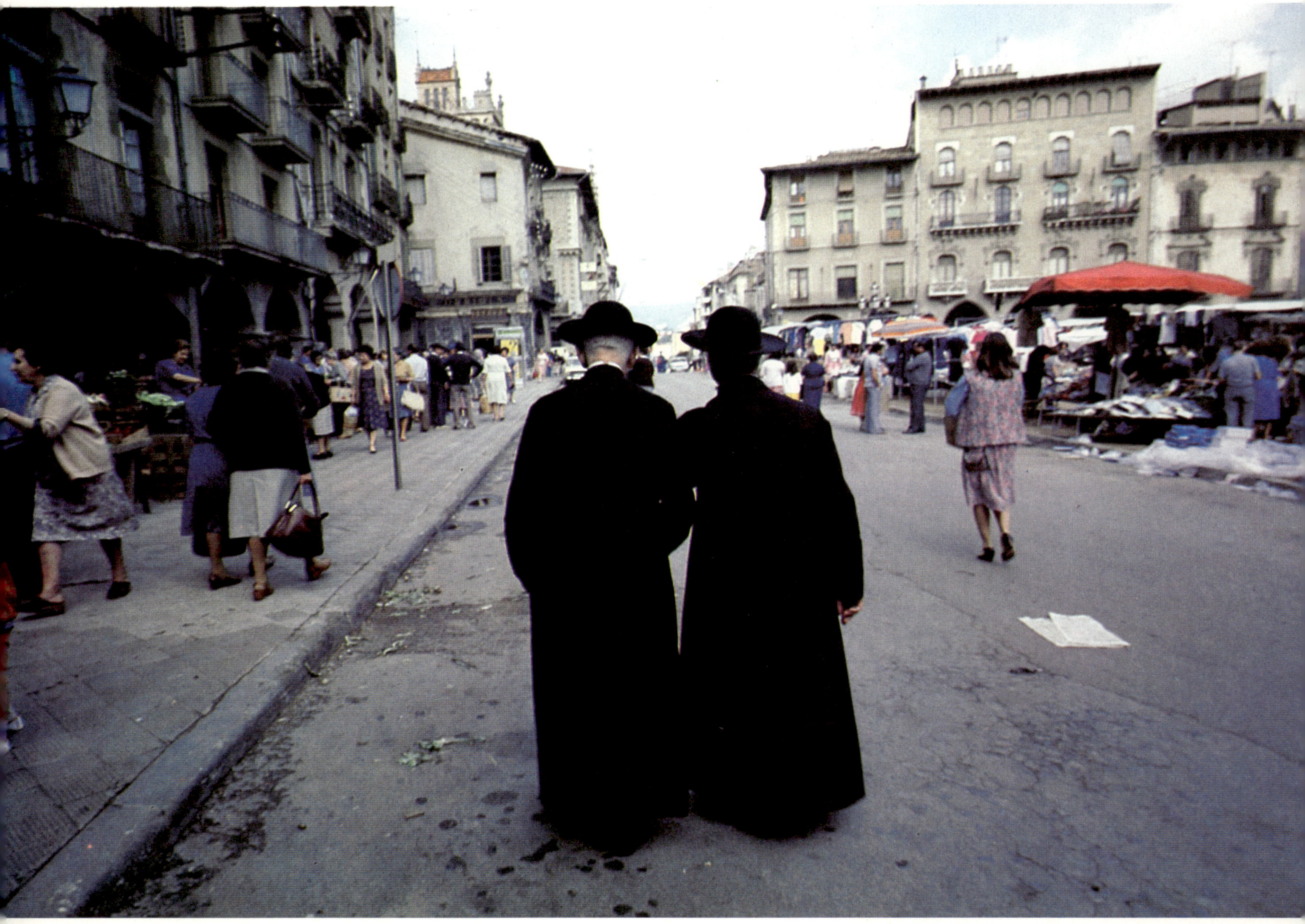

189

190

191

192

193-194

195

Pax Domini
in Excelsis Deo

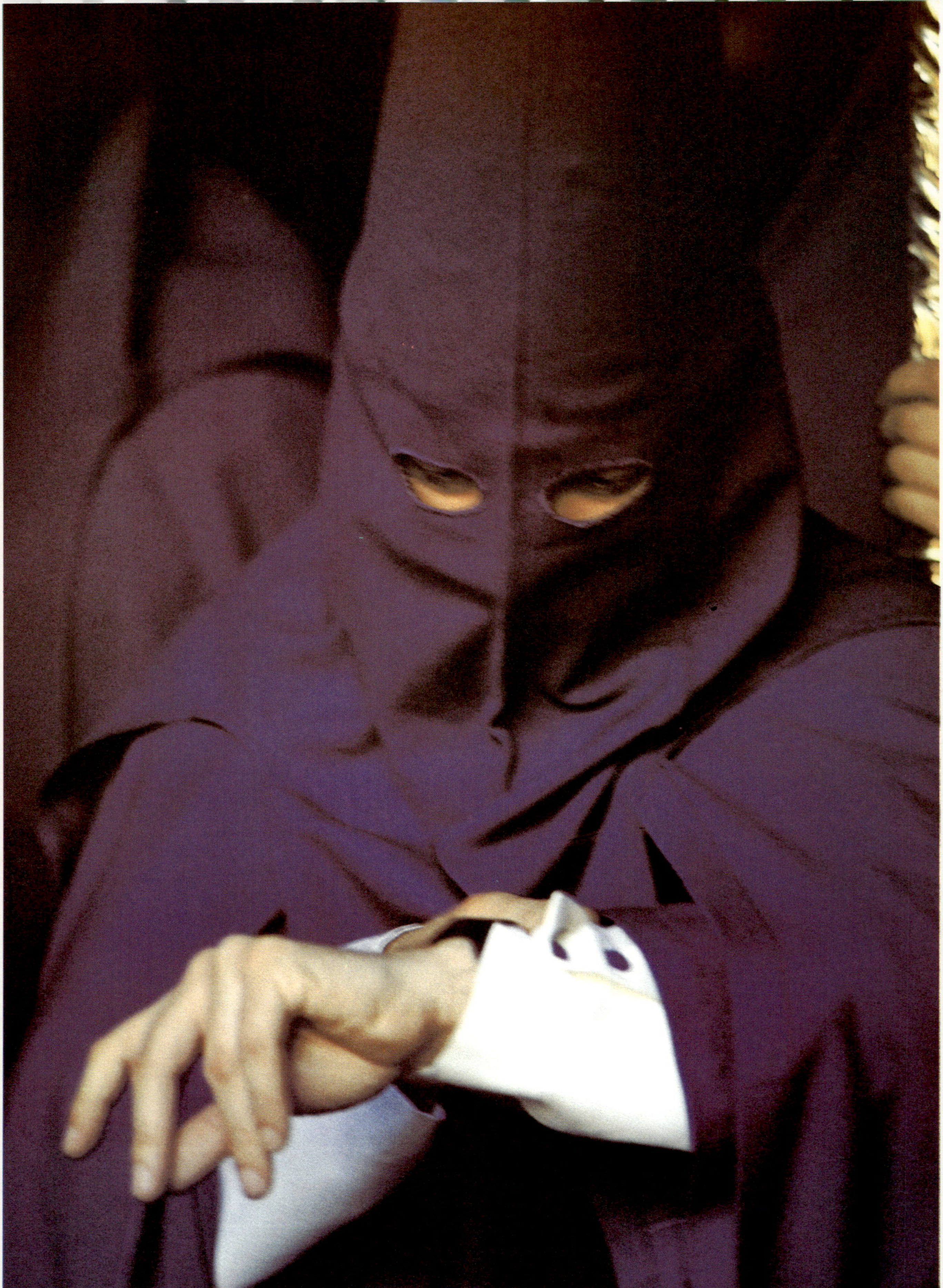

197

198

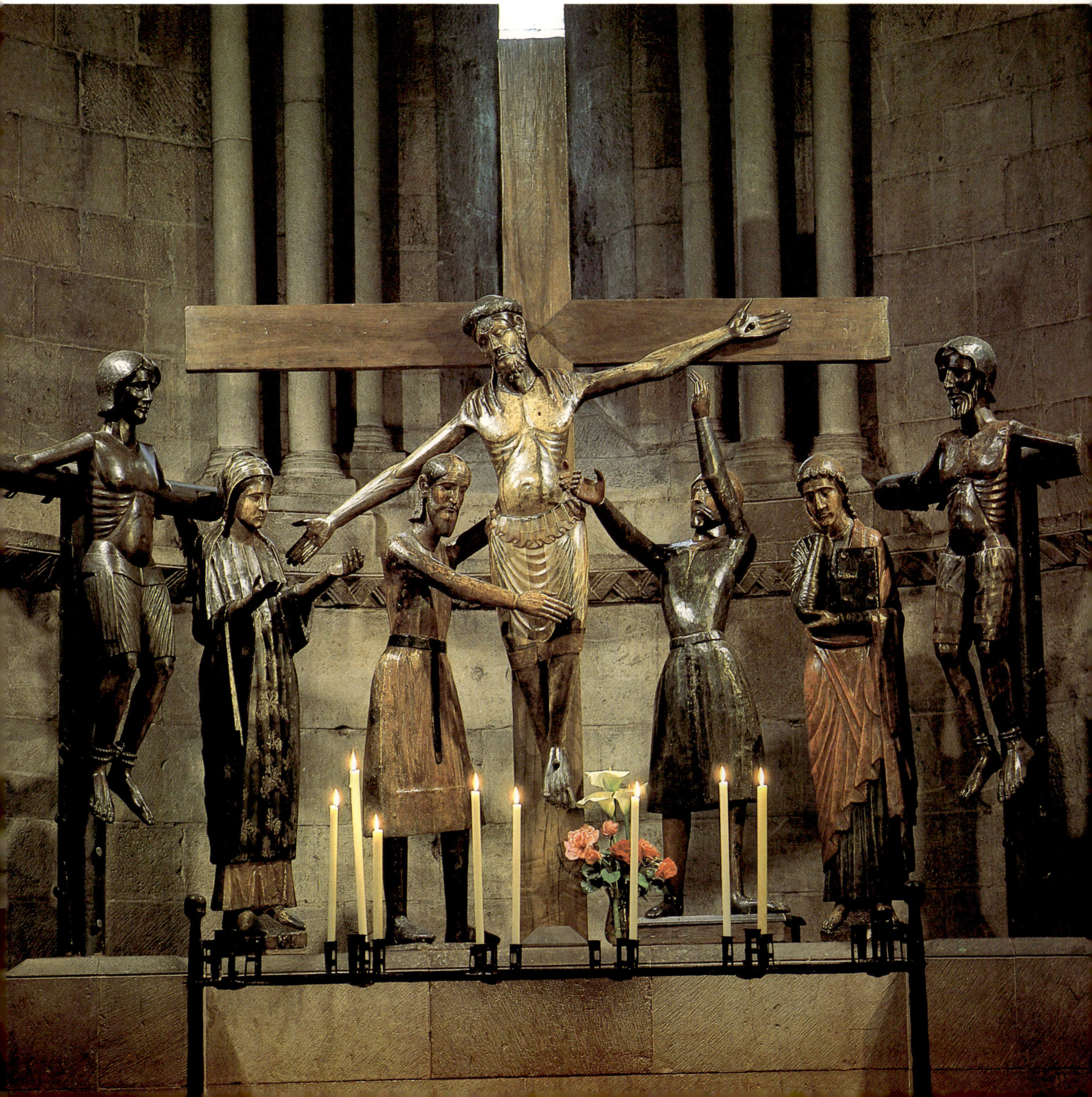

200

201

202

203

204
205
206
207

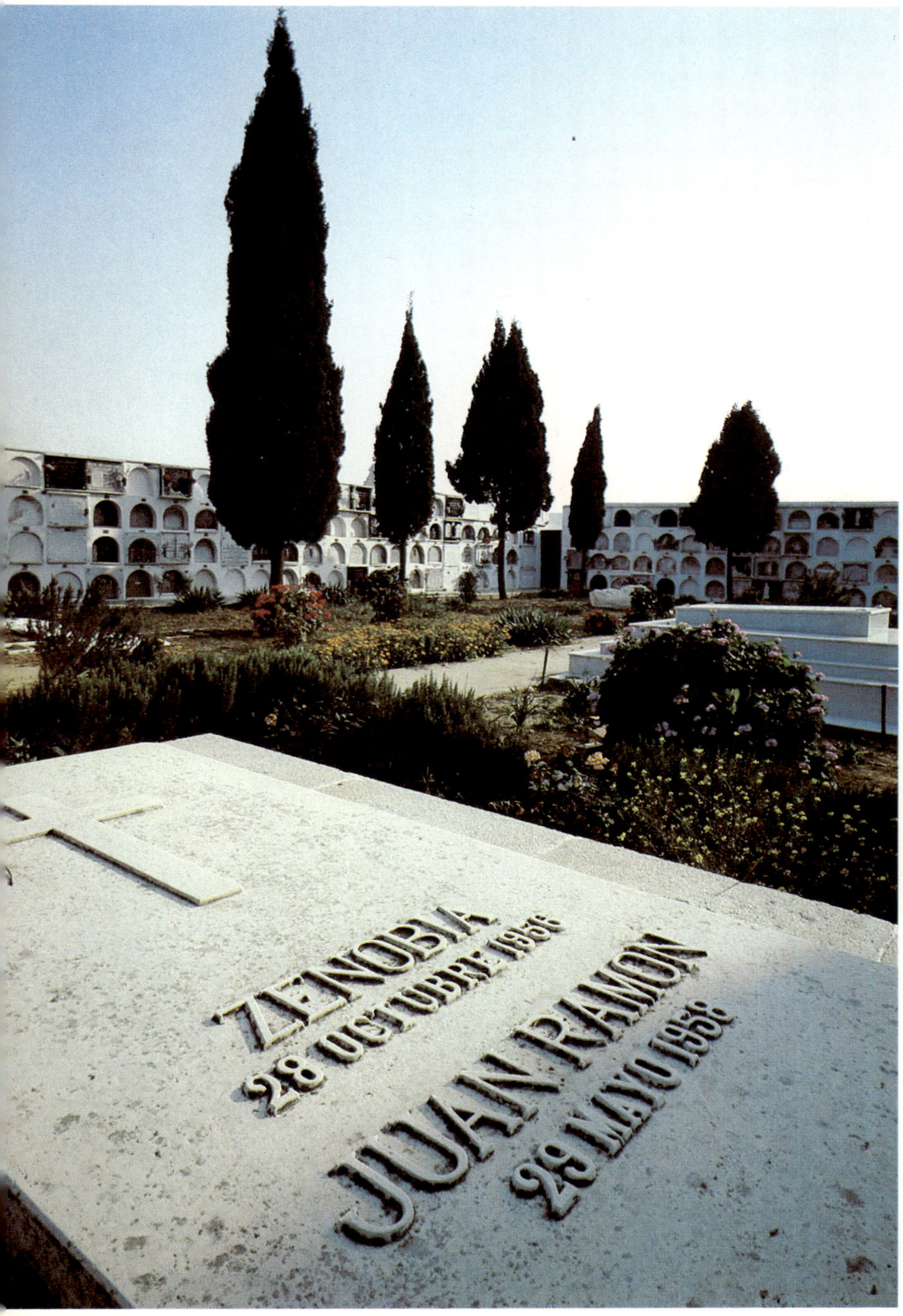
ZENOBIA
28 OCTUBRE 1956
JUAN RAMON
29 MAYO 1958

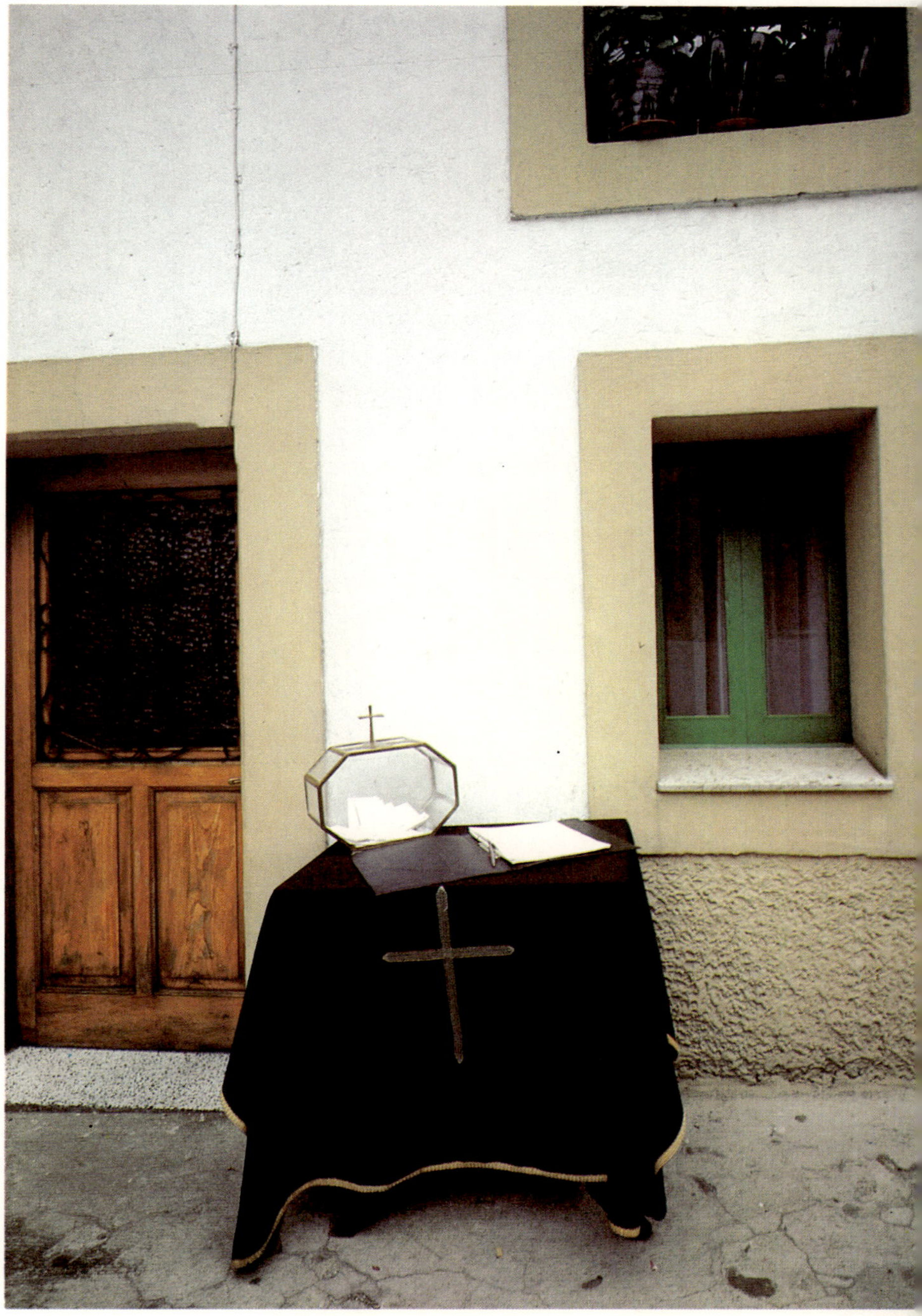

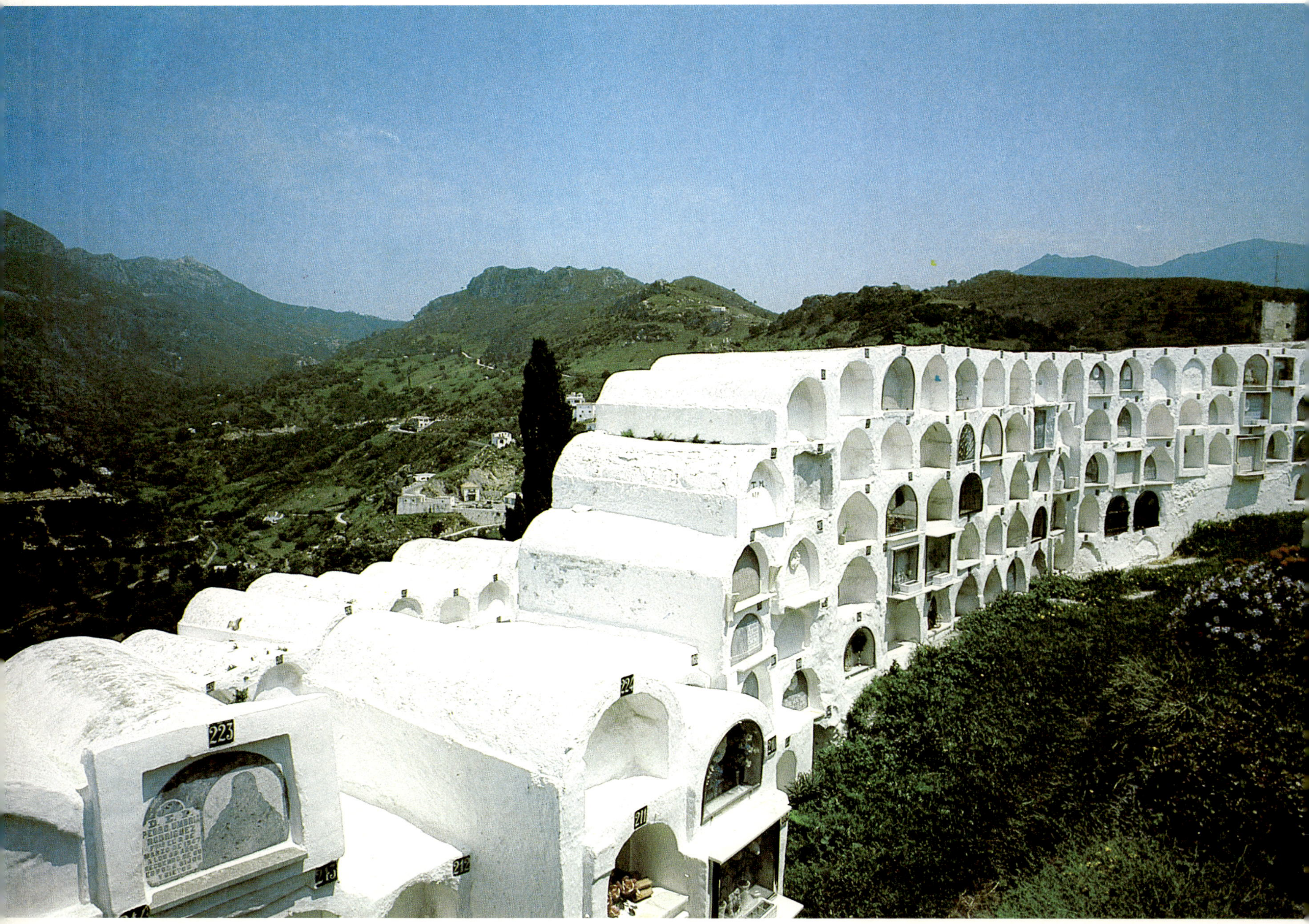
223
224
211
212

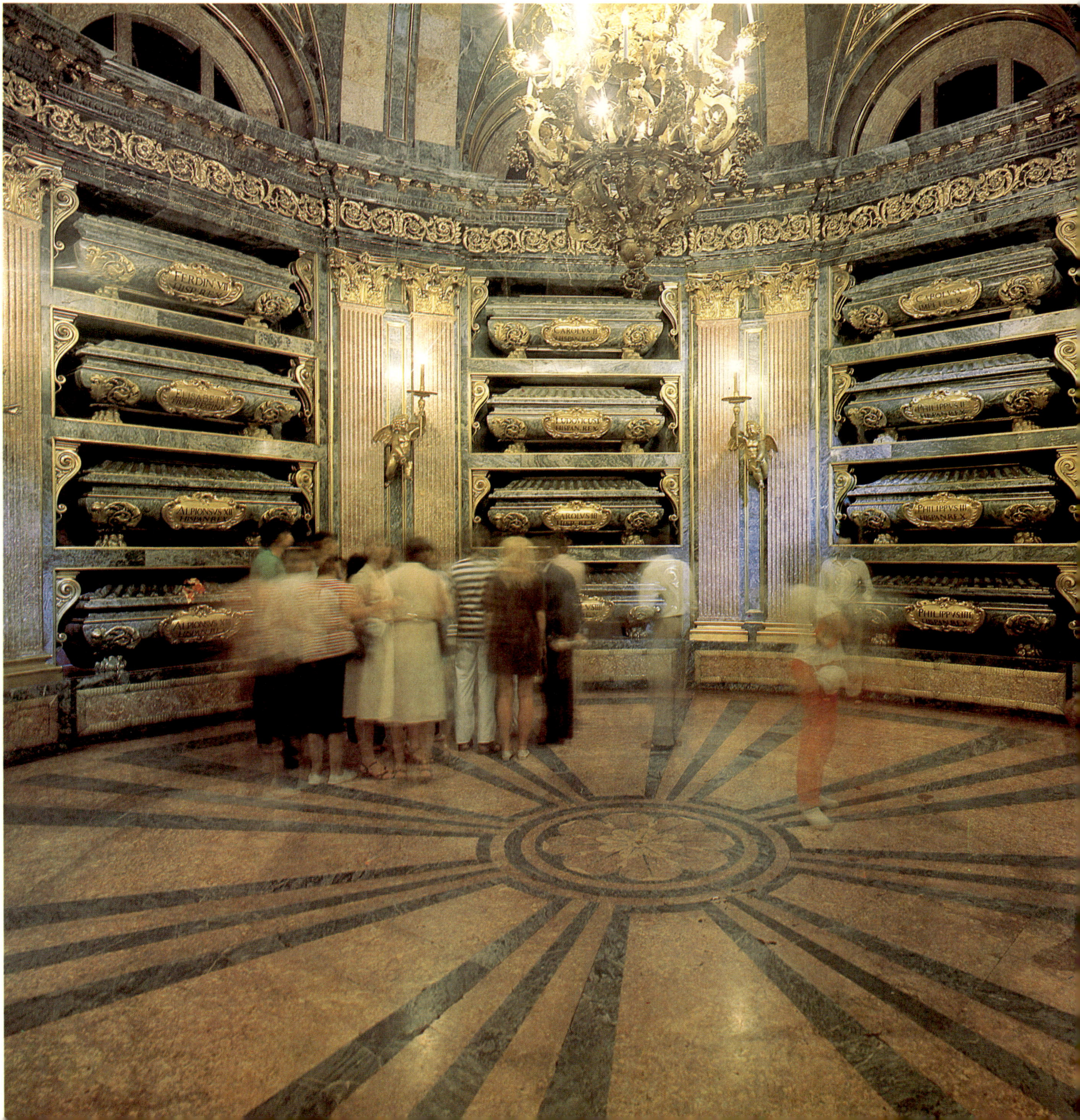

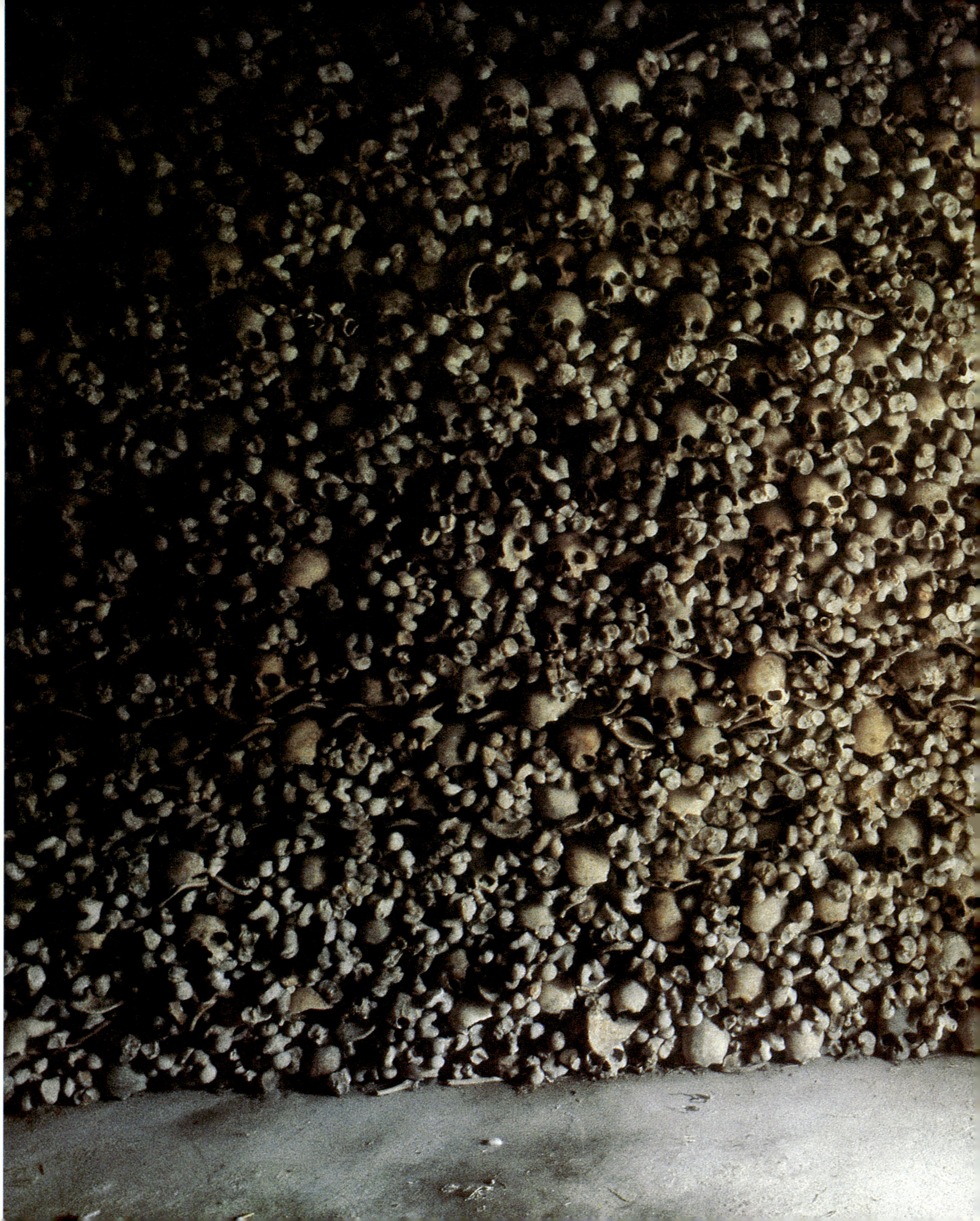

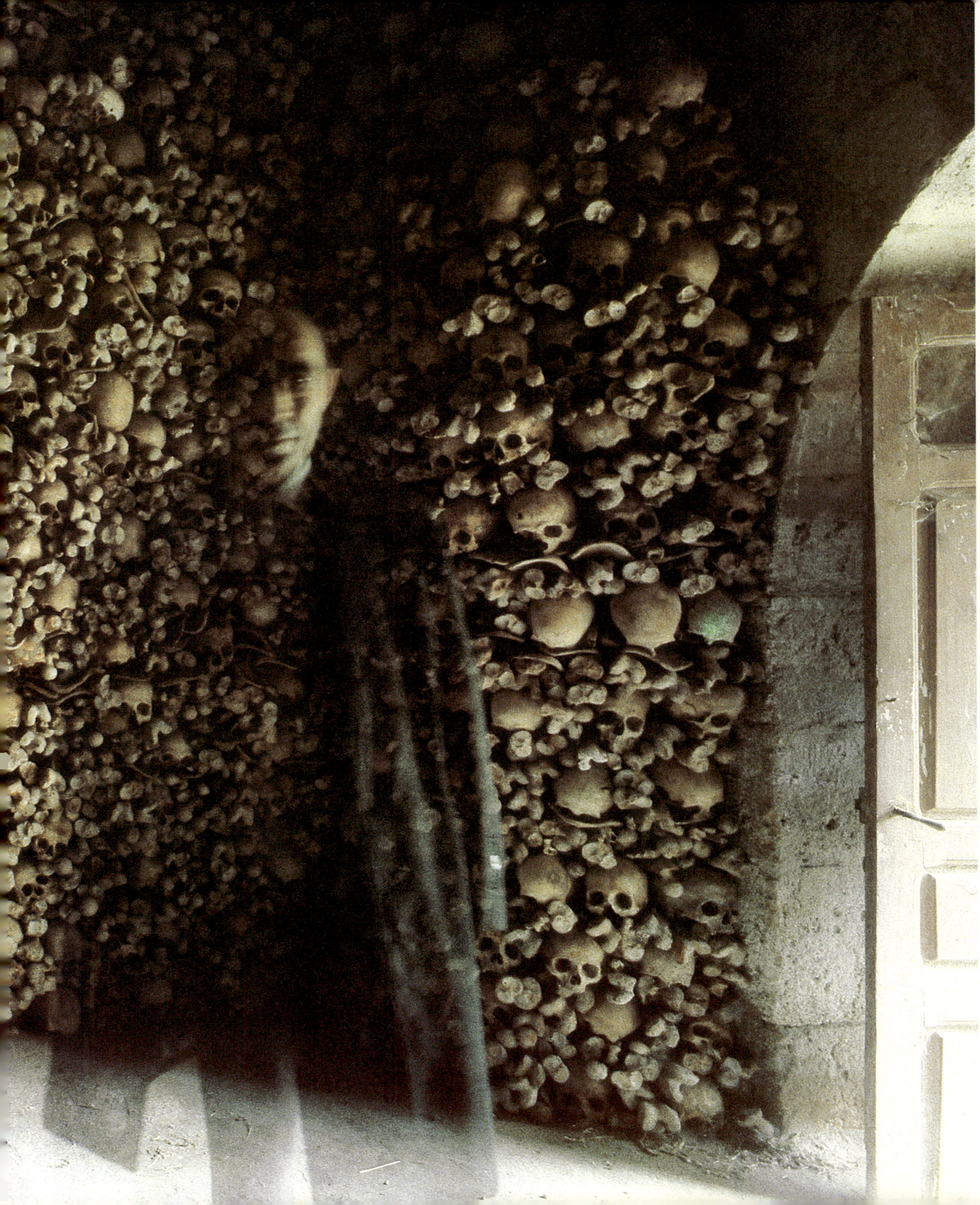

213

214

215

216

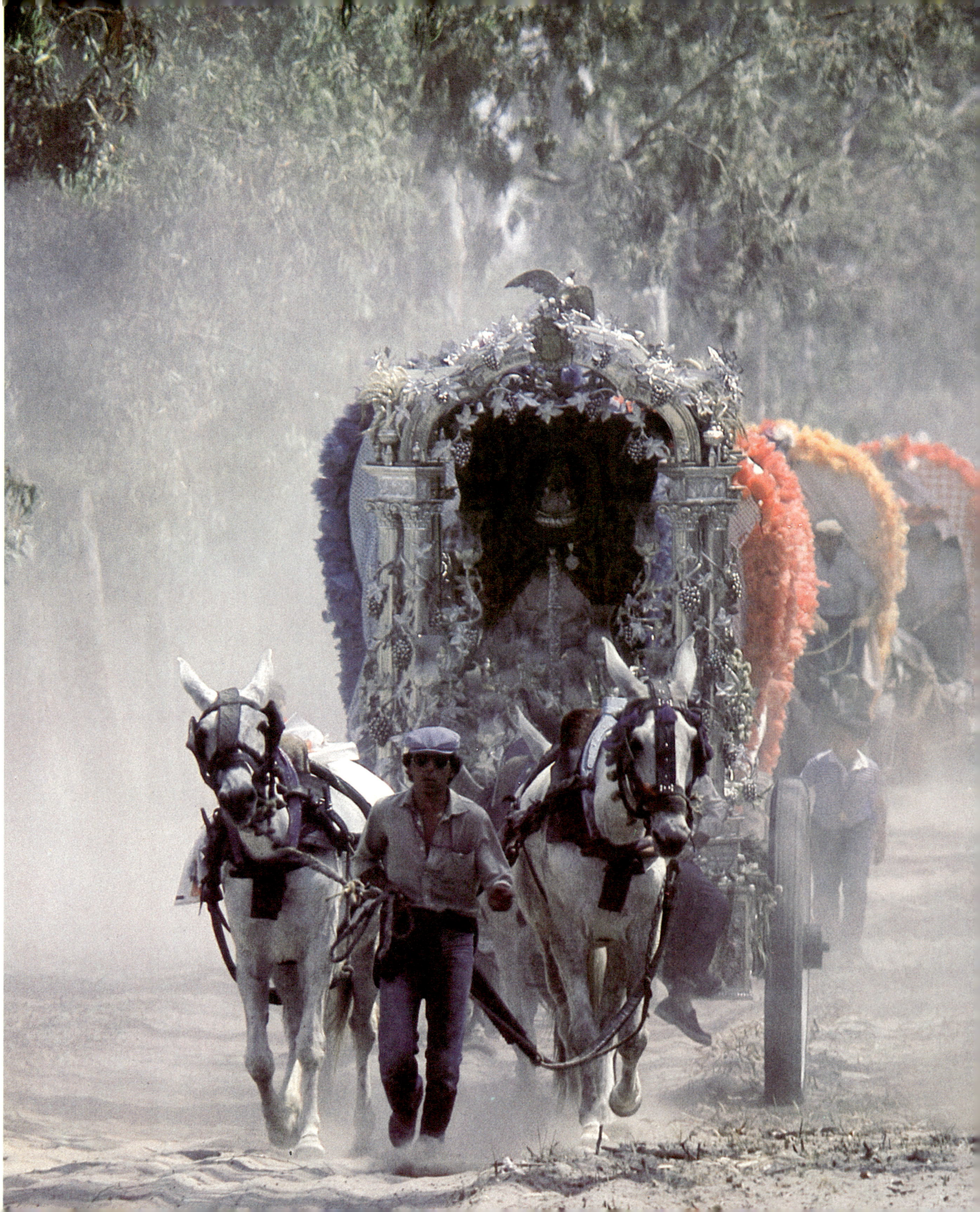

217

218

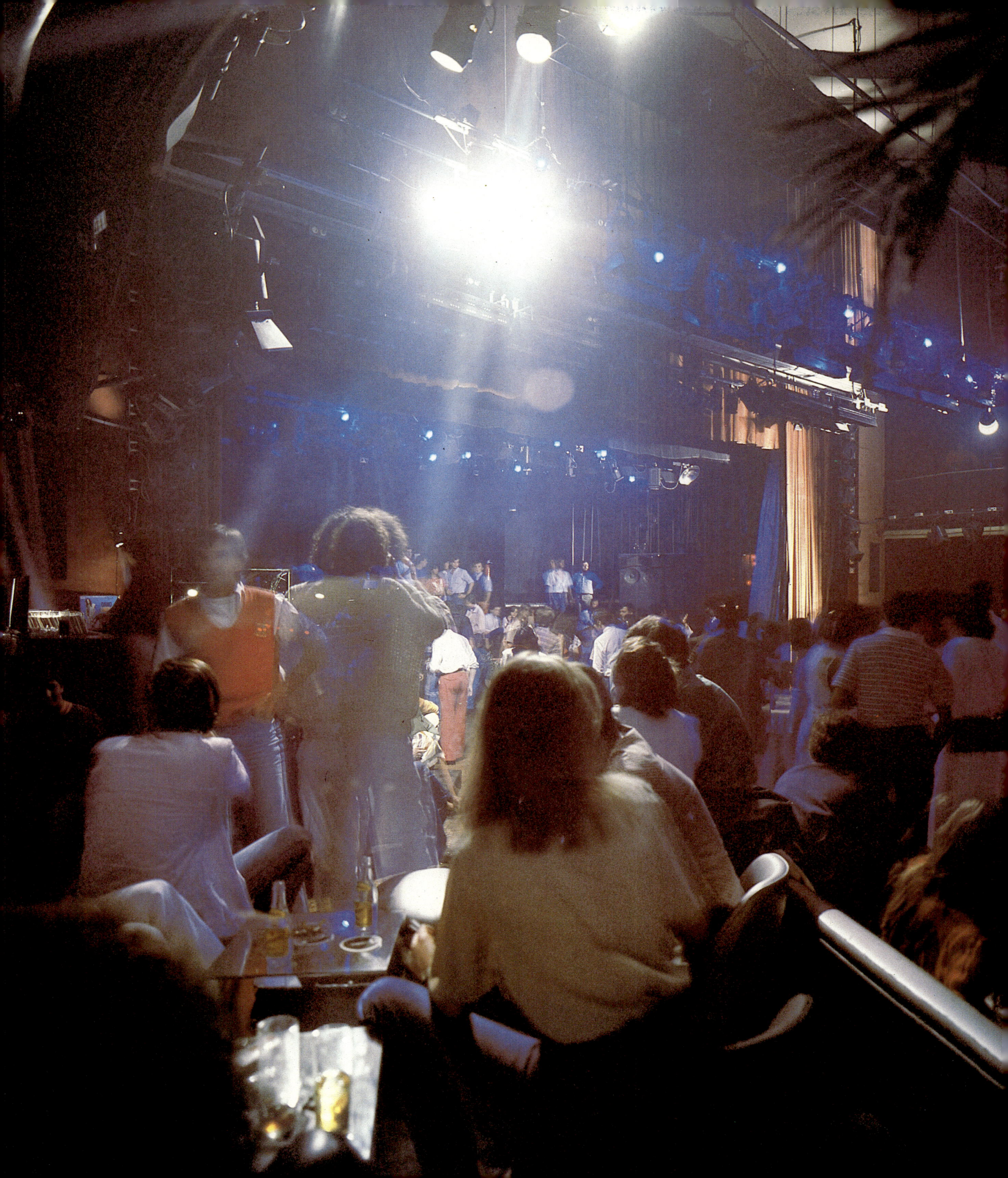

219

220

221

222

223

224

225

226

227

228

229

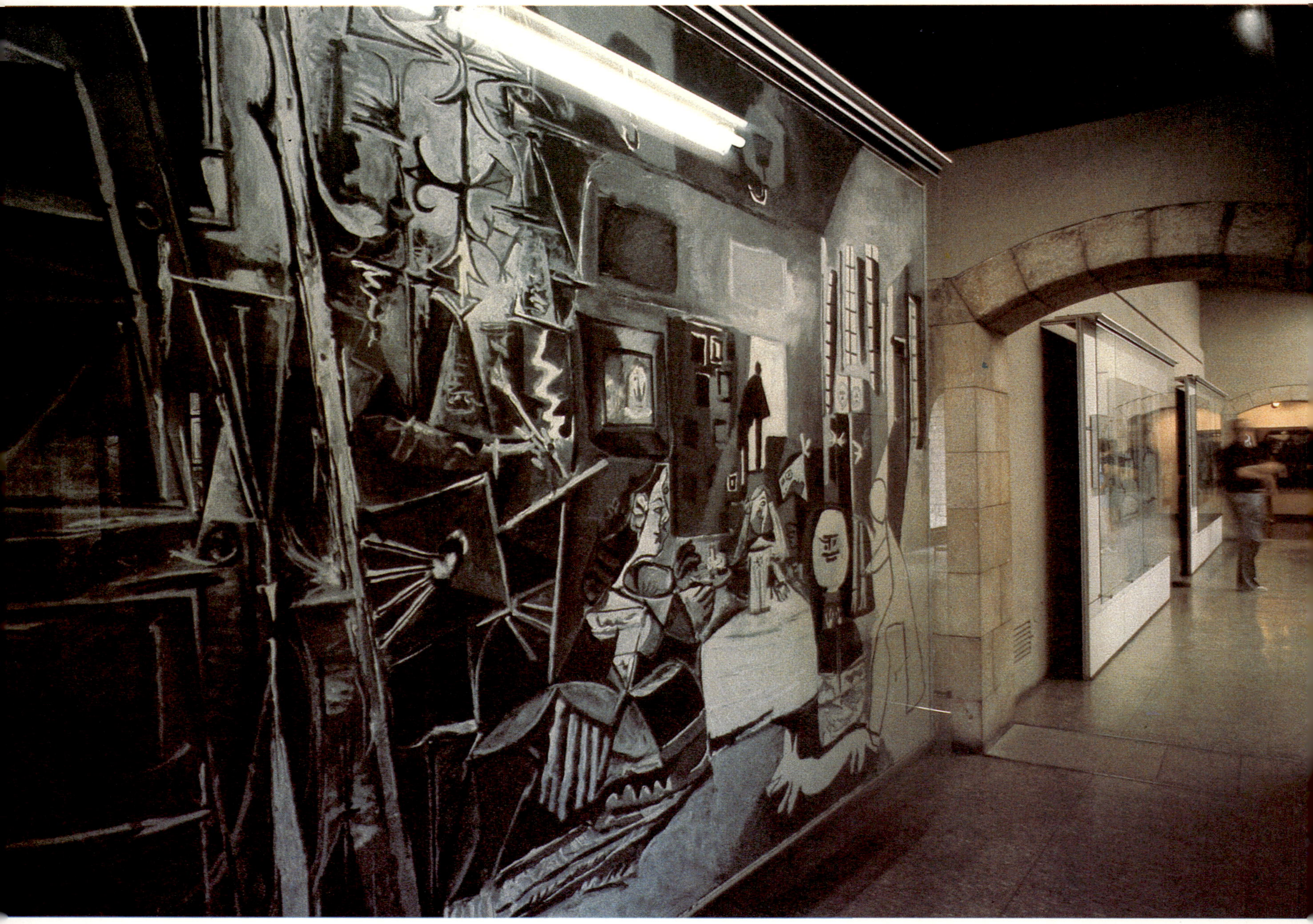

231

232

233

234

235

236

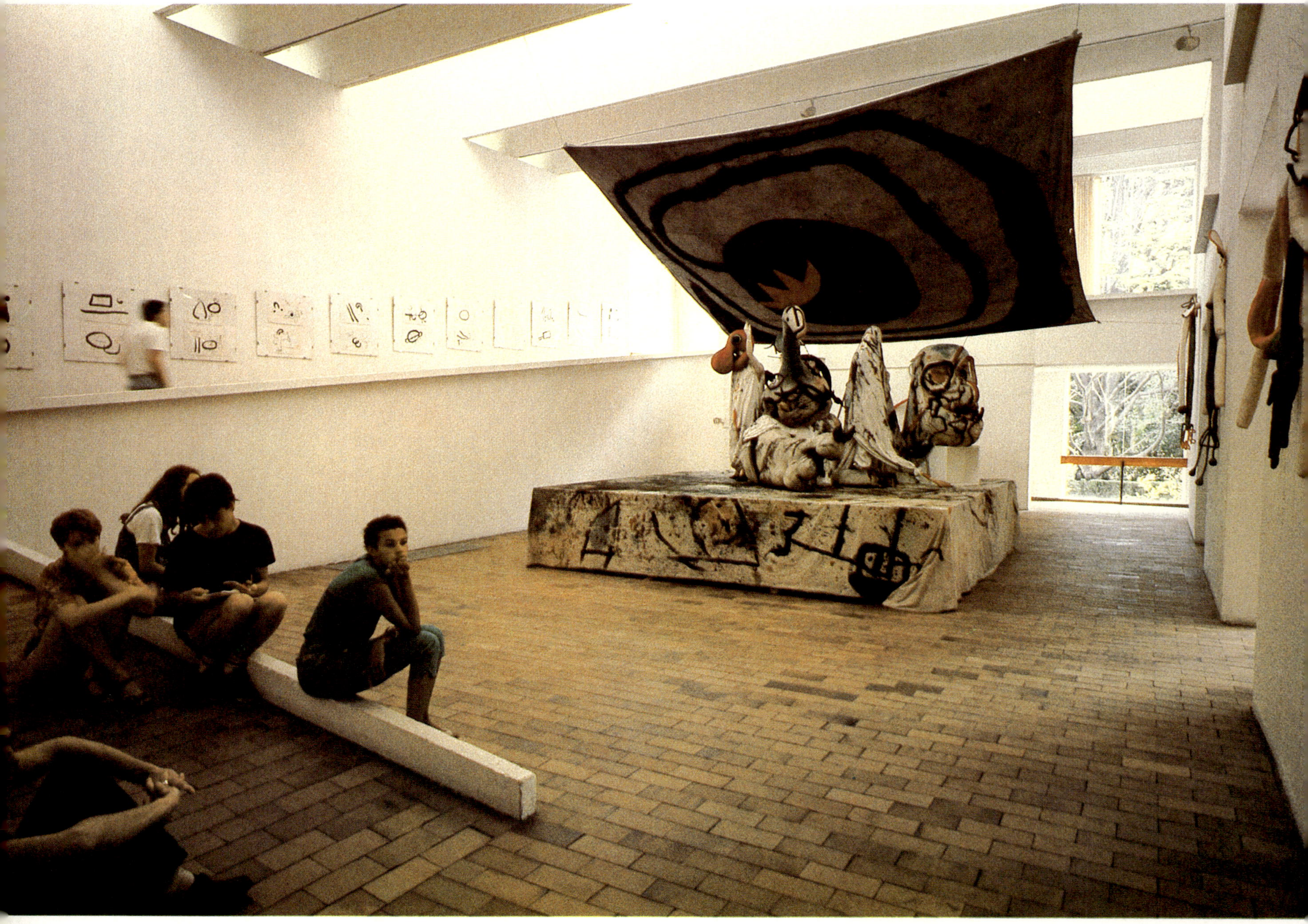

238

239
240
241
242

243

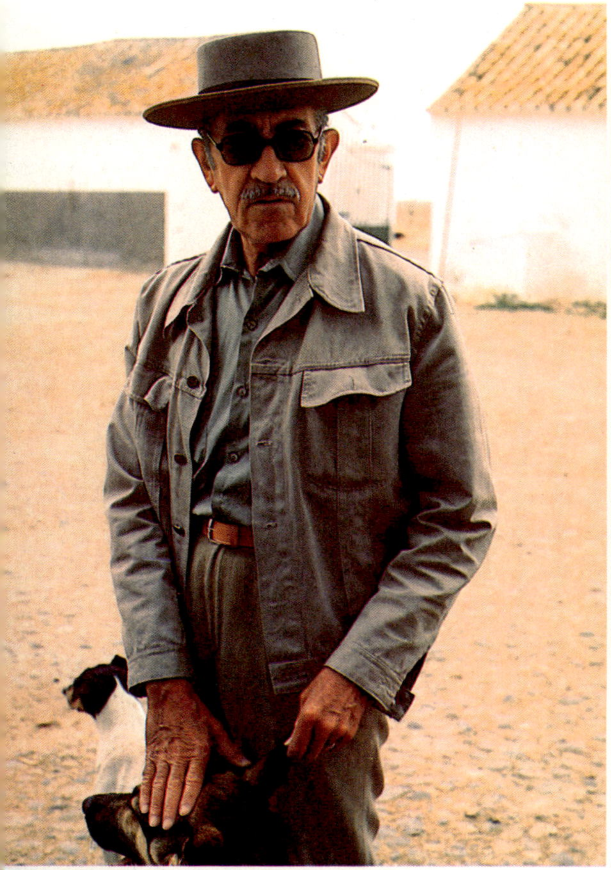
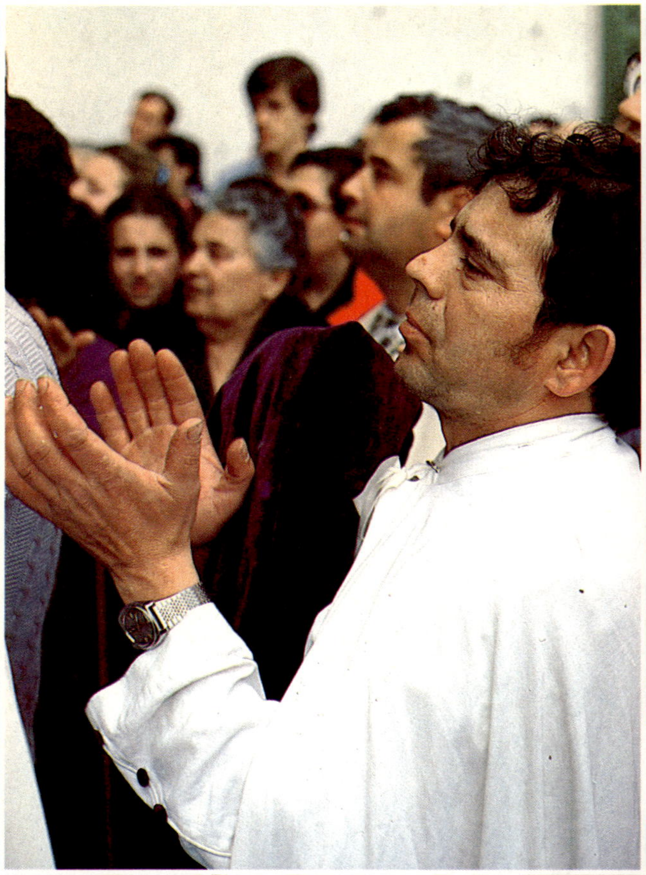
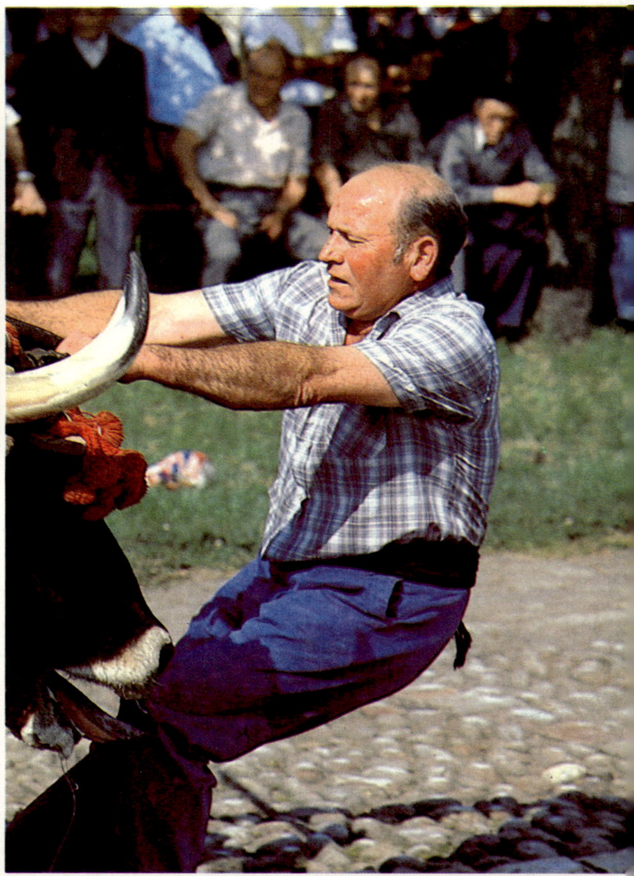
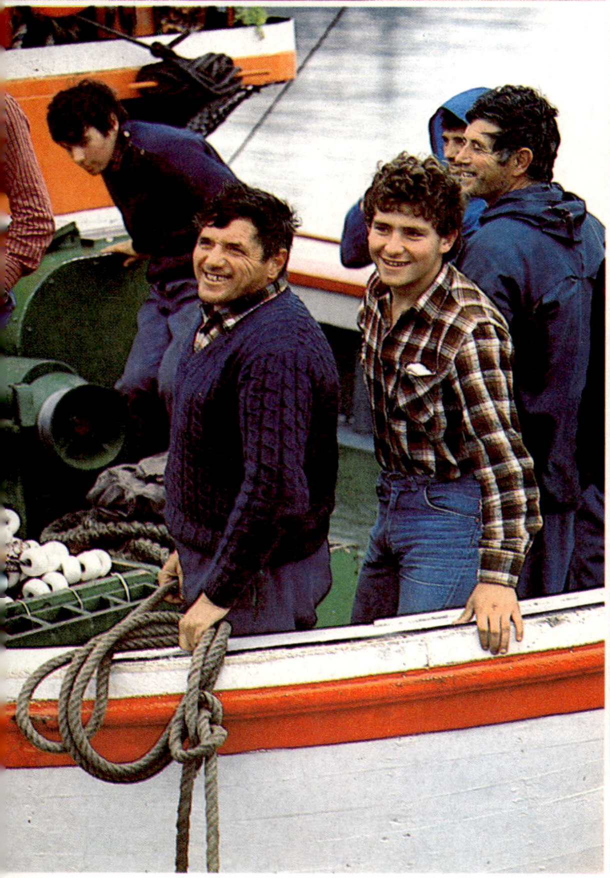
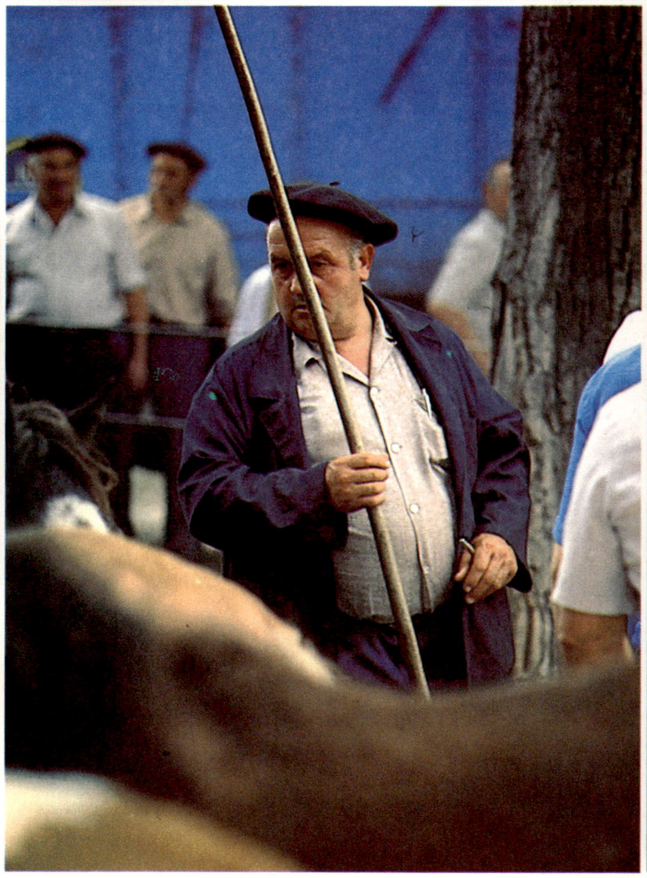
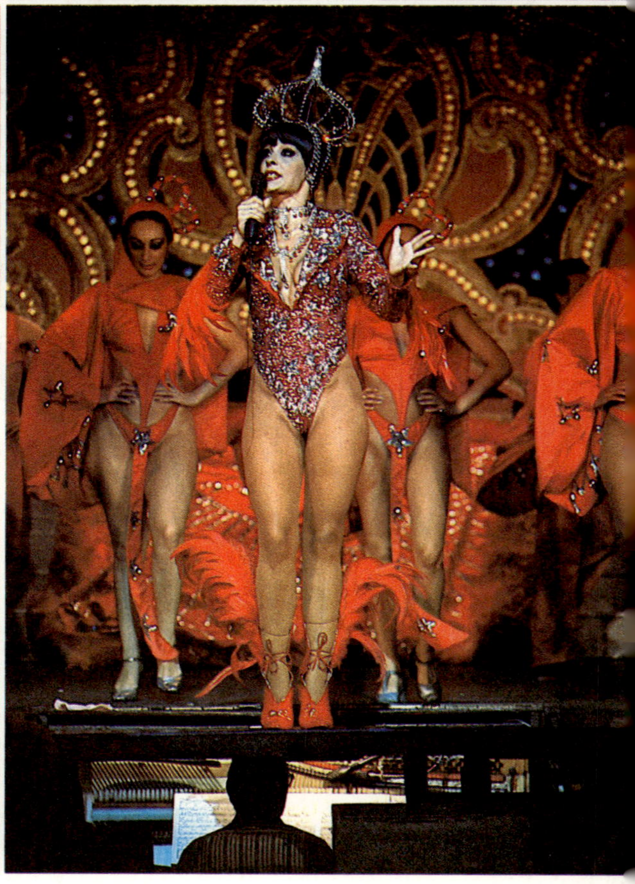

244

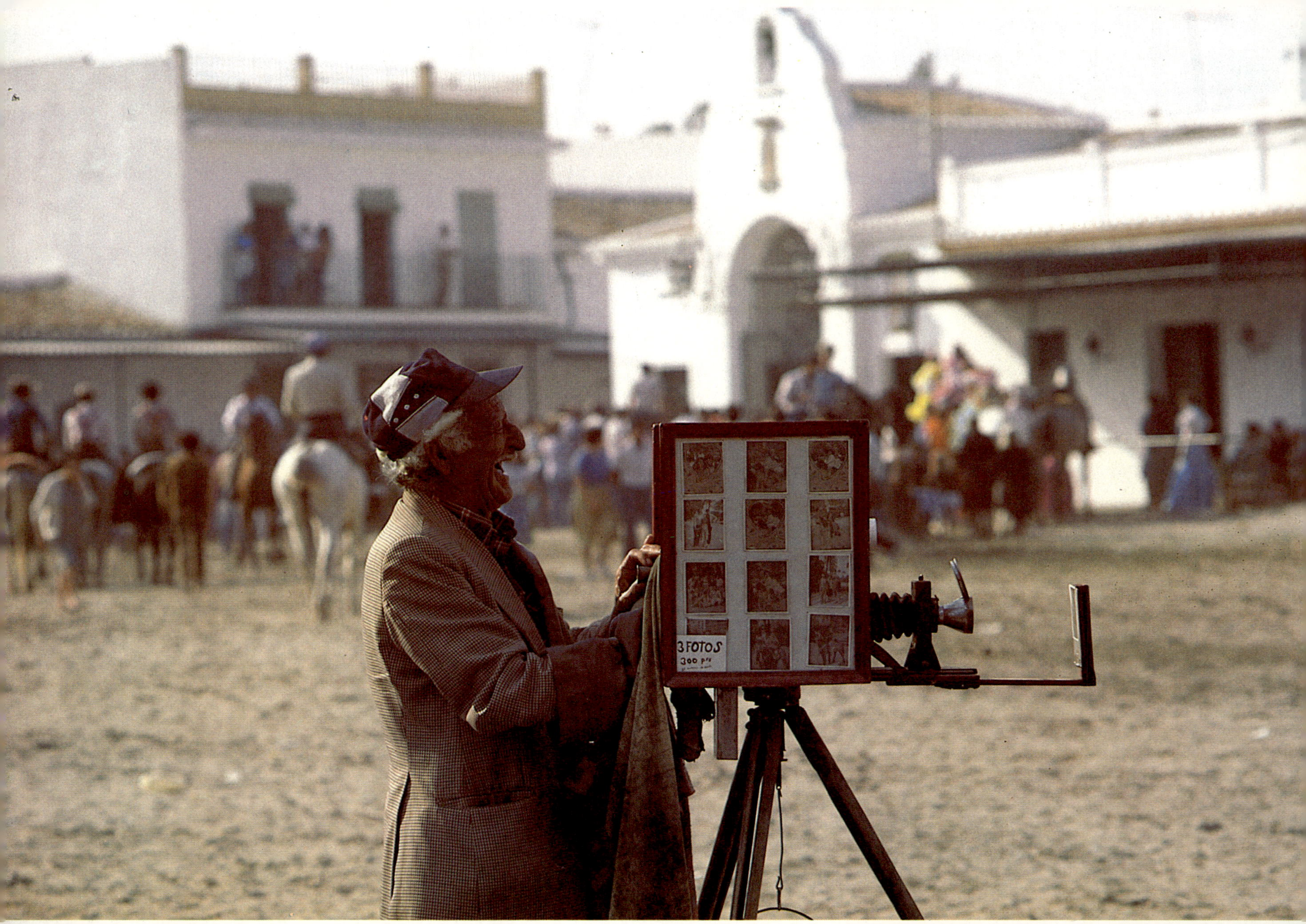
3 FOTOS
300 pts

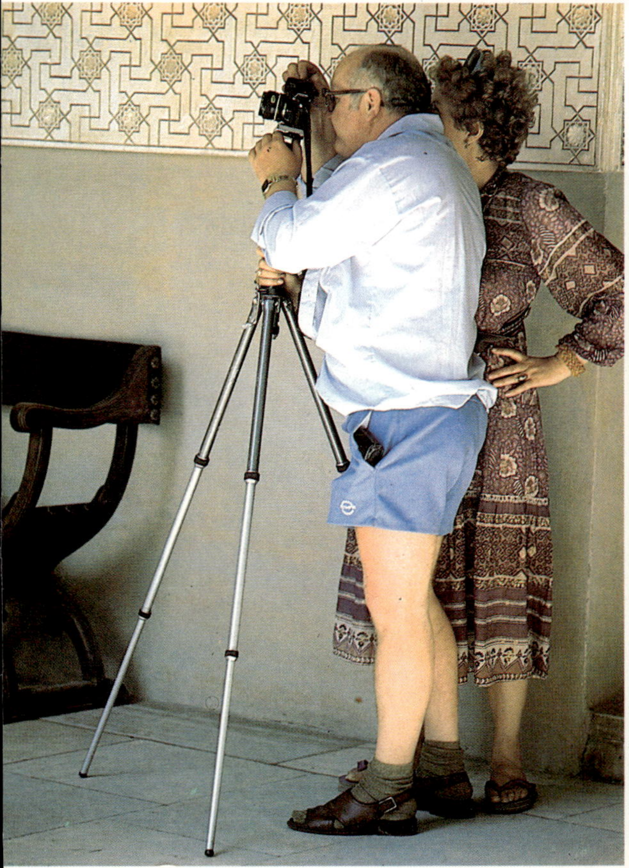
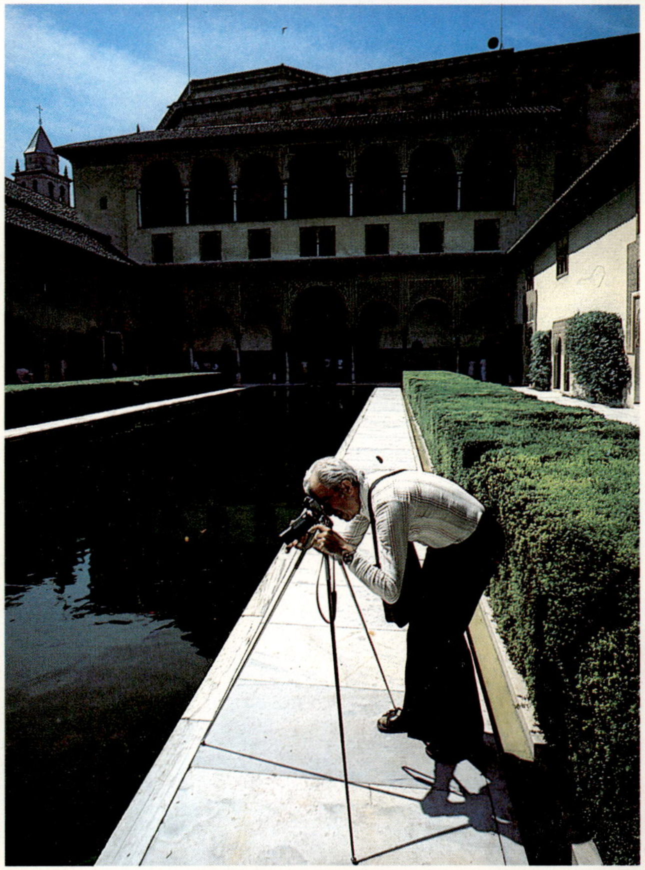
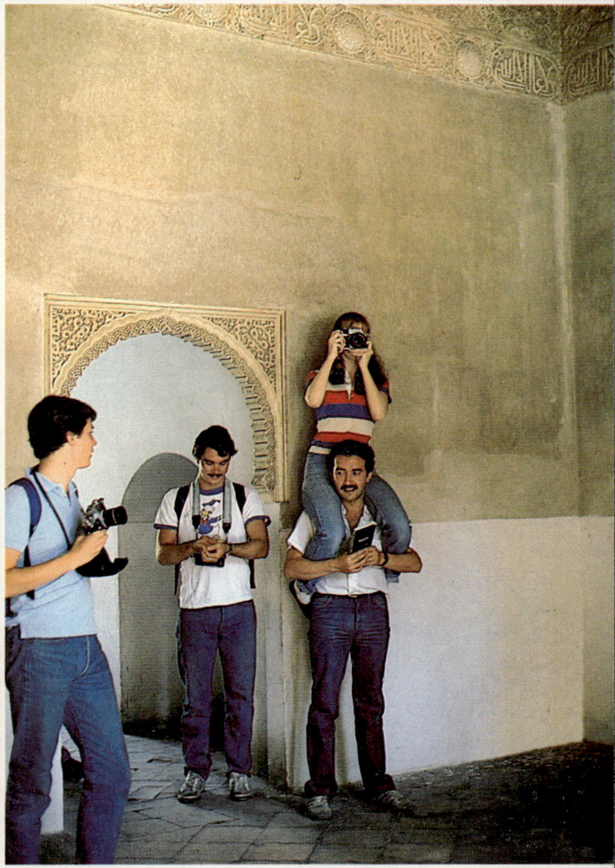
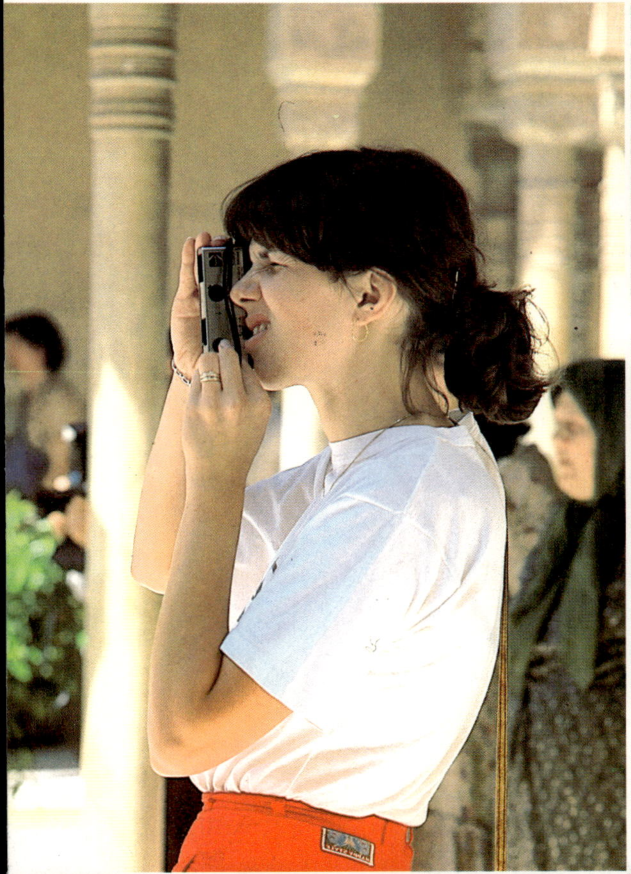
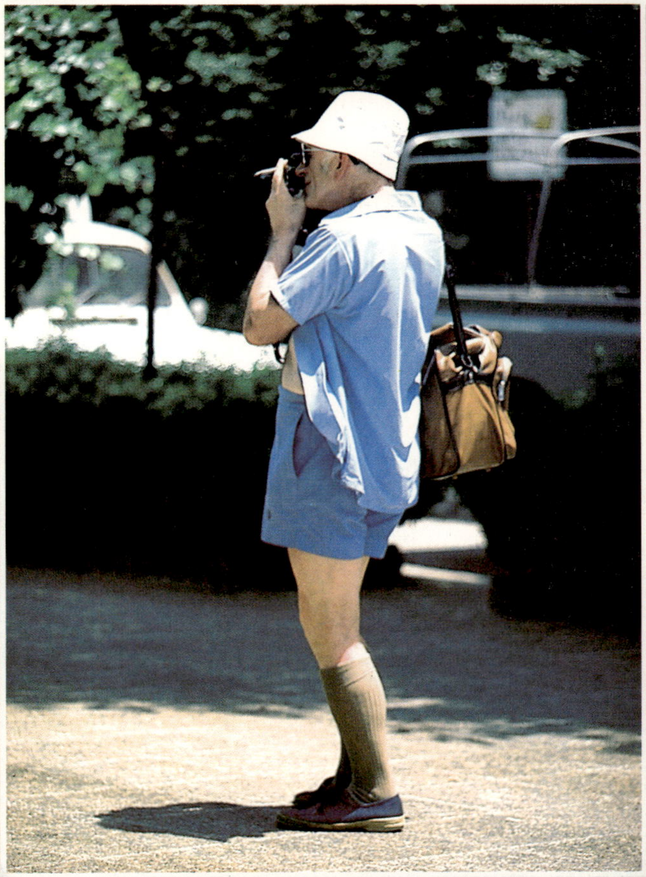
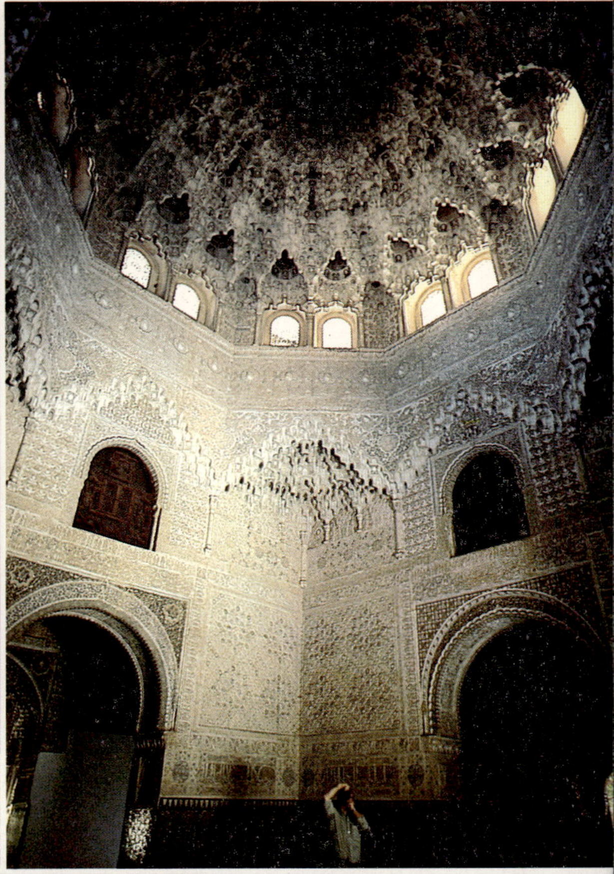

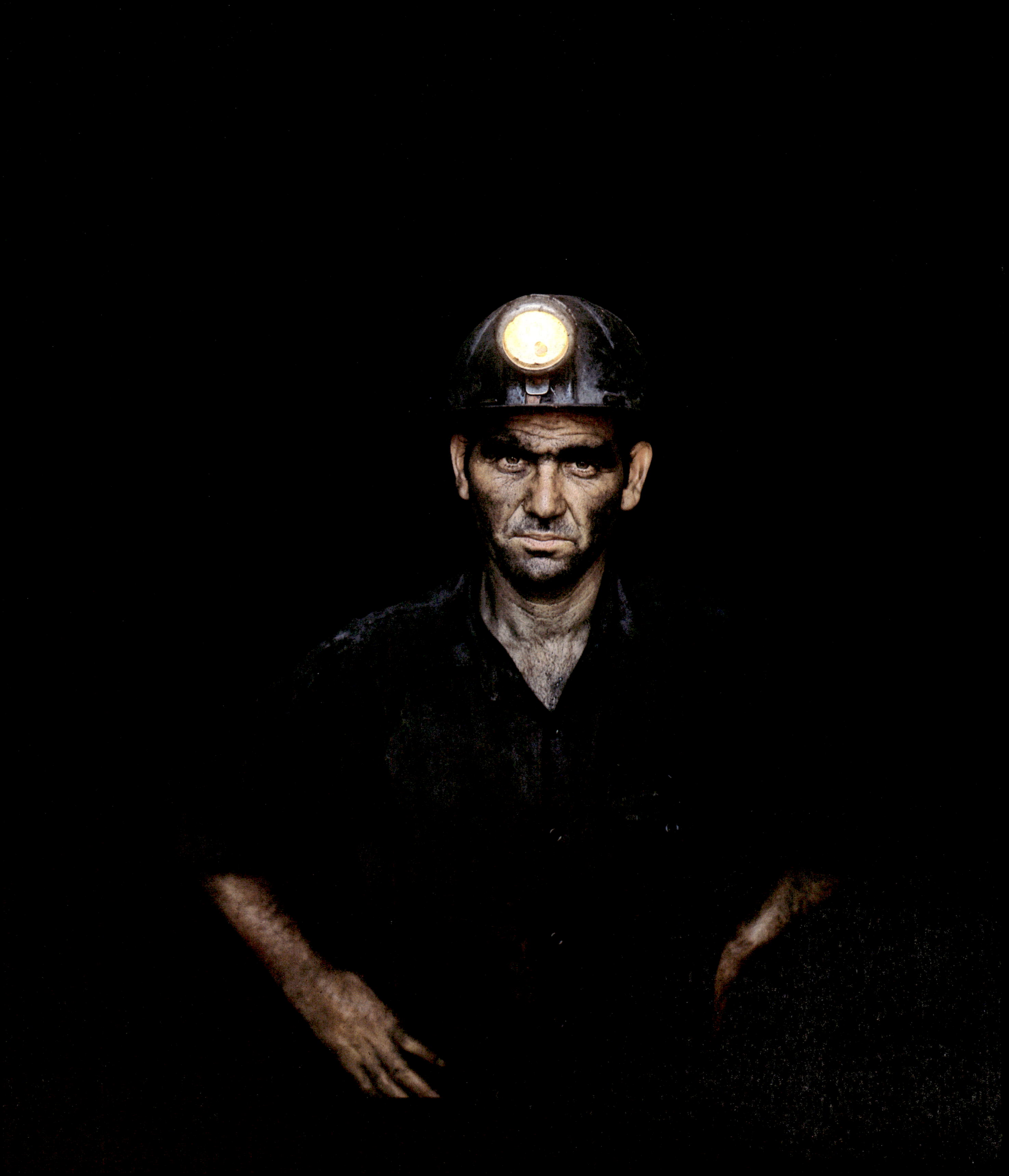

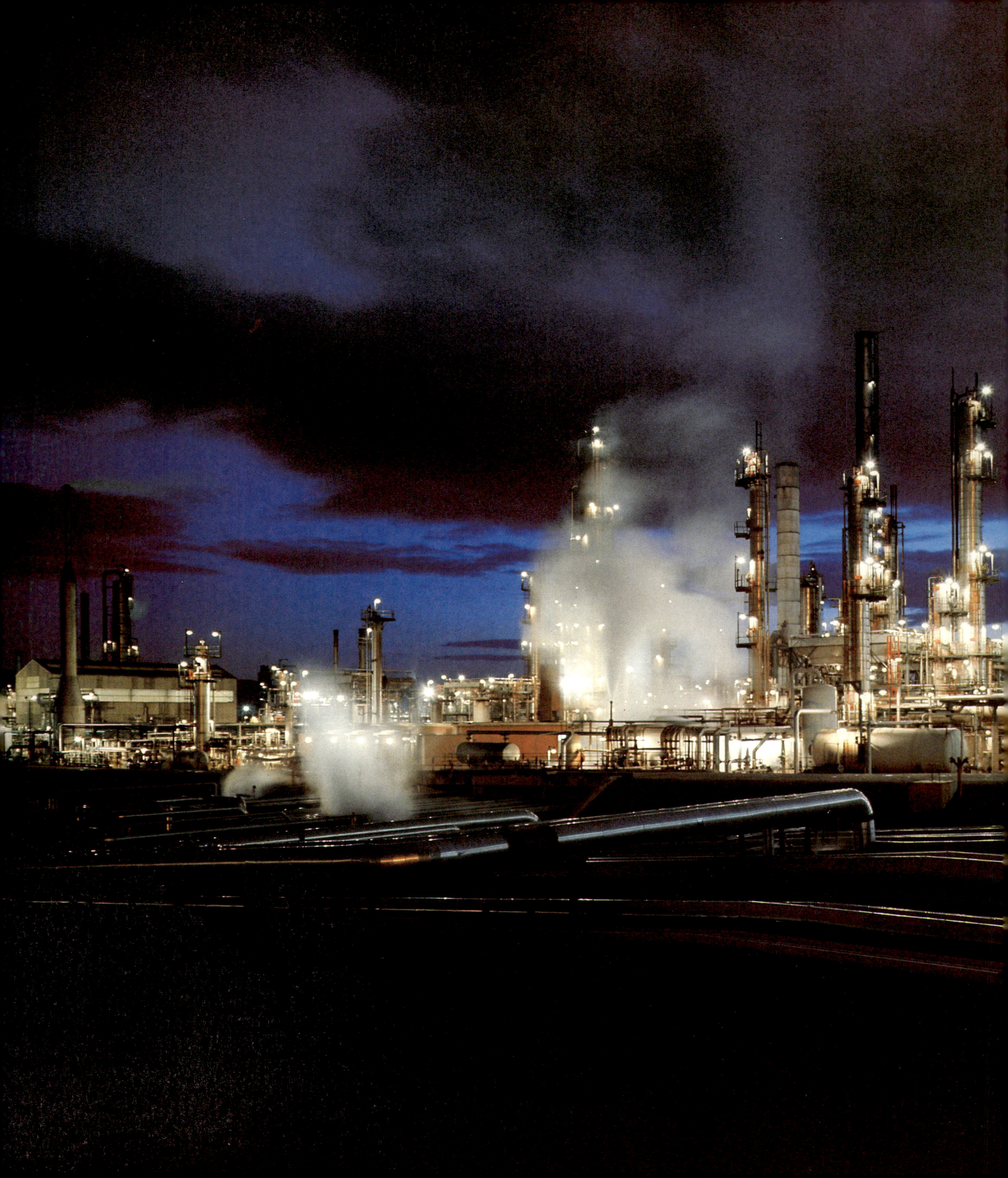

245

246

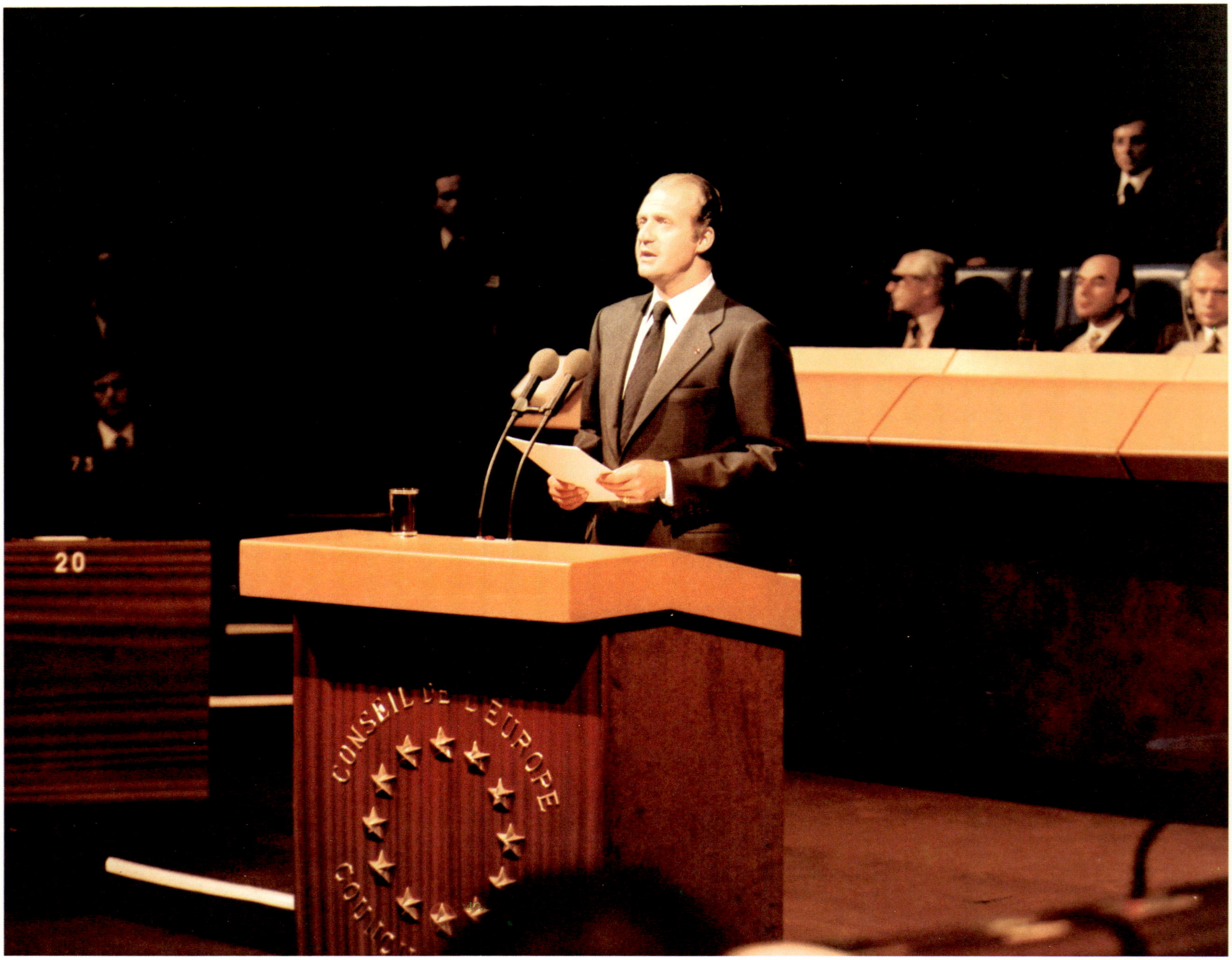
20
CONSEIL DE L'EUROPE

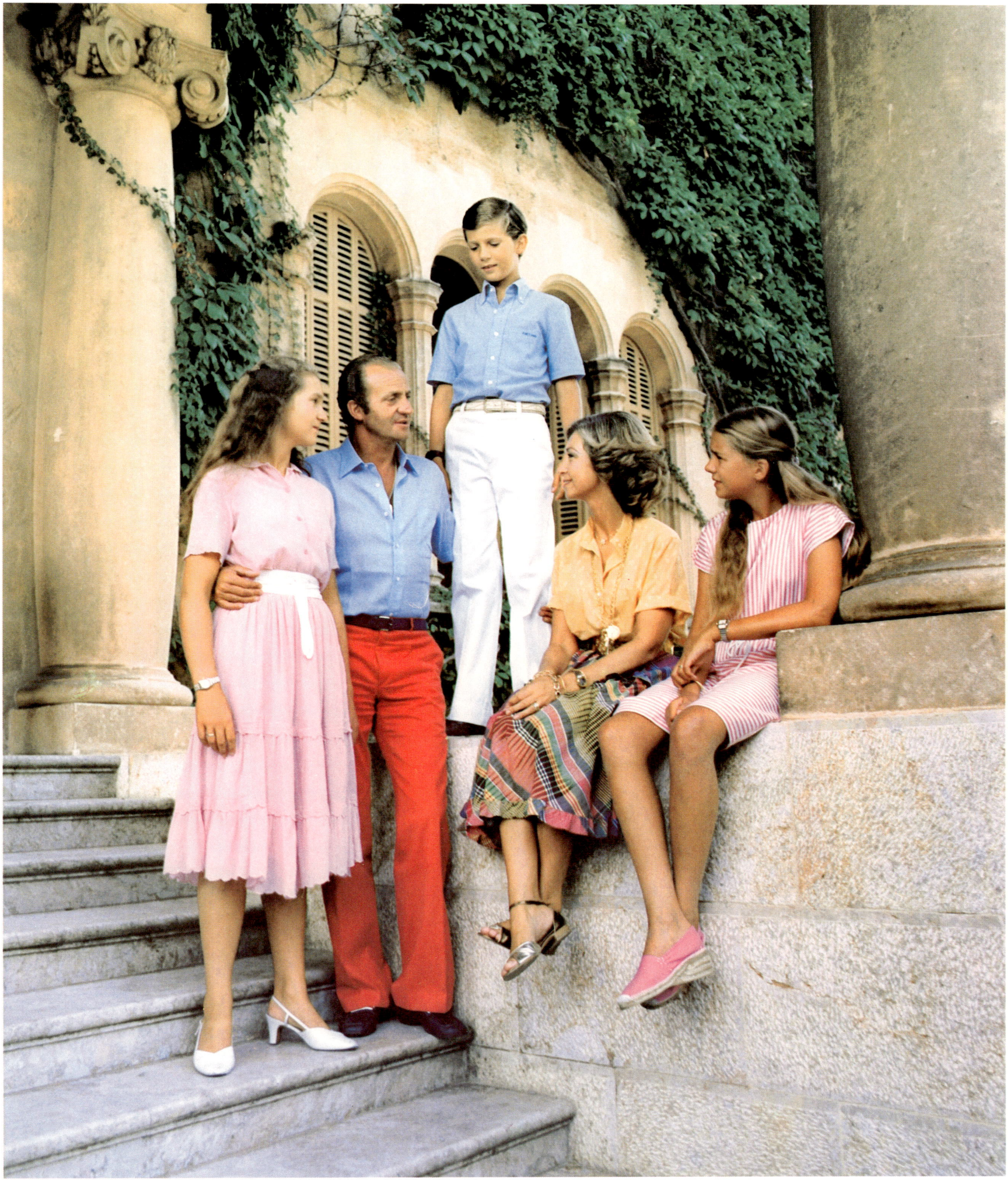

247

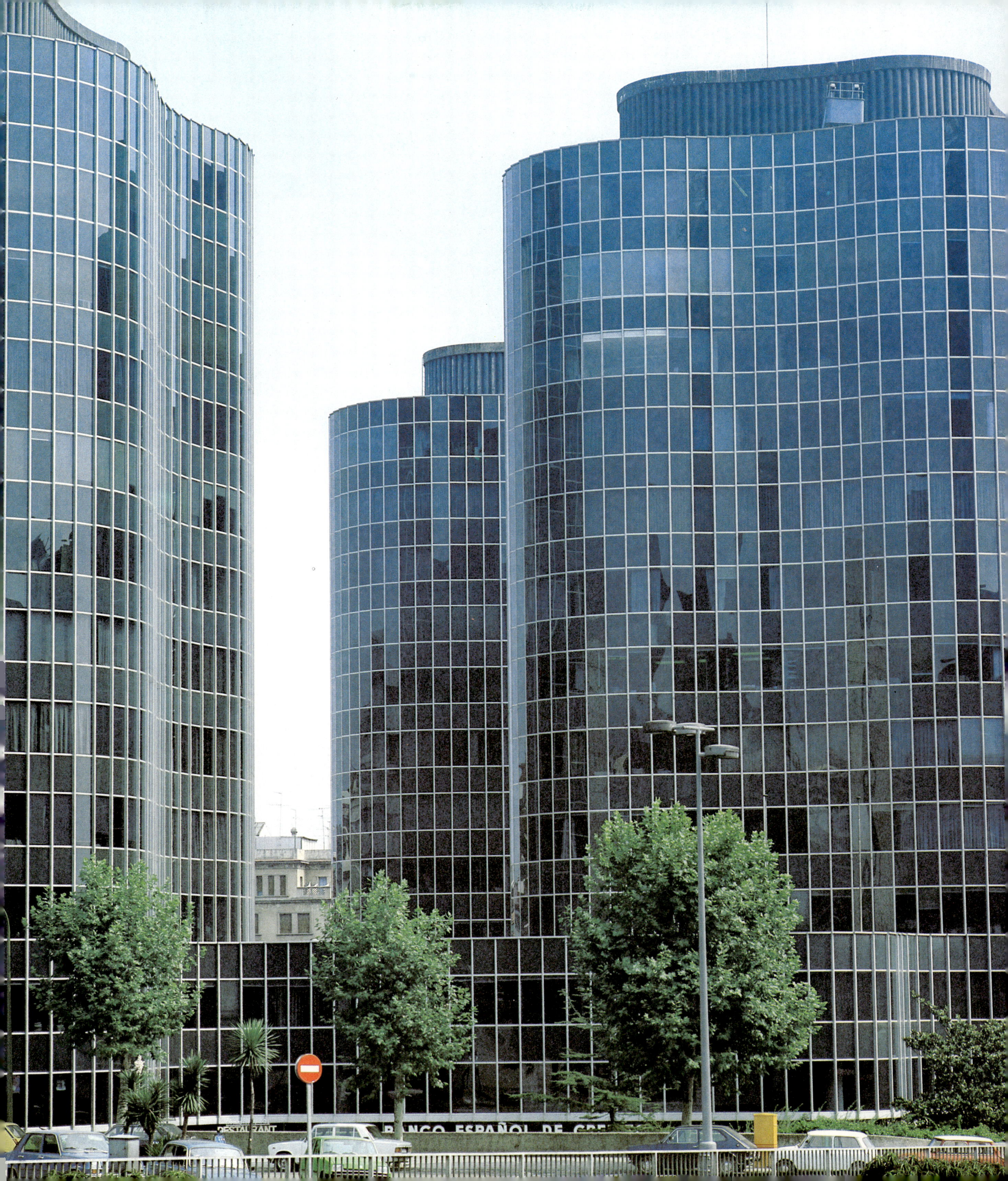
RESTAURANT
BANCO ESPAÑOL DE

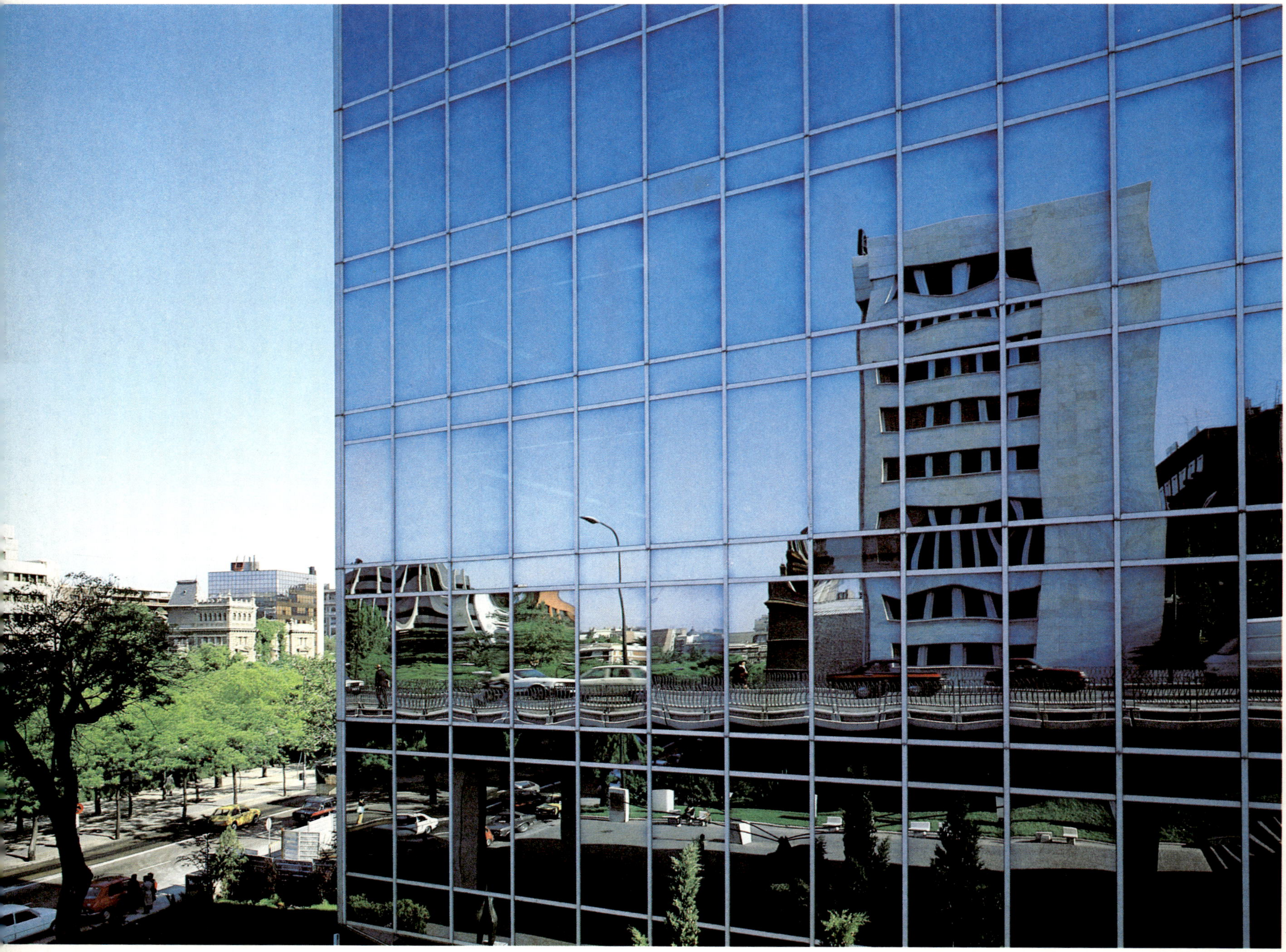

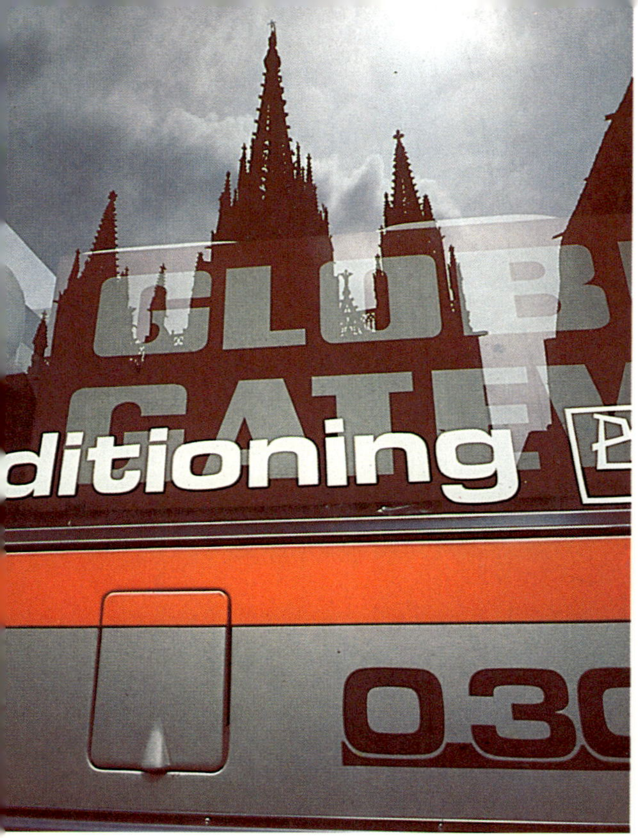
ditioning

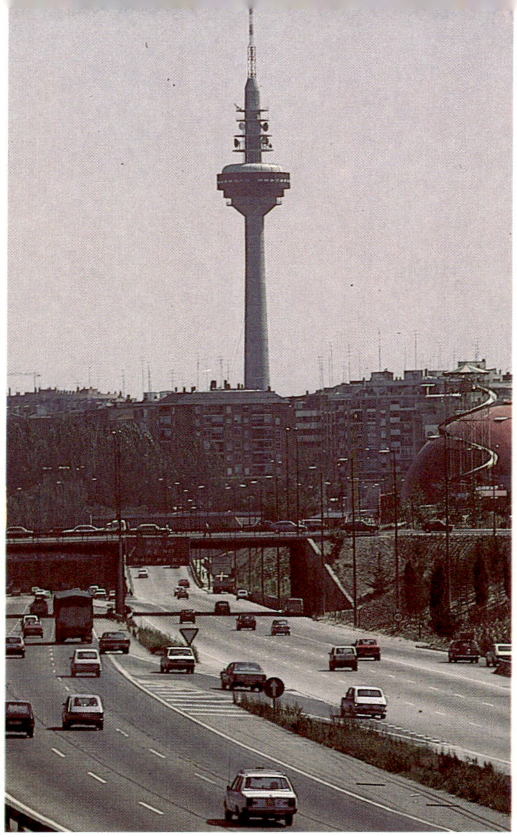

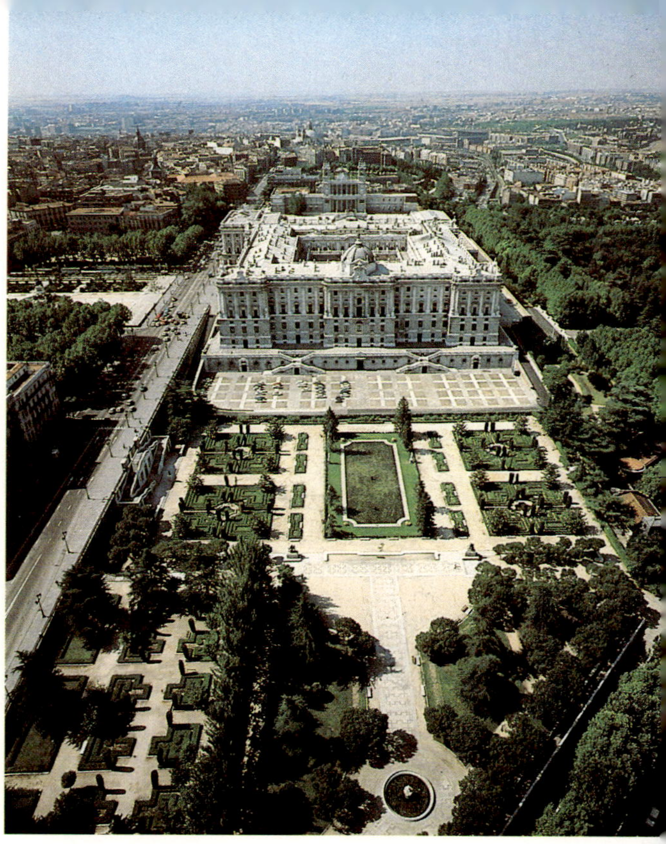

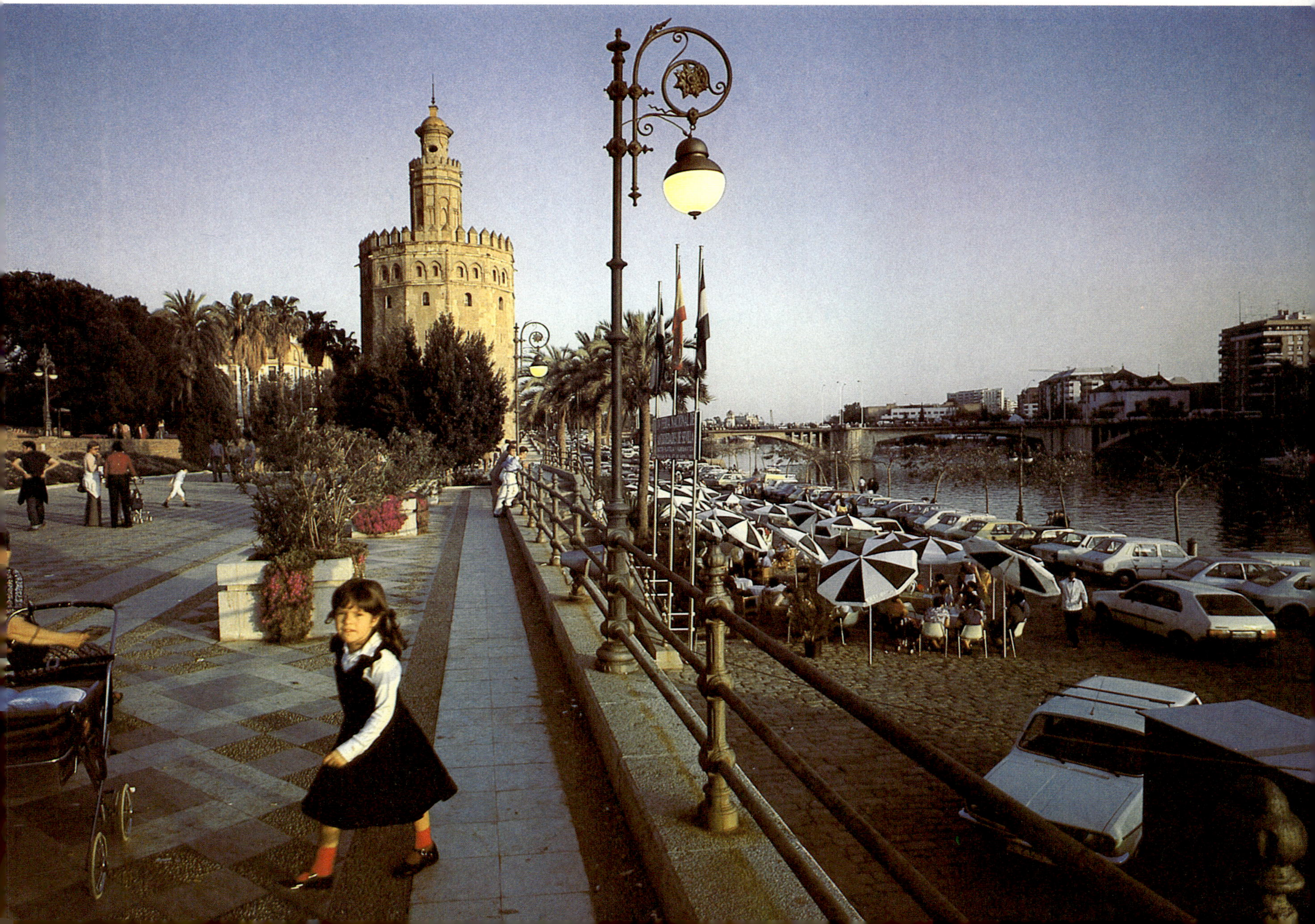

ESPAÑA DIVERSA

ESCRIBEN

"ESPAÑA DIVERSA"
Luís Carandell

"ECONOMIA ESPAÑOLA PARA VIAJEROS"
José Luis Sampedro

FOTOGRAFIA Y GUION
Ramón Masats
Con la colaboración de
Oscar Masats

© Copyright by Luna Wennberg Editores
General Mitre, 191-193 BARCELONA 212 42 08
Nuñez de Balboa, 115 MADRID 262 80 46
ISBN 84-85983-04-1
Depósito legal: B-39.173-1982
Impreso en España
Printed in Spain
Imprime Luna Wennberg 1982-83
Es propiedad. Reservados todos los derechos
Prohibida la reproducción total o parcial sin la debida autorización

EDITORIAL

Ahora que ya sabemos que España no es diferente, podemos decir que es diversa, es decir que su personalidad y su carácter se basa precisamente en la hetereogenidad. Por eso hemos titulado este libro "España diversa" y en el uso de ese adjetivo va incluido el legítimo orgullo que los españoles sentimos, por la rica variedad del país en que vivimos.

Con razón se llamó a este país desde antiguo "las Españas", porque a la variedad geográfica de este continente corresponde una variedad cultural y de pueblos que, en vez de limitar, enriquecen la unidad de una patria común fundada en la pluralidad que la Naturaleza y la Historia le han impuesto.

El libro que el lector tiene en las manos está hecho por los que en él hemos trabajado, pensando precisamente en mostrar esa rica y fecunda multiplicidad. Éste habría sido el resultado, aun cuando no nos lo hubiéramos propuesto. Quien quiera que salga al campo, a los caminos, a la calle, deberá testificar la existencia de esta "España Diversa"; una España esperanzada en un futuro de progreso y regida por Juan Carlos I, un hombre decisivo para la consolidación de la Democracia.

Creemos que el esfuerzo realizado en la preparación de este libro habrá valido la pena, si su contemplación y su lectura sirve para profundizar en el conocimiento de nuestro país, en la comprensión de lo que acaso por ser más próximo, es más desconocido para nosotros.

La cámara de Ramón Masats ha sabido captar este claroscuro de la diversidad española. Junto con los textos de Luis Carandell y José Luis Sampedro, compone un retrato múltiple de España que no hay que tomar foto por foto, párrafo por párrafo, sino en su conjunto.

Nous savons maintenant que l'Espagne n'est pas différente, et nous pouvons dire qu'elle est diverse, c'est-à-dire que sa personnalité et son son caractére se fondent précisément sur l'hétérogénéité. C'est pourquoi, nous avons intitulé ce livre "Espagne diverse", et dans cet adjectif nous incluons l'orgueil légitime que ressentent les espagnols pour la riche variété de leur pays.

Trés justement ce pays a reçu le nom, "les Espagnes" depuis les temps anciens, à cause de la variété géographique de ce continent qui correspond également à une variété de cultures et de peuples, enrichissant l'unité d'une patrie commune fondée sur la pluralité que la Nature et l'Histoire lui ont imposé.

Le livre que le lecteur a entre les mains a été conçu par ceux qui l'ont confectionné, pour montrer préccisément cette richesse et multiplicité féconde. Cet objectif aurait été atteint de toute façon, car toute personne se promenant sur les chemins, dans la campagne ou les rues, peut aisément observer l'existence de cette "Espagne Diverse; une Espagne, qui croit en un futur de progrès et dirigée par Juan Carlos I, homme d'une importance décisive pour la consolidation de la Démocratie.

Nous pensons que l'effort réalisé pour la préparation de ce livre vaudra la peine, si sa contemplation et sa lecture servent à approfondir la connaissance de nostre paysainsi que la compréhension de ce qui reste inconnu pour nous malgré la proximité qui nous en sépare.

L'appareil de photos de Ramón Masats a su capter ce clair obscur de la diversité espagnole. Les textes de Luis Carandell et de José Luís Sampedro, composent un portrait multiple de l'Espagne qu'il ne faut pas considérer photo par photo, ni paragraphe par paragraphe, mais dans son ensemble.

EQUIPO EDITORIAL

Cobre

Si hubiera que elegir un color que sintetizara la impresión que la Península Ibérica produce en su conjunto, ese sería quizá el color del cobre. Después de un largo viaje por España queda en los ojos una tonalidad cobriza dominante que se recuerda cuando se está lejos y que distingue, en la memoria, a la vieja piel de toro tanto de la Europa a la que pertenece como del Africa a la que sirve de puerta.

Simplificación, se dirá, y es cierto. Un color es siempre una síntesis de la variadísima gama de colores, una resultante de la diversidad cromática. Asi sucede con los paisajes. En ellos, todos los colores del arco iris en sus diversos tonos están presentes, pero hay uno que domina que señorea la retina del que los contempla y que acude a su mente cuando, ausente, los evoca. Asi sucede también con los paises los cuales, aun teniendo variedad de paisajes, tienen sin embargo un paisaje, un tipo de paisaje que, en su conjunto, los representa.

Sí. Decir que España es del color del cobre es simplificar. Pero quizá el lector entienda la necesidad que tengo de simplificar si le digo que lo que se me ha pedido es explicarle, en las pocas páginas que acompañan a las fotografías de Ramón Masats, lo que es España, cómo es España, la España de siempre y la de hoy, no solamente desde el punto de vista del paisaje sino desde todos los puntos de vista. Como decimos los españoles, ¡ahí es nada! Mi convencimiento de que, del mismo modo que Ramón Masats lo ha hecho con la imagen, no hay nada que no pueda explicarse con palabras, por difícil que la explicación sea, es lo que me ha animado a cumplir el peliagudo encargo. Y he de decir que, en gracia al lector, y también por inclinación y gusto mio, mi relato habrá de parecerse más a una charla de café que a una sesuda conferencia.

Y el hecho de haber simplificado el comienzo de mi descripción, reduciendo el color de España al color del cobre me exige ahora señalar un hecho clave para la comprensión y conocimiento de España y es que sus condiciones geográficas le han dado una enorme variedad de paisajes. Una península es como un continente en miniatura y la Península Ibérica reproduce en su territorio, de Norte a Sur, de Este a Oeste, la variedad continental. De los robledales del Pirineo al olivar de Jaen, de los bosques de hayas de Asturias al palmeral de Elche, de las praderas de Cantabria a los desiertos de Almería, de los acantilados de Galicia a las suaves playas mediterráneas pasando por las desnudas altiplanicies castellanas o los eriales aragoneses, sin mencionar ya los contrastes que ofrecen las islas, todo en España habla de diversidad, de realidad múltiple dentro de una unidad geográfica.

Entre Europa y Africa

Invito al viajero a que compruebe por sí mismo la realidad de la riqueza paisajística de este mundo de Iberia, situado a caballo entre Europa y Africa y que en su geología, en su clima, en su flora, en su fauna, participa de la riqueza de ambos continentes. Del mismo modo que, extendiéndose entre el Mediterráneo y el Atlántico, está bajo el influjo de los soles y las brumas de los mares que la circundan. De la experiencia de un amplio recorrido por la península sacará sin duda el viajero la convicción de que se halla, más que en un pais, en un pais de paises, en una nación de naciones que plantea tantos quebraderos de cabeza a los geógrafos y a los meteorólogos como problemas plantea a los políticos que quieran gobernarlo sin violentar las condiciones que la naturaleza le ha impuesto.

A lo largo de la historia, y hasta años bien recientes, ha habido sucesivos intentos de uniformizar políticamente este pais tan vario mediante sistemas centralizadores importados. No han tenido éxito en su empeño ni han sido capaces de borrar las diferencias que dan a cada una de las partes su personalidad propia. Hablar de España es hablar de los distintos pueblos, de las distintas culturas e idiomas que coexisten en España. Y el reconocimiento de que, precisamente en esa diversidad, radica la mayor riqueza, es condición indispensable para la convivencia española, para la vida democrática a que el país aspira después de las amargas experiencias del pasado.

Pero ya es hora de que, superando el temor que a todo escritor le causa competir con la fotografía, bajo el al parecer inapelable fallo de que «una imagen vale por mil palabras», intentemos describir esa diversidad paisajísta de que tan orgullosa puede estar España. Se observará que, al hacerlo, hablaremos indistintamente de España y de Iberia, y no porque sean dos conceptos idénticos en la acepción actual sino porque la unidad geográfica peninsular pervive por encima de la existencia de los dos Estados, España y Portugal, que hoy comparten la península. Un viaje por ambos lados de lo que el pueblo llama con sabiduría «la raya de Portugal», linea trazada sobre el mapa más que frontera impuesta por la naturaleza, permite darse cuenta de la continuidad geográfica y paisajísta que hay entre los territorios de los dos Estados que ocupan el país desde antiguo llamado Hispania. De ahi que, si bien España y Portugal son, políticamente hablando, dos paises extranjeros el uno con respecto al otro, sería difícil encontrar a un español o a un portugués que al emprender un viaje a Portugal o a España dijera que va al extranjero. Y de ahi que, al escribir sobre España o sobre Portugal, sea inevitable la referencia a Portugal o a España o al conjunto peninsular que llamamos Iberia.

Un libro que, como el que el lector tiene en las manos, pretenda dar una idea de un pais en sus diversas y múltiples facetas podría muy bien proponerse como guión una célebre frase que en cierta oportunidad pronunció don Miguel de Unamuno. Comentando los males que aquejan a España, exclamó don Miguel: «¡Qué pais, qué paisaje y que paisanaje!» Apenas se puede imaginar un «índice» más preciso y lapidario para escribir un libro sobre España.

Trataremos en las sucesivas páginas de los tres «capítulos» que nos propone el maestro de Salamanca. Y comenzaremos por el paisaje. Pero, al hablar del paisaje hay que decir que la cultura española, muy atenta siempre al hombre, nunca se ha caracterizado por su atención a la naturaleza. Ni en nuestra literatura ni en nuestra pintura encontramos los grandes paisajistas que hallamos en otros paises. El hombre español no suele ser «rousseauniano» en el sentido coloquial del término. Vive de espaldas al paisaje o bien podría decirse que su paisaje ideal termina en la esquina de la calle o el velador del café, en la fuente de la plaza o los geranios del balcón. El excursionismo, la ecología, las zonas verdes y los fines de semana en el campo son entre nosotros inventos recientes, aunque algunos de los pueblos que componen España puedan vanagloriarse de haber sido pioneros en estas materias.

Iberia seca, Iberia húmeda

Un periodista famoso, César González Ruano, interpretaba muy bien la escasa inclinación paisajista de sus conciudadanos al decir con desdén no exento de ironía: «El campo es un sitio lleno de pollos crudos». Viajando yo en una ocasión por Castilla con un amigo a quien considero en muchos aspectos como prototipo del caracter español, comenzó a fallar el coche. Y exclamó mi amigo con espontaneidad: «Mira tú que si nos quedamos tirados en medio del cabrón del campo...» Y don Pío Baroja contaba que un día que estaba paseando con don Benito Pérez Galdós por las inmediaciones de la Ciudad Universitaria de Madrid, se metieron por un descampado y don Benito le dijo: «Cuidado, Baroja, que ésto es el campo».

Muchas veces he oido, en boca de la gente española, frases como «esto no es más que paisaje» para designar cosas accesorias que no afectan a la cuestión principal. El paisaje es un telón de fondo al que se mira con indiferencia, cuando no con hostilidad. Esta actitud no puede, naturalmente, generalizarse a todos los españoles y, también en este aspecto, existen grandes diferencias regionales. En Cataluña y en el País Vasco, por ejemplo, el sentimiento de la naturaleza está tradicionalmente más arraigado que, pongamos por caso, en Castilla. Pero en general se puede decir que la admiración por el paisaje no es lo que se llama el punto fuerte de los españoles. Literariamente hablando, el paisaje español es una aportación de la generación del 98 aunque a algunos de estos escritores se les puede reprochar haber dado del paisaje español una visión ideal y retórica que las generaciones posteriores han tenido que corregir.

Geográficamente, la Península Ibérica es un promontorio que asciende desde la franja costera hasta una altiplanicie de una media de 700 metros de altitud. Después de Suiza, España es el país más montañoso de Europa. Desde los Pirineos y los Picos de Europa hasta Sierra Morena y Sierra Nevada, pasando por el Sistema Ibérico y el Sistema Central, grandes cadenas de montañas atraviesan la Península, dificultando históricamente la comunicación tanto con el continente europeo como entre las regiones peninsulares. Tierra de climas continentales extremados, pobre en agua y con rios de curso irregular, muchos de los cuales, como decía un escritor, son torrentes durante tres meses y caminos el resto del año, la España seca tiene un claro predominio sobre la España húmeda. Pero una y otra no se excluyen sino que conviven, de manera que tan exacto es identificar la imagen del país con los dorados trigales que alternan con rojizos campos en barbecho, como con las feraces tierras donde florecen los limoneros; tan exacto es representar al país por la verde postal de una ondulada pradera como por el lienzo de tonos pardos y ocres en que un pintor plasmó la desierta soledad del yermo; tan lícito tomar como ejemplo el temible acantilado o la suave playa, la agreste sierra o la sonriente llanura, los picos de nieves perpetuas o las tierras bajas de la marisma.

Las postales debieron inventarse en los paises verdes. El secano no suele dar postales. Y, sin embargo, las tierras secas, no sólo del centro de España, también de sus costas sobre las que cae a plomo el ciego sol en los dias del verano son de una belleza que poco tiene que envidiar a la de aquellas otras que, bajo nubosos cielos, se cubren de un perpetuo manto vegetal. Es, mejor dicho, otra belleza que, si fuese reconocida, quizá nos permitiría encontrar la mención turística de «paisaje pintoresco» en un calcinado desierto aragonés, en un roquedal soriano, en el alto páramo de León, en la costa no en vano llamada blanca de Alicante.

Lo notable de España no son en sí sus paisajes. Los hay igualmente bellos o más bellos todavía en el planeta. Lo notable de España es la coexistencia de esas dos bellezas aparentemente contrarias, enemigas que diría casi, en un mismo país, en una misma región incluso. En el espacio de pocos kilómetros, el automovilista pasará, a través de angostos desfiladeros, de empinados puertos de montaña, desde el borde del mar a cuyas orillas se asoman los pinos hasta las solemnes llanuras vacías, apenas orladas por soñolientas hileras de álamos; y de allí a inexpugnables sierras para bajar de nuevo a los campos donde crecen la vid o el olivar. Hay paisajes construidos por la naturaleza y paisajes construidos por el hombre. La naturaleza es más que humana, da más de lo que puede llegar a concebir el pensamiento. Las generaciones de los hombres son paisajistas sin saberlo.

El alto Tajo

De los paisajes naturales del interior de España, quizá el más extraordinario sea el del alto Tajo. Haciendo honor a su nombre, el río que acaba de nacer en los Montes Universales se abre camino como a machete en el granito de la serranía. Castilla la Nueva, Extremadura y Portugal ignoran cuánto le cuesta al rio, encañonado entre profundas simas orladas de pinos, llegar al hermoso estuario lisboeta. El del alto Tajo es uno de esos paisajes donde se siente la majestad de la Tierra. Lo mismo puede decirse de la profunda hendidura, una herida casi en el paisaje del alto páramo castellano, que forma el Ebro cuando atraviesa las tierras del norte de Burgos. El padre río de los iberos tiene una incierta cuna. Oficialmente, nace en Fontibre, en una fuente en cuya hornacina hay una estatua de la Virgen. Se verdadero origen hay que buscarlo en el Pico de Tres Mares, así llamado porque de él se dice que una gota de agua que caiga en su cumbre puede llegar a ser, según la dirección que tome, Atlántico, Cantábrico o Mediterráneo.

No es éste el lugar de hacer un inventario de los ríos españoles, seguir el curso del Ebro por el valle de Valdivielso y la hoz de Trespaderne, antes de entrar en la «roja y feliz Rioja», como la llamó el poeta Esteban Manuel de Villegas, o fecundar los eriales aragoneses, hasta llegar al prodigioso Delta. O el del majestuoso Duero, desde los Picos de Urbión hasta Oporto, pasando por las tierras «de pan llevar» de la alta meseta. O bien el del Guadalquivir que, nacido en los luminosos bosques de la Sierra de Cazorla, fecunda la campiña andaluza y se divide en brazos en la marisma para formar el Coto Doñana, una de las reservas ecológicas más importantes de Europa, donde anidan las aves migratorias. Quizá, de todos nuestros ríos, el más notable, lo que no quiere decir el más importante, sea el Guadiana. La palabra «guadiana» designa en España a cualquier persona, cosa o idea que, habiendo permanecido oculta durante un tiempo después de haber ganado notoriedad, reaparece con nueva fuerza. Eso es exactamente lo que hace este extraño rio ibérico, misterioso ya desde su nacimiento. Cervantes atribuyó a los encantamientos del sabio Merlín los extraños ruidos, «roydos» de las lagunas de Ruydera. En La Mancha, muy cerca del pueblo, también cervantino, de Argamasilla de Alba, el rio se sume en la tierra y cruza por debajo los fértiles campos de los que se dice que son lagar de vino y aljibe de agua. Inesperadamente, reaparece el río en Ojos de Guadiana para formar otra importante reserva de aves migratorias, las llamadas Tablas de Daimiel, precioso paraje poblado por plantas acuáticas.

Lo más característico del paisaje ibérico, en su accidentado relieve, es la alternancia de sierras y llanuras. La palabra sierra *(serra* en otros idiomas de la península), expresa muy gráficamente la configuración de los montes de dentada silueta que sirven de fondo al amplio paisaje y que hay que atravesar siempre por profundos desfiladeros o altos puertos en cualquier viaje que quiera hacerse por España. Las grandes cordilleras no reciben el nombre de sierras. Nadie llamaría sierra, por ejemplo, al conjunto del Pirineo, ni siquiera a los Picos de Europa, aunque pueden denominarse asi a las cadenas de montañas que componen la cordillera. Pobladas de una vegetación de mata baja donde anida la perdiz roja ibérica o se refugia el jabalí, de robledales degenerados o de pinos de asalmonado tronco, las sierras españolas suelen tener un carácter áspero, agreste que en la cultura española se identifica con todo aquello que se situa fuera de la ley de los hombres. Fue en este país donde se inventó la guerra de guerrillas, una palabra española que ha pasado a todos los idiomas del mundo. Y las sierras ibéricas, en tiempos pasados, sirvieron de guarida a los bandidos y de refugio a aquellos de los que, en grafica expresión, se decía que «se echaban al monte». Hay un romance que dice:

> En lo alto de la Sierra
> José María cantó,
> el Rey mandará en España,
> en la sierra, mando yo.

El nombre de Sierra Morena, quizá la más ibérica y áspera de todas las sierras, está íntimamente ligada a la historia del bandidaje. Aun hoy, cuando, en un restaurante por ejemplo, le cobran a uno más de la cuenta, es fácil oirle decir que «esto parece Sierra Morena». Un viajero francés del pasado siglo, Theophile Gautier, decía que ya en su tiempo, para desengaño de los turistas franceses deseosos de correr aventuras, los bandidos habían desaparecido de los riscos de Sierra Morena y se habían trasladado a mesones y posadas. El viajero de hoy aun paladeará el sabor de la antigua leyenda en esta bellísima serranía que, formando el labio inferior de la meseta, cruza España de parte a parte como frontera natural entre Castilla y Andalucía. Su nombre procede al parecer de la corrupción del apellido de un consul romano, Marianus, que la atravesó con sus legiones, y por eso se la conoce científicamente como Mariánica. Pero es una sierra oscura, morena, y asi la copla popular puede decir aquello de

> ¡Qué bien los nombres ponía
> quien puso Sierra Morena
> a esta negra serranía!

La palabra serranía, por cierto, aun siendo idéntica a sierra, se reserva para algunas de las sierras ibéricas. Se habla por ejemplo de la Sierra del Guadarrama, de la Sierra de Gredos, de la Sierra de Aracena, de la Sierra de la Culebra, de la Sierra de Francia o de la *Serra* del Montsant. Pero se dice Serranía de Ronda o Serranía de Cuenca sin que se sepa exactamente la razón de esta discriminación nominal. Bien es verdad que estas dos sierras son de las más bellas de España. La de Ronda, que cae a pico sobre la estrecha franja de la costa, tiene profundos «tajos» que dan todo su carácter a la ciudad que le da nombre. En la serranía de Cuenca, la naturaleza ha actuado como escultora de las inmensas moles de piedra que se alzan entre los pinares y que tienen su estampa turística en la famosa Ciudad Encantada.

Pueblos moriscos

Pero quizá la más impresionante de todas las Sierras españolas sea Sierra Nevada cuya visión desde el Albaicín granadino, sirviendo de fondo a la Alhambra, ofrece uno de los más bellos paisajes del mundo. En el corazón de Sierra Nevada, entre la cordillera donde se alzan los picos del Mulhacen y el Veleta y la Sierra de la Contraviesa, se extienden los preciosos y meridionales valles de La Alpujarra donde, a vista de la nieve de las montañas, crecen el naranjo y el limonero. El paisaje austero, escasamente arbolado, de la Alta Alpujarra en torno a Trevélez, al pie del Mulhacén, el pueblo más alto de España situado a mil setecientos metros de altitud, contrasta con la visión casi paradisíaca de la Alpujarra Baja, cuya mejor representación está en el llamado Barranco de Poqueira. En la ladera de la montaña se escalonan, en la frondosa vegetación, los tres pueblos de Pampaneira, Budión y Capileira, de estrechas callejas y muros resplandecientes de cal. Siguiendo la carretera hacia la montaña en cuya cumbre se alza el pico Veleta –la carretera más alta de Europa– encontraremos una estación de esquí que ofrece una característica dificil de hallar en otras estaciones de España o de Europa. Estamos a cuarenta kilómetros del mar y el esquiador que ha estado practicando su deporte en las nevadas laderas podrá, si lo desea, bañarse en las templadas aguas de Salobreña o de Motril, en la Costa del Sol.

La Alpujarra fue el lugar donde se refugiaron los moriscos después del decreto de expulsión dictado contra ellos en el siglo XVII. Escenario de sangrientas guerras, sus pueblos conservan el carácter morisco que les dieron sus moradores. En el barrio alto de Trevélez, el mejor conservado de los tres de que se compone el pueblo, pueden verse las casas de forma cúbica, típicas de la arquitectura popular morisca, semejantes a las que encontramos en los pueblos del Atlas marroquí. Los tejados están cubiertos por la pizarrosa arena llamada launa, que tiene la virtud de expulsar el agua. Vistos desde arriba, los pueblos cobran el caracter de una sucesión de terrazas sobre las que se levantan las chimeneas de precioso diseño que parecen esculturas.

Por dondequiera que uno viaje en España, siempre se ofrece a su ánimo la convicción de la decisiva influencia que la configuración montañosa del país ha tenido sobre su historia y sobre la vida de sus habitantes. España es un país condicionado por sus montañas y, al decir esto, vienen de inmediato a la mente las dos cordilleras de las que surgieron en la Alta Edad Media los reinos que andando el tiempo habían de constituir España tal como la conocemos. Su origen oficial se quiere buscar, en una combinación de historia y leyenda, en el pequeño reducto visigótico en que el más o menos legendario Don Pelayo se hizo fuerte frente a los árabes invasores en los riscos de Covadonga, en los Picos de Europa. El santuario de la Virgen de Covadonga, a la que los asturianos prefieren llamar la Santina, continua siendo hasta hoy lugar de peregrinaciones hispánicas. Asturias ha sido y continúa siendo para los españoles algo así como una pequeña patria. Así lo dice la canción «Asturias, patria querida, Asturias de mis amores», ese pequeño segundo himno que siempre terminan por cantar, en trenes y autobuses, los grupos de excursionistas o los escolares en gira campestre. La frase «Sólo Asturias es España, lo demás es tierra conquistada», quizá se dijera alguna vez en serio. Hoy es una broma, pero una broma que expresa la fuerza de la leyenda del origen de España.

La historia, claro, es bastante más complicada de lo que quiere hacer creer una mitología oficial que ha servido de justificación a un centralismo a menudo destructor de la diversidad cultural española que tan bien se corresponde con su diversidad geográfica en la unidad peninsular. Al mismo tiempo que en las montañas de la cordillera Cantábrica se creaba el reino astur, otros reinos surgían en los valles pirenaicos con sus culturas propias mientras que, en la España musulmana, árabes y judios creaban una originalísima cultura que enriqueció a España y, a través de España, a toda Europa. Hoy admiramos todavía los signos de esa rica diversidad creadora de una civilización que más que de un solo país, parecía producto de todo un continente, al tiempo que lamentamos que el poder eligiera en siglos posteriores, y hasta bien entrado el siglo XX, el camino de la simplificación uniformizadora en vez de inclinarse, en lo religioso, en lo cultural, en lo político, por el cultivo de esa diversidad fecunda.

«Ya no hay Pirineos»

El símbolo del aislamiento de España, en un país tan conocido por su orografía, se llama el Pirineo o, más propiamente hablando, los Pirineos. En ese muro que cierra el istmo ha de encontrarse la principal razón de que haya podido considerarse que España, aun perteneciendo al continente europeo, se haya diferenciado claramente de Europa. «En los Pirineos comienza Africa», ha llegado a decirse, negando a los españoles la condición de europeos. La falsedad de la afirmación, hecha en tiempos en que ser europeo constituía en el mundo un privilegio, no puede sin embargo ocultar el hecho de que la Península Ibérica, cerrada al norte por la muralla pirenaica, ha permanecido en muchos aspectos al margen de la historia del continente. Y de tal manera los Pirineos han llegado a ser el símbolo del aislamiento español que cuando, en nuestros días, los modos de vida y las instituciones políticas de España se han equiparado en lo sustancial con las de Europa, este hecho se expresa diciendo que «ya no hay Pirineos».

El viajero que intente cruzarlos comprenderá por sí mismo la razon por la cual esta cordillera, atravesada por escasos pasos de montaña, ha sido una barrera histórica. Pero hablábamos del paisaje y, desde el punto de vista del paisaje, desde el Pirineo gerundense hasta los valles pirenaicos navarros pasando por el profundo valle de Arán o los valles aragoneses coronados por los nevados picos, los Pirineos ofrecen, podríamos decir, lo más europeo del paisaje montañoso español, una imagen continental muy distinta de la que hallamos en las sierras ibéricas. Sería difícil elegir en el conjunto del Pirineo el más bello de sus paisajes. Las provincias de Gerona, Lérida, Huesca y Navarra compiten entre sí por este título. Los montes de la Cerdaña en torno a Puigcerdá, el prodigioso valle de Bohí donde se alzan algunas de las más bellas iglesias románicas de Occidente, los picos del Aneto y la Maladeta, el valle de Ordesa o los tres grandes valles navarros, Roncal, Salazar y Baztán, con la impresionante selva de Irati, una de las mayores reservas forestales de Europa, esperan al viajero que desee comprobarlo. Quizá el lugar más recóndito del Pirineo, para quien viene de España, sea el Valle de Arán, hoy centro de un turismo invernal que acude a la estación de esquí de Baqueira-Beret. Situado al otro lado del Puerto de la Bonaigua, hoy puede llegarse al valle por el tunel de Viella, una de las más impresionantes obras de la ingeniería española. Tierra disputada históricamente entre España y Francia, el valle de Arán ha mantenido en su paisaje, en la arquitectura de sus pueblos, en las costumbres de sus habitantes e incluso en su lengua, el aranés, una variante del gascón (la palabra Arán significa valle en esta lengua) sus propias particularidades.

En España, solamente la cordillera Cantábrica puede aspirar a aproximarse en importancia orográfica a la cordillera pirenaica. Se la conoce comunmente por Los Picos de Europa, un nombre con que, segun se dice, la bautizaron los marinos que venían de América porque esos montes eran la primera visión que tenían del continente europeo. El viajero que, desde la costa de Santander o de Asturias, penetre en ellos experimentará esa misma sensación de descubrimiento. Uno de los viajes más apasionantes que puede hacerse en coche en la región cantábrica es el que, partiendo del pueblo santanderino de San Vicente de la Barquera, nos conducirá a Unquera para tomar allí el desfiladero de La Hermida, siguiendo el rio Deva. El desfiladero, a través del cual discurre la carretera a lo largo de casi veinticinco kilómetros entre las paredes de desnuda roca, es de una majestuosa belleza. En el camino, la ermita mozárabe de Santa María de Lebeña se alza en medio de los montes, en un microclima natural que permite que crezcan a su puerta el tejo y el olivo, el más meridional y el más septentrional de los arboles europeos. El pueblo de Potes, que conserva su antiguo barrio de construcciones serranas es, por el lado oriental, la puerta de los Picos de Europa que da paso al santuario de Santo Toribio de Liébana, de donde procede el famoso Códice miniado del Beato, y al pueblo de Espinama, que guarda recuerdos de los amores del marqués de Santillana:

> Mozuela de Bores
> allá so la lama
> púsome en amores.
> E fueron las flores
> de cabe Espinama
> los encubridores.

Para quien no prefiera subir a los Picos en el funicular de Fuente Dé, el camino que parte de Espinama conduce al circo de montañas donde se alza el más famoso de los montes de la cordillera, el Naranjo de Bulnes, un desafío para los alpinistas. Pero si hubiera que elegir un paisaje en los Picos de Europa, quizá me inclinaría yo por el camino que, partiendo de Arenas de Cabrales en dirección a Cain, pasa por el desfiladero del rio Cares. Su nombre lo dice todo: la Garganta Divina.

El gigante de un solo ojo

No se puede hablar, claro está, de montañas españolas sin mencionar la más alta de todas ellas, el pico del Teide, en la isla de Tenerife, que sobrepasa los tres mil setecientos metros de altitud. Subiendo desde el valle de La Orotava se contempla el volcán emergiendo en el centro del inmenso crater de Las Cañadas. El llamado Mirador de Humboldt está situado en el lugar donde el famoso científico alemán se puso de rodillas ante lo que el llamó «el paisaje más hermoso del mundo». Los marinos de la antigüedad dejaron constancia de la impresión que les causó ver desde el mar el perfecto cono del volcan. Y algunos intérpretes de La Odisea han asegurado que Tenerife es la isla en que Homero situó la morada de Polifemo, el gigante de un solo ojo, representación mítica del Teide.

La configuración orográfica de la Península ha dado especial significación geográfica e histórica a los desfiladeros y a los pasos o, como se dice en español, a los puertos de montaña. En los Pirineos, Roncesvalles fue el paso por donde entraba en España el Camino de Santiago, también llamado Camino Francés, otro de cuyos ramales tenía su entrada por Somport, en Huesca, el Summum Portus de los romanos. Roncesvalles era ya famoso desde mucho antes de que se iniciasen las peregrinaciones que tanta importancia religiosa y cultural revistieron para la historia de España y de Occidente, desde los tiempos en que allí fue derrotado y muerto el caballero Roldán junto con Oliveros y los demás Pares de Francia. El episodio quedó inmortalizado en la Chanson de Roland, en otros textos de la literatura francesa y española e incluso en coplas populares como la que comienza

> Mala la hubisteis, franceses
> en esa de Roncesvalles...

Segun la «Chanson», los enemigos de Roldán en esta batalla fueron los sarracenos del rey moro de Zaragoza. Es más probable sin embargo que fueran los vascos, expertos en la guerra de guerrillas tan peculiarmente ibérica, quienes infligieron la derrota a los franceses en venganza por la destrucción de las murallas de Pamplona poco tiempo antes. La gesta permanece viva en la memoria de las gentes. Todos los años se celebra en Roncesvalles un festival que la recuerda y en la comarca aun contarán al viajero una leyenda segun la cual, en las noches de luna llena, puede escucharse entre el ulular del viento, el cuerno de caza que Roldán hizo sonar llamando desesperadamente a las fuerzas del emperador Carlomagno.

Apenas existe en España ningún viaje en que el automovilista no se vea obligado a cruzar alguno de estos puertos de montaña, llámense el Escudo, Pozazal, Pajares, Manzanal, las Portillas del Padornelo y de la Canda, Somosierra, Miravete o Despeñaperros. Esta es una geografía cuyas lecciones son fáciles de recordar porque, durante el invierno, raro es el día en que algunos de estos puertos, y especialmente las de la mitad norte de la Península, no sean mencionados en los boletines de vialidad de las carreteras, anunciando que están «cerrados al tráfico» o que en ellos «es imprescindible el uso de cadenas». La vida cotidiana de los habitantes se ve por tanto afectada por las montañas, que no sólo separan al país del continente a que pertenecen sino, entre sí, a las regiones que lo forman. El tránsito entre Castilla y Cantabria, entre León y Asturias, entre las dos Castillas o entre Castilla y Andalucía ha de confiar en difíciles puertos de montaña la comunicación interregional.

Los nombres de estos puertos son a menudo símbolos de las diferencias geográficas y culturales de uno y otro lado de la montaña. Un caso muy expresivo en este aspecto es el de Despeñaperros, el estrecho desfiladero por el que antiguamente pasaba el camino real en torno al que se ha construido la carretera que constituye la única vía de comunicación entre Castilla y Andalucía. Los andaluces utilizan con frecuencia las expresiones «De Despeñaperros para arriba» y «De Despeñaperros para abajo» para dar cuenta de las diferencias que existen entre las tierras y también entre las costumbres sociales del norte y del sur de Sierra Morena. Por poner un ejemplo, los aficionados a los toros dicen que «de Despeñaperros pa abajo, se torea; de Despeñaperros pa arriba, se trabaja», para dar a entender que son los andaluces los únicos que tienen el dominio del verdadero arte del toreo.

El accidentado relieve del país ha de tener necesariamente su correspondencia en sus costas. Pocos países gozan de las largas y amplias playas de suave declive que se encuentran en la costa española, no sólo en la mediterránea sino también en la cantábrica y en la atlántica. Han sido su mayor atractivo no sólo para el tradicional veraneo de los españoles sino también para la promoción del turismo, convertido en la primera industria nacional. Pero, junto a esas suaves playas, hay abruptas zonas costeras para los amantes de bañarse entre rocas. Así, junto a las costas que hoy reciben los turísticos nombres de Costa Blanca, Costa del Sol, Costa de la Luz o Costa Verde, la Costa Brava catalana es el paradigma de cuanta belleza pueda alcanzar una costa accidentada en que los pinos que crecen entre las rocas se asoman al mar. En el Cabo de Creus, su extremo septentrional, esta costa cobra un aspecto casi lunar. Con este paisaje rivaliza el impresionante Cabo de Formentor, en Mallorca. Pero acaso no exista en España ninguna costa de piedra tan sobrecogedora como la que lleva desde antiguo el nombre de Costa de la Muerte, en Galicia. Cualquiera que se asome a sus imponentes acantilados comprenderá por qué los marinos la bautizaron así. Según se cuenta, en la vecina comarca de Bergantiños había antiguamente bandidos que hacían embarrancar los navíos que se acercaban a la costa por el procedimiento de desplazar luces durante la noche a fin de engañar a los navegantes. La Costa de la Muerte se extiende desde el pueblo de Malpica, en la provincia de La Coruña, hasta el cabo Finisterre, el fin de la tierra para los antiguos.

El olivar andaluz

Hoy es ya difícil encontrar paisajes naturales puros. La huella del hombre está presente por todas partes, incluso en los parajes más aislados. Pero el hombre no siempre ha distorsionado y contaminado los paisajes, como parece hacer en nuestra época. El hombre ha sido a menudo, sin saberlo, paisajista y algunos de los más bellos paisajes del mundo son precisamente paisajes creados por el hombre. En España hay no pocos ejemplos eminentes de la belleza que el hombre ha sabido añadir a la tierra a lo largo de las generaciones. Quien no lo crea, que emplee su tiempo en recorrer la huerta murciana, el naranjal de Valencia o los montes poblados de almendros de la sierra de Almería cuando, en febrero, están los árboles en flor. O bien que cruce la inmensa llanura de los Campos Góticos, la Tierra de Campos, para ver, poco antes de la siega, lo que con tanta razón se llama «el mar de trigo» que el viento mueve en suave oleaje. Paisajes humanos son el encinar de Extremadura, las plantaciones de viña en La Rioja, en La Mancha o en el campo o marco de Jerez. O aquellas otras plantaciones de vides que crecen en las terrazas que en un esfuerzo de generaciones construyeron los hombres en las secas y boscosas montañas del Priorato tarraconense. Para mí, hay en España un paisaje que supera a todos cuantos ha creado el campesino en su lucha por dominar la tierra. Me refiero al del olivar andaluz cantado por Antonio Machado. Apenas el viajero que viene de Castilla entra en Andalucía, los olivares surgen en las colinas en rectilíneas formaciones que parecen avanzar y cruzarse unas con otras a medida que pasamos en coche junto a ellos. Es un paisaje geométrico, un ajedrezado de luces y colores con el rojo cobrizo de la tierra, el gris plateado de los olivos y el intenso azul del cielo. Si tuviera que elegir un paisaje que representara a España en la diversidad de sus tierras y sus culturas, quizá me quedaría con la quintaesenciada armonía, griega, latina, árabe, española, del olivar de Jaén.

Elemento esencial del paisaje humano es también, claro está, la arquitectura y, especialmente, aquella arquitectura más peculiarmente fundida con la tierra. Hoy, cuando se hacen edificios de estilo escandinavo junto a las playas de doradas arenas refulgentes contra el azul del mar, cuando se construyen chalets suizos en los austeros montes castellanos, aún apreciamos más aquella arquitectura que parece naturalmente surgida del paisaje utilizando los materiales de la zona y con las formas tradicionales que deben su explicación a siglos de vida.

Una de las características, y quizá la más llamativa de España, es la gran diferencia, el abismo diríamos casi, que existe entre ciudad y campo, entre ciudad y pueblo. Son dos mundos aparte y pasar de uno a otro de esos mundos significa no sólo cambiar de lugar sino también, podríamos decir, cambiar de siglo. En este aspecto, como en tantos otros, el país no admite generalizaciones y, sin embargo, esa es la impresión dominante que queda en la retina del viajero. Hoy sería quizá un poco exagerada la afirmación, hace todavía muy pocos años perfectamente cierta, de que «sales de Madrid y te encuentras, en pocos kilómetros, en la Edad Media». Los pueblos en torno a la capital se han modernizado o han intentado modernizarse. Por sus calles, a menudo pedregosas, se ven hoy coches y máquinas agrícolas. Los hombres andan en mono y las mujeres con la bata guateada. Lo que no significa que no sigan llevando una vida de pueblo. Y, rebasado el límite de los cien kilómetros desde la Puerta del Sol, cuando uno se mete en la Sierra de Guadalajara o en los Montes de Toledo, volverá a encontrar pueblos casi abandonados en los que viven sólo algunos ancianos y acaso algunos niños la vida más primitiva que pueda concebirse en el continente europeo.

El éxodo del campo a la ciudad registrado en España durante los últimos veinte años ha dejado en todo el país, y especialmente en las zonas serranas, muchos pueblos abandonados. Viajando por carreteras secundarias es facil encontrarse con alguno de estos pueblos de los que se han marchado los vecinos. Las puertas de las casas aparecen abiertas. Dentro, hay aun viejas fotografías colgadas por las paredes, calendarios amarillentos con motivos florales, algunos muebles y enseres que sus habitantes no pudieron llevarse cuando se marcharon y que los chamarileros no tardarán en saquear para venderlos como antigüedades. Camionetas de pueblos vecinos han venido a buscar vigas y tejas de las casas, piedras de la iglesia labradas por antiguos canteros. Uno de los pueblos abandonados que más impresión me ha causado es el de Villacadima, al norte de Guadalajara. Tiene una preciosa iglesia románica con añadidos góticos. Cuando sus vecinos se marcharon, decidieron que estaría bien trasladar la iglesia al barrio de Madrid donde vivían casi todos ellos. No lo consiguieron y hoy la iglesia de Villacadima aparece destrozada, como un vestigio de una civilización desaparecida.

Esta no es, ni mucho menos, toda la imagen de los pueblos españoles. Hay muchos pueblos en los cuales, ahora que la vida de las ciudades se ha hecho cada vez más difícil, se vive mejor que en la ciudad misma. El lenguaje distingue muy bien entre lo que se llama en castellano «pueblos de mala muerte» o «pueblachos», donde no puede esperarse que la vida sea muy buena, y los llamados «pueblos buenos» que tienen huertas y campos de labor o alguna industria que da trabajo a la gente.

La noción de pueblo es en España muy amplia y a veces se llaman aqui pueblos a núcleos de población que, por el número de sus habitantes, recibirían en otros paises el nombre de ciudades. Oficialmente se les suele llamas «Villas», aunque la palabra, que puede aplicarse también a grandes ciudades como Madrid o Bilbao, no suele usarse en el lenguaje común. La gente habla de «mi pueblo» para referirse a pequeñas ciudades industriales vascas, mineras de Asturias o agrícolas de Andalucía. Los pueblos varían en España mucho de una regiones a otras. Desde las aldeas de Galicia y los dispersos caseríos del Pais Vasco hasta los grandes pueblos de la campiña andaluza o de la huerta de Valencia pasando por los burgos castellanos y los pueblos extremeños, el repertorio es inacabable. Suelen tener, como rasgo común, una plaza central donde están la iglesia y el Ayuntamiento, una plaza muy a menudo porticada que es el lugar de reunión de los habitantes y que tiene mucho de agora griega. Alli están los establecimientos públicos, alli se celebran los mercados en determinados días, se convocan las solemnidades religiosas o se inician las fiestas anuales con encierros de toros.

«Ser de pueblo»

El concepto de pueblo no es tradicionalmente entre nosotros un concepto prestigioso. «Ser de pueblo» no es ninguna gloria para nadie y no son pocos los que, habiéndose trasladado a vivir a la ciudad, procuran ocultar su origen. Si uno pregunta a una persona de donde es, no es raro que le responda diciendole el nombre de la capital de la provincia en que nació. La pregunta, por ejemplo, «Pero, ¿del mismo Cuenca o de un pueblo de la provincia?» suena ya algo impertinente. El preguntado responderá, un poco confuso: «De un pueblo de la provincia». «¿Cómo se llama el pueblo?», insistirá el interrogador. «No lo conocerá Vd, es muy pequeño», dirá el otro, avergonzado.

Sólo muy lentamente va desapareciendo el menosprecio urbano por la gente del campo, por el «paleto» de pueblo a quien los dibujantes de humor representan con rostro cerril y boina calada hasta las orejas. Una copla salmantina reprocha a la gente de la ciudad ese menosprecio

> Salamanca la Blanca, ¿quién te mantiene?
> Los pobres labradores que van y vienen.

La gente de los pueblos quiere parecerse a la de las ciudades, hacer de su pueblo algo parecido a una ciudad. Lo expresa humorísticamente un fandango andaluz:

> Valverde ya no es Valverde,
> es un segundo Madrid.
> Todos los dias, camionetas
> y también ferrocarril
> y el cartero, en bicicleta.

Desde hace unos años, después del multitudinario éxodo de los campesinos hacia la ciudad, se observa un ciérto movimiento de regreso a los pueblos, un nuevo aprecio por la vida rural, por la vida «tranquila» del campo, en contraposición a los agobios de la ciudad. Mucha gente que se había marchado a Madrid, a Barcelona o a Bilbao o incluso a alguna ciudad extranjera en busca de un trabajo que no tenían en el lugar donde nacieron, han descubierto de nuevo su pueblo, han arreglado la casa de sus mayores para pasar en ella sus vacaciones o han intentado incluso, en no pocos casos, buscar alli un trabajo que les permitiera volver a su lugar de origen.

Hasta hace pocos años, la gente del campo no comprendía que a nadie pudiera gustarle su pueblo. Se sorprendían mucho de ver a un viajero contemplando admirativamente la iglesia o la arquitectura de las casas. Yo recuerdo que, en una ocasión, me detuve en un pueblo y estuve hablando con unos ancianos que tomaban el sol en el banco de piedra a lo largo del muro de la iglesia. Era una construcción de la época románica, con un precioso friso con escenas evangélicas. «¡Qué bonita iglesia tienen ustedes!», dije yo. Y uno de los hombres repuso: «Gusta mucho, sí señor». Era seguro que a él no le gustaba y que le parecía sorprendente que los visitantes la elogiaran tanto. De esto que cuento hace ya algunos años y, posteriormente, he visto variar la actitud de la gente de los pueblos con respecto a su propio patrimonio artístico o cultural. Es notable ver, por ejemplo, cómo los vecinos, con pocos medios para mantener ese patrimonio, tratan de defenderlo de la destrucción o de los robos de objetos de arte que han proliferado en nuestra época.

La capa del cardenal

He visto, por ejemplo a la gente de un pueblo de Castilla cerrar el paso con camiones y tractores a un transportista que aseguraba venir de parte del obispo de la Diócesis para cargar un retablo barroco que había en una iglesia abandonada del pueblo. Hubo casi un motín y el retablo está en la iglesia, que posteriormente ha sido restaurada. Para los habitantes de los pueblos, los tesoros artísticos constituyen a menudo algo así como las «señas de identidad» colectivas, el símbolo de la comunidad a que pertenecen. El pueblo de Santorcaz, en la provincia de Madrid, se precia por ejemplo de tener entre sus tesoros la capa pluvial y la cruz del Cardenal Cisneros. El famoso estadista del siglo XVI estuvo preso en el castillo de Santorcaz y regaló al pueblo estos valiosos objetos. Hace algunos años la capa pluvial y la cruz fueron robadas de la iglesia. El pueblo se movilizó y los ladrones fueron detenidos con estos objetos cuando iban a cruzar la frontera francesa. Estuve pocos días después en el pueblo y pedí ver las reliquias de Cisneros. En medio de un gran secreto, un vecino me pidió que le acompañara a su casa. Había sido comisionado por los demás para guardar los objetos, a fin de que no volvieran a robarlos. Me mostró, en una vitrina que tenía en el comedor, la cruz del cardenal y luego, llevándome a su dormitorio, levantó el colchón de la cama y apareció, envuelta en blancas sábanas, la capa pluvial cardenalicia bordada en oro.

Episodios como éste se han repetido a lo largo de estos años y significan una revalorización, en la conciencia colectiva, de una de las mayores riquezas del patrimonio español, los pueblos, no sólo por los monumentos y obras de arte que a menudo contienen sino, especialmente, por la arquitectura popular que la vida ha acumulado en ellos durante siglos y que constituye la más acabada expresión de una arquitectura fundida con el paisaje, de la armonía entre la naturaleza y el hombre.

Uno de los rasgos del carácter del español es la necesidad que tiene de recurrir, en el lenguaje, al uso del superlativo para expresar sus emociones. Y, así, es muy frecuente oír decir a un español que tal o cual pueblo es el más bonito de España. Personalmente, he oído a mis compatriotas dar esta título a un par de buenas docenas de pueblos; quizá el más mencionado de todos ellos sea Santillana del Mar, en Cantabria, y uno de los que lo eligió no fue un español sino un francés, nada menos que Jean Paul Sartre, poniendo esta afirmación en boca de uno de los personajes de «La náusea». Sin duda, el visitante de Santillana, un pueblo de casonas hidalgas con escudos, creerá justificado el superlativo del autor francés. Porque Santillana es un pueblo vivo cuyos habitantes parecen seguir dando más importancia a la agricultura y a la ganadería que al turismo que en gran número lo visita, atraído por su belleza y por la proximidad de las Cuevas de Altamira, hoy cerradas por necesidades de protección de las pinturas rupestres.

Y no se sorprenda el lector si, después de haber dicho que Santillana del Mar es el pueblo más bonito de España, encuentra en su viaje otro que, a su juicio, le supera. Se suele recomendar La Alberca, en Salamanca, pueblo de bien conservadas tradiciones. Pero con la misma razón podría hablarse de Albarracín, en la provincia de Teruel, un pueblo árabe de estrechas callejas y preciosas fachadas, construido bajo la muralla de su castillo; o Trujillo, en Cáceres, una villa señorial más que un pueblo, con sus iglesias y palacios renacentistas, patria del conquistador del Perú, Francisco Pizarro; o bien Sos del Rey Católico, donde nació el rey Fernando de Aragón. Pueblos de gran belleza es también Besalú, una villa medieval situada en la provincia de Gerona, Covarrubias, en el corazón de Castilla no lejos del Monasterio de Silos, o bien Morella, capital del Maestrazgo, que muestra su encastillada silueta de cuando fue residencia del general carlista Cabrera. En el sur, hay para elegir entre los pueblos blancos de Arcos de la Frontera, en Cádiz, Casares de la Sierra, en Málaga, o para no hablar ya de Moguer, el pueblo de Juan Ramón Jimenez, en Huelva. En la Mancha está Almagro, con su preciosa plaza. En Extremadura, Guadalupe, y su famoso monasterio; Zafra, la villa de las dos plazas, la Grande y la Chica, o Jerez de los Caballeros, con sus torres de reesplandecientes azulejos. En Canarias, Garachico, a pesar de la severa destrucción que sufrió en la erupción volcánica del siglo XVIII, es aún un bellísimo pueblo.

Miguel de Unamuno, uno de nuestros grandes escritores viajeros, solía decir que entre los pueblos o pequeñas ciudades más bellos del país debían contarse aquellos que, sin ser capitales de provincia, eran o habían sido sedes episcopales. Resulta sorprendente encontrar pueblos que hoy no tienen más de dos o tres mil habitantes, en los que, sin embargo, se alzan impresionantes catedrales. Este es el caso de Sigüenza, en Guadalajara, cuya catedral contiene obras tan extraordinarias como la sacristía decorada en su abovedado techo con cabezas de personajes bíblicos debidos al escultor Covarrubias. En una de las capillas de la catedral se encuentra la que es quizá la mejor obra de la escultura funeraria española, la estatua de un guerrero adolescente que aparece sentado, revestido de sus armas y leyendo un libro. El nombre del personaje es Martín Vázquez de Arce, caballero seguntino del siglo XIV, aunque se le conoce como el Doncel de Sigüenza.

El gallinero de la catedral

Un caso parecido al de Sigüenza es el de El Burgo de Osma, en la provincia de Soria, cuya catedral tiene una bellísima torre barroca de piedra blanca cuya imagen quedará grabada en la memoria del viajero. Y, por citar una más entre las muchas que podrían citarse, la villa de Santo Domingo de la Calzada tiene también una catedral que parece propia de una gran ciudad. Su torre, exenta, separada del cuerpo de la iglesia, un poco a la manera italiana, es una construcción también barroca de una gran elegancia. Al entrar en el templo, el viajero verá, frente a la tumba del santo ingeniero al que está dedicado, un adorno que quizá la costumbre le induzca a considerar poco adecuado para el lugar donde se encuentra. Es un gallinero labrado en piedra que contiene gallos y gallinas vivos a los que se oye cantar durante los actos del culto. Están allí para perpetuar la memoria de un milagro obrado por intercesión del santo.

Según una crónica medieval, un joven francés que pasaba por aquí en su peregrinación a Compostela fue ajusticiado en el pueblo por haber sido acusado, al parecer falsamente, de haber robado una taza de plata. Los padres, que permanecieron llorando delante del patíbulo, escucharon de pronto la voz de su hijo que les decía que Santo Domingo le había librado de la muerte. Fueron corriendo a casa del Corregidor para advertirle del milagro y pedirle que bajara a su hijo de la horca. El Corregidor, que en aquel momento estaba sentado a la mesa para la comida, les respondió, incrédulo: «Tan vivo está vuestro hijo como estas aves que voy a comerme» y mostró la fuente con los pollos asados. Apenas hubo dicho esto, las aves se pusieron en pie y, recobrando su plumaje, comenzaron a cantar. El Corregidor, con los padres y todo el pueblo, fueron al patíbulo a buscar al joven milagrosamente salvado. Por eso dice el refrán «Santo Domingo de la Calzada, que cantó la gallina después de asada».

Si ser o haber sido sede de un obispo es para un pueblo garantía de tener una buena arquitectura, cuánto más no lo será haber sido residencia de un Papa, como era o pensaba ser don Pedro de Luna quien, bajo el nombre de Benedicto XIII, sostuvo frente al papa Martín V su derecho al gobierno de la Iglesia. En la ciudadela situada sobre la roca de la antigua Peñíscola se conserva el castillo donde vivió el Papa, o quizá estaría mejor decir, el antipapa que quiso hacer de Peñíscola su Vaticano en suelo español. La villa no necesitaba de este personaje para ser famosa. Lo era desde la antigüedad, cuando fue habitada por íberos, cartagineses y romanos. Y se dice que fue allí donde el joven Aníbal pronunció su célebre juramento de profesar odio eterno a Roma.

La costa mediterránea española es la parte del país cuyo primitivo carácter ha quedado más desfigurado, a causa de las construcciones, a menudo poco adaptadas al medio, que han surgido en pueblos y ciudades para atender a la demanda turística. Las urbanizaciones han caído sobre los pueblos dejando, de su estilo original, apenas el recuerdo. En otros casos, la construcción de ciudades de nueva planta, como Benidorm, ha dado lugar al surgimiento de conjuntos urbanos veraniegos no exentos de originalidad y que constituyen un caso único; con sus problemas, pero único, en la historia del urbanismo moderno. Por otra parte, la avalancha de cemento sobre la costa ha dejado libres muchos rincones que aun ofrecen la posibilidad de descubrir por ejemplo en Mallorca, superpoblada de turistas en verano, en Ibiza y ya no digamos en Menorca, la menos turística de las Baleares, apacibles calas y pueblos deliciosos que aun hacen buena la descripción que George Sand, que vivió en Mallorca con Federico Chopin, hacía de la isla en el siglo XIX: «Es la verde Helvecia bajo el cielo de Calabria, con la solemnidad y el silencio de Oriente».

En la costa peninsular no faltan pueblos bien conservados, como Cadaqués, donde las nuevas construcciones han sido hechas con criterios urbanísticos menos estrictamente mercantiles. En la costa alicantina, Altea o, en la almeriense, Mojácar o Carboneras, con sus construcciones cúbicas de estilo inconfundiblemente árabe, son otros ejemplos de la integración de la arquitectura en el paisaje. Y hay que decir también, por otra parte, que el hecho de que en la Costa Brava, en la Costa Blanca o en la Costa del Sol haya que lamentar frecuentes desmanes urbanísticos no debe impedir el reconocimiento de que se han logrado notables conjuntos a los que acude masivamente el turismo español e internacional.

El pueblo de Dulcinea

El color blanco de las edificaciones de la costa mediterránea se vuelve deslumbrante en la España del Sur. En los pueblos de La Alpujarra, de la Sierra de Cádiz, de La Mancha, no es raro ver a las mujeres encalando con ayuda de escobas las casas de los pueblos. El encalado parece ser una cuestión de competencia femenina. En el pueblo de El Toboso, famoso en la historia de la literatura por haber sido la supuesta patria de Aldonza Lorenzo, la Dulcinea del Quijote, los muros de las casas van cobrando, con las sucesivas aplicaciones de la cal desde tiempos antiguos, formas curvilíneas que dan al pueblo un inconfundible carácter. Algo parecido ocurre en los pueblos de La Alpujarra, del que ya hemos hablado, y también en los de la Sierra de Cádiz donde hay pueblos como Arcos de la Frontera, Grazalema y, más proximo a Málaga, Setenil de las Bodegas, algunas de cuyas calles están excavadas en la roca que sirve de cielo a las casas. Próximos a la costa gaditana, Vejer de la Frontera y Castellar de la Frontera, un pueblo blanco encerrado entre las murallas de un castillo, tienen el fuerte sabor morisco que anuncia ya la proximidad de Africa.

En la sierra de Aracena, que forma parte de Sierra Morena pero es mucho más luminosa y variada en vegetación que el resto de la cordillera, hay también preciosos pueblos blancos como el mismo Aracena o Alájar, situado bajo la llamada Peña de Arias Montano, donde se refugió el famoso humanista de la época de Felipe II. El rey le visitó en un refugio y, en una cueva de la montaña, hay una piedra en forma de silla que se conoce por «la sillita del Rey».

En Castilla la Vieja y León predominan la piedra en las construcciones señoriales y el muro hecho con el llamado «mortero», mezcla de piedra y barro. En algunas regiones, sobre todo en Tierra de Campos, hay edificaciones centenarias hechas de adobe, bloques de barro secado al sol y sin cocer, lo que se traduce en que, contemplados en la inmensa llanura, los pueblos se confundan literalmente con el color de la tierra. En Aragón hay también pueblos construidos en piedra, como Sos del Rey Católico o Uncastillo, pero lo especificamente aragonés es el ladrillo con el que los alarifes de tradición mudéjar han venido dibujando los preciosos arabescos que vemos en la torre de Ateca o en edificaciones de Paniza, Maluenda o Calatayud. En Soria se halla una de las más ancestrales construcciones de España, las chimeneas celtibéricas que se vienen haciendo desde épocas anteriores a la conquista de la Península por los romanos. Las chimeneas de Calatañazor, de Villadeciervos y de otros pueblos de la zona ocupan practicamente toda la casa. Son de forma crónica, y el fuego se hace en el centro de la habitación redonda que sirve de cuarto de estar a la familia, mientras los domitorios están situados alrededor de la chimenea, para aprovechar su calor.

Lo más característico de Cataluña son las masías, diseminadas en el campo, a menudo con galería de arcos, que albergan un gran conjunto de edificaciones como exigían las costumbres patriarcales de la época en que fueron construidas. Euskadi, tierra también de`caseríos esparcidos sobre las verdes colinas, tiene quizá sus más peculiares construcciones en los puertos pesqueros tales como Bermeo u Ondarroa en Vizcaya o Guetaria en Guipúzcoa. Cantabria se caracteriza por sus casas con «cortavientos», paredes laterales que protegen la galería de pintadas vigas. En Asturias y Galicia hay que buscar los hórreos, depósitos para guardar el grano, sostenidos sobre columnas, algunos de ellos en piedra labrada. En Galicia, los cruceiros, con algunos maravillosos ejemplos románicos y góticos, son el orgullo de los pueblos y aldeas y se les atribuye un papel protector contra la Santa Compaña de los difuntos y otros espíritus tan propensos a vagar por aquella misteriosa tierra.

En Extremadura y en Castilla es frecuente, en algunas regiones, encontrar fachadas de casas recubiertas de un primitivo hormigón hecho de barro y de paja para darle consistencia. Este es el caso, por ejemplo, de los pueblos de la comarca de La Vera, en la vertiente sur de la Sierra de Gredos, muy cerca de donde se encuentra el sombrío monasterio de Yuste, donde murió el emperador Carlos V. Las estrechas calles de Valverde o de Villanueva de la Vera, surcadas en el centro por los canales de desagüe y con los aleros de las casas juntándose casi, como si quisieran ocultar el cielo, son espacios umbríos con deliciosas placitas en las que se escucha el permanente murmullo de las fuentes.

El nombre de Castilla significa «tierra de castillos» pero, según los últimos estudios, el de Cataluña tiene también la misma etimología. Todo el país, de norte a sur y de este a oeste, está lleno de grandes fortalezas que hablan de la belicosa historia de España. Algunos de estos castillos han sido transformados en Paradores Nacionales que son hoy en número superior a cincuenta, la más notable peculiaridad de la hostelería española.

El viajero hallará en su camino estos castillos que dan a los abiertos paisajes españoles una especial grandiosidad. La misma impresión habrán de causarle los grandes monasterios que en la Edad Media y en siglos posteriores surgieron en toda la Península. La Orden del Cister dejó aqui grandes construcciones monacales como Poblet en Cataluña, Fitero en Navarra, Veruela o Piedra en Aragón, Las Huelgas o Aguilar de Campoo en Castilla. Uno de los más bellos monasterios españoles es el de Silos, en la provincia de Burgos. El ciprés de su claustro, cantado por los poetas, ha quedado como símbolo de la vida espiritual y de la paz monástica. El monasterio de La Rábida, en Huelva, tiene un valor representativo. Alli encontró Colón el apoyo necesario para emprender el viaje que daría como resultado el Descubrimiento de América. Pero hay muchos otros, como Sobrado de los Monjes o Samos en Galicia, Santa María de la Huerta en Soria, Guadalupe en Extremadura, el Puig en Valencia, El Paular en Madrid, Montserrat en Cataluña, por decir sólo unos ejemplos. Una información que puede interesar al viajero por España es la de que, en la mayoría de estos monasterios, las reglas monásticas imponen a los monjes o monjas la obligación de hospedar a los hombres o mujeres que tocan a su puerta, aunque la costumbre recomienda al hospedado corresponder a la hospitalidad con una limosna.

Como se descubrió Altamira

Una parte muy importante del patrimonio monumental de España se encuentra precisamente en los pueblos o en las zonas rurales proximas a ellos que fueron centros de actividad económica en épocas antiguas. La prehistoria española cuenta con yacimientos antiquísimos en el valle del Guadalquivir, donde pudo registrarse la presencia humana hace ya un millón de años. En el valle del Manzanares, muy cerca de Madrid, hombres del Paleolítico cazaron elefantes y ciervos en los períodos interglaciales. Un cementerio de elefantes fue hallado por el marqués de Cerralbo en las inmediaciones del pueblo de Medinaceli. Junto a los huesos del Elephas Antiquus pueden verse hasta hoy las hachas de silex de sus cazadores. Todas las grandes eras de la Prehistoria están documentadas en la Península Ibérica pero el momento de mayor esplendor corresponde a los periodos del Paleolítico que llevan los nombres de auriñacense y magdaleniense, la época de las pinturas rupestres.

Se puede decir que el arte rupestre es un descubrimiento español. En el año de 1829, un hidalgo de Puente San Miguel, pueblo santanderino situado cerca de Santillana, realizó un hallazgo que había de tener trascendentales consecuencias para la ciencia de la Prehistoria, apenas iniciada por entonces en Europa. Don Marcelino Sanz de Sautuola era aficionado desde hacía tiempo a buscar armas de piedra y otros objetos que testimoniaran la existencia de un hombre antiguo, anterior a la Historia. Un día, unos cazadores le dijeron que, a poca distancia de Santillana del Mar, había una cueva en la que había entrado su perro. Se dirigió a ella acompañado de su hija María, una niña de doce años. Mientras él se quedaba a la puerta de la cueva examinando unos restos, la pequeña entró con una luz en la gruta y al ver las pinturas del techo exclamó desde dentro: «¡Papá, toros!» Asi se descubrió la Cueva de Altamira.

La que más tarde había de ser llamada «Capilla Sixtina del Arte Cuaternario» fue pues la primera de las cuevas con pinturas rupestres descubierta en el mundo. Los prehistoriadores, que por entonces celebraban una conferencia internacional en Lisboa, no dieron al descubrimiento la importancia que merecía. Algunos de ellos llegaron a pensar incluso que podía tratarse de una falsificación. Solo cuando, años después, se descubrió en Francia la cueva de Lascaux, se reconoció plenamente la aportación que Sautuola había hecho a la ciencia. Pero, para entonces, don Marcelino había muerto. Cartailhac, uno de los grandes prehistoriadores franceses, reconoció su error de entonces en un folleto titulado «Mea culpa de un escéptico». Al descubrimiento de Altamira y de Lascaux, en Francia, siguió el hallazgo de muchas otras cuevas como las del cerro del Castillo en Puente Viesgo, Santander, la de Santimamiñe en el Pais Vasco y, más recientemente, la de Tito Bustillo en el pueblo asturiano de Ribadesella.

La cueva de Altamira está actualmente cerrada para evitar que la gran afluencia de visitantes dañe las pinturas. Se ha seguido en esto la misma política que en Lascaux aunque se ha anunciado que pueden volver a abrirse limitando el número de visitas. Actualmente se pueden ver las de Puente Viesgo y, en el Museo Arqueológico de Madrid hay una excelente reproducción de la cueva de Altamira que permite ver a la perfección el famoso techo de los bisontes, una de las más vívidas escenas de toda la historia de la pintura. El catálogo del arte rupestre no termina en España con la pintura magdaleniense. De épocas posteriores, posiblemente del Neolítico, son las pinturas esquemáticas del Levante español. Desde Alpera, en Albacete, hasta Cogul, en Lérida hay una riquísima serie de abrigos rocosos con pinturas. Merece la pena visitar los museos de Santander y de Albacete asi como el Museo Arqueológico Nacional, de Madrid para darse cuenta de todo lo que ofrece el arte prehistórico en España.

Desde Altamira hasta nuestros días, a lo largo de quince mil años, la acumulación de los testimonios del arte y la cultura del pasado hace imposible siquiera sea la enumeración de los principales monumentos y obras artísticas. Intentar hacerlo equivaldría a convertir este texto en un catálogo de nombres. Un catálogo que correría el peligro de aburrir a mis amables contertulios. Quizá unas ideas generales sobre las grandes líneas de la cultura española, de la mezcla de culturas que la componen, ayude al lector a comprender la gran diversidad que en la arquitectura y en el arte encontrará en un viaje por España. Un pueblo de oscuro origen, el de los íberos, puebla la península al fin de los tiempos prehistóricos. Sus vestigios pueden verse en muchas partes de España, desde Tarragona, cuyas cíclopeas murallas anteriores a la llegada de los romanos parece que son obra suya, hasta el yacimiento del Cerro de los Santos, en Albacete. Obras como la Dama de Elche o esa extraña divinidad a la que el pueblo llamó «La Bicha de Balazote» son ibéricas. Mezclados con pueblos celtas venidos del norte, constituyen el mosaico de tribus celtibéricas que los romanos encontraron a su llegada a España. Termancia, Clunia y Numancia, la última de las cuales es el símbolo de la resistencia de Hispania a Roma, fueron celtibéricas antes que hispanorromanas.

Otro pueblo, el de los Tartessos se estableció desde tiempos antiquísimos al sur de la península. El emplazamiento de su capital, que debió estar en algun lugar de la costa onubense o gaditana, no ha podido ser determinado, aunque conocemos el nombre de uno de sus reyes, Argantonio, cuyo reinado debió marcar el apogeo de su pueblo. Los griegos eligieron la privilegiada llanura del golfo de Rosas para levantar la ciudad de Ampurias, cuyo nombre en lengua catalana, Empùries, conserva mucho mejor que el que se le da en castellano su etimología de la palabra emporio, mercado, de la que procede. El emplazamiento de la ciudad griega, que luego fue romana, en la llanura del alto Ampurdán al borde del mar, ofrece un maravilloso paisaje.

Hispania romana

Hispania fue para Roma, que la disputó a Cartago, una de las más importantes provincias del Imperio. En Tarragona y en Mérida, que fueron sus capitales, en Itálica, en Clunia, en Julióbriga, cerca de Reinosa, y en otros lugares pueden visitarse aún imponentes vestigios de la civilización romana. Recorriendo España veremos, aquí y allá, siguiendo el curso de las actuales carreteras, las calzadas romanas sobre cuyos itinerarios se trazaron las modernas vías de comunicación; las cuencas mineras que ya los romanos explotaban, como la famosa de Las Médulas, en la provincia de Leon, no lejos de Ponferrada, donde la extracción del oro dejó un extrañísimo paisaje de puntiagudos montículos; los puentes romanos, algunos de los cuales se utilizan todavía hoy; los monumentos funerarios situados en medio del campo, como la Torre de los Escipiones, en Tarragona, o la tumba de los Atilios, cerca de Sádaba, a la que el pueblo, por cierto, siempre dispuesto a creer que todo lo antiguo viene de los árabes, llama comunmente «el altar de los Moros»; a los impresionantes acueductos entre los que el de Segovia, alzándose sobre las humildes construcciones de tradición celtibérica, muestra toda la gloria de Roma. Hispania, que dio a Roma emperadores como Trajano o Adriano, poetas como Marcial, filósofos como Séneca, conserva de aquel tiempo la imperecedera imagen que hallará el viajero en su camino.

Desde su capital, Toledo, los visigodos quisieron restaurar en España la grandeza de Roma y nos legaron algunos monumentos, como la iglesia de San Juan de Baños, así como las joyas y coronas que fueron halladas en el pueblo toledano de Guarrazar, en un antiguo escondrijo. Después que la decadencia visigoda y, según quiere la leyenda, la belleza de una mujer, La Cava, amante del último rey godo, Don Rodrigo, franquearan el paso a la península a los ejércitos de Tarik y Muza, se inicia en España la llamada Reconquista, a la que un historiador denominaba humorísticamente «la temporada de los moros». Aquel período que duró ocho siglos y que recibió el nombre de Reconquista en época tardía, cuando se quiso exaltar el espíritu de cruzada, se caracterizó por la alternancia de guerras, no solamente entre cristianos y musulmanes sino también entre los reinos cristianos, y de tiempos de paz en que brilló la tolerancia racial y religiosa. En aquella época se produjo en España una extraordinaria floración del arte y la cultura que permitió, por ejemplo, al Rey Sabio Alfonso X fundar la Escuela de Traductores de Toledo en la que intelectuales judíos, musulmanes y cristianos trabajaron juntos en la tarea de llevar a Europa la cultura del mundo clásico que los filósofos árabes habían traido a España.

El santo de los coscorrones

La Edad Media dejó en España una diversidad de estilos artísticos que no ha vuelto a darse en un solo país y que constituye una síntesis de todo el arte de la época. El prerrománico asturiano coexiste con el gran arte hispanomusulmán de la Mezquita de Córdoba, el arte judío de la Sinagoga toledana de Santa María la Blanca con el gran arte románico europeo que jalona de iglesias todo el camino de Santiago, decoradas a menudo con hermosísimas pinturas como las que hoy pueden admirarse en el Museo Románico de Cataluña, que construye catedrales, y tiene su apogeo en el Pórtico de la Gloria compostelano cuyo autor, el Maestro Mateo, puede ser considerado como uno de los mayores artistas de la historia de la escultura. Lo que no obsta para que los peregrinos tengan por costumbre hasta hoy dar coscorrones en la cabeza de la estatua que al parecer le representa y que por esta razón se llama en gallego «o santo dos croques». Para cuando, en la España cristiana, se construyen las grandes catedrales y monasterios góticos, los árabes refugiados en el reino de Granada crean la maravilla de la Alhambra, no sin motivo considerado por algunos como el más bello palacio del mundo.

La síntesis de esta diversidad de estilos se realiza a través de dos artes especificamente españoles, el de los mozárabes, que eran los cristianos que trabajaban en territorio musulmán y el de los mudéjares que aportaron a los reinos cristianos la sabiduría arquitectónica de los árabes. De los mozárabes nos quedan preciosas iglesias y ermitas primitivas como la de Santiago de Peñalba, situada en la comarca que se conoce con el nombre de la Tebaida Leonesa, lugar poblado desde antiguo por los ermitaños. Los mudéjares dejaron muestras de su arte en toda España, desde Toledo y Sevilla hasta las ciudades aragonesas de Zaragoza, Teruel o Tarazona. Quizá sean las torres de las iglesias de Teruel los más notables ejemplos del mudéjar. Su belleza, refulgente al sol de la tarde en los verdes azulejos que las adornan, ha dado lugar a leyendas como la que cuenta que las torres de San Martín y del Salvador fueron construidas por dos arquitectos mudéjares que competían por el amor de la hermosa Zoraida, cuyo padre había prometido que la daría en matrimonio a aquel que construyera la mejor torre. La historia tiene un final trágico. El arquitecto de la torre de San Martín se dio cuenta, antes de que se produjera el fallo de la amorosa contienda, de que la torre que él había construido estaba ligeramente inclinada, mientras la del Salvador era recta. Y dicen que se suicidó arrojándose de lo alto de la torre. Un final que no sorprende mucho en una ciudad donde morir por amor no ha sido infrecuente y donde otra leyenda, más conocida que la anterior, narra la triste historia de los Amantes, Diego e Isabel, que vienen a ser el Romeo y la Julieta españoles. En la iglesia de San Pedro, que también tiene una bella torre mudéjar, están sus sepulcros, adornados por las estatuas yacentes esculpidas por Juan de Avalos.

El arte mudéjar influyó decisivamente en el arte renacentista que llamamos isabelino, mezcla de gótico y musulmán que tiene en iglesias y palacios de Toledo, Valladolid, Salamanca y Granada sus más extraordinarias muestras. La influencia italiana, añadida a los elementos góticos y mudéjares, da lugar al arte plateresco, que se manifiesta en la orfebrería y en la arquitectura, uno de cuyos más notables ejemplos es la riquísima portada de la Universidad de Salamanca y que levantó iglesias y palacios en muchas ciudades de América. De influencia italiana, y sobre todo de Bramante y de Miguel Angel, es el estilo herreriano, que tiene en El Escorial de Juan Bautista de Toledo y de Juan de Herrera, autor también del monasterio de Uclés, en Cuenca, su máxima representación. Los Austrias fueron grandes constructores, con obras como la Plaza Mayor de Madrid, el convento de la Encarnación o la deliciosa Capilla del Obispo, obra de Francisco Giralte. Pero su época, los siglos XVI y XVII, se caracterizan sobre todo por el apogeo de las artes plásticas, la escultura, con sus originalísimas tallas policromadas que pueden verse en el Museo de Valladolid y en los «pasos» que salen aun en las procesiones de Semana Santa de tantas ciudades y pueblos españoles, y, sobre todo, la pintura.

Velazquez

Los nombres de Berruguete, el Divino Morales, Pantoja, Sanchez Coello o Navarrete el Mudo bastarían para dar a la pintura española de la época una decisiva importancia. Universal la hicieron los valencianos Ribalta y Ribera, el extremeño Francisco de Zurbarán, el pintor de los monjes de blancas vestiduras cuyos retratos pueden verse en la sacristía del Monasterio de Guadalupe. O el sevillano Murillo, que pintó, en glorificación de la mujer las Purísimas, por las que se le conoce en los museos españoles, pero que también pintó las deliciosas escenas populares sevillanas que se conservan en el Louvre o en la Vieja Pinacoteca de Munich. Sobre todos ellos reina Velázquez, pintor de la corte cuya obra puede verse casi completa en el Museo del Prado. A diferencia de muchos de sus contemporáneos, influenciados por la pintura italiana, por la pintura flamenca o por artistas como Rubens, que trabajó en Madrid durante una época en su vida, se puede decir que Diego Velázquez ha sido el menos influenciable de todos los grandes artistas de la historia de la pintura. Su arte es estrictamente personal cuando pinta la estática majestad de «Las Meninas», el aire de «Las Hilanderas», los espléndidos retratos de los Reyes y los personajes de la Corte o la prodigiosa serie de los bufones.

Un pintor cretense que había pasado por Italia, Domenico Teotocopuli, llamado El Greco, encuentra en el contacto con la mística española del siglo XVI la inspiración que necesitaba para pintar la explosión de color de las grandes obras que podemos admirar en Toledo en Madrid y en El Escorial. Puede decirse por ello que El Greco es un pintor español además de ser un genio de la pintura universal, precursor en muchos aspectos del arte de nuestro tiempo. La gran pintura española del XVI y el XVII constituye el fondo más importante del Museo del Prado, pero no es la única de las grandes riquezas de esta pinacoteca considerada como una de las mejores del mundo. Felipe II y sus sucesores fueron grandes coleccionistas de pintura que mandaron comprar importantísimas obras italianas, alemanas o flamencas de maestros como Fra Angelico, Rafael, Tintoretto o Mantegna —el gran crítico Eugenio d'Ors decía que si tuviera que salvar una sola tela en un hipotético incendio del Prado elegiría «El Tránsito de la Virgen» del maestro italiano— o de Roger Van der Wegden, Durero, Cranach, Patinir o El Bosco que tiene en el Prado algunas de sus más importantes obras. Otros pintores como Tiziano o Rubens trabajaron para la Corte española y esta tradición protectora de las artes se perpetuó bajo los Borbones.

El siglo XVIII un rey ilustrado, Carlos III, que ganó con toda justicia el título de «el mejor alcalde de Madrid», mandó construir grandes palacios y paseos adornados con obras de los mejores artistas del momento. A la mitad del siglo nace uno de los mayores genios del arte mundial, Francisco

originale, car ici il est préparé à base de viande et de volaille de chasse. A Cuenca, ces mélanges sont hachés pour composer les délicieux "morteruelos". A Séville, Cadix ou Huelva, Málaga ou Almeria, les cuisiniers ont un don spécial pour préparer les fritures de poisson, en particulier "chanquetes", "chopitos" et "boquerons", et cette spécialité de poisson en sauce qui dans certains endroits porte le nom apétissant de "bienmesabe".

La gastronomie espagnole est en pleine rénovation grâce à la "nouvelle cuisine", pratiquée aujourd'hui dans les restaurants d'avant-garde et cercles d'amis, qui lui reconnaissent la valeur culturelle de l'art gastronomique. La gastronomie est à la mode et l'on aime parler d'une nouvelle recette entre amis pour mieux se venger de la pudeur traditionnelle d'autrefois, qui empêchait de parler des plaisirs de la vie. "Tout ce qui est bon, est péché, ou fait grossir" disait-on, c'est pourquoi, l'espagnol met aujourd'hui les bouchées doubles! Mais, malgré les innovations de haute qualité, nombreux sont ceux qui pensent que rien ne vaut une bonne omelette aux pommes de terre, bien faite ou un bon ragoût ou une soupe à l'ail castillane.

La pâtisserie espagnole offre de nombreuses variétés régionales et un autre avantage: elle est parfaitement catholique! Les sucreries portent très souvent des noms de saints ou vierges, qui sont préparées pour ces festivités. Ainsi les "yemas de Santa Teresa" (sucreries aux jaunes d'oeufs), à Avila, les "yemas de San Leandro" à Séville, "les tortas de San Diego (galettes) d'Alcalá, ou la "crème de San José" spécialité catalane. Mais, il existe aussi des spécialités laïques comme les "ensaimadas" mallorquines, le "mazapan" tolédan, les nougats d'Alicante qui s'offrent à Noël, les "polvorones" d'Estepa, les "amandes caramélisées d'Alcalá, les "sobaos pasiegos" de Santander, ou les bonbons d'Aragon ou de la Rioja.

En Espagne on a aussi le culte du café. On prend de plus en plus de thé cependant, tout en pensant que c'est un breuvage pour malades. Du café au lait que l'on prend le matin avec des "churros", appelés aussi "calentitos" dans le sud, au café noir, que certains prennent pour ne pas dormir et d'autres pour dormir, l'espagnol est un grand buveur de café. Un écrivain catalan, Josep Plá, s'étonnait de la quantité de café au lait que consomment les madrilènes et il disait qu'une des mesures qu'un gouvernement pouvait prendre pour gagner de la popularité, serait d'installer des distributeurs de café au lait, chaud, aromatisé et gratuit sur les places publiques.

"Prendre un verre"

Un des signes les plus visibles des changements de la société espagnole est causé par la généralisation des boissons alcooliques étrangères, qui sont venues s'ajouter et même remplacer celles d'origine espagnoles comme le cognac, le xérés, ou la grande variété des anisettes et eau-de-vie. A la coutume de prendre l'apéritif s'est ajoutée celle de prendre un verre. Les établissements publics pour prendre un verre vont de la taverne traditionnelle au pub moderne, qui n'a d'anglais que le nom, car c'est plutôt un établissement de luxe qu'une taverne publique, en passant par la cafétéria, innovation des années soixante ou le bar américain.

Les changements sociaux et économiques, comme tous les autres, ont été très vite en Espagne. La croissance vertigineuse de villes comme Madrid, Barcelone, Valencia ou Bilbao a causé aussi des problèmes importants agravés par la crise. La modernisation des coutumes que l'on peut observer comme par exemple, l'apparition de nouvelles classes professionnelles, l'insertion de la loi du divorce, ou des usages sociaux comme celui de la résidence secondaire, les vacances généralisées, ou l'usage général de la voiture particulière, n'empêchent pas les coutumes traditionnelles de continuer. Ainsi, les fêtes populaires et les manifestations extérieures d'une ferveur catholique primaire sont toujours à la mode. L'originalité de l'Espagne d'aujourd'hui, et ce qui la diffère des autres pays européens, c'est précisément ce dualisme facile entre l'ancien et le moderne, entre le passé et le présent. C'est un pays où la pensée d'avant-garde coexiste avec les idées ultramodernes, la liberté sexuelle avec les élans du coeur, les ordinateurs avec le crayon derrière l'oreille.

Aux difficultés de toute société en voie de changement, il faut ajouter en Espagne, la grande diversité régionale, non seulement économique, mais aussi historique et culturelle. C'est précisément cette diversité qui rend difficile la tâche de définir ce qu'est réellement ce pays, qu'on nomme souvent "Les Espagnes", pour bien montrer son originalité et sa personnalité vis-à-vis de l'ensemble des autres peuples européens. Et, c'est aussi ce qui fait l'attrait du projet difficile et ambicieux d'obtenir une coexistence harmonieuse entre les espagnols.

1. Les stalagtites ressemblent à des bijoux aux Grottes de Nerja (Málaga).
2. En contraste: un désert près de la mer. Maspalomas (Grande Canarie).
3-5. Magie de la pierre, érodée par les éléments de la Nature à Seriñena (Huesca), Cuenca et Torcal de Antequera (Málaga).
6. Les Orgues de Montoro (Teruel).
7. Le Paysage du Teide, «le plus beau au monde», selon Humbolt.
8. Riotinto (Huelva). Un nom bien choisi.
9. Le «malpaís» dans la belle île de Lanzarote (Canaries).
10-11. L'eau revêt des formes fantastiques en tombant en cascade: Monte Perdido (Huesca) et «La queue de cheval» au Monastère de Piedra (Zaragoza).
12. Eau et lave, deux forces qui rivalisent en beauté, sur la côte de Lanzarote (Canaries).
13. A San Juan de la Peña (Huelva), le vert a une nuance spéciale.
14. Les plantes donnent vie et couleur au paysage. Plante Vescu (Gerona).
15. Les fleurs de Lanzarote (Canaries) n'abondent pas en quantité, mais en beauté.
16. A Lanzarote, l'Ile la plus originale des Canaries, l'homme n'a pas altéré l'oeuvre de la Nature.
17. L'immense masse du Monte Perdido (Huesca).
18-19. Rome a laissé de nombreuses traces dans des endroits comme: Séville et Mérida.
20. Vestiges de Numancia (Soria).
21. Traces des Ibères à Alicante: La Dama de Elche, qui se trouve aujourd'hui au Musée Archéologique de Madrid.
22-23. Mosaïque et ruines d'Itàlica (Sevilla).
24. Statue d'Octavio César Augusto à Tarragona.
25. Mérida (Badajoz), qui fut capitale de Lusitania.
26. La vue la plus typique et célèbre de Segovia: son Aqueduc, qui nous montre une façon de dompter les éléments au profit de l'homme.
27-28. La Mosquée de Cordoue: les Mahométans nous léguèrent une bonne partie de leur culture.
29. Héritage arabe également à Gérone, avec les Bains publics.
30-31. Nombreux sont les villages andalous qui gardent leur charme, comme Cordoue et Medina-Sidonia.
32. Aspect particulier d'une rue d'Ibiza (Baleares).
33. «Tranquillité» volcanique à Yaiza (Lanzarote).
34. Façade typique et originale de Covarrubias (Burgos).
35. Le caractère créatif et divers des villages espagnols se remarque jusque dans la variété des cheminées: Roncal (Navarra), Guadix (Granada), Hecho (Huesca), Alpujarras (Granada) et Signes (Zamora).
36. Beauté et utilité s'harmonisent parfaitement dans l'architecture propre des Pyrénées. Val d'Aran (Lérida).
37. Portes diverses pour personnes différentes.
38. Tertulia ou réunion, un mot et une réalité propre de l'Espagne. Villanueva de la Vera (Cáceres).
39. Don Quichotte croyait que c'était des géants... et les moulins étaient l'image la plus connue de Castille au temps de Cervantes. Campo de Criptana (La Mancha).
40-41. Les coloris de la mer dans les maisons de la côte: Tazones (Oviedo).
42. Le port de pêche de Pasajes (Guipúzcoa).
43. La Alberca éternelle (Salamanca).
44-45. La Orotava, paradis terrestre à Tenerife (Canaries).
46. Patio typique cordouan.
47. Patio à Casares (Málaga).
48-49. Villages remplis de lumière et de blancheur grâce au travail des habitants: La Solana et Casares (Málaga).
50. Les grilles aux fenêtres d'Espagne ne sont pas toujours synonyme de prison, mais d'embellissement comme à Cordoue.
51. La gastronomie est un art... Jabugo en est un exemple avec le parfait séchage de ses jambons.
52. Comme son nom l'indique, Villajoyosa est une ville joyau. Toute la gamme de couleurs brille à Alicante.
53. Le temps semble s'arrêter à Cáceres.
54. Un des villages «musée» d'Espagne: Santillana (Santander).
55. Artisans d'Espagne à Santander, Ronda (Málaga), Cádiz, Carmona (Sevilla) et Santiago (Galicia).
56. Armoiries et blasons de noblesse présents sur de nombreux portails: Olienza (Badajoz).
57-59. Un cimetière de voitures constrastant avec la vie d'Arrecife de Lanzarote. Pages suivantes: deux rues longues et belles qui semblent faites pour les parcourir en s'y promenant doucement, aux deux extrémités de l'Espagne: Villagarcía de la Torre (Extrémadoure) et Santillana (Santander).
60. Coin célèbre de Albarracín (Teruel), et cadre du roman de Ramón J. Sender: «Crónica del alba» (Chronique de l'aube).
61. Sos, où naquit Fernando el Católico (Zaragoza).
62. Linge étendu: Llanes (Asturies), Hostalets (Gerona), Cáceres.
63-65. Travaux intemporels: lavandière à Cáceres, berger d'Ansó (Huesca) et saline de Lanzarote.
66. Le sel est un élément indispensable au corps humain: Salines de Janubio à Lanzarote.
67. La noria de la Ñora (Murcia).

68. Serres à Plencia (Vizcaya).
69. Espagne transhumante: bergers dans la Sierra d'Almería.
70. Moutons dans les plaines de Bas-Aragon (Teruel).
71. La campagne andalouse se pare de fleurs: Medina-Sidonia (Cádiz).
72. Sierra de Campos, plaine immense (Palencia).
73. La moisson à Morella (Castellón).
74. Les galiciens cultivent leurs champs près de la mer. Corcubión (La Coruña).
75. Champs de blé à Deva (San Sebastián).
76. Cultures de vigne à Lanzarote.
77. La terre celte donne ses fruits: Lugo.
78. Image typique d'Asturies et de Galice... Hórreo (grenier à foins sur pilotis) à Lugo.
79. Grange à foins à Corcubión (La Coruña).
80. Nature morte de Sánchez-Cotán.
81. Jour de marché sur la Place de Vic (Barcelona).
82. Marchés d'Espagne: Vic (Barcelona), Toledo et La Boquería à Barcelona.
83. La palmeraie d'Orihuela (Alicante), village natal du poète, Miguel Hernández.
84. Un lieu idyllique dans les Pyrénées, à Huesca: El Pueyo.
85. «Terre ferme», Saguinago (Teruel).
86. Une des jolies vallées de Vizcaya: Alto de Ulcarregui.
87. Du lever au coucher du soleil: Pontevedra (Galice).
88. Femmes attelant des boeufs, Manzaneda (León).
89. Traînage de pierres à Herandio (Vizcaya).
90. Le Barroque des fêtes espagnoles.
91. Chevaux dans la montagne. Isaba (Navarre).
92. «A rapa das bestas» (Tonte des bêtes) à Sabucedo (Orense).
93. Les marchés de chevaux en Navarre avec leur air de fête.
94. Chevaux sauvages, chevaux domptés, image toujours belle. Hippodrome de la Zarzuela à Madrid.
95. Le cheval est roi à la Foire de Séville.
96. Le taureau, animal espagnol par excellence. Page précédente: les taureaux de Guisando (León).
97. Les taureaux courent en liberté à Arcos de la Frontera.
98-99. En dépit de ses adversaires, la tauromachie est bien vivante en Espagne: Mijas (Málaga), Benidorm (Alicante), et la Real Maestranza de Séville.
100. Danse, peinture... Divers arts en un seul: la tauromachie.
101. Couleurs et Bravoure aux Sanfermines de Pamplona (Navarre), fête des plus profondes d'Espagne.
102. Arènes sous les murailles d'un château.
103. Les châteaux, qui servaient de défense contre les attaques des ennemis, offrent aujourd'hui une évocatrice image qu'il faut conserver. Château de Belmonte del Tajo.
104. Château mudéjar de Coca à Valladolid.
105. La gaillardise du Château de Loarre (Huesca).
106. Pierre sculptée du Moyen-âge. Piasca (Santander).
107. Arrivée à Mallorca... Château de Bellver.
108. Broderies de pierres. Santa María del Naranco (Oviedo).
109. «A la belle étoile». Au Moyen-âge, les portes de la ville se fermaient à six heures du soir. Les Tours de Serrano.
110. Le château imposant de Villarejo de Salvanés, près de Madrid.
111. Chevaliers, lances et tournois... L'Armurerie Royale du Palais Royal à Madrid.
112. Le Pape Luna (Bénédicte XXIII) vécut au château de Peñíscola (Castellón).
113. La célèbre porte de Santa María de la Cathédrale du Burgos.
114. Murailles de Mondoñedo (Lugo).
115. Un vieux château submergé par les eaux d'un barrage à Cáceres.
116. Une statue romane. Cathédrale d'Orense.
117. Extrémadoure, terre de Conquérants. La statue de Pizarro semble contempler une cigogne. Trujillo (Cáceres).
118. L'art et la culture sont toujours présents en Espagne: Musée du Prado. Au fond, un tableau de Velázquez, «La Réddition de Breda».
119. Sous le ciel limpide de Segovia se détache le profil de son château.
120. Vue insolite du Château de la Mota, à Medina del Campo (Valladolid).
121. Beauté statique: le lac de San Mauricio (Lérida). Aux pages précédentes un «bunker» à Matalascañas (Huelva), et cascade jaillissant avec force à La Maladeta (Huesca).
122. Plage fluviale de Zamora.
123. Pareil à Venise... Le Pont de la Plaza de España, à Séville.
124. Pont de Toledo, Madrid.
125. Le pont roman de Camprodón conserve tout son charme (Lérida).
126. Peu importe leur époque... les ponts suggèrent toujours des images romantiques.
127. Vue amusante et originale de la Baie de Cadix.
128. Les andalous aiment leur terre et leurs fêtes. Pont de Triana (Sevilla) pendant la Semaine-Sainte.
129. Le Défilé de Ronda (Málaga).
130. Les origines des anciens habitants des Iles privilégiées restent inconnues: les Guanches. Garachico (Tenerife).

131-132. La pêche n'est pas seulement un sport; beaucoup de familles espagnoles en dépendent pour vivre: La Albufera (Valencia), Bayona (Pontevedra) et Sardinero de Malpica.

133-134. Même si cela semble contradictoire, la Péninsule Ibérique vit face à la mer: Puerto de Bermeo (Vizcaya); Viviers de crustacées sur la plage (Huelva).

135. On trouve de jolis coins sur toute la côte... Puerto del Barquero (Lugo).

136. Un passant insolite sur la plage de Sanlúcar de Barrameda (Cádiz).

137. Les miradors de la Baie de la Marine, à La Coruña, semblent prêts à recueillir la pluie sur leurs vitres.

138. En Galice, tout est magie. Viviers de moules.

139-140. Cadaqués change de couleur, mais non de structure (Gerona).

141. Toute la clarté de Valence dans la peinture de Sorolla: «Sortie du bain».

142. Benidorm, le Manhattan alicantin.

143. Cabines de bain typiques sur la plage de Gijón (Asturies).

144-145. Deux côtes semblables aux deux extrémités d'une même mer: la Méditerranée à Sa Riera (Gerona) et à Majorque (Iles Baléares).

146. Marais à Lanzarote.

147-148. Les énormes plages de Santander: El Sardinero.

149. A Lanzarote, l'homme (dans ce cas, César Manrique) a su respecter l'identité de l'environnement naturel.

150. Un des coins les plus beaux et mieux conservés de la Costa Brava: Calella de Palafrugell (Gerona).

151. Tout vous invite au repos dans les criques de la Costa Brava.

152. Contemplant les plages de Santander.

153. A La Coruña, une mer et un océan s'embrassent: la Mer Cantabrique et l'Atlantique.

154. Le Coto Doñana (Andalousie) zone de passage et habitat naturel des oiseaux migrateurs.

155. Promenade touristique en chameau à travers Lanzarote.

156. L'Alhambra mystérieuse, pleine de légendes: Patio de los Leones et Patio de los Arrayanes.

157. Eglise blanche dans les Vallées (Lanzarote).

158. La Tour mudéjar de El Salvador à Teruel.

159. Le style gothique, qui commença en Allemagne sous le nom d'art «barbare» démontra qu'il ne l'était pas. Un exemple en Espagne: La Cathédrale de Burgos.

160. La beauté plastique se combine à la culture physique sur ces images.

161. L'art Roman s'harmonise parfaitement au paysage pyrénéen. San Clemente de Tahull (Lérida).

162. El Pilar au bord de l'Ebre.

163. Tout vous invite à la méditation au Cloître du Monastère de Guadalupe (Cáceres).

164-166. Trois styles: Santa María del Naranco (Oviedo), La Sagrada Familia de Gaudí (Barcelona) et la Synagogue de Santa María la Blanca à Toledo.

167. Une halte à la Chapelle de Valverde del Camino (Huelva).

168. Plusieurs siècles ont laissé leurs traces dans cette église.

169. Les fleurs rehaussent encore davantage le charme gothique de la Cathédrale de Palma de Mallorca.

170. Extrémadoure, rendez-vous permanent avec le passé... Monastère de Guadalupe, échantillon de l'art mudéjar de cette région.

171-172. Vue semblable de deux cathédrales différentes: Gerona et San Sebastián.

173. San Martín de Frómista, œuvre parfaite du Roman, Palencia.

174. Symbole de Lérida: La Seo.

175. Est-ce une église de style colonial en Amérique du Sud? Non, c'est Palma del Condado (Huelva).

176. Brodeures d'ombres de la Seo.

177. Sur une montagne: San Juan de la Peña (Huesca).

178. Les roches font preuve d'un équilibre impossible dans l'église de Marquina (Vizcaya).

179. Dans tout le Nord de l'Espagne, les constructions à arcades abondent... Et l'on dit que c'est pour abriter les gens par les jours pluvieux si fréquents dans cette zone. Santander (Cathédrale).

180. Pierre de taille de la façade de la Seo de Ripoll.

181. Peinture gothique de Paredes de Nava (Palencia).

182. La lumière se transforme en mille couleurs à travers la magnifique rosace et les vitraux de la Cathédrale de León.

183. Coupole lumineuse de l'Eglise de Priego (Córdoba).

184. La cérémonie la plus attendue de Santiago de Compostela... Curés et paroissiens admirent le mouvement du Botafumeiro, qui répand l'encens.

185. La Chartreuse de Grenade.

186. Trois têtes ressortent sur le mur de la Cathédrale d'Oviedo.

187. Une œuvre magistrale d'art roman: San Isidoro de León.

188. L'Eglise change et se réforme. A Vic il reste encore des curés «comme Dieu le veut».

189. Aux festivités du Rocío, tous veulent transporter leur Vierge.

190. En Andalousie, règne un véritable culte à la Vierge du Rocío.

191. Les Sévillans croient qu'il n'y a pas de plus belle Vierge que La Macarena.

192-193. Deux Vierges noires et leurs légendes: la Morenete de Montserrat, Barcelone; et celle de Guadalupe (Cáceres).

194. Hornacina dans la rue. Calaceite, Teruel.

195. Toute la tendresse maternelle est reflétée sur le visage de la Vierge dans la Cathédrale de Toledo. A droite, la maternité, Lérida.
196. Un curé vu par le violent coup de pinceau d'Antonio Saura.
197. Moderne et tradition de la Semaine-Sainte de Murcia.
198. Statues sculptées dans la pierre sur le chapiteau d'une colonne; Santillana (Santander). Christ roman adossé sur bois polycromé d'époque très ultérieure; Beget (Lérida).
199. Descente de croix romane à San Juan de las Abadesas (Gerona).
200. Cruceiro de Hío (Pontevedra).
201. Une vue presque fantasmagorique de la Semaine-Sainte de Séville.
202. Christ gisant de Gregorio Hernández au Musée de Sculpture de Valladolid.
203. Les cimetières évoquent les nombreuses caractéristiques de ceux qui y séjournent pour l'éternité, Toledo.
204. Atmosphère appropriée pour comprendre la pensée que Domenico Teotocopulis (El Greco) sut refléter dans son œuvre: «El entierro del Conde de Orgaz».
205. Sépulcres Royaux du Monastère de Poblet (Tarragona).
206. Histoire, art et culture dans chaque coin de Grenade: Chapelle Royale.
207. Dans toute l'Espagne, on trouve des œuvres dignes d'admiration: San Vicente de Avila.
208. La tombe de Juan Ramón Jiménez et de sa femme-muse Zenobia, à Palos de Moguer (Huelva).
209. Liste de signatures de condoléances. Lastres (Asturies).
210. Le blanc éternel d'Andalousie. Cimetière de Casares, Málaga.
211. Somptuosité et richesse du Panthéon des Rois à L'Escorial, Madrid.
212. Ce furent autrefois des êtres vivants... L'église ossuaire de Wamba (Valladolid).
213. La vue trompe parfois... Colombier et colombes à Pedraza del Campo.
214. La Duchesse d'Alba, scandalisa les gens «bien pensants» de son époque quand elle posa nue pour Goya et son œuvre: «La maja desnuda».
215. Gaîté de la danse sévillane.
216. Une bonne cuvée, sans aucun doute! Taverne d'Antonio Sánchez, Madrid.
217. Le barroque du Pélerinage du Rocío.
218. Traits typiques de nos gens: folklore et tradition des Sanfermines et aussi folklore international d'une discothèque.
219. Les «Corrales» où passent obligatoirement tous les acteurs espagnols lors de leurs tournées artistiques. Le Corral de Comedias d'Almagro (Ciudad Real), institution très castillane.
220. Le corps humain à travers la danse est l'instrument le plus beau pour exprimer toutes les sensations que produit la musique. Théâtre d'expression corporelle et ballet, Barcelona.
221. En été surtout, les places, théâtres, endroits les plus célèbres à l'air libre sont le cadre idéal des manifestations culturelles et artistiques en tout genre. La Plaza del Rey, Barcelona.
222-224. Le théâtre ou la rue, tout endroit est fait pour danser. Ce goût primitif et inhérent à l'être humain est très répandu chez le peuple espagnol.
225. Erotisme de pierre.
226-229. La culture physique et intellectuelle est nécessaire et indispensable au développement intégral... Le sport du soulèvement de pierres au Pays Basque; Teatro Real de Madrid; Quartier Gothique de Barcelone et frise de Picasso.
230-231. Picasso est né à Málaga, mais il étudia à Barcelona. Musée qui porte son nom dans la vieille ville de Barcelone.
232-233. Dalí est le peintre actuel le plus connu et chéri du peuple catalan. Musée Dalí à Figueras (Gerona).
234. A Alcoy (Alicante), toute la population participe à la Fête de Maures et des Chrétiens.
235. Les valenciens passent toute l'année à attendre et préparer «Las Fallas». Sur les «ninots» qui vont être bruler, sont représentés avec une certaine satire tous les organismes, institutions et personnages publics.
236. Miró, sculpteur et peintre des minorités. C'est, cependant l'orgueil de tous les catalans.
237. Fondation Miró, à Barcelone.
238. Salamanca, ville magnifique, siège de l'Université de style platéresque, la plus ancienne d'Espagne. Chaque pierre raconte l'histoire et la culture. Sur la photo, la façade de la Cathédrale.
239-242. Pourquoi dit-on qu'en Espagne on lit peu? Doncel de Sigüenza (Guadalajara). Dean de San Vicente de la Barquera (Santander); El «tostado», abside de la Cathédrale d'Avila et Henri Moore (Retiro, Madrid).
243. Dans le Quartier Gothique de Barcelone, les librairies pour collectionneurs abondent et sont pleines de trésors littéraires recherchés.
244. Espagne diverse.
245. Espagne industrielle.
246. Images pour le souvenir.
247. Gratte-ciels à Madrid et Barcelone. Palais Royal (Madrid). Sevilla. La Concha (Baie de San Sebastián).

ECONOMIE ESPAGNOLE POUR VOYAGEURS

Economie espagnole pour voyageurs

Passez, mesdames, messieurs! Venez voir l'économie espagnole! Mais, quelle économique? Celle d'hier ou celle d'aujourd'hui? Car il suffit seulement de remonter quelques années en arrière pour s'apercevoir des grands changements réalisés dans la vie espagnole. Le touriste qui revient après quelque temps s'en aperçoit en remarquant la circulation croissante de voitures, l'accroissement des édifices construits, et bien sûr, la hausse des prix. Mais il n'a pas le temps de remarquer des changements plus profonds qui échappent même parfois aux propres espagnols. Il convient en premier lieu de signaler la rapide évolution de l'économie espagnole, renforcée par le fait que le pays traverse en même temps une transition politique. Cette dernière ne fait pas partie du sujet traité aujourd'hui, mais je tiens à souligner qu'il faut en tenir compte pour comprendre l'économie espagnole.

Le sujet que je traite est l'économie d'aujourd'hui, sachant d'avance que ce n'est pas celle d'hier. Cependant il convient de se demander de quelle économie espagnole nous allons parler, car cela change selon celle à laquelle on se réfère: l'atlantique, la méditerranéenne ou celle de l'intérieur du pays, toutes sont différentes, celle de la campagne et celle de la ville. *Il faut donc, souligner la variété de* ces réalités espagnoles *face au dynamisme global.* Nous en parlerons, mais commençons par une caractérisation globale, en décrivant l'économie espagnole par rapport à d'autres économies contemporaines.

Une économie en marche

Parmi les nombreux aspects qui peuvent refléter le dynamisme de l'économie espagnole, celui qui offre, sans doute, la perspective la plus systématique est celui qui se base sur les changements de la population. Je ne me réfère pas seulement à la croissance démographique annuelle qui, tout en étant un peu supérieure à la moyenne européenne, reste franchement au-dessous des taux d'autres continents, mais à d'autres données plus révélatrices, comme celle de la composition de la *population active*. En 1900, 65 pour cent des espagnols actifs travaillaient dans l'agriculture, 16 pour cent dans l'industrie et 18 pour cent dans les services. En 1930, les travailleurs agricoles étaient descendus à 45 pour cent et en 1960, on en calculait 40 pour cent environs. Depuis lors les changements se sont beaucoup accélérés: en 1970, ce chiffre descendait à 30 pour cent et en 1978, il n'atteignait pas 20 pour cent. Actuellement on est aux alentours de 16 pour cent, ce qui veut dire qu'en vingt ans on a assisté à une véritable révolution dans les structures du travail, et le pays qui était un peuple de laboureurs, ne l'est plus. Pour compléter ce tableau, nous dirons qu'aujourd'hui 25 pour cent de la population active travaille dans l'industrie et plus de 42 pour cent dans les services, le reste se consacrant à la construction et aux autres activités.

D'autres données démographiques confirment l'intensité du changement. Ainsi, l'incorporation progressive de la femme aux activités en dehors du foyer au cours des deux dernières décennies, la forte concentration démographique dans des agglomérations de plus de 500.000 habitants, les mouvements migratoires intenses à l'intérieur du pays et vers l'extérieur, depuis la fin de la guerre civile, et l'accroissement considérable de l'accès à l'éducation. Pour terminer, un seul chiffre au sujet du progrès sanitaire reflété par les données démographiques, nous signale que l'espérance de vie à la naissance, était seulement de 34 ans en 1900, (c'est-à-dire que seulement la moitié des nouveau-nés parvenait à cet âge), alors qu'aujourd'hui elle dépasse 70 ans. C'est le résultat d'une meilleure alimentation, d'une amélioration de la santé publique et des nouvelles habitudes, venant aussi des grandes transformations économiques et sociales qui se sont produites au cours du siècle, et surtout pendant les dernières décennies.

On a coutume d'interpréter cette dynamique économique espagnole en la situant surtout dans les années soixante et l'attribuant à la politique de développement du gouvernement d'alors instauré par la dictature. En effet, à partir de 1964 on décréta des plans de développement quadriennaux que les autorités, par leur monopole de l'information, présentaient comme le moteur du progrès espagnol. La phrase actuelle, intentionnellement réactionnaire que l'on entend, "avec Franco on vivait mieux", fait allusion à cette époque, en omettant de signaler que l'économie espagnole d'alors bénéficiait de la phase d'expansion mondiale, sans aucun effort propre, et il faut bien dire que tout le monde ne vivait pas mieux, mais seulement ceux qui aujourd'hui l'affirment.

Parallèlement à ce changement, il se produisit une période de consommation de gaspillage que nous payons cher actuellement. Déjà certains constataient que le moteur du progrès économique n'était pas les plans de développement, mais d'autres forces du pays plus profondes et véritables que le Journal Officiel de l'Etat, et ceux qui légiféraient alors par son intermédiaire. Dans une de mes études de l'époque, je rappelais le moyen par lequel les hommes parvenaient à conquérir les femmes, selon la recette de Quevedo, dans ses "Lettres du Chevalier de la Tenaille": "marcher devant elles". Comme le pays avançait de ses propres forces ou bien le gouvernement élaborait des plans de développement, ou bien on reconnaissait un développement indépendant de la politique officielle. Sans vouloir nier l'intention positive qui les inspirait, ces plans étaient comme le drapeau rouge que Charlot trouve dans la rue, dans le film "Temps Modernes" et qu'il agite devant une manifestation ignorant que c'est lui qui la guide. Bien sûr, tout ne fut pas négatif dans ces plans, mais il faut leur donner leur juste valeur pour comprendre la réalité et justifier ensuite l'espoir que je formule à la fin.

L'économie actuelle

Quant à sa structure, la Constitution définit notre système comme une *économie sociale de marché*, comparable à celle de tant de pays démocratiques avancés. Quant au niveau, la définition officielle n'est pas si catégorique et ce n'est pas toujours la même. Mais, comme l'Espagne fait partie des pays avancés dans certaines organisations internationales, et comme on a coutume de répéter officiellement que nous sommes une puissance industrielle, cette sensation de haut niveau paraît être l'image que l'on désire donner à l'extérieur.

Je ne suis pourtant pas si sûr que ce soit la sensation du voyageur qui traverse l'Espagne. Il l'accepte s'il atterrit à l'aéroport de Madrid et se rend dans un grand hotel de la capitale. Mais, s'il débarque dans un port du sud et se déplace en voiture, tout change, surtout quand il s'éloigne de la côte et remonte les versants qui le mèneront à la meseta.

A mon avis, l'Espagne est un pays en voie de développement pour employer un euphémisme international. Je l'affirme pour des raisons économiques et sociologiques, en citant deux faits fondamentaux: notre économie est dépendante, comme celle de tout le Tiers-Monde, et notre société n'est pas encore intégrée sociologiquement. En d'autres mots, notre problème n'est pas la croissance, comme dans l'Europe la plus avancée, mais le développement: c'est-à-dire, croissance économique *plus* changement social. C'est précisément pour cette raison que nous traversons une transition politique indispensable. Deux secteurs montrent clairement que l'Espagne est dépendante: *l'énergie et la technique*. Notre dépendance énergétique est très grande: en 1981, nous payons pour le pétrole brut, plus de 60 pour cent de la valeur de nos exportations totales. Quant à la technologie, non seulement nous l'importons dans les secteurs les plus avancés, et dans d'autres qui le sont moins, au prix des paiements correspondants, mais encore nous l'assimilons avec difficulté et nous nous limitons à l'utiliser. S'agissant de la recherche scientifique en Espagne, même les centres officiels qui en sont responsables soulignent le peu de moyens dont elle dispose. A la fin des années quatre-vingt seulement 0,37 pour cent du Produit Brut était consacré à cette tâche, face à 0,75 pour cent minimum dans d'autres pays européens pas très avancés. En tout cas, les mêmes sources soulignent qu'il serait nécessaire de dépenser au moins le double pour pouvoir être un peu moins en retard.

Aussi dépendants que nous le sommes en énergie et technique, il est difficile de prétendre à un niveau de développement avancé, même si nous considérons que dans le monde actuel, aucun pays n'est vraiment indépendant. Mais, en outre, notre société subit le taux de conflit propre aux pays en voie de développement, comme le montrent les évènements récents et retentissants, témoins de graves fissures sociales, affrontements et activistes dissidents dans la violence et l'isolement, dans l'ensemble de la population.

Telle est la situation quant au niveau du développement, qui nous permet de nuancer la définition constitutionnelle de notre économie, présentée au préalable. Sans doute, nous vivons dans une économie de marché, mais son fonctionnement technique souffre de déficiences imposées par le niveau moyen du développement, qui répercute sur l'efficacité et le rendement du système. Par exemple, les mécanismes de transport et de distribution commerciale fonctionnent moins bien que dans d'autres économies de marché mieux organisées, et cela affecte les coûts et les prix. L'initiative patronale flanche, habituée pendant de longues années de dictature à résoudre ses problèmes par le privilège administratif au lieu de recourir à la capacité de concurrence, et cette déficience s'agrave surtout dans certaines régions. Le recours au protectionnisme de toutes sortes (et pas seulement au droit de douanes) est fréquent dans beaucoup de cas, bien que l'on soit en principe pour la liberté du marché. En résumé, cette économie se trouve au même niveau moyen d'organisation que le développement technique, sans faire d'exception.

Toutefois la définition constitutionnelle comprend aussi un autre qualificatif: celui de social, seconde composante du texte constitutionnel. Une société qui n'est pas encore tout à fait intégrée et qui renferme une nature conflictive cachée, ne peut donner lieu qu'à une démocratie imparfaite, donc à une répartition injuste du pouvoir. Je ne traite pas ici de politique, je le répète, mais sans elle, on ne peut comprendre l'économie. Dans ce cas concret, le pouvoir est toujours dans les mêmes mains que pendant la dictature, et par conséquent, la correction sociale des inégalités du marché n'est pas satisfaisante. En fait, la définition constitutionnelle est correcte, car nous ne sommes pas autre chose qu'une économie sociale de marché. Mais, *le marché ne fonctionne pas bien pour des raisons techniques et structurelles, et les institutions politiques ne lui imposent pas un véritable caractère social*.

L'économie rurale

Après cette première notion d'ensemble, un peu trop simpliste, revenons au voyageur qui débarque dans le sud et franchit les escarpements de la meseta. S'il arrête sa voiture et cherche l'ombre d'un arbre, il est très probable qu'il n'y arrive pas. L'impression de désolation que l'on découvre en avion, survolant les étendues brunes de la meseta, se confirme une fois à terre.

Il est vrai aussi que tout le territoire n'est pas pareil, mais malgré les descriptions grandiloquentes de certains auteurs anciens, la plupart de l'Espagne appartient à la zone dénommée: Ibérie sèche, qui dépend de rares pluies pour créer un peu de verdure. C'est pourquoi, la moitié du sol reste inculte, et même si elle est définie comme pâturages, l'élevage ne peut y être prospère dans ces conditions. Des 40 pour cent cultivables, la moitié est consacrée surtout aux céréales, vigne, et olivier, généralement sur champs de culture sèche. La majeure partie de la meseta nord et sud offre ce paysage herbacé ou en jachère, avec des restes de sous-bois, et parfois, des taches de chênaies ou pinèdes. Seuls les bords des rivières et les zones irriguées par les installations hydrauliques, offrent d'autres possibilités. Mais, les rivières espagnoles n'ont pas un grand débit et ne sont pas facilement utilisables.

La vie rurale s'avère donc difficile et se complique à cause de la distribution de la propriété, qui n'est pas satisfaisante non plus. Alors qu'au nord du pays, la division héréditaire progressive, depuis l'antiquité, a contribué à créer de petites exploitations peu rentables, dans la partie méridionale, les adjudications de terres ont eu lieu pendant la reconquête, puis sont restées aux mains des seigneurs et des moines, qui en ont fait de grandes propriétés insuffisamment exploitées. Récemment on a essayé d'y remédier. Ainsi, entre le cadre naturel peu propice et les rares facilités institutionnelles, on ne s'étonne pas que la meseta se soit dépeuplée au cours des dernières années, au profit des capitales de province, de l'émigration vers Madrid, d'autres régions espagnoles ou de l'étranger.

Nous verrons que la situation agricole est meilleure dans les régions périphériques et insulaires, mais le voyageur qui traverse l'Espagne du nord au sud, s'aperçoit vite de cet anachronisme d'une vie rurale, qui contraste énormément avec le modernisme des grandes capitales espagnoles. Cette situation, qui évoque un "dualisme" pour certains, est également typique des pays en voie de développement. En effet, la vie moderne des grands centres urbains ne correspond pas à la même transformation du milieu rural. Sans doute, le dynamisme économique s'y est aussi manifesté: la radio et la télévision y ont contribué, tout en encourageant l'émigration, mais il reste beaucoup à faire comme le démontrent les statistiques des services publics des petits centres ruraux. En outre, les progrès ont été souvent imposés d'en bas: ainsi la mécanisation relative de l'agriculture espagnole actuelle n'est pas la cause de l'émigration des journaliers, puisque ce sont eux qui, désespérés par la misère de leur milieu, ont obligé les entreprises anachroniques à utiliser les machines.

La vie urbaine

Naturellement la modernisation de la ville espagnole est liée, comme partout ailleurs, au *développement industriel*. Celui-ci prit du retard, en Espagne, pendant le XIXème siècle par rapport au reste de L'Europe, et après des débuts difficiles au XVIIIème siècle, il fut étouffé par la guerre d'indépendance et d'autres qui lui succédèrent. Toutefois, il a beaucoup progressé ces dernières décennies. Après la guerre civile, la dictature poursuivit une politique active d'industrialisation fondée sur le protectionnisme et l'entreprise publique. Les circonstances de l'isolement pendant la guerre mondiale et les années suivantes, orientèrent cette politique vers l'autarcie qui s'avéra coûteuse et nous dota d'une structure industrielle déficiente. Dans les années soixante, la politique de développement changea de direction et s'inspira davantage du rendement économique (c'est-à-dire du bénéfice), mais les résultats ne furent guère meilleurs, car ils contribuèrent à la prolifération d'industries et de biens de consommation, dépendants d'une technologie importée, nous endettant et créant des habitudes de consommation coûteuses sous la dépendance des multinationales étrangères.

Les *secteurs principaux* de l'industrie espagnole sont: la métallurgie, la construction de matériel de transport, l'industrie alimentaire, celle de la chaussure et la confection, l'électricité et l'industrie chimique. De plus, ces dernières années, les secteurs techniques plus modernes ont progressé comme celui de l'électronique ou de la biochimie. Toutes ces activités se concentrent surtout en Catalogne, Euzkadi et Madrid, sauf pour quelques centres locaux. Mais, dans l'ensemble, le dualisme persiste dans la structure industrielle: face à des usines vraiment modernes, les installations anachroniques abondent, les premières dépendant généralement d'entreprises étrangères plus ou moins directement, ce qui ne compense pas l'indépendance des firmes moins efficaces.

Mais la modernisation urbaine n'est pas seulement redevable à l'industrie. Les services l'ont également influencée et en particulier, *l'explosion touristique* des dernières décennies. Ce fait est indiscutable et les fourmilières humaines du littoral espagnol logées dans les gratte-ciels, qui s'élèvent devant la mer comme des falaises, ont eu des conséquences sur la transformation de la vie locale, ceci est visible à l'oeil nu. Mais, ce n'est pas le même spectacle partout et nous revenons ici au problème de la diversité régionale et de son futur important envisagé dans les autonomies.

Les diverses Espagnes

Tous les pays ont leur diversité régionale et l'Espagne ne fait pas exception. Mais les différences sont trop marquées pour un territoire national, qui peut paraître petit par rapport aux grandes puissances continentales de notre époque, mais qui s'avère grand à l'échelle européenne. Ces différences viennent en partie d'un sol avec des dépressions uni à un bloc de plateaux sillonné par l'orographie et des terres insulaires parfois distantes. De plus, les sédiments d'une longue histoire de rencontres culturelles importantes accentuent la personnalité des régions.

Le climat collabore aussi: ainsi, on a une Espagne cantabrique et atlantique avec une frange industrialisée depuis les Asturies à la frontière française, à côté d'un milieu pêcheur et campagnard dans le nord-est galicien. Ce monde cantabrique offre aussi deux créations linguistiques péninsulaires: l'euskera archaïque et le mélodieux galicien, sans compter en plus, le "bable" asturien.

Plus au sud, il reste encore une côte atlantique en basse Andalousie, entre le Portugal et Gibraltar, mais le climat l'englobe dans la région méridionale. L'Andalousie est un grand pays avec une forte personnalité humaine, une façon particulière de voir la vie, de travailler, produire et consommer. Il faudrait beaucoup écrire sur l'économie andalouse. Elle est représentée habituellement par de grandes extensions d'oliveraies et de vignes, où l'élevage sauvage mythique occupe peu le sol. Toutefois ce tableau a subi des modifications économiques au cours des dernières décennies: l'émigration importante a contribué à transformer la campagne, des centres d'industrialisation ont été créés à Huelva, Séville et ailleurs, et enfin l'expansion touristique a revalorisé toute la côte et influencé le comportement et la situation des zones intérieures plus proches. Tout ceci suppose un changement apparent qui, n'est pas si profond: les fronts maritimes de hauts gratte-ciels n'ont pas eu une influence aussi grande sur le mode de vie des gens du pays. Et, heureusement, car l'Espagne perdrait beaucoup à une banale modernisation d'un système de vie comme l'andalou, et le véritable progrès indispensable est tout autre chose.

D'Andalousie vers la France, nous passons par l'Espagne méditerranéenne. D'abord, c'est le Pays Valencien, essentiellement agricole, avec ses exportations d'agrumes et d'autres produits, et son exploitation en petites parcelles, et leur système d'irrigation d'origine arabe. Plus au nord, c'est la prospère Principauté Catalane, et sa grande capitale méditerranéenne, Barcelone, avec son industrie textile qui date du XVIIIème siècle, son agriculture équilibrée, son histoire, sa langue et sa littérature. Et, partout, sur la côte: le tourisme, cette grande découverte de l'économie espagnole depuis ces vingt dernières années.

A l'intérieur, l'Espagne de la meseta. La Nouvelle-Castille au sud, avec ses céréales et ses vins courants. Entre celle-ci et le Portugal c'est l'Extrémadoure, un peu andalouse au sud et assez isolée. Au nord, de la sierra centrale, la Vieille-Castille et Léon: champs de blé et pinèdes, chênaies vers l'ouest et quelques gisements miniers industriels au nord. Entre les deux Castilles et la Méditerranée, la région frontière d'Aragon, plus agricole, avec sa capitale située au centre d'une plaine fertile importante, et carrefour des transports qui facilite une certaine industrialisation.

Enfin les îles: Les Baléares, avec des exportations agricoles typiques, et les Canaries, presque tropicales, monde avec l'enchantement des vieilles colonies antillaises, qui fait partie de notre péninsule. Là encore le tourisme domine.

Les statistiques permettent de calculer avec plus de précision les schémas qualitatifs présentés auparavant, en se basant sur les données du revenu par habitant de chaque région, selon l'évaluation de la Banque de Bilbao en 1979. En les situant sur une carte, on remarque que l'Espagne riche se trouve à l'est de la cordillère ibérique, avec Madrid, la région Cantabrique, Euskadi et la Navarre. C'est-à-dire aussi la Rioja, l'Aragon, la Catalogne, les Baléares. et Valencia. Toutes ces régions dépassent le revenu moyen national par habitant. Toute proche de cette zone, les Asturies atteignent presque cette moyenne, alors que la Castille et Léon, les Iles Canaries arrivent à 85 pour cent, et Murcia dépasse à peine 80 pour cent. La Galice, La Nouvelle-Castille, l'Andalousie et l'Extrémadoure n'arrivent pas à 80 pour cent, et cette dernière, se situe au niveau inférieur avec 60 pour cent du revenu moyen national. Les habitants de cette région ont un niveau de vie qui se situe aux trois cinquième de l'ensemble du pays, alors que Madrid, obtient le niveau maximum, dépassant la moyenne de presque deux-cinquième en plus.

Cette évaluation est bien sûr, incomplète: la simplification oblige à trahir la véritable variété. Mais, il était indispensable de schématiser en gros *des différences naturelles et culturelles*, que le voyageur remarquera certainement et qui sont la source de problèmes politiques et humains graves.

Les fondements d'espérance

Humains: Ce sont les facteurs avec lesquels je termine, car en économie, comme dans d'autres domaines, l'Espagne réelle et l'Espagne officielle, ne se ressemblent pas.

Ceci est particulièrement vrai par rapport aux *perspectives du développement national*. Ce problème peut être traité comme on le faisait officiellement dans les années soixante: par décret, solution apportée par toutes les dictatures pour faire avancer une société. L'important ici, c'est la technocratie des plans de développement, qui trace des courbes et fait activer les machines.

Il est vrai que la dictature eut l'initiative des plans lorsque la spontanéité vitale de la population s'éveillait. Les ouvriers furent les premiers à mettre le pays en marche, car le plan de stabilisation de 1959 réduisit leurs revenus et ils se lancèrent, en tant que propres chef d'entreprises d'eux-mêmes, dans l'aventure pénible de l'émigration vers l'Europe. Toutefois, les jeunes filles des villages les avaient devancés, allant servir à Paris ou dans d'autres capitales. Ensuite, la dynamique atteignit les étudiants, qui commencèrent dans les années soixante, à revendiquer et à voyager pour étudier à l'étranger. Les intellectuels authentiques qui n'ont pas de dogmes politiques, renforcèrent cette tendance à l'aide de revues d'humour qui critiquaient la propagande. La nécessité officielle d'avoir l'air d'être que qu'on n'était pas pour élargir les relations extérieures contribua aux mêmes fins, et les touristes, création spontanée de la prospérité européenne, attirés par la dévaluation de la peseta en 1959, firent en Espagne la propagande d'autres façons de vivre, qui se répandirent, minant ainsi la soumission au système. Parallèlement, une génération différente pensait déjà au pouvoir et s'appuyait sur les forces spontanées du peuple pour prétendre occuper les postes des dirigents du passé.

Autrement dit, le développement des années soixante ne fut pas le fruit d'un gouvernement efficace, mais le résultat d'une situation historique et de certaines forces vitales. Aujourd'hui, alors que le panorama mondial n'offre pas les mêmes avantages et que certains attribuent les répercussions négatives intérieures aux conflits du système actuel espagnol, il nous reste encore ces facteurs humains et la capacité créatrice du peuple comme espoirs de changement. Les perspectives de l'économie espagnole reposent sur cette possibilité, toujours dans les conditions imposées par le cadre géopolitique environnant, et il suffirait d'une illusion collective pour que le pays se remette en marche. Mais, comme je l'ai dit au début, c'est une autre histoire: les politiques variables dont dépend toute économie.

José Luís Sampedro

NIVEAU DE REVENU PAR HABITANT EN 1979

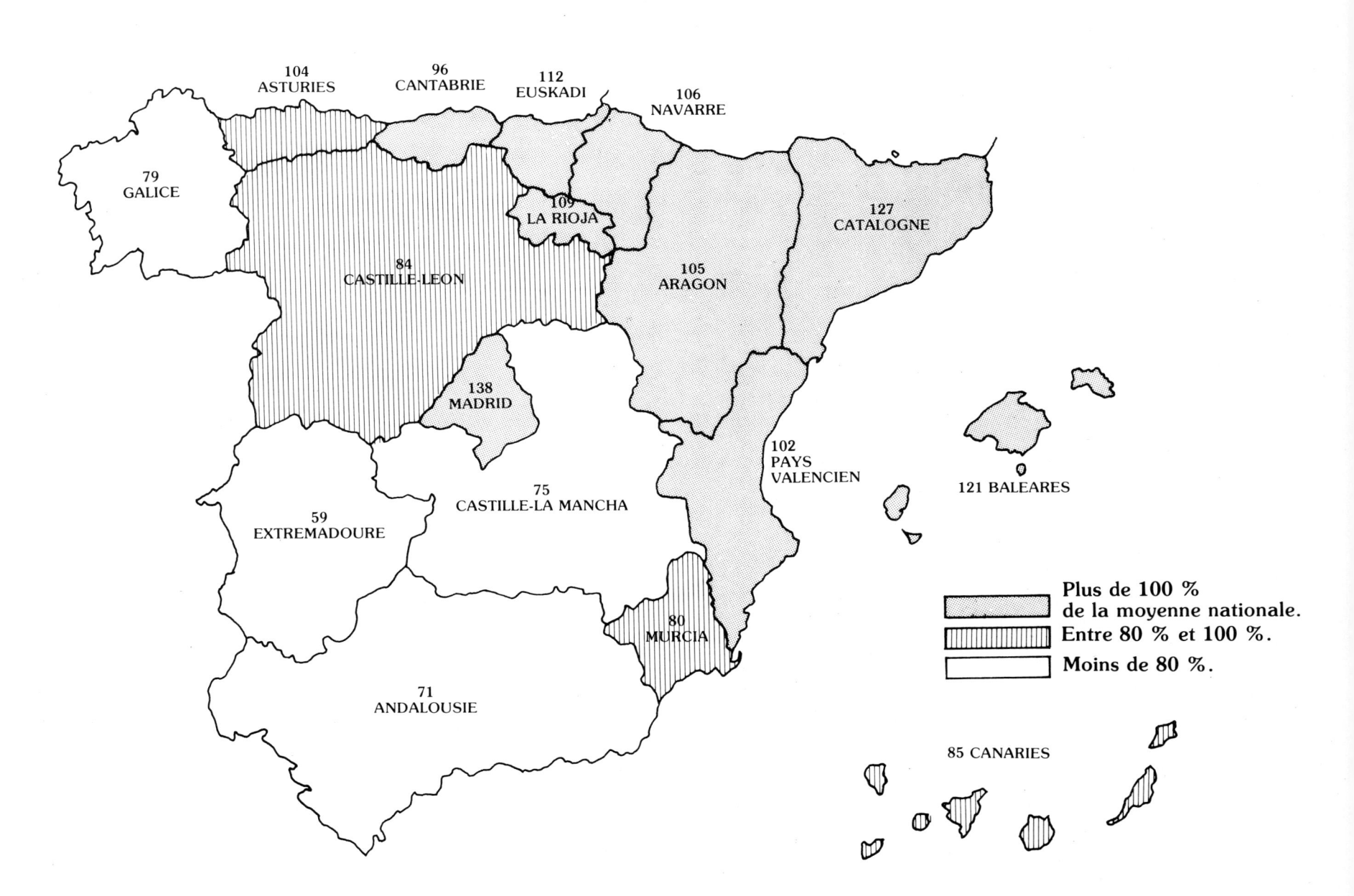

- 104 ASTURIES
- 96 CANTABRIE
- 112 EUSKADI
- 106 NAVARRE
- 79 GALICE
- 109 LA RIOJA
- 127 CATALOGNE
- 84 CASTILLE-LEON
- 105 ARAGON
- 138 MADRID
- 102 PAYS VALENCIEN
- 121 BALEARES
- 75 CASTILLE-LA MANCHA
- 59 EXTREMADOURE
- 80 MURCIA
- 71 ANDALOUSIE
- 85 CANARIES

Plus de 100 % de la moyenne nationale.
Entre 80 % et 100 %.
Moins de 80 %.

Source d'information: Banco de Bilbao.

INDICE DE TEXTOS

Nota Editorial
COBRE
Entre Europa y Africa
Iberia seca, Iberia húmeda
El Alto Tajo
Pueblos moriscos
"Ya no hay Pirineos"
El gigante de un solo ojo
El olivar andaluz
"Ser de pueblo"
La capa del Cardenal
El gallinero de la Catedral
El pueblo de Dulcinea
Como se descubrió Altamira
Hispania romana
El santo de los coscorrones
Velázquez
Guernica
Viva Madrid que es mi pueblo
La calle del pañuelo
"Reinar después de morir"
La Santa Compaña
El toro de la vega
Carnavales
Un huevo que baila
Los artesanos
Tertulias
Comer en España
ECONOMIA ESPAÑOLA PARA VIAJEROS
Una economía en marcha
La economía actual
La economía rural
La vida urbana
Las diversas Españas
Las raíces de la esperanza

INDEX DES TEXTES

Editorial
CUIVRE
Entre l'Europe et l'Afrique
Ibérie sèche, Ibérie humide
Le Haut-Tage
Villages mauresques
"Il n'y a plus de Pyrénées"
Le géant borgne
L'Oliveraie andalouse
"Le villageois"
La Chape du Cardinal
Le poulailler de la Cathédrale
Le village de Dulcinée
La découverte d'Altamira
Hispania Romaine
Le Saint des coups
Vélasquez
Guernica
Vive Madrid! C'est mon village
La Rue du Mouchoir
"Régner après la mort"
La Sainte Compagnie
Le taureau de la plaine
Carnavals
Un oeuf danseur
Les artisans
Réunions
Où manger en Espagne?
ECONOMIE ESPAGNOLE POUR VOYAGEURS
Une économie en marche
L'économie actuelle
L'économie rurale
La vie urbaine
Les Espagnes diverses
Les fondements de l'espoir

INDICE DE FOTOGRAFIAS

El principio
La naturaleza
El pasado
Los pueblos
Los campos
Los toros
Los castillos
El agua
Las iglesias
Las vírgenes
Los Cristos
La muerte
Las fiestas
La cultura
El trabajo
La confianza en el futuro

INDEX DES PHOTOGRAPHIES

Le commencement
La nature
Le passé
Les villages
La campagne
Les taureaux
Les châteaux
L'eau
Les èglises
Les vierges
Les Christ
La mort
Les fêtes
La culture
Le travail
La confiance dans le futur

ESPAÑA DIVERSA

Este libro se imprimió en los Talleres Gráficos Luna Wennberg

Han intervenido en su ejecución:

Director General: Juan Carlos Luna Briñardeli

Director de Arte: Andrés Gamboa Garreta

Director técnico: Santiago Carregal

Foto cuadro Sorolla:
Museo Sorolla, Madrid

Foto cuadro Sánchez Cotán: Archivo Más.

Foto fallas y Moros y Cristianos:
Francesc Jarque

Colaborador: Federico Luna Wennberg

Traducción al inglés: Kenneth Lyons, con la colaboración de Christopher Robinson
Traducción al francés: Elisabeth Gilles

Talleres Gráficos Luna Wennberg
Barcelona - Madrid
ESPAÑA

SEPTEN
NALIS
DEL
R
ARE
Tropicus Capricorni
Totuna gay
Chilaga
Avanares
Albardos
Capaschi
Auacal
Calicuas
NOVA
FRANCIA
FLORIDA
Sinus Mexicanus
MAR
DEL
NORT
Barmuda
Spaniola
AME
RICA
MERI
DIO NA
LIS
BRASI
LIA
Amazones
Caribana
Picora
Moxos
Ouram
Rio de la Plata
Terra de Labrador
Corterealis
Bacalaos
Ca. Balhana
Galapagos

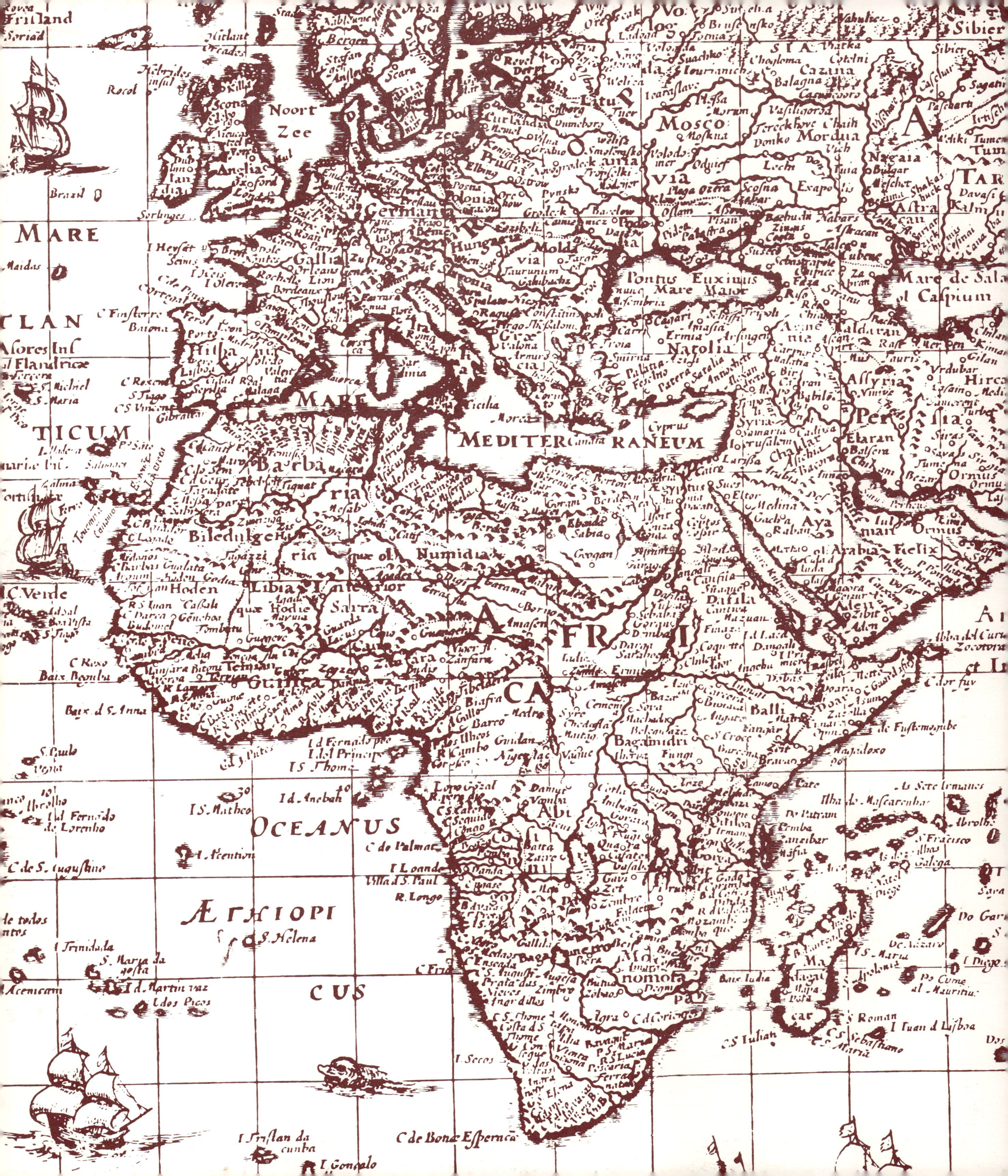